Gottfried Wagner
Wer nicht mit dem Wolf heult

Zu diesem Buch

Gottfried Wagner ist der Urenkel des Komponisten Richard Wagner und Sohn des heutigen Bayreuther Festspielleiters Wolfgang Wagner. In diesem Buch enthüllt er die Lebenslügen des Familien-Clans: Die Liebe und Bewunderung zum »Führer«, die die »hohe Frau« vom Festspielhügel, Winifred Wagner, schon 1923 bekundete und mit Spenden für den Festungshäftling Hitler dokumentierte, verwandelte sich nach 1945 – allen Chancen einer realistischen Wahrnehmung zum Trotz – in Verdrängung und Verklärung. In diesen autobiographischen Aufzeichnungen vollzieht der Urenkel den Bruch mit dem Wagner-Kult und dem ihm innewohnenden Antisemitismus und grenzt sich entschieden ab von dem alles beschönigenden Vater. Diese Abrechnung mit der verdrängten Geschichte zerstört nachhaltig den schönen Schein der Kultstätte in Bayreuth.

Gottfried Wagner, geboren 1947 in Bayreuth, Multimediaregisseur und Publizist. Promovierte über Kurt Weill und Bert Brecht. Veröffentlichungen zur deutschen Kulturgeschichte und Politik sowie zur jüdischen Geschichte des 19. und 20. Jahrhunderts. Lebt seit 1983 in Italien.

Gottfried Wagner

Wer nicht mit dem Wolf heult

Autobiographische Aufzeichnungen eines Wagner-Urenkels

Mit einem Vorwort von
Ralph Giordano

Piper München Zürich

Ungekürzte, durchgesehene Taschenbuchausgabe
Piper Verlag GmbH, München
März 1999
© 1997 Verlag Kiepenheuer & Witsch, Köln
Umschlag: Büro Hamburg
Simone Leitenberger, Susanne Schmitt, Annette Hartwig
Foto Umschlagrückseite: Riccardo Bremer
Satz: Kalle Giese Grafik, Overath
Druck und Bindung: Clausen & Bosse, Leck
Printed in Germany   ISBN 3-492-22683-3

Für meine Frau Teresina,
meinen Sohn Eugenio
und Mamma Antonietta

Inhalt

Mein Dank gilt Eberhard Wagner, Karl Lubomirski,
Dorothea Hug-Lauener, Michael Wieck,
Ralph Giordano, Michael Shapiro, Abraham Peck
und Christian v. Ditfurth.

Ich danke meiner Mutter Ellen Drexel-Wagner
auch dafür, daß ich Einsicht in ihre
Tagebuchaufzeichnungen nehmen durfte.

Verschlußsache »USA«
Vorwort von Ralph Giordano

1.

»Wer nicht mit dem Wolf heult« ist die Gegenchronik zum offiziellen Bayreuth und seinen Repräsentanten, den einstigen und den heutigen, und zur konventionellen Familien- und Festspielgeschichte. Sie wird geschrieben von einem Wagner unserer Zeit, der etwas fordert, das es auf dem Festspielhügel bisher nicht gegeben hat: Aufrichtigkeit.

Es ist eine Auseinandersetzung mit Fehdecharakter und biographischer Tiefe, und zwar in einer neuen Dimension im Vergleich mit anderen nach außen getretenen Innenkonflikten.

Vor mir ist ein Foto, das der in den dramatischen Stoff schon Eingeweihte nur mit Bewegung betrachten kann: der vierjährige Gottfried, Urenkel Richard Wagners und Sohn des heutigen Festspielleiters Wolfgang Wagner, 1951 auf dem Gelände des Bayreuther Wahnfriedparks, in adrettem Knabendreß, Pupsi, einen dunklen, kurzbeinigen Scotchterrier an der Leine führend – die Momentaufnahme eines niedlichen Wagner-Kinds »im behüteten Elfenbeinturm des Familiengrals«, wie der Konterfeite die Idylle später einmal genannt hat. Sie wird nicht lange andauern, die ersten Schatten fallen früh und finden bald einen Namen – »Bayreuth-Räson«. Gottfried darf nicht mit anderen Wagner-Kindern spielen – die Väter, Wolfgang und

Wieland, sind schwer verzankt. So wird er groß mit verächtlichen Bemerkungen des Vaters gegen den Bruder, Gottfrieds Onkel. Hader liegt in der Luft und tastet eine verletzbare Seele an.

Aber die Herrschaft über Familie und Festspiele übt damals, so kurz nach dem Ende des Zweiten Weltkriegs, weder Wieland aus noch Wolfgang, sondern ihre Mutter, Winifred Wagner, die Frau des 1930 verstorbenen Richard-Wagner-Sohns Siegfried. Just jene alle Walkürenvorstellungen übertrumpfende Domina, die einen Busenfreund hatte, den sie zärtlich »Wolf« nannte, der der Welt jedoch unter einem anderen Namen bekannter geworden ist – Adolf Hitler. Wir sind im Zentrum des Themas angelangt, sozusagen bei der Initialzündung für den Konflikt, der in diesem Buch personalisiert wird und für den es in der Ära Winifred Wagner ein milieubezeichnendes Kodewort gab: » U S A « – was hier jedoch nicht »Vereinigte Staaten von Amerika« bedeutete, sondern »Unser Seliger Adolf«. Das glühende Bekenntnis zu Hitler vor 1945 nimmt danach kryptische Formen an, bleibt aber Gesinnungsfundament der Bayreuth-Herrscherin und mündet in der Kontinuität einer strikt durchgehaltenen Verdrängung: Die reich dokumentierte Geschichte »Wagner-Familie und Nationalsozialismus« sieht sich nach wie vor unter Verschluß gehalten.

2.

Natürlich wird Gottfried Wagner nicht mit dem Wissen um das geboren, was da verborgen bleiben soll. Vielmehr blättert er es Schicht um Schicht auf, und das von allem Anfang an hartnäckig gegründet auf eine Eigenschaft, von der sein Leben bestimmt sein wird: der Suche und der Forderung nach Ehrlichkeit.

Das hat in seinem Ablauf fast etwas von einem Politkrimi an sich.

Früh beschäftigen Gottfried Wagner Bilder aus Wochenschauen, Illustrierten, Zeitungen und Schulfilmveranstaltungen über die Zeit des Nationalsozialismus – hysterischer Massenjubel für den »Führer«, Riesenkundgebungen, martialische Aufmärsche, Eroberungen der Wehrmacht weit von den deutschen Grenzen entfernt und – Schreckensszenen von den Leichenbergen im Konzentrationslager Buchenwald.

Entsetzte Reaktionen des Kindes, das sich verängstigt an den Vater wendet: Was es denn auf sich habe mit diesen Bildern und der vertrauten Musik des Urgroßvaters, von der sie untermalt sind? Darauf Wolfgang Wagner zunächst: »Du bist noch zu klein, um das alles zu verstehen.« Dann, als der Sohn sich damit nicht zufrieden geben will, wird er angeschrien: Er solle gefälligst spielen oder, besser noch, »endlich seine Hausaufgaben machen«.

Verschüchtert zieht sich Gottfried Wagner zurück, aber schon damals, 1956, war im noch nicht Zehnjährigen eine Saite angeklungen und eine verletzbare Neugierde geweckt worden, die künftig beide nicht mehr verstummen werden.

Im selben Jahr noch findet er die Schlüssel zum sogenannten Malersaal des Festspielgebäudes und entdeckt dort zahlreiche Fotos mit Großmutter Winifred und Hitler, dazu unzählige handgeschriebene Briefe, verstaubt und verdreckt, doch leserlich: Dokumente der Weihe, der Bewunderung und der Anhängerschaft an den geliebten Freund »Wolf«.

1963, nun sechzehnjährig und äußerst hellhörig, dringt Gottfried Wagner heimlich in einen Holzschuppen ein, wo er zwei Pappkartons mit zahlreichen Filmdosen findet. Gegens Licht gehalten, entpuppt sich auch das Zelluloid als funkensprühendes tête à tête der Großmutter Winifred und anderer Familienmitglieder, die Arme stramm hochgerissen und glückstrahlend, mit dem »Führer«. Der hat sich auf dem Festspielhügel offenbar ganz zu Hause gefühlt – eindeutige Szenen eines intimen Miteinanders.

Wieso war in der Familie davon nie die Rede gewesen?

Jetzt werden festere Konturen eines Zwistes sichtbar, der später einen aus dem Bayreuth-Clan ausscheren und unumkehrbar auf Gegenkurs einschwenken läßt – den Autor dieses Buches.

Nächster Schritt: Gottfried Wagner befragt den Kameramann – den eigenen Vater. Um dessen Meinung kennenzulernen, ohne ihn argwöhnisch zu machen, verschweigt der nach der ersten Erfahrung mißtrauisch gewordene Sohn sowohl den Fund als auch die Verwunderung darüber, daß über diese Zusammenkünfte eisernes Schweigen liegt: Was es denn mit der Verbindung der Wagner-Familie zu Hitler auf sich habe? Die Antworten Wolfgang Wagners offenbaren die nahezu unreflektierten Eindrücke eines Insiders: nach wie vor von Faszination geprägte Erinnerungen an Hitler, »Onkel Wolf«, Besuche des »Führers« am Krankenbett, heimelige Gespräche am »Führerkamin«, Duzverhältnisse, lobende Worte für Hitlers »große Verdienste um das deutsche Volk«. Dann, auf die Frage des Sohnes, wie das mit den Juden gewesen sei: Viel Herumgerede sei das, antideutsche Hetze Linksintellektueller, aber auch Hitlers einziger Fehler: »Wenn er die Juden für sich gewonnen hätte, dann hätten wir den Krieg gewonnen.«

Damit sind die Fronten zwischen Vater und Sohn abgesteckt, ohne daß sich die Gegensätze schon offen aneinander reiben.

Ein trügerisches Interimsstadium.

3.

Denn der Widerwille gegen das Gesehene und Gelesene sitzt tief in Gottfried Wagner.

Nicht zuletzt die Briefe Winifred Wagners an Hitler tun ihre Wirkung. Zumal sie nicht etwa die Ergüsse einer windigen Opportunistin nach der »Machtübernahme« vom 30. Januar 1933 waren, sondern schon zu einem Zeitpunkt geschrieben wurden, als die NSDAP noch eine Regionalpartei mit bayerischem Vorzeichen war und niemand glauben konnte, daß der wirrköpfige Verfasser eines ungelesenen Buches mit dem Titel »Mein Kampf« zehn Jahre später die Allmacht über Deutschland ausüben würde.

So bekennt sich, zum Beispiel, die entflammte Winifred Wagner in der »Oberfränkischen Zeitung« schon am 14. November 1923, also wenige Tage nach dem mißglückten Putschversuch Hitlers vor der Münchener Feldherrnhalle, folgendermaßen zum Oberhaupt der braunen Schlägertrupps: »Bayreuth weiß, daß wir in freundschaftlichen Beziehungen zu Adolf Hitler stehen.« Und zu Weihnachten desselben Jahres Siegfried Wagner: »Wir lernten den herrlichen Mann hier im Sommer beim Deutschen Tag kennen. Meine Frau kämpft wie eine Löwin für Hitler – großartig.«

Dabei ist Winifred Wagner lebenslang geblieben, von schamloser Unbelehrbarkeit und voller Verachtung für die zweite deutsche Demokratie, die Bundesrepublik, die sowenig die ihre war wie die erste von Weimar.

Auch nach 1945 hat Gottfried Wagners Großmutter der NS-Prominenz die Treue gehalten, hat sie Edda Göring, Ilse Heß, den NPD-Vorsitzenden Adolf von Thadden, den britischen Faschistenführer Oswald Mosley und manch andere Ewiggestrigen in Bayreuth empfangen und aus ihrer verstockten Hitlerliebe samt ihrem unverbrauchten Antisemitismus nie einen Hehl gemacht. Den mißratenen Enkel Gottfried beliebte sie später als »Freund der Bolschewiken und Juden« vorzustellen, um dann, wie er sich schaudernd erinnert, »laut und männlich zu lachen«.

4

Antisemitismus und Bayreuth – das kommt von ganz unten, aus der Höhle des »Grals«, kommt von Richard Wagner, dem Meister selbst.

Und wird fortgesetzt durch das judenfeindliche Ancien régime seiner 1930 verstorbenen Frau Cosima (die ihren Mann um 47 Jahre überlebte) und durch einen labyrinthischen Clan, zu dem auch der mit Richard Wagners Tochter Eva verheiratete und 1927 verstorbene britisch-deutsche Rassenideologe Houston Stewart Chamberlain gehörte und an dessen Spitze Winifred Wagner stand.

»Du kennst die Juden noch nicht«, zitiert Gottfried Wagner die Großmutter, »warte ab. Eines Tages wirst du mich begreifen, und Hitler wird in der Weltgeschichte anders dastehen.« Und auf den Holocaust angesprochen, antwortet sie: »Das sind doch nur Lügen und Verleumdungen der amerikanischen Juden!«

Was der Enkel so kommentiert: »Das erinnerte mich an Vaters Reaktionen, wenn ich ihn nach Hitler fragte.«

Es war denn auch, vor allen anderen, Winifred Wagner, die die antisemitische Familientradition fast vom Anfang unseres Jahrhunderts bis gegen sein Ende durchgehalten hat.

Als sie mit 82 Jahren am 5. März 1980 stirbt, ist auf der Trauerfeier fünf Tage später von all dem keine Rede. Weder wird der lebenslange Judenhaß der Verstorbenen erwähnt, noch fällt der Name ihres teuren Freundes »Wolf« – Adolf Hitler, Kanzler und »Führer« des zwar untergegangenen, von Winifred Wagner aber bis zum letzten Atemzug in Ehren gehaltenen Großdeutschen Reiches.

Das Schmierenstück wurde noch dadurch gekrönt, daß auch Bayreuths damaliger Oberbürgermeister Wild den ebenso verinnerlichten wie offen propagierten Nationalsozialismus der gerade Verblichenen »diplomatisch« totschwieg.

Endet mit dem Ableben der Unbelehrbaren auch die antisemitische Ära auf dem Festspielhügel? Es soll den Leserinnen und Lesern selbst überlassen bleiben, Aussagen wie diese aus dem Munde Wolfgang Wagners zu werten: Juden seien ihrerseits die schlimmsten Rassisten in der Geschichte gewesen, und den Nürnberger Rassegesetzen hätten »Juden selbst wesentliche Impulse gegeben«. Womit der Herr der Bayreuther Festspiele nichts anderes sagt, als daß die Juden zur eigenen Entrechtung beigetragen hätten. Ich stelle das in eine Reihe mit der These, die Juden seien durch ihr Verhalten die Urheber des Antisemitismus. Infamer geht's nimmer. Die Kluft zwischen der autobiographischen »Lebensakte« Wolfgang Wagners und diesem Buch ist nicht zu schließen – von dem, was der Sohn dem Vater vorwirft, gibt es darin kein Wort.

»Ich wollte Antwort finden auf die Frage, warum er seine und die Vergangenheit der eigenen Familie verdrängt, als Leiter der Bayreuther Festspiele, als ein Wagner und mein Vater«, schreibt der Sohn bitter. »Aber es wurde mir bei der Lektüre der ›Lebensakte‹ schmerzhaft bewußt, wie er dem Zeitgeist zum Verdrängen der eigenen Vergangenheit nachgab.«

5.

Was Wunder, daß Gottfried Wagner in der familiären Stickluft das Atmen erst schwer, dann unmöglich wird. Als er sich mit sporadischen Fragen nicht mehr begnügt und alle Taktik aufgibt, als er weiter bohrt, sich als aus der Art geschlagen entpuppt, das sogar öffentlich bekundet und sich auch durch die erst verstörte, dann grimmige, schließlich feindliche Abwehr des Vaters nicht abschrecken läßt – da erfolgt die Austreibung des unbotmäßigen Sohnes Gottfried durch den Herrn und Hüter von Bayreuth.

Was ein Wagner da wagte, war Sakrileg, war Gotteslästerung, der Bruch einer ungeschriebenen Bayreuth-Charta.

Wer nicht mit dem Wolf heult.

Dabei ist es geblieben, das ist der Stand der Dinge.

Gottfried Wagner will aufdecken, was eine versteinerte Tradition immer noch verschweigt und verheimlicht. Wie denn, fragt er wieder und wieder, kann es ein umfassendes und historisch redliches Familien- und Festspielbild geben, ohne daß die umfangreiche Korrespondenz zwischen den Wagners und Hitler publiziert und das Film- und Fotomaterial aus der Naziära der Öffentlichkeit und den Historikern zugänglich gemacht wird?

Ob man es glauben will oder nicht: In der Ausstellung »Wagner und die Juden« im Jahr 1984 war davon ebensowenig zu sehen wie in dem Katalog von 1985 zu lesen – nicht *eine* Zeile, nicht *ein* Bild!

Oder, in der Sprache Lohengrins: Der »Gral« ist so unerlöst wie eh und je.

Aus der Familie der Schlußstrichzieher ist nun einer gefährlich ausgebrochen und reibt sich seither an der beleidigten Kulturgroßmacht Bayreuth.

Was Gottfried Wagner dabei treibt, ist seine Unfähigkeit, sich mit dem Status quo abzufinden, ist die Verweigerung, die finstere Clanliaison mit dem Primärtäter des Holocaust, Winifreds geliebtem »Wolf«, und ein Sympathisantentum weit über dessen feiges Ende hinaus zu verschweigen. Doch ungestraft läßt der »Hügel« sein Teuerstes, die Lebenslüge eines vom Hakenkreuz entsorgten Bayreuth, nicht antasten. Der Verstoßene spricht von einer »Bayreuth-Connection« und gibt bestürzende Beispiele ihres langen Arms, geht davor aber nicht in die Knie.

Es ist seine unheilbare Ehrlichkeit, die Gottfried Wagner das Leben schwermacht und die jeder spürt, der ihm gegenübertritt, diesem »Wagner nach Auschwitz«, der »nie bereit sein wird, aus Karrieregründen in Nibelungentreue zu einer fragwürdigen Familientradition zu schweigen«. Und weiter: »Daß ich mich damit außerhalb der Normen der ›Moral und Toleranz‹ eines bestimmten deutschen Establishments, das die eigene Vergangenheit in Selbstentfremdung verdrängt, befinde, weiß ich seit meiner Kindheit.«

Mag sein, daß manches in den Darstellungen dieses Buches auch andere Deutungen, abweichende Interpretationen zuließe – wie denn nicht? Aber selbst da, wo Gottfried Wagner sich getäuscht haben sollte – jeder, der ihn kennt, wüßte, daß auch dabei immer der Drang nach Wahrheit der Pate seiner Feder war.

6.

Der Pate dieses Buches bin ich.

Die Idee dazu kam mir gleich bei unserer ersten Begegnung, die 1988 durch Vermittlung einer Freundin aus Bonn, Bettina Fehr, stattfand. Sie hatte Gottfried Wagner mein Buch »Die zweite Schuld oder Von der Last Deutscher zu sein« gegeben, nach dessen Lektüre er spontan den Wunsch äußerte, den Autor kennenzulernen. Wäre er mir nicht als Wagner-Sproß angekündigt worden, sondern irgendwo unbekannterweise auf der Straße oder sonstwo begegnet – ich hätte ihn auch dann sofort enttarnt. Zu frappierend die Ähnlichkeit mit Urgroßvater Richard Wagner, zu auffallend die unverwechselbaren Familienmerkmale – das geprägte Profil, die gebogene Nase, der markante Schädel.

Bis zu jenem Tag vor nunmehr neun Jahren hatte ich keine Ahnung von seinem Schicksal, spürte aber sofort den ungeheuren Druck, unter dem der damals Einundvierzigjährige stand – und hörte zu. Gottfried Wagner sprach stundenlang, es brach förmlich aus ihm heraus, während ich mehr und mehr begriff, wessen ich Zeuge wurde.

Was muß für einen Menschen wie ihn die Forderung bedeutet haben, weiter leben zu sollen in einer ebenso künstlichen wie energisch verteidigten Verdunkelung, mit all ihren unvermeidbaren Verstümmelungen? Daß zur väterlichen Pädagogik übrigens auch körperliche Züchtigungen zählten, wie nun publik wird, dürfte nicht so recht in jenes Bild passen, das der langjährige Bayreuther Zeremonienmeister Wolfgang Wagner redend und schreibend von sich selbst zu entwerfen pflegt.

Natürlich war ich neugierig auf das Verhältnis des Urenkels zu Richard Wagner – und wurde bald fündig.

So, wie Gottfried Wagner die Wahrheit über Bayreuth fordert, so fordert er die Wahrheit über seinen Urgroßvater, ein Bild, das nichts beschönigt oder verheimlicht, gereinigt von den Verfälschungen und dem Opportunismus eines Wagner-Markts, der immer noch gesteuert wird von organisierter Verdrängung. Der Urenkel will den *ganzen* Richard Wagner, in all seinem Widerspruch. Er will den bestrickenden Charmeur *und* den unsäglichen Antisemiten des Buches »Das Judentum in der Musik«; das universalistische Genie Richard Wagner *und* den erbärmlichen Freundesbetrüger, den Alltagskleinkrämer *und* den Schöpfer neuer, zuvor nie gehörter Tonwelten.

Im Zug dieses Klärungsprozesses radikalisiert sich die Position des Urenkels zum Urgroßvater. Die Frage, ob Richard Wagner zu der fatalen Entwicklung des Antisemitismus in Deutschland beigetragen habe oder nicht, hatte er immer bejaht, stets jedoch hinzugefügt: »Aber ich halte die These, er sei für die Shoah mitverantwortlich, auf Grund seines Werkes und der historischen Entwicklung für nicht vertretbar.« Das hat er später dahin korrigiert, daß »Richard Wagner selbst seinen Teil zum unauflösbaren Zusammenhang von Bayreuth, Theresienstadt und Auschwitz beigetragen hatte«.

Diese These wird verfochten gegen ein Bayreuth, das sich längst mit Maestri wie Daniel Barenboim schmückt (Gottfried

Wagner: »Alibijuden«) und gleichzeitig die Stirn hat, den Antisemitismus dort zu lassen, wo er sich immer noch befindet: in der Abstellkammer einer unaufgeräumten Familien- und Festspielgeschichte.

7.

Das Halbe liegt Gottfried Wagner nicht.

Er schlägt die Brücke nach Israel. Er fliegt dorthin, spricht öffentlich über den »Fall Richard Wagner«, so, wie er ihn sich erarbeitet hat, schonungslos und differenziert, wider den Irrtum, daß ein großer Künstler auch ein großer Charakter, ein humaner Mensch sein müsse. Alles andere sei ein »Fremdbild« seines Urgroßvaters, sagt der Nachfahre in dritter Generation. Er kommt also nicht als verschwiegener Bote oder Privatmann, sondern als einer, der an schwierigem Ort Tacheles reden will: ein Wagner vor Juden über einen anderen Wagner, der Juden Schlimmes angetan hat.

Ein neues Kapitel ist aufgeschlagen, Mut im Spiel, ein kühnes Unterfangen, begonnen in einem Land, wo über Dezennien jede Note aus Wagner-Werken verpönt war und dessen Bevölkerung ohnehin für Themen aus Deutschland sensibilisierter ist als jede andere auf der Welt. Doch was der Urenkel dann erfährt, in Tel Aviv, in Beer Sheva, in Jerusalem, sind Offenheit und Bereitschaft zuzuhören.

Israel ist längst zu einem Segment dieser Vita geworden.

Gottfried Wagners Arbeit wird aber auch von jüdischen Stimmen in Amerika begrüßt, so von Elie Wiesel und von Leonard Bernstein, der ihn wissen ließ: »Sie haben meine volle Unterstützung bei Ihrer Arbeit in Israel.« Die schönste Ermutigung erreicht Gottfried Wagner von Rabbi Steven L. Jacobs aus Huntsville, einem Weisen aus Alabama: »Weder kommt Ihnen das Maß einer Schuld zu, die sich vor Ihrer Geburt

21

zugetragen hat, noch solche von Vorfahren, die Sie sich nicht auswählen konnten. Vielmehr sind es Ihre eigene Sensibilität, Ihre Besorgnis, Ihre Mitleidensfähigkeit, die Sie zu dem machen, der Sie sind.«

So entstanden Bindungen, die bleiben werden. Gottfried Wagner ist, mit Rabbi Jacobs, Abraham Peck und dem Komponisten Michael Shapiro, Gründer der 1991 entstandenen »Post-Holocaust-Dialog-Gruppe«, die 1994 in das Vereins- und Organisationsregister von New York eingetragen worden ist und in deren Statuten es unter den Punkten 1 und 2 heißt:

»Wir, die Kinder von Opfern und Kinder von Tätern, sehen Shoah/Holocaust als einen beispiellosen Bruch in der westlichen und globalen Zivilisation und als Ausgangspunkt einer neuen ethischen Einstellung, die sich in Gedanken, im Fühlen und in Taten niederschlägt.

Wir verwahren uns gegen das Verdrängen und Unterdrükken von Diskussionen jeglicher Art über Shoah/Holocaust sowie auch für immer gegen die Fortführung von Vorurteilen und Haßgefühlen, wie sie aus der Aktivität unserer Eltern und Großeltern erwuchsen (...).«

Aus dem Familienclan dürfte dazu nur Tante Friedelind zustimmend genickt haben, Wolfgang Wagners Schwester. Aus Gottfried Wagners Verwandtschaft ist allein sie mit ähnlich kämpferisch-antinazistischer Statur hervorgetreten, eine Haltung, der der Neffe Achtung entgegenbringt, ohne jedoch Friedelinds nach wie vor unkritische Einstellung gegenüber Richard Wagners Antisemitismus zu billigen.

Außer von seiner Mutter, Ellen Drexel-Wagner (von der sich Wolfgang Wagner 1976 unter höchst unguten Begleiterscheinungen scheiden ließ), schlägt Gottfried Wagner aus der Sippe vor allem Feindseligkeit, bestenfalls Indifferenz entgegen.

Die vorliegende Biographie des Sohnes ist schlichter als die des Vaters, sie hat nichts an sich von deren Pomp, und sie trägt nicht die Aura des gesellschaftlich anerkannten Erfolgsmenschen. Vielmehr bietet sich uns ein Leben voller Widerstände dar, sozial und finanziell nicht abgesichert, mit Fallgruben, Hindernissen, ja Hinterhalten versehen, aber – wie ich finde – von geradezu erhabener Konsequenz.

Das »niedliche Wagner-Kind« von einst hätte es leichter haben, sein Dasein einen ganz anderen Verlauf nehmen können, wenn es eben nicht *dieser* Wagner gewesen wäre.

Ich erinnere mich, wie tief mich ein Wort beeindruckt hat, das, unvergeßlich, von der »Geworfenheit« des Menschen auf die Erde spricht, den organischen Schorf dieses lichtlosen, nur durch die Sonne erwärmten Planeten. Es hat mich getroffen, das Bild, das ich dann für mich weiterspann: mit der ungefragten und von ihm selbst nicht verantworteten Geburt des Menschen in ein ungewisses Schicksal. Niemand, selbst die Allergläubigsten nicht, werden frei sein von Momenten verzweifelter Verlassenheit bei der Suche nach Sinn und Heimat hier auf Erden.

Ich habe von der ersten Stunde meiner Begegnung mit Gottfried Wagner die Assoziation an solche »Geworfenheit« gehabt, ein Eindruck, der sich später dann noch bestätigte durch den Satz, der mich mehr als alle anderen bewegt: »Ich begann, mich schmerzlos zu entdeutschen.«

Das wurde schon in den siebziger Jahren ausgesprochen, damals, als er auszog, seinen Platz zu finden, und zum erstenmal in die USA kam, mit der Wunschvorstellung des Enttäuschten, »a liberal American« zu werden, vielleicht noch ironisch gemeint und nicht ernsthaft verfestigt. Und doch hat das Wort bleibende Bedeutung gewonnen, bis heute, und zwar auf zweifache Weise.

Einmal (nach Margarete Mitscherlich) als Aversion »gegen die deutsche Neigung, den anderen nicht als anderen zu achten, sondern zu verachten«, und zum anderen als Widerwille »gegen die deutsche Art, die Mitmenschen und sich selbst entweder zu idealisieren oder zu entwerten«. Beide typischen Eigenschaften sind für Gottfried Wagner die Kehrseiten ein und derselben Medaille: der Verdrängung von Vergangenheit.

Und zweitens: An Lebenswirklichkeit hat das Wort »entdeutschen« mittlerweile gewiß gewonnen – denn heute ist der Status Gottfried Wagners eher der eines Emigranten, und der ist, wie meistens, kein freiwilliger. Es dürfte diesem Ahasver von Bayreuth deshalb wohl schwerfallen, seine Identität vom Geburtsland herzuleiten.

Unter beiden Aspekten also noch einmal: »Ich begann, mich schmerzlos zu entdeutschen.«

Wirklich? Entdeutschen, im zitierten Sinne – schon möglich. Aber auch *schmerzlos*?

Irgendwo will ich da immer noch eine, wenngleich nur schwach glimmende Hoffnung flackern sehen – auf ein Gespräch mit dem Vater, trotz allem; auf eine Tür, die sich öffnet; auf eine Geste, daß sein so ganz anderer Weg als der vom offiziellen Bayreuth starr eingeschlagene doch verstanden wird.

Aber selbst, wenn nichts davon kommen sollte – auch darauf wäre Gottfried Wagner vorbereitet.

Denn der »Geworfene« hat, ein Mirakel sondergleichen, doch noch eine Heimstatt gefunden: *geographisch* in der Klause von Cerro Maggiore, nahe Mailand, und *emotional* in den Herzen von Teresina, Gottfrieds italienischer Frau, von Eugenio, dem Sohn aus Rumänien, der dort dem Tod geweiht gewesen wäre, nun aber das strahlendste Lächeln zeigt, das mir je begegnet ist, und von Teresinas Mutter, Mamma Antonietta, der tragenden Säule – *tutta la famiglia.*

Mag dieses Kapitel am Ende des Buches jeder und jede mit eigenen Gefühlen lesen – ich habe dabei geschluckt.

Gottfried Wagner hat seinen Kampf gegen Bayreuth einmal mit dem von David gegen Goliath verglichen – um die ungleichen Kräfte zu illustrieren, die sich da gegenüberstehen. Nun lehrt uns die Geschichte jedoch an zahlreichen Beispielen, daß die Macht des Stärkeren trügerisch sein kann und sich gegenwärtiger Glanz nur allzu rasch in künftige Trübung verwandelt. Zudem weiß selbst der nicht bibelfeste Zeitgenosse, wie der Streit zwischen David und Goliath schließlich ausging – nämlich mit einem Loch in der Stirn des Riesen, der am Boden lag, während der kleine Schleuderer fest auf seinen Beinen stand.

Mag sein, daß erst in der Generation der Ururenkel Richard Wagners die Bayreuthsche Verkrustung verschwinden und dem unbotmäßigen Urenkel unserer Tage solche Genugtuung vorenthalten bleiben wird.

Ich jedenfalls kann nicht glauben, daß das derzeitige Ungleichgewicht der Kräfte zwischen den Kontrahenten Chancen hat zu überdauern.

Aber diese Zuversicht wird hier nicht etwa ins Blaue hinein prophezeit, sie hängt vielmehr zusammen mit meinem unverbrüchlichen Vertrauen in die Kraft der Wahrheit, die letztlich, wie verzögert auch immer, ja, zu spät, doch immer Siegerin geblieben ist.

Denn nach all den reichlichen Erfahrungen mit Verdrängung: Sie gelingt nicht, die Schlußstrichzieher stehen auf verlorenem Posten, sie erreichen ihr Ziel nicht, mögen sie auch noch so übermächtig scheinen wie zur Zeit. Sie schieben nur die Masse des Verdrängten von einer Stelle zur nächsten, halten unaufgearbeitetes Einstiges am Leben und machen es so ständig zu Gegenwart, ohne dabei auch nur *ein* Gramm, ein *einziges* Molekül Vergangenheit zu verlieren.

Die Tragödie Bayreuth geht weiter wie das Drama der

Familie, eingeschlossen die Erb- und Nachfolge – von der Gottfried Wagner unberührt bleiben wird.

Doch von den Wirkungen dieses Buches auch? Werden sie die Isolierung des Autors vertiefen oder sie aufbrechen, die innere Unruhe vermehren oder sie dämpfen? Wird Licht auch weiterhin allein aus Amerika und Israel kommen und nicht aus Deutschland? Oder wird, endlich, vielleicht sogar das alte Gesetz »*Wer nicht mit dem Wolf heult*« dementiert werden?

Mit meiner Anstiftung zum Schreiben habe ich eine Verantwortung auf mich genommen, in Sorge um den Freund, jedoch ohne schlechtes Gewissen: von den Folgen unabhängig, ist das Buch ein Befreiungsschlag.

Wie jenes unvergleichliche biographische Ereignis, das ihm mehr gilt als alles, was ihn vom Festspielhügel erreichen könnte: Gottfried Wagner ist von der Israelitischen Kultusgemeinde Bayreuths zum Neujahrs- und zum Versöhnungsfest, Rosch ha-Schanah und Jom Kippur, eingeladen worden.

Mein Kompaß ist Auschwitz. Genau das gleiche sagt Gottfried Wagner, der kein Jude ist, von sich auch. Ich akzeptiere das.

Was nun kommt, werden wir sehen.

Sind die Kinder für die Untaten ihrer Väter verantwortlich? Ja, wenn sie am verhängnisvollen Weg der Väter festhalten. Aber leiden nicht alle unter den Untaten der anderen? Man stolpert zufällig über die Untaten der anderen. Bedeutet das, daß alle füreinander verantwortlich gemacht werden? Ja, da, wo ein Mensch die Macht in seinen Händen hatte, um zu protestieren, und es unterließ.

nach: *Sanhedrin, 27 b*

Villa Wahnfried

Als ich am 13. April 1947 in Bayreuth geboren wurde, schien mein Leben ganz im Sinne der Tradition der Familie Wagner vorbestimmt zu sein. Der Öffentlichkeit wurde ich als Gottfried Helferich Wagner und Stammhalter von Wolfgang Wagner durch Geburtsanzeigen vorgestellt. Bereits die Wahl meiner Vornamen deutete auf eine mögliche künftige Führungsrolle im Familienunternehmen hin. Gottfried heißt Elsas Bruder, der Führer von Brabant, in der Oper »Lohengrin« meines Urgroßvaters Richard Wagner, und Gottfried hieß auch mein Onkel Wieland Wagner mit seinem dritten Namen. Mein anderer Vorname, Helferich, war der mittlere Vorname meines Großvaters Siegfried Richard Wagner. Richard Wagner hatte diesen Namen für seinen einzigen Sohn erfunden. Diese etwas skurrile Art der Namensgebung entsprach ganz der familiären Tradition, wie sie sich im Brief Richard Wagners vom 9. Februar 1879 an König Ludwig II. manifestiert: »Der Sohn, so jung noch, soll, wann er zu männlicher Reife gelangt ist, genau wissen, wer sein Vater war. Nichts weiter: dann möge er sich entscheiden. So ungefähr stellt sich auch unser ganzes Erziehungssystem heraus. Zu gar nichts wird der Knabe gezwungen; ganz frei unterstützen und leiten wir nur seine Neigungen. Auf den ›Künstler‹ sehen wir es in keiner Weise ab: nur *eine* Richtung habe ich ihm durch den Namen angewiesen, welchen ich seinem Hauptnamen beilegte: zwei Namen bezeichnen ihn als meinen Sohn, – Siegfried Richard – Wagner; dem stellte ich aber noch: ›Helferich‹ voran, d. h. der ›Hilfreiche‹.«[1] Als meine Taufpaten wählte mein Vater seine Mutter, Winifred Wagner, die zusammen mit dem nazitreuen Heinz Tietjen, Generalintendant der Preußischen Staatstheater, die Bayreuther Festspiele von 1930 bis 1945 geleitet hatte, und den Mann meiner Tante Verena, Bodo Lafferentz, der als Mitarbeiter des Arbeitsfrontchefs Robert Ley auf Befehl Hitlers die Bayreuther Festspiele von 1940 bis 1944 durch die NS-Organisation »Kraft durch Freude« organisatorisch und materiell abzusichern hatte. Der Geburtstag Richard Wagners, der 22. Mai, war mein Tauftag.

Was nach außen als friedliche Familienidylle erschien und erscheinen sollte, sah im Inneren ganz anders aus. Denn im Mittelpunkt des Interesses von Wolfgang und Wieland Wagner stand das Unternehmen Bayreuther Festspiele. Sie fanden nach dem Krieg zum erstenmal wieder im Juli 1951 statt. Um sich der Vorbereitung dieses Ereignisses ungestört widmen zu können, brachten meine Eltern meine ältere Schwester Eva und mich in das Kinderheim Etzerschlößl in Berchtesgaden, eine Art Edelpension für Kinder begüterter Familien. Zur Begründung erklärte mir mein Vater, bevor er zurückfuhr: »Jetzt beginnen bald die Festspiele in Bayreuth, die sind sehr wichtig. Dafür müssen wir alle Opfer für die Zukunft bringen. Und du als Bub beißt einfach die Zähne zusammen, wenn wir jetzt wegfahren. Wenn du brav bist, bekommst du schöne Geschenke.«

Ich habe nie verstanden, was mit den »Opfern« gemeint war, die unsere Familie angeblich für die Festspiele zu bringen hatte. Außer daß ich mich bereits an dem ersten der vielen Abschiebeplätze meiner Kinder- und Jugendzeit mies fühlte und eine Aversion gegen die Hektik der Festspielvorbereitungen und die »schönen Geschenke« entwickelte, mit denen meine Eltern ihr schlechtes Gewissen zu übertünchen versuchten, wie ich bald begriff.

Kurz vor der feierlichen Festspieleröffnung wurden meine Schwester und ich nach Bayreuth zurückgebracht. Dem Publikum sollte das Bild einer glücklichen Familie vorgezeigt werden.

Ich wollte nicht mehr ins Kinderheim nach Berchtesgaden abgeschoben werden und hoffte, dieses Ziel durch Wohlverhalten zu erreichen. Daher versuchte ich ganz dem zu entsprechen, was die Erwachsenenwelt von einem »echten« putzigen Vorzeige-Wagner erwartete: Ich widersprach nicht und mischte mich nicht ein in die Gespräche der Erwachsenen. Ich durfte meinen Vater angesichts seiner Opfer für die große Idee der Bayreuther Festspiele von Richard Wagner mit meinen Kinderheimgeschichten nicht langweilen oder belasten und zeigte Dankbarkeit und Bewunderung für das Genie und die Idee meines illustren Ahnen. Das Wirken und die geistige Hinterlassenschaft des großen Komponisten und Festspielbegründers wurden mir als Teil des Weltgeschehens dargestellt, in dessen Mittelpunkt ich leben durfte. Die heroisch-bedrohliche Fotografie der Wagner-Büste von Arno Breker, Hitlers Lieblingsbildhauer, war mein erster Eindruck vom Wagner-Kult in Bayreuth. Dazu gehörte auch ein Gedicht von Zdenko von Kraft, einem ergebenen Wagnerianer. Kraft dichtete 1951 zur Eröffnung der neuen Ära für das Festspielbuch:

»Genius

Und viele sind dahin, und viele kommen,
doch gläubig stets schließt˙sich ein neuer Kreis,
Was jemals Flamme war, brennt ewig heiß,
die Glut des Geistes leuchtet unverglommen,
denn was die Besten ihrer Zeit durchschauert
Hat Gottesnähe ›es besteht und dauert,
Wer Monde zählt, der zählt dem Tod zu Dank;
das Unvergängliche weiß nichts von Jahren,

die sind, die kommen und die vor uns waren,
Sind nur das Laub am blühenden Gerank,
das sich um eine hohe Schönheit windet,
die uns auf edle Art zusammenbindet.
Denn dieses ist das letzte Wort der Kunst‹,
das allen Eigene ist ihre Stärke,
das allen Gültige schafft ihre Werke,
das allen Heilige nährt ihre Brunst,
Und wo sie einen Genius entzündet,
Hat er sich für die ganze Welt verkündet,
Ob nun der Irrnis und der Leiden Pfade,
Ob Schusterstube oder Götternot –
des Menschen letztes Wort bedeutet Tod,
Der Seher aber sagt erlösend ›Gnade!
Und also läutert er die letzten Dinge
Zu einem unbegreiflich schönen Ringe‹.«[2]

Ich habe die Neu-Bayreuther Euphorie nie verstanden. Aber
ich tat als Vierjähriger pflichtgemäß so, als wäre ich begeistert
von der 9. Symphonie Beethovens unter der Leitung des berühmten Dirigenten Wilhelm Furtwängler und von der »Parsifal«-Inszenierung meines Onkels Wieland. Der tobende Applaus der Zuhörer befremdete mich, zumal ich in keiner Weise
auf ein solches Ereignis im Festspielhaus vorbereitet worden
war. Ich wagte nicht zu sagen, wie sehr ich mich fürchtete vor
der dunklen Gralswelt des »Parsifal« Wieland Wagners.
    Lächelnd nahm ich hin, wenn man mir bis zum Überdruß
erklärte, wie ähnlich ich Richard Wagner, dem »Meister von
Bayreuth«, sähe und welche große Zukunft mich erwarten
würde. Sosehr ich schon früh in die Rolle von Jung-Wagner
schlüpfte, sowenig erschloß sich mir der Wechsel zwischen der
in der Familie geforderten Devotion gegenüber Richard Wagners Kunst und der herrischen Geste, die den Mitgliedern des
Bayreuther Künstlergeschlechts bei öffentlichen Anlässen an-

gemessen schien. Ich fühlte mich weder in der monumentalen Welt des Festspielhügels zu Hause noch in den Kinderheimen, in die ich immer wieder gesteckt wurde als Opfer für die »Menschheitskunst« Richard Wagners. Ich beneidete die Kinder, die in normalen Familien und in einer normalen Umgebung aufwachsen durften.

Sofern ich in meinen ersten sieben Lebensjahren nicht abgeschoben wurde, lebte ich bei meinen Eltern im sogenannten Gärtnerhäuschen im Wahnfried-Park. Wir teilten den ersten Stock des kleinen Backsteinhauses mit der Gärtnerfamilie Düret. Vom Fenster des Kinderzimmers unserer engen Wohnung aus sah man schräg gegenüber die nicht kriegszerstörte Vorderfront der Villa Wahnfried mit ihren Wotan-Darstellungen und dem Hausspruch Wagners: »Hier wo mein Wähnen Frieden fand, Wahnfried sei dieses Haus von mir genannt!«

Vor der Villa Wahnfried stand auf einem hohem Sockel die Büste von König Ludwig II., der Richard Wagner lange Jahre das Komponistendasein finanziert hatte. Die Statue war umgeben von einer Pinienhecke, in der ich mich gerne versteckte, um ungestört nicht nur die zahlreichen Touristen zu beobachten, die im vorderen Teil des Wahnfried-Parks ein- und ausgingen. Dort wartete ich auch auf den richtigen Moment, um mit der Familie meines Onkels Wieland oder amerikanischen Offizieren ins Gespräch zu kommen. Der richtige Moment war, wenn mein Vater den Wahnfried-Park verließ. Er hatte mir verboten, mit meinen Cousinen und meinem Cousin zu spielen oder das Siegfried-Wagner-Haus zu betreten, in dem sich von 1945 bis 1957 das Offizierskasino der in Bayreuth stationierten US-Streitkräfte befand. Am Siegfried-Wagner-Haus hing die Flagge der Vereinigten Staaten von Amerika.

Warum durfte ich nicht mit Iris, Nike, Daphne und Wolf-Siegfried, den wir alle Wummi nannten, spielen? Das hat mein Vater nie ausführlich begründet. Statt dessen sprach er abfällig von seinem Bruder Wieland und dessen Familie, besonders von dessen Kindern. Sie hätten schlechte Manieren und seien daher nicht der richtige Umgang für meine Schwester und mich. Ich merkte bald, daß diese Vorwürfe nicht zutrafen. Mit fremden Kindern durfte ich genausowenig spielen.

Ich führte gewissermaßen ein Doppelleben: Gegenüber meinen Eltern war ich der folgsame Sohn, aber wenn sich die Gelegenheit bot, brach ich heimlich die väterlichen Gesetze. Sobald ich aus meinem Versteck in der Hecke, die das Denkmal Ludwigs II. umgab, sah, daß mein Vater den Wahnfried-Park verlassen hatte, kletterte ich über die Mauer zwischen der Villa Wahnfried und dem Gärtnerhaus und genoß das wilde Spiel mit Wielands Kindern und die grenzenlos erscheinende Freiheit. Sobald mein Vater zurückkehrte, überwand ich die Mauer in entgegengesetzter Richtung und verkroch mich in ängstlicher Hast wieder in der Hecke. Sobald Vater im Haus verschwunden war, schlich ich mich zurück auf die Wiese neben der Einfahrtsallee, den mir zugewiesenen Spielplatz. Trotz aller Vorsicht ertappte mich Vater hin und wieder bei meinen Exkursionen. Dann setzte es heftige Prügel. Damit erreichte er aber nur, daß sich in mir der Wunsch verfestigte, mein Elternhaus und den Wagner-Bombast auf dem Festspielhügel so bald wie möglich zu verlassen.

Nicht nur gemessen an den Stunden der Ungezwungenheit in der nur teilweise wieder aufgebauten Villa Wahnfried und im Garten mit den »Wieland-Kindern«, war unser Familienleben monoton und streng reglementiert. Ich begann zu rebellieren und wurde bald der »kleine Russ'« genannt. Offenbar hatte mein Vater in mir finstere Charaktermerkmale entdeckt, die in seinen Augen typisch für »den Russen« waren. Meine aufsässige Haltung wurde noch gefördert durch die ständige Kontrolle, die meine ältere Schwester Eva in Vaters Auftrag über mich auszuüben versuchte. Wenn sie mich bei etwas Unbotmäßigem erwischte, verpetzte sie mich. Da auch meine Mutter sich dem Willen ihres Mannes blind unterwarf, war ich in der eigenen Familie allein.

Es gab nur wenige Lichtblicke. So, als mein Vater mir zu meinem fünften Geburtstag erlaubte, mit den »Wieland-Kindern« zu spielen. Er hatte mir zu diesem Anlaß ein aus massivem Eisen gebautes hellblaues Auto mit Mopedmotor geschenkt. Ohne Erklärungen setzte er mich hinter das Steuerrad und meine Schwester auf die Rückbank. Er warf den Motor an, und das Vehikel fuhr los. Ich raste im Kreis um den Springbrunnen im Wahnfried-Garten und verlor die Kontrolle über das Fahrzeug. Die Fahrt endete abrupt in den Rhododendronbüschen nahe Richard Wagners Grab. Wütend schimpfend, zog mich mein Vater aus dem Auto heraus, und der geburtstägliche Spielnachmittag war vorbei. Ich habe mich danach nie wieder in das Auto gesetzt.

Schon damals spürte ich die Spannungen zwischen meinem Vater und meinem Onkel. Es ging vor allem um Kompetenzen auf dem Festspielhügel. Die Meinungsverschiedenheiten entluden sich häufig in lautstarkem Streit. Die Kinder hörten auch verächtliche Bemerkungen, die die verfeindeten Erwachsenen gegenseitig austauschten. Der Familienzusammenhalt wurde allmählich zerstört. Die Wieland- und die Wolfgang-Partei entfernten sich immer weiter voneinander. Nicht einmal zu Weihnachten oder Ostern traf man sich in der Villa Wahnfried oder im geräumigen Haus meiner Großmutter Winifred im Fichtelgebirge.

Bei einem meiner unerlaubten Besuche in der Villa Wahnfried zu Weihnachten 1952 beeindruckte mich ein riesiger Tannenbaum, der, nur mit roten Äpfeln und Bienenwachskerzen geschmückt, in der Halle stand. Ich fragte mich, warum die Familie Wagner nicht zusammenhielt, zumal mir im Bayreuther Kindergarten Weihnachten als das Fest der Liebe und des Friedens geschildert worden war. In dieser Zeit bat ich meinen Vater, mit mir zu beten. Er lehnte es spöttisch ab.

Die Familie teilte sich nun in die »Wielands« und die »Wolf-gangs«. Mein Vater wurde von seinem Bruder als biederer Verwalter abqualifiziert, wohingegen Wieland in der Öffent-lichkeit als Künstler galt. Es gab demnach »begabte« und »un-begabte Wagners«, eine Etikettierung, die jahrzehntelang wir-ken und auch auf die Berichterstattung der Medien abfärben sollte. Um der familiären Spannung wenigstens zeitweise zu entkommen, verbrachten meine Eltern, meine Schwester und ich die Wochenenden in einem kleinen Haus in der Nähe von Neunkirchen, einige Kilometer von Bayreuth entfernt und schön in der Natur gelegen. Diese Aufenthalte und die regel-mäßigen Abschiebungen in Kinderheime waren damals die einzigen Abwechslungen. Meinen Eltern brachte der Einsatz für Wagners Werk genug geistige Anregung. Sie waren auch außerhalb der Saison viel für die Festspiele unterwegs, aber selbst wenn sie in Bayreuth waren, vermittelten sie uns Kin-dern kaum etwas davon, zu stark beanspruchte sie ihr Beruf.

Um der erzwungenen Isolation zu entkommen, widersetzte ich mich immer häufiger den Verboten meines Vaters. Gerade-zu abwegig fand ich es, daß er mir untersagte, das Siegfried-Wagner-Haus zu betreten. Zu Beginn der fünfziger Jahre fan-den dort an Wochenenden regelmäßig »big parties« statt, bei denen die amerikanischen Offiziere lärmend feierten. Sie sangen, tanzten, und es gab in Hülle und Fülle zu essen und zu trinken. Dort hörte ich zum erstenmal Dance-Bands, Jazz und all die Musik der vierziger Jahre aus Nordamerika, die mein Vater als »Negermusik« ablehnte. Ich genoß diese vitale und herzliche Atmosphäre. Statt in frömmelnder Pose der haus-gemachten Gralsmusik zu lauschen, saß ich verzückt im Wahn-fried-Garten vor einem der Fenster des Musiksalons des Siegfried-Wagner-Hauses und wippte mit beim Boogie-Woo-gie der »kulturlosen Amis«, wie sie in meiner Familie genannt wurden. Einer der schwarzen Angestellten beobachtete mich. Ich erinnerte mich plötzlich an das Verbot meines Vaters und wollte mich schnell aus dem Staub machen. Der große, kräftig gebaute Afroamerikaner bemerkte meine Angst und kam zu mir. Mit einem breiten Lächeln und den Worten »have fun« reichte er mir ein Stück Weddingcake und eine Orange, damals nicht nur für mich Kostbarkeiten. Was sollte ich gegen die »Amis« und die »Neger« haben?

Das Jahr 1953 sollte in zweierlei Hinsicht wichtig für mich werden: Zum einen führte mein Vater zum erstenmal Regie und gestaltete auch sein erstes Bühnenbild für das Festspielhaus, und zum anderen wurde ich eingeschult.

Vater hatte sich für sein Bayreuther Debüt »Lohengrin« ausgesucht. Während er sich intensiv auf dieses Ereignis vorbereitete, erwartete er von uns Kindern noch mehr Rücksicht und Ergebenheit gegenüber der großen Idee der Bayreuther Festspiele als sonst schon. Wenn er zu Hause am Schreibtisch saß, mußten wir still sein, jeder Laut störte ihn. Mit dem Beginn der Proben im Juni gab es nur noch ein Thema: den »Lohengrin«.

Ein wenig entschädigt für die Unterwerfung des gesamten Familienlebens unter Vaters neue große Aufgabe wurde ich durch die Faszination der Vorarbeiten, zuerst auf der Probe-, dann auf der Hauptbühne des Festspielhauses. Die Hektik der Proben und in den Werkstätten war aufregend. Als lästig erwies sich dagegen bald die Pflicht, dauernd vor irgendwelchen Fotografen zu posieren, was dazu diente, das Image des Familienunternehmens zu pflegen. So wurde ich während der »Lohengrin«-Vorbereitungen in allen denkbaren Varianten neben den Pappmaché-Schwan gestellt und hatte freundlich zu lächeln.

Völlig unverständlich war mir, warum mein Vater mir strikt und ohne Begründung verbot, die gleichzeitig stattfindenden Regieproben meines Onkels zu »Rheingold« zu besuchen. Da ich aber begeistert war, zum erstenmal am Theaterbetrieb im

Festspielhaus teilnehmen zu dürfen, und dieses Privileg nicht gefährden wollte, widersprach ich nicht. Auf mein Drängen hin erzählte mir Vater kurz die Märchengeschichte vom guten Lohengrin, der aus der wunderbaren Gralswelt als Königssohn auf die Erde kommt, um die gute Elsa von der bösen Ortrud und von Telramund zu befreien. Daß Lohengrin Elsa verlassen muß, weil sie fragt, wie er heiße und woher er komme, fand ich schon damals befremdlich. Ich bohrte aber nicht weiter nach, denn Vater begegnete meiner Neugier mit dem Satz: »Die Musik erklärt doch eh alles.« Das verstand ich nicht. Genausowenig wie anderes: So ahnte ich zwar, daß im »Lohengrin«-Vorspiel etwas Wundersam-Überirdisches geschah, ich konnte aber nicht fassen, warum Elsa nach Lohengrins Rückkehr in die Gralswelt, zu seinem Vater Parsifal, stirbt und warum ihr Bruder Gottfried, nachdem er vorher von der bösen Ortrud in einen Schwan verwandelt worden war, nun als »Führer von Brabant« in den Krieg gegen die schrecklichen »Feinde im Osten« ziehen muß.

Die »Lohengrin«-Geschichte beunruhigte mich eher, als daß ich sie begriff. Und doch ging ich davon aus, daß ich die stumme Rolle des Knaben Gottfried übernehmen würde. Es traf mich hart, als ich erfahren mußte, daß mein Vater diese Rolle dem Sohn des Sängers Weber, der den König Heinrich gab, übertrug, der nur wenig älter war als ich. Vaters Begründung – »Ich will nicht, daß du hier bevorzugt eine Rolle bekommst, nur weil du mein Sohn bist« – überzeugte mich nicht, da mein vier Jahre älterer Cousin Wummi als einer der Nibelungenzwerge in »Rheingold« mitmachen durfte. Aber was Vater einmal beschlossen hatte, war nicht mehr zu ändern.

Nach der »Lohengrin«-Premiere saßen wir mit geladenen Gästen im Festspiel-Restaurant. Dort bekam ich zum erstenmal mit der Presse zu tun. Im Gegensatz zu den Kindern meines Onkels war ich bis dahin vom öffentlichen Leben ausgeschlossen gewesen, und so verunsicherte mich das plötzliche überschwengliche Interesse an mir als Wagner-Sprößling und an meiner Meinung zu »Lohengrin«. Besonders die Fragen der Boulevardpresse verwirrten mich. So wollte man wissen, wie mir Vaters »Lohengrin«-Inszenierung und Wielands »Rheingold« gefallen hätten. Es war für mich selbstverständlich, die Inszenierung meines Vaters gut zu finden, im Gegensatz zu den meisten Kritikern, die Wielands Regiearbeit vorzogen. Zu »Rheingold« konnte ich nur sagen, daß ich es noch nicht gesehen hätte. Später wurde mir unterstellt, geäußert zu haben, daß ich das »Rheingold« meines Onkels nicht möge.

Mit Bedauern stellte ich nach der »Lohengrin«-Premiere fest, daß mein Vater mich nicht mit den »Wieland-Kindern« zusammen an einem Tisch sitzen ließ. Seitdem gab es bei allen solchen Anlässen den »Wolfgang-« und den »Wieland-Tisch«, und wir Kinder sprachen kaum mehr miteinander. Wir wurden als die »niedlichen Wagner-Kinder« herumgereicht und mußten jene Personen besonders artig begrüßen, die uns als Mitglieder der »Gesellschaft der Freunde von Bayreuth« – das heißt der Festspiele – vorgestellt wurden. Mir gelang das nicht immer zur Freude meiner Eltern, denn ich erklärte in kindlicher Naivität, wen ich mochte und wen nicht, und es war mir völlig egal, ob ich es mit einflußreichen Sponsoren oder normalen Sterblichen zu tun hatte.

Besonders unangenehm war mir bei solchen Veranstaltungen, daß Großmutter Winifred es sich nicht nehmen ließ, eine immer gleiche Geschichte zum Thema »Familienähnlichkeit«, wenn auch in Varianten, mit großer Theatralik zum besten zu geben. Im Zentrum dieser stets reich ausgeschmückten Geschichte standen diese zwei Sätze: »Wenn du als Baby bei mir warst und ich Gäste hatte, fragte ich sie, ob sie Richard Wagner als Säugling sehen wollten? Natürlich wollten alle Klein-Richard sehen.« Großmutter Winifred ließ sich durch nichts davon abhalten, dieses Bonmot zu zelebrieren. Als ich einmal

frech zurückfragte: »War ich wirklich so häßlich?«, fand »Omi«
diese Replik originell und »typisch wagnerisch«.

Nach Vaters großem Auftritt mit »Lohengrin« wurden meine
Schwester und ich, neu eingekleidet und frisch beschenkt, wieder nach Berchtesgaden abgeschoben. In dem nahegelegenen
kleinen Dorf Maria Gern wurde ich im September 1953 eingeschult. Die idyllische Landschule bestand aus zwei Klassen-
zimmern. Im einen waren die Klassen 1 bis 4, im anderen die
Klassen 5 bis 8 untergebracht. Maria, ein etwa zwölfjähriges
schönes Bauernmädchen, half mir, Schreiben, Rechnen und
Lesen zu lernen. Den Unterricht unterbrachen lange fröhliche
Spaziergänge in der Natur, bei denen uns Lehrer Lösch Pflan-
zennamen beibrachte. Meine neuen Schulkameraden, die
meist aus Bauernfamilien kamen, nahmen mich herzlich auf.
Um mich der neuen Umgebung anzupassen, nahm ich den
oberbayerischen Dialekt an. Es machte mir Spaß, mit den anderen Buben die Glocke der kleinen Dorfkirche zu läuten. Wir
sprangen hoch und klammerten uns am Glockenseil fest, um
uns dann unter lautem Geläut mitschwingen zu lassen. In Maria Gern konnte ich endlich wie andere sechsjährige Jungen
spielen, und ich vermißte meine Eltern und Bayreuth kaum.

Aber diese unbeschwerte Zeit währte nur kurz. Im Oktober
wurde ich ein zweites Mal eingeschult, diesmal in Bayreuth.
Mit dem Eintritt in die dortige »Übungsschule« begann eine
mich vom ersten bis zum letzten Tag quälende sechzehnjährige
Schulzeit. Ständig wechselten die Orte, Schulen, Erzieher und
Lehrer. Dreimal mußte ich Klassen wiederholen. Die wenigen
Lichtblicke waren anregende Lehrer und Freundschaften mit
Mitschülern.

Schon die ersten Schulerlebnisse in Bayreuth waren alp-
traumhaft. Schnell wurde mir klar, was es hieß, anders als die
anderen Kinder zu sein: Ich wurde verspottet wegen meines
oberbayerischen Zungenschlags und meiner Trachtenklei-

dung, die ich in Maria Gern so gerne getragen hatte. Auch war ich mit meinem Wissen weit im Rückstand. Meine erste Lehrerin in Bayreuth, die gütige und einfühlsame Frau Grohm, versuchte mir beizustehen. Vergeblich, auch weil sie keine Hilfe von meinen Eltern erhielt. Am meisten aber trennte mich von meinen Klassenkameraden die Tatsache, daß ich ein Wagner war, der in Bayreuth zur Schule ging. Natürlich wird auch Neid dazu beigetragen haben, daß ich in meiner Klasse von Anfang an isoliert war. Ich versuchte zunächst, das Beste aus meiner Lage zu machen, und mimte den Clown. Aber auch das änderte nichts. Allmählich zog ich mich in mich zurück, was aber die Aggressionen der anderen nur verstärkte. So wurde ich von Mitschülern auf dem Heimweg schnell einmal ordentlich verdroschen, und ein andermal mußte ich auf der Sandsteinaußenmauer des Wahnfried-Gartens »Gottfried ist blöd« lesen, was die Passanten, mich jedoch weniger erheiterte. Meine schulischen Leistungen verschlechterten sich immer mehr, und da meine Eltern weder Zeit noch Lust hatten, sich meinen Nöten zu widmen, entschieden sie, mich nun auch zu Hause durch Kindermädchen und Privatlehrer erziehen zu lassen. Die Zahl der Erzieher, die sich vergeblich mühten, meine Schulnoten zu verbessern, wuchs stetig. Ich fiel in der Schule nicht nur weiter durch schlechte Leistungen auf, sondern auch dadurch, daß ich oft wegen Krankheit fehlte.

1954 nahm mein Vater seinen »Lohengrin« wieder auf. Aber das war weniger aufregend als die Begegnung mit meiner Tante Friedelind Wagner, der älteren Schwester meines Vaters, die die Aufführung im Festspielhaus besuchte. Über sie kursierten merkwürdige Geschichten innerhalb der Familie, die mich neugierig machten, sie kennenzulernen. Mein Vater machte meist abfällige Bemerkungen über seine Schwester: Sie sei ein schrecklich ungezogenes Kind gewesen und von zu Hause einfach nach Amerika abgehauen. Als ich diese »freche amerikanische Tante«, die in der Familie »Maus« genannt wurde, im Festspielhaus das erste Mal erlebte, gewann ich gleich ein ganz anderes Bild von ihr. Sie sah uns »Wagnerschen Nasenbären« sehr ähnlich und beeindruckte mich durch ihre exotische Kleidung und ihr burschikoses, lautes Auftreten. Sie kam mit einem Lächeln auf mich zu und begrüßte mich herzlich. Sie war die einzige in der Familie, die mich nach meinen Interessen fragte und wie einen Jungen meines Alters behandelte. Sie verzichtete auf das Bayreuther Gehabe und den Wagner-Kult, den der Rest der Familie mit Inbrunst pflegte. Ich lauschte begeistert, als sie mir erzählte, wie sie in der amerikanischen Prärie »Red Indians« getroffen hatte. Und dann bot sie mir an: »Nenne mich Maus und nicht Tante Friedelind.« Ich hätte mich gerne weiter mit ihr unterhalten. Aber mein Vater bestand bald darauf, mich nach Hause zu fahren. Unterwegs verbot er mir jeden weiteren Kontakt zu Tante Friedelind. Diesmal fand ich mich mit dem Machtspruch nicht ab, sondern widersprach und forderte eine Begründung. Ich bekam aber keine, statt dessen die lapidare Auskunft: »Das ist eine lange Geschichte, die ich dir eines Tages erzählen werde.« Ich ließ nicht locker und erwiderte: »Erzähl sie mir doch.«

Daraufhin mein Vater: »Du würdest sie eh noch nicht verstehen.« Gereizt setzte er mich zu Hause ab. Ich begann zu ahnen, daß es da noch viele Geheimnisse gab, die ich nicht erfahren sollte.

Nach unserem ersten Treffen sahen »Maus« und ich uns leider nur noch sporadisch in der Zeit von 1959 bis 1966, als sie als Leiterin ihrer »Bayreuther Festspiel-Meisterklassen« für Musikstudenten aus aller Welt tätig war. In diesen Sommerkursen diskutierte sie mit den Studenten über Wagner-Opern und -Inszenierungen. Sie war in einer primitiven Baracke direkt neben dem Grundstück meines Vaters untergebracht. Vater machte sich immer über »Maus« lustig und fürchtete mit Recht ihr kulturelles und geistiges Niveau. Sie kannte eben erfreulicherweise nicht nur die Werke von Richard Wagner, sondern unter anderem auch die von Franz Liszt und ihrem Vater Siegfried Wagner, die sie als einzige in der Familie förderte. Sprachen Vater und ich über sie, gab es Streit, weil ich seine abschätzige Meinung über meine Tante nicht teilte.

Nach Wielands Tod 1966 erreichten die Auseinandersetzungen zwischen Vater und »Maus« wegen seines Inszenierungsstils eine solche Heftigkeit, daß sie sich schließlich 1972 in England niederließ. Sie fehlte mir damals, da sie bei den wenigen Gesprächen, die wir allein führen konnten, mir gegenüber stets offen war. Leider hatte sie kein großes Geschick bei der Auswahl ihrer Freunde, von denen sie oft ausgenutzt wurde. Sie war bis zu ihrem Tod 1991 immer an meiner beruflichen Entwicklung interessiert und kam mit rührendem Stolz meist zu den Premieren meiner Inszenierungen. »Maus« half auch meiner Mutter nach deren Scheidung 1976 mit großer Selbstlosigkeit, was ihrem mutigen, familienatypischen Charakter und ihren ethischen Grundprinzipien entsprach. Besonders verübelte ich Vater seine Trauerrede über »Maus« in Bayreuth, worin er noch einmal ihr Buch »Nacht über Bayreuth« von 1944 vor geladenen Gästen verunglimpfte. Abgesehen davon: »Maus« hatte es sich ausdrücklich verbeten, daß ihrer in Bayreuth mit einer Trauerfeier gedacht werden sollte! In dem erwähnten Buch hatte meine Tante all jene Episoden erwähnt, die in der Autobiographie meines Vaters mit dem Titel »Lebensakte« von 1994 und von der Bayreuth nahestehenden Wagner-Rezeption verschwiegen oder verfälscht werden: nämlich die intimen Beziehungen der Familie zu »Onkel Wolf«, wie sie Adolf Hitler nennen durfte.

Ich freue mich noch heute, wenn ich meinen Briefwechsel mit »Maus« manchmal lese. Ich erkenne darin, daß wir als Wagner-Nachkommen in Opposition zum Wagner-Kult und als Familienaußenseiter uns – trotz aller Bayreuther Hindernisse, Meinungsverschiedenheiten und Intrigen – eigentlich immer gemocht haben. »Maus« war die einzige in der Familie, die sowohl meine Israelreise als auch die Adoption meines Sohnes Eugenio begeistert begrüßte. Heute glaube ich, es ihr schuldig zu sein, zu verhindern, daß man ihr Gedenken in den Schmutz zieht, aus welchen Gründen auch immer. Arme »Maus«, das hättest du nicht verdient!

Im Januar 1955 konnten wir das Gärtnerhaus verlassen und eine Villa am Festspielhügel beziehen. »Endlich werden wir in Ruhe und Frieden leben können«, sagte meine Mutter, die sich um meinen labilen Gesundheitszustand sorgte. Ich hatte nun ein eigenes großes Zimmer. Aber meine Lage verbesserte sich dadurch nicht, denn da unsere Villa nur wenige Meter vom Festspielhaus entfernt war und mein Vater sich tags und nachts nunmehr ausschließlich dem Unternehmen Wagner widmete, erlosch bald der letzte Rest von Familienleben. Unser neues Heim verwandelte sich in ein räumliches Anhängsel des Festspielhauses. Mein Vater duldete nichts anderes mehr als den Kult um das Wagner-Erbe. Er ließ das Grundstück durch hohe Mauern, Holzwände und Sträucher einfrieden, über die ich nur durch die Fenster im zweiten Stock hinwegblicken konnte. Jetzt sah man vom Garten aus im Sommer das Festspielhaus zwar nicht mehr, aber dafür fühlte ich mich manchmal wie im Gefängnis. Ich vermißte den offenen großen Garten, die Stadtnähe der Villa Wahnfried und die verbotenen Spiele mit den »Wieland-Kindern«.

Da wir in einen anderen Stadtteil umgezogen waren, mußte ich nun die Graser-Schule besuchen. Ich sah mich hier dem Lehrer Schäfer gegenüber, der auf mich bedrohlich wirkte in seiner Strenge. Mit ihm hatte ich nur ein Erfolgserlebnis, als es mir gelang, eine Melodie, die er auf der Geige vorspielte, fehlerlos nachzusingen. So entsprach ich ganz der Erwartungshaltung meiner schulischen Umwelt, die überzeugt davon war, daß alles andere als Musik einen Wagner ohnehin nicht interessiere. Lehrer Schäfers einzige positive Bemerkung über mich: »Du taugst zwar wenig in der Schule, aber wenigstens kannst du singen.«

Eine mehr als willkommene Abwechslung vom tristen Schulalltag war meine erste große Auslandsreise im April 1955. Ich flog mit meinen Eltern nach Barcelona, wo die Bayreuther Festspiele mit den »Parsifal«- und »Walküre«-Inszenierungen meines Onkel gastierten. Diese erste Mittelmeererfahrung beeindruckte mich tief und nachhaltig. Die luxuriösen Hotels, großen Gärten und Villen und das tiefblaue Meer, aber auch die flirrende Gesellschaft innerhalb und außerhalb des Opernhauses fand ich faszinierend. Die »Wolfgang-« und »Wieland-Kinder« wurden überschwenglich mitgefeiert. Großmutter Winifred erklärte bei allen erdenklichen Gelegenheiten, »wie uranständig und großartig doch diese Spanier uns Deutschen gegen die Bolschewiken beigestanden haben«. Begeistert erzählte sie von Hitler, pries dessen spanischen Bundesgenossen, den Caudillo Francisco Franco, und schwelgte in Erinnerungen an die »herrlichen Zeiten« der nationalsozialistischen Diktatur. Die Gastgeber applaudierten ihr herzlich, mein Vater schwieg, und ich begann mitzujubeln: »Franco-Hitler! Franco-Hitler!« Ich wußte nicht, was das bedeutete.

In Barcelona erschien mir alles groß und großartig. Die Devotion, die allen Wagners entgegengebracht wurde, stieg mir zu Kopf. Ich glaubte nun, eine große Zukunft vor mir zu haben. Der einsetzende Hochmut zeitigte direkte Wirkung, als wir nach Bayreuth zurückgekehrt waren. Ich verlor gänzlich mein Interesse an der Schule, und meine Noten fielen entsprechend aus. Mich beschäftigte nur noch das Festspielhaus, und ich wollte an allem, was darin vorging, teilhaben. Meine Eltern machten mir allerdings unmißverständlich klar, daß ich nur Vaters Proben für die Neuinszenierung des »Fliegenden Holländers« besuchen könne. Bei den Vorarbeiten zum »Tannhäuser« meines Onkels dagegen durfte ich mich nicht erwischen lassen. Ich fand schnell diverse Verstecke im Festspielhaus: über dem Zuschauerraum, im Orchestergraben, im Souffleurkasten, auf der Unterbühne, den Beleuchtungstürmen, dem Schnürboden oder auf den zahlreichen Dächern. So konnte ich nicht nur in Ruhe und fasziniert den Proben meines Onkels zusehen, sondern wurde auch Zeuge des in aller Härte ausgetragenen Streits zwischen meinem Vater und seinem Bruder sowie dessen Frau, meiner Tante Gertrud. Tyrannisch setzte Wieland seinen Willen im Interesse seiner Arbeit durch, und mein Vater hatte sich ihm vor aller Augen unterzuordnen. Wielands Tobsuchtsanfälle, sein Zynismus und seine abfälligen Äußerungen über Menschen, die nicht seinen Vorstellungen entsprachen, befremdeten mich ebenso wie seine abschätzigen Bemerkungen über die Inszenierungen meines Vaters. Dieser litt stark darunter, denn er wollte seinem Bruder als Künstler gleichkommen. Ich bewunderte zwar Wielands Regiearbeit und seine Bühnenbilder, die mich mehr ansprachen als die Inszenierungen meines Vaters, aber mit diesem empfand ich in dieser Zeit oft Mitleid.

Die offene Mißachtung meines Onkels für die Inszenierungen meines Vaters hatte zur Folge, daß sich im Festspielhaus zwei rivalisierende Gruppen bildeten, die gegeneinander arbeiteten und intrigierten. Das Klima wurde giftiger, und der ohnehin schon bestehende Riß in der Familie vertiefte sich weiter. Bei Aufführungen durften wir Kinder nicht mehr in der Familienloge zusammensitzen. Dort nahmen jetzt nur noch die »Wielands« Platz, wohingegen die »Wolfgangs« links in der ersten Reihe im Zuschauerraum saßen. Auch auf den offiziellen Fotos wurden die beiden Familien nun nicht mehr zusammen gezeigt.

Unter diesen betrüblichen Bedingungen wurde unter der szenischen Leitung meines Vaters der »Fliegende Holländer« aufgeführt. Wieland und die ihm nahestehende Presse bewerteten die Inszenierung ebenso schlecht wie zuvor schon den

»Lohengrin«. Mein Vater spürte, daß ich mit ihm solidarisch war, und er nahm sich die Zeit, mir den Inhalt des »Fliegenden Holländers« zu erklären. Die Geschichte wirkte ähnlich auf mich wie zwei Jahre zuvor die von »Lohengrin«: Ich hatte Angst vor dem Geisterschiff und konnte nicht begreifen, was es mit dem Selbstmord Sentas am Ende der Oper auf sich hatte und warum dadurch der Holländer »erlöst« werden sollte.

Auch vor diesem Festspielereignis waren meine Schwester und ich abgeschoben worden, diesmal in das Kinderheim »Renée« in Wyk auf der Insel Föhr. Der Abschied von den Eltern und Bayreuth fiel mir leichter als in den Jahren zuvor. Ich fühlte mich nirgendwo zu Hause. An diesem Lebensgefühl änderte sich auch nichts, nachdem wir nach Bayreuth zurückgekehrt waren. Ich wurde wieder häufiger krank.

Die Weihnachtsfeiertage verbrachten wir in diesem Jahr im Hotel »Wetterstein« in Seefeld/Tirol. Dort traf ich zum erstenmal auf Menschen, die stolz darauf waren, Deutsche zu sein. Das begriff ich genausowenig wie den Spruch: »Wir Deutschen sind wieder wer«, den man nun öfter hören konnte.

In dieser Zeit diskutierten die Erwachsenen hitzig über die deutsche Wiederaufrüstung. Als ich meinen Vater fragte, was denn die Bundeswehr und die Nationale Volksarmee, die Streitkräfte der DDR, seien, antwortete er: »Die Bundeswehr sind unsere braven Soldaten hier, die uns vor den bösen Soldaten der Volksarmee schützen, wenn sie uns angreifen.« Diese Erklärung leuchtete mir ein. Aber die Volksarmee der »Sowjetzone« beunruhigte mich nicht sonderlich. Was den Erwachsenen im sich verschärfenden kalten Krieg Sorgen bereitete, empfand ich eher wie eine Räuber- und Gendarmgeschichte.

Viel mehr beschäftigten mich Bilder über den Nationalsozialismus in Wochenschauen, Zeitungen und Illustrierten, die ich zum erstenmal sah. Bei einer Schulfilmveranstaltung sahen wir Ausschnitte aus zeitgenössischem Propagandamaterial über Nazi-Deutschland, die Nürnberger Parteitage der NSDAP und den von Hitler entfesselten Weltkrieg: im Stechschritt marschierende deutsche Soldaten, hysterischer Massenjubel für den »Führer«, Kriegsverbrechen der Wehrmacht, und all das untermalt von Richard Wagners Musik. Mich erschütterten die Bilder von Leichenbergen im Konzentrationslager Buchenwald. Verängstigt erzählte ich meinem Vater von den furchtbaren Filmen und besonders davon, welche Musik ich dazu gehört hatte. »Du bist noch zu klein, um das alles zu verstehen«, antwortete er. Als ich mich damit nicht zufriedengab, schrie er mich an, ich solle spielen oder besser endlich meine Hausaufgaben machen, als nach Dingen zu fragen, die ich eh nicht begreifen könne. Da ich wußte, daß ich verprügelt würde, wenn ich weiter auf meinen Fragen beharrte, schwieg ich. Aber ich war entschlossen, der Sache auf den Grund zu gehen.

Den nächsten Versuch, die Wahrheit zu erfahren, machte ich bei meiner Großmutter, die mir auf meine Frage, ob es die Konzentrationslager im Dritten Reich wirklich gegeben habe, antwortete: »Das ist alles die Propaganda der New Yorker Juden, die uns und die Deutschen schlecht machen wollen!«

In diese Zeit fiel ein weiteres Erlebnis, das meinen Lebensweg beeinflussen sollte: die »Meistersinger *ohne* Nürnberg« Wielands von 1956. Ich hatte schon zuvor einige Bühnenbilder von den »Meistersinger«-Aufführungen früherer Zeiten gesehen, sie hatten mich jedoch wenig begeistert. Aber ich war hingerissen, als in der Festspielsaison 1956 der Vorhang aufging und ich den magischen Bühnenraum sah mit seinen sich ständig verändernden Lichteffekten vor einem einfachen und klaren Rundhorizont, dazu nur wenige, aber wunderschöne Details in den Akten. Wieland war damals mein künstlerisches Vorbild, ich wollte unbedingt Regisseur werden. Als ich meinem Vater davon erzählte, sagte er kein Wort. Ich war konsterniert, als aggressive Buhrufe ertönten, nachdem der Vorhang sich nach dem letzten Akt geschlossen hatte. Auch Großmutter Winifred empfand Wielands Inszenierung als Beschmutzung der »Meistersinger«. In dieser Zeit begann ich zu begreifen, was Winifred bei ihren Feiern am 20. April, Hitlers Geburtstag, mit »USA« meinte: »unser seeliger Adolf«.

Nach diesen Ereignissen traf mich das Ende der Festspielzeit hart, denn nun brach wieder die große Langeweile aus in der Provinzstadt Bayreuth. Doch der Herbst sollte diesmal einige Abwechslung bringen, denn ich begann heimlich in der Familiengeschichte zu forschen. Meine Eltern waren wie üblich nach der Festspielzeit in Ferien, und so sorgte Gunda Lodes, die in der Telefonzentrale der Festspielverwaltung tätig war, für meine Schwester und mich. Gunda war durch ihre warmherzige, liebevolle Art ein Tantenersatz für mich geworden, und ich verdanke es ihr, daß ich meine Kinder- und Jugendjahre in Bayreuth nicht nur als Alptraum erlebte. Gundas Vater, der gütige Hans Lodes, war seit Jahrzehnten der Hausmeister der Bayreuther Festspiele. »Opa Lodes«, wie ich ihn nannte, führte die Touristenmassen durch das Festspielhaus und erklärte mit schlichten Worten alles Wesentliche über die Geschichte der Festspiele und Richard Wagner. Mein erstes Wissen über die Geschichte meiner Familie verdanke ich ihm. In ebenso guter Erinnerung bleibt mir seine Frau Kunigunde. Sie war klein, rund, gemütlich und stammte wie ihr Mann aus einer katholischen Bauernfamilie. »Oma Lodes« machte die herrlichsten »Bayreuther Glees«, Kartoffelklöße. Am Wochenende stießen die Enkel Werner und Helmut zur Familie Lodes, und ich konnte endlich wie andere Kinder spielen. Werner, der sechs Jahre älter ist als ich, wurde mein Lieblingsspielgefährte. Ich bewunderte ihn wegen seiner technischen Begabung, die mir als einem auf Künstler getrimmten Wagner ganz abging. Seine Phantasie für stets neue Spiele im Garten und dann auch immer mehr im Festspielhaus war grenzenlos. Zu uns gesellten sich schnell Nachbarkinder, wie Matthias Röntgen, der

Sohn eines Malers, der in einer Baracke auf der anderen Seite des Festspielhügels wohnte, und Hubert Franz, der Sohn des Försters vom Grundstück nebenan.

Bevor meine Eltern in ihre Ferien verreisten, hatte mir mein Vater strengstens untersagt, im Festspielhaus zu spielen. Dieses Verbot war für mich wie eine Aufforderung, den Generalschlüssel, den Vater an einem geheimen Platz versteckt hatte, in meiner Hosentasche verschwinden zu lassen und meine Streifzüge durch das Festspielhaus zu beginnen. Ich öffnete zuerst all die Türen, die mir bis dahin verschlossen waren und hinter denen ich besondere Geheimnisse vermutete. So betrat ich mit klopfendem Herzen die Zimmer über dem alten Malersaal. Dort fand ich ein großes Gipsmodell des Festspielhauses, Gemälde mit Darstellungen aus dem »Ring des Nibelungen«, dicke Wälzer über Menschenrassen, Festspielführer aus den Jahren 1933 bis 1944, Fotos von meiner Großmutter, meinem Onkel Wieland und Vater mit dem »Führer«. Ein riesiges Ölgemälde mit Hitler und einem bedrohlich blickenden deutschen Schäferhund erschreckte mich besonders. In Schachteln fand ich unzählige handgeschriebene Briefe, die ich, da sie teilweise in deutscher Schrift verfaßt waren, schlecht entziffern konnte. Obwohl die Fundstücke verstaubt, verdreckt und teilweise zerrissen wild durcheinander herumlagen oder an die Wand gelehnt waren, nahm ich sie vorsichtig Stück für Stück in meine Hände und betrachtete sie.

Besonders über das Gipsmodell wollte ich mehr wissen und überlegte, wer mir am besten meine Fragen beantworten könnte. An meinen Vater durfte ich mich nicht wenden, da ich auf verbotenen Pfaden wandelte. Außerdem hatte mir seine Reaktion auf meine Fragen zu den Filmen über die Nazizeit gezeigt, daß er sich zu diesem Thema nicht äußern wollte. Opa Lodes dagegen erschien mir ein geeigneter Auskunftgeber. Um mich nicht selbst zu verraten, erfand ich einen Vorwand, um legal zum Tatort zurückkehren zu können. Ich behauptete, seltsame

Geräusche über dem Malersaal gehört zu haben. Sofort pfiff er seinen kräftigen Schäferhund Bobo herbei, vor dem ich schreckliche Angst hatte, und eilte mit mir im Schlepptau zum Malersaal. Ich drängte ihn, die Treppe zur Rumpelkammer hinaufzusteigen. Mißtrauisch betrachtete er die kleinen Schuhabdrücke auf den verstaubten Stufen. Als wir die Kammer betraten, tat ich so, als hätte ich die Dinge dort noch nie gesehen. »Du warst doch schon hier«, bemerkte er trocken. Er wollte wissen, wie ich hier hereingekommen war. Ich erzählte ihm schließlich die Geschichte, schwor, es nie wieder zu tun, und begann ihn auszufragen.

Bereitwillig gab er mir Antwort: »Das ist ein Gipsmodell des Festspielhauses. Der ›Führer‹ wollte nach dem Endsieg das alte Festspielhaus überdachen lassen und es nur noch zu ganz besonderen Anlässen von ganz besonderen Personen benutzen lassen. Neben diesem alten wollte er ein anderes Festspielhaus bauen lassen, das genau dem alten gleichen sollte und das für die Aufführungen benutzt werden sollte.«

»Dieser ›Führer‹, war er oft hier?« wollte ich wissen.

»Der ›Führer‹ liebte Wagner und deine Familie sehr.«

Da Opa Lodes so freundlich vom »Führer« sprach, wollte ich wissen, wo er heute sei.

»Der ist schon lange tot«, antwortete Opa Lodes und nahm mich energisch an die Hand, um mich aus der Rumpelkammer zu ziehen. Schweigend und mit ernstem Gesicht schloß er die Türen und sagte dann: »Ohne deinen Vater will ich dich hier nicht mehr sehen, denn sonst kannst du nicht mehr zu uns kommen.«

Erst sehr viel später sollte ich erfahren, daß es sich bei diesem Gipsmodell um die »Monumentalisierung« des Festspielhauses durch den Nazi-Architekten Emil-Rudolf Mewes von 1940 handelte.

An Werner, Helmut und die herrlichen wilden Spiele denkend, versprach ich Opa Lodes, meinen Mund zu halten, aber nicht, daß ich nicht noch einmal in das geheimnisvolle Zimmer ginge.

Nach der Rückkehr meiner Eltern war es mit der Familienforschung ohnehin vorbei und auch mit dem unbeschwerten Leben in der Familie Lodes. Unsere Schulklasse erhielt einen neuen Lehrer namens Popp, der sich offenbar vorgenommen hatte, mir Schliff beizubringen. Er genoß es, ganz nahe an mich heranzukommen, wenn er mit mir sprach. »Nun, Wagnerchen, dann wollen wir einmal hören, was du gelernt hast.« Dieser Satz war der Auftakt für seine Befragungen, die immer damit endeten, daß ich verstockt nicht mehr antwortete und er mit bösem Lächeln die Finger seiner rechten Hand langsam zu einer Faust formte, um dann damit meinen Hinterkopf mit kurzen rhythmischen Schlägen zu bearbeiten. »Der Wagnersche musikalische Hinterkopf klingt wieder mal recht hohl«, sagte er, zog mich schließlich oberhalb meiner rechten Schläfe an den Haaren und schrieb zur Freude der Mitschüler in sein Notizbuch genüßlich eine Sechs. Eine andere Lieblingsbeschäftigung Lehrer Popps war es, seine Erlebnisse als Soldat im Zweiten Weltkrieg zu schildern: »Wenn wir Deutschen nur ein wenig mehr Zeit gehabt hätten, wäre uns der Endsieg sicher gewesen. Aber die ganze Welt war eben gegen uns«, klagte er.

Wenn Lehrer Popp mich traktiert hatte, bekam ich stets starke Kopfschmerzen. Als ich mich zu Hause über seine Behandlung beschwerte, nannte mein Vater mich »Heulsuse«. Immerhin schickte er meine Mutter zu Lehrer Popp mit dem Erfolg, daß dieser mich fortan nur noch einmal in der Woche daran erinnerte, daß ich einen hohlen Wagnerschen musikalischen Hinterkopf hatte.

Mein Vater war in dieser Zeit besonders viel für die Festspiele unterwegs und wegen seiner Inszenierung von »Tristan und Isolde« im Sommer 1957 kaum mehr ansprechbar. Er führte mich nun auch nicht mehr ein in die Werke, die er auf die Bühne brachte. Ich las die Inhaltsangabe des Programmhefts und verstand wenig von der Geschichte, war aber von der Musik des »Tristan« ergriffen wie nie zuvor. Ich besuchte alle nur möglichen Orchesterproben und Aufführungen unter der Leitung von Wolfgang Sawallisch. Unvergeßlich bleiben mir Birgit Nilsson als Isolde und Wolfgang Windgassen als Tristan.

Meine Großmutter ließ nur die Inszenierungen meines Vaters gelten und polemisierte gegen Wielands Arbeit. Sie versuchte ständig, meinen Vater gegen meinen Onkel auszuspielen. So wuchsen die Spannungen in der Familie weiter. Ich war dieser Belastung allerdings nicht lange ausgesetzt, da ich in diesem Sommer wieder schlechte Noten nach Hause brachte und wegen angeblicher Wachstumsherzschwäche abgeschoben wurde an den Schliersee zu einem älteren Ehepaar namens Zankl. Dort fand ich zwar keine Spielgefährten, war aber immerhin Lehrer Popp los.

Im September kehrte ich zurück an die Graser-Schule. Meine neuen Mitschüler begrüßten mich, indem sie skandierten: »Wagner, Sitzenbleiber, Zeitvertreiber!« Zur Mißgunst meiner Schulkameraden gesellte sich ein wachsender Leistungsdruck. Ich mußte mich nun auf die bald anstehende Aufnahmeprüfung für das Humanistische Gymnasium vorbereiten. Diese Schule hatten mein Großvater, mein Onkel und mein Vater absolviert, und auf ihr Vorbild wurde ich laufend hingewiesen. Ein wenig Erleichterung verschaffte mir Frau Moritz, eine Lehrerin, die meine Situation erkannt hatte und mich aufmunterte. Für Frau Moritz spricht außerdem, daß ihr offenkundig unwohl war, wenn wir in der Klasse alle drei Strophen der deutschen Nationalhymne singen sollten, obwohl seit 1952 nur die letzte als Hymnentext gilt. »Deutschland, Deutschland, über alles...« – auch darin widerspiegelte sich die geistige Wiederaufrüstung der Westdeutschen im kalten Krieg.

Großmutter Winifred war 1957 in das Siegfried-Wagner-Haus zurückgekehrt, nachdem die Amerikaner abgezogen waren. Ich besuchte sie hin und wieder heimlich. Meist fand ich sie im Vorzimmer zum Speisesaal im Parterre, an ihrem Schreibtisch sitzend. Sie rauchte ununterbrochen ihre filterlosen North States, schrieb Briefe oder schaute durch das offene Fenster auf den Wahnfried-Park. So konnte sie kontrollieren, wer dort ein- und ausging. Bei einem meiner Besuche erzählte ich ihr von Frau Moritz' Vorbehalten gegenüber der ersten Strophe der Nationalhymne. Sie geriet außer sich und schimpfte über die Schule, wo man jetzt offensichtlich beginne, auch schon den Kindern die deutsche Geschichte verdreht zu erzählen.

Im Juli 1958 erfuhr ich, daß ich die Aufnahmeprüfung für das Humanistische Gymnasium bestanden hatte. Ich wollte die gute Nachricht erst nicht glauben. Beflügelt von dem unerwarteten Erfolg, besuchte ich die Proben von Wielands erstem »Lohengrin« am Festspielhügel. Wie dereinst seine »Meistersinger«, so schlug mich nun auch die neue Inszenierung meines Onkels in ihren Bann. Wann immer ich konnte, schaute ich ihm bei der Arbeit zu. Als mein Vater die Begeisterung bemerkte, verbot er mir, mich so oft im Festspielhaus aufzuhalten. Aber das beeindruckte mich wenig. Ich gab vor, ins Kino oder zum Schwimmen zu gehen, und schlich mich auf einem meiner Geheimwege ins Festspielhaus. Wieland verstand meine Situation, aber er sagte nichts dazu. Einmal erschien bei einer Beleuchtungsprobe plötzlich mein Vater. Er hatte irgendwie herausgefunden, daß ich nicht zum Schwimmen gegangen war. Aufgebracht fragte er meinen Onkel, ob er mich gesehen habe. Wieland hatte mich kurz zuvor auf der Beleuchtungsbrücke bemerkt. Aber er gab sich ahnungslos. Kaum war mein Vater wütend verschwunden, blinzelte er mir lächelnd zu und sagte leise: »Die Luft ist rein.«

Es blieb nicht die einzige Verschwörerepisode zwischen meinem Onkel und mir. Eines Tages schlich ich mich wieder einmal heimlich in den Wahnfried-Park. Ich wartete dort, bis Wieland die Villa verließ, und erklärte ihm dann, wie begeistert ich von seinem »Lohengrin« sei. Die naive Zuneigung aus dem anderen Familienlager überraschte meinen Onkel. Er ging zurück in die Villa und kehrte kurz darauf mit einem Kuvert zurück. Er drückte es mir in die Hand. Ich wagte es nicht, den Umschlag in seiner Gegenwart zu öffnen. Als er in sein Auto gestiegen war, bat ich ihn, mir ein Autogramm zu geben. »Aber ich bin doch dein Onkel«, erwiderte er verwundert. »Wir können uns doch nie sprechen, und so habe ich wenigstens etwas von dir«, erklärte ich ihm. Zu Hause angekommen, öffnete ich das Kuvert und fand einen Zwanzig-Mark-Schein. Ich hatte zwar ein persönlicheres Geschenk erhofft, aber ich freute mich doch. Von dem Geld kaufte ich eine meiner ersten Schallplatten, eine Louis-Amstrong-LP – »Negermusik« nach den Maßstäben meiner Großmutter.

Nach meinem ersten Prüfungserfolg freute ich mich auf die Oberschule. Doch wurde mein Optimismus bald gedämpft. Ich wurde krank, und wieder unterrichteten mich Privatlehrer in Bayreuth und Berchtesgaden. Erst im April 1959 konnte ich das Gymnasium besuchen.

Im Herbst dieses Jahres begann mein Vater seine erste Inszenierung des »Rings des Nibelungen« vorzubereiten, den er in der kommenden Saison herausbringen wollte. Auch meine Mutter hatte vor allem der großen Wagnerschen Sache zu dienen. Die Kinder störten dabei. Mein Vater wurde mir immer fremder. Daran änderten auch gemeinsame Ferien in Braunwald in den Schweizer Alpen nichts, wo sich die erschöpften Eltern erholen wollten. Nach der Rückkehr aus dem Winterurlaub starb unser Riesenschnauzer Froh einen monatelangen qualvollen Tod. Er war zwölf Jahre mein Begleiter gewesen, ich hatte ihn sehr gemocht. Mein Vater fand kein Verständnis für meine Tränen.

Als die Festspiele des Jahres 1960 näherrückten, wurden meine Schwester und ich wieder nach Berchtesgaden geschickt, diesmal in das elegante Hotel Geiger. Ich empfand die

Festspiele diesmal nur als Bedrohung des häuslichen Friedens. Beklemmung löste bei mir ein Besuch der Ruine von Hitlers »Berghof« auf dem Obersalzberg aus. Als ich Vater davon berichtete, fand er anerkennende Worte über die Architektur von Hitlers Alpendomizil. Mein Vater war überfordert und ständig unter dem Druck der Konkurrenz meines Onkels, die Familie bekam es zu spüren. Das lag wie ein Schatten über der Ehe meiner Eltern. Damals endete meine Kindheit. Mich widerten die Intrigen der verfeindeten Lager nur noch an und auch, daß ich zunehmend in sie hineingezogen werden sollte. Ich bemühte mich, meinem Vater gegenüber loyal zu sein, obwohl mich seine Inszenierungen viel weniger anregten als die meines Onkels Wieland.

Im Sommer 1961 trat ich meinem Vater zum erstenmal offen entgegen. Ich protestierte gegen die ständigen Zurechtweisungen, die er meiner Mutter zumutete. Es endete mit Prügeln für mich und einem handfesten Streit meiner Eltern. Und die Auseinandersetzung hatte ein Nachspiel. Mein Vater drohte mir, er werde mich in die härteste Schule Deutschlands stecken, wo man aus mir »Memme« endlich einen Mann machen würde. Ich erwiderte trotzig: »Dann mach's doch!« Prompt beförderte mich ein Chauffeur nach Stein bei Traunstein ins Internat. Die Fahrt dorthin fiel mir schwer, da ich mir große Sorgen um meine Mutter machte. Sie steckte damals in einer schweren Krise und bezeichnete die Festspiele immer wieder als »selbstmörderisch«. Bei aller familiären Belastung erwies sich die »Strafe«, im strengen Internat leben zu müssen, als ihr Gegenteil. Jetzt erntete ich die Früchte des Bayreuther Drills; denn ich war meinen neuen Kameraden voraus und befand mich in der ungewohnten Lage, einer der Klassenbesten zu sein. Statt zu büffeln, tat ich alles, was ich nicht tun sollte: Ich rauchte, besuchte nachts heimlich Mädchen, trank Bier, ärgerte die Lehrer und ging lieber schwimmen, statt am Unterricht teilzunehmen. Meine einzige Sorge war, wieder nach Bayreuth zurück zu müssen.

Eines Tages überraschte mich die Mitteilung, daß nun auch mein Cousin Wummi das Steiner Internat besuchen würde. Der familiäre Dauerkrach hatte meine Sympathie für Wummi nicht beschädigen können. Das hatte meinen Vater zornig gemacht, und er hatte immer wieder über Wummi hergezogen. Ähnlich wie ich wuchs Wummi praktisch elternlos auf, und er wechselte gleichfalls häufig Schulen und Erzieher. Wir genossen daher beide in Bayreuth den Ruf, dumm und faul zu sein. Ich hatte ihn lange nicht gesehen und war gespannt darauf, ihn zu treffen. Er sagte: »Hallo, Gottfriedla«, und schon war das Zusammengehörigkeitsgefühl wieder geweckt. Wir waren damals überzeugt davon, daß wir eines Tages den »Laden« von unseren zerstrittenen Vätern übernehmen würden. Über unsere Eltern und Bayreuth sprachen wir kaum, diese Themen belasteten uns. Ich gestand ihm aber, wie sehr ich die Arbeit seines Vaters bewunderte. Wummi war immer großzügig zu mir und behandelte mich wie einen geachteten kleinen Bruder. Es war eine schöne Zeit. Sie endete abrupt, als mein Vater erfuhr, daß Wummi dasselbe Internat besuchte wie ich. Sofort wurde ich nach Bayreuth zurückgeholt. Dort traf ich Wummi später immer wieder heimlich.

Einen Vorteil hatte mein erzwungener Abgang aus Stein allerdings. Ich konnte Wielands »Tannhäuser«-Proben bestaunen. Aufregung stand ins Haus: Die junge schöne schwarze Sängerin Grace Bumbry sang die Venus, und Maurice Béjart schuf eine provokative erotische Choreographie des »Tannhäuser«-Bacchanals in der Venusbergszene des 1. Aktes. Die Altwagnerianer waren entsetzt und erklärten: »Gott sei Dank singt sie nicht die Elisabeth. Das hätte gerade noch gefehlt, daß eine Negerin eine Wagner-Heroin in Bayreuth singt.«

Aber das war nicht der einzige Grund der Erregung. Wieland hatte sich mit Linken eingelassen, obwohl das Ulbricht-Regime in der DDR in diesem Sommer mitten in Berlin eine Mauer errichtet hatte, um zu verhindern, daß der SED-Staat durch Massenflucht »ausblutete«. Die Antikommunistenhysterie ergriff auch die »Gesellschaft der Freunde von Bayreuth«, es war sogar von Krieg die Rede. Ganz außer sich tobte meine Großmutter öffentlich: »Wie konnte sich Wieland ausgerechnet mit den linken Juden Bloch und Schadewaldt einlassen. Und dann noch die Bumbry! Bayreuth wird zum Bordell.« Mein Vater saß dabei und schwieg. Ich hatte damals noch vage Vorstellungen davon, was »links«, »Jude« und »Neger« bedeutete, war aber als verkappter Wielandianer aufgebracht von den Intrigen meiner Großmutter und vom Schweigen meines Vater.

Nach soviel Freiheit in Stein und den Aufregungen am Festspielhügel geriet die neuerliche Zeit im Bayreuther Gymnasium zur Tortur. Als ein Blinddarmdurchbruch mich ins Bett zwang, beschimpften mich Schulkameraden als Drückeberger. Auch in der Folge wurde ich häufig krank und war wieder der Außenseiter in meiner Klasse, zumal mein damaliger bester Freund Tyll Schönemann nach München weggezogen war. Ich entwickelte Aversionen gegen die Meinungsmache innerhalb meiner Klasse, und ich wollte auch bestimmte Lehrer nicht allein deshalb gut finden, weil die Mehrheit es tat. Einer der beliebten Lehrer hieß Och. Besonders vor Weihnachten drängte es ihn, von seinen Erlebnissen als Soldat in Rußland zu erzählen. Er ließ kein grausames Detail aus und schwärmte vom Mut der Naziarmee. Ich wagte es, Och anderen Klassenkameraden gegenüber zu kritisieren. Dafür verpaßten sie mir eines Tages eine Tracht Prügel.

Im April 1962 wurde ich, nach einem Jahr Präparationsunterricht, von dem geistreichen Pfarrer Flotow konfirmiert. In seiner genauen und kritischen Art öffnete er mir die Augen für die Großartigkeit der Bibel als Geschichtsbuch. In meiner Familie sprach man nur von »Pfaffen« und »Scheißkirchen«. Manchmal schwärmten meine Eltern zwar von Albert Schweitzer, dies aber vor allem, weil der Mann aus Lambarene mit meinem Großvater Siegfried Kontakt gehabt hatte und diese Verbindung dem Familienimage nutzte. Meine Großmutter allerdings betrachtete Schweitzers Engagement als »sinnlosen Einsatz für Neger« und äußerte sich immer offener gegen diese Form des Christentums. Mein Vater nannte uns Wagners »fromme Heiden« im Sinn Goethes. Das verstand ich nicht. Pfarrer Flotow verdanke ich, daß in mir Interesse für Fragen der Ethik heranwuchs. Auch sonst verließ ich Schritt für Schritt die eingefahrenen Familiengleise. So hörte ich begeistert immer wieder die »Brandenburgischen Konzerte« Johann Sebastian Bachs in der Einspielung von Pablo Casals, wohingegen mein Umfeld nur Richard Wagner gelten ließ.

Im Sommer 1962 gelang Wieland eine epochale Neuinszenierung von »Tristan und Isolde«. Das Bühnenbild war stark beeinflußt von dem englischen Bildhauer Henry Moore, und die Lichtregie war klar und eindringlich wie nie zuvor. Besonders bei dieser Inszenierung wurde mir fast schmerzlich bewußt, wie groß die künstlerische Kluft zwischen Wieland und Wolfgang war. Und meine Bewunderung für das Schaffen meines Onkels erreichte einen neuen Höhepunkt. Meine Schullaufbahn leider nicht, 1962 mußte ich die vierte Gymnasialklasse wiederholen.

Der Sommer 1963 stand im Zeichen des 150. Geburtstags von Richard Wagner. Das Motto lautete: »Ein Leben für das Theater«. Wagner wurde wieder einmal unpolitisch als »europäisches Theatergenie« präsentiert – ein Unsinn, da sich Wieland bereits durch seine Kontakte mit Bloch politisch immer mehr nach links entwickelt hatte, was sich dann in sehr spöttischen Kommentaren während der Proben niederschlug. Immer wieder polemisierte er gegen CDU und CSU, was ihn aber nicht daran hinderte, sich von ultrakonservativen »Freunden von Bayreuth« hofieren und finanzieren zu lassen. Je mehr

Wieland den Salonsozialisten markierte, desto konservativer gab sich mein Vater. Es war nur folgerichtig, daß Großmutter Winifred ihn als den wahren Erben des Wagnerschen Vermächtnisses sah.

Wielands zweite »Meistersinger«-Inszenierung 1963 war bestimmt durch Elemente der Shakespeare-Bühne wie zum Beispiel eine durchgängig gleichbleibende Grundstruktur des Bühnenaufbaus mit wechselnden Versatzstücken. Dieses Konzept traf sich natürlich auch mit vielen antiillusionistischen Elementen der Brecht-Bühne wie etwa offen sichtbaren Umbauten und beweglichen Transparenten. Hinzu kam noch etwas anderes: 1960 hatte die blutjunge Anja Silja in Bayreuth als Senta im »Fliegenden Holländer« debütiert. Für Wieland verwirklichte sie den Idealtyp der modernen Sängerdarstellerin. Für ihn bedeutete sie, wie er so herrlich polemisch sagte, das Ende der »bürgerlichen Singekühe«. So war es kein Wunder, daß er sie in den »Meistersingern« als Eva besetzte und – sich in sie verliebte! Ob er sich deswegen hätte scheiden lassen, darüber kann man nur spekulieren, da er im November 1966 im Alter von 49 Jahren plötzlich verstarb. Mein Vater moralisierte heftig gegen Anja, die das innerbetriebliche Klima der Bayreuther Festspiele mit ihrer frechen Berliner Schnauze und unkonventionellen Kommentaren aufgelockert hatte.

Auch in diesem Jahr wurden wir vor den Festspielen abgeschoben. Im Herbst danach erlebte ich zwei wichtige Einschnitte in meinem Leben. Zum einen wurde meine Schwester, nachdem sie die Mittlere Reife abgelegt hatte, in eine Haushaltungsschule für höhere Töchter geschickt. Damit war ich befreit von ihrer ständigen Aufsicht. Ebenso genoß ich in dieser Zeit das Zusammensein mit der warmherzigen und gebildeten Bayreuther Familie Großmann, die sich neben Gunda jahrelang um mich gekümmert hatte. Die neue Freiheit nutzte ich vor allem, wenn sich Vater und Mutter im Urlaub befanden, dazu, um auf und über der Festspielhausbühne, die während des Jahres leer steht, Parties zu feiern. Ich wartete auf das Wochenende, weil dann auch im Verwaltungsgebäude niemand arbeitete. Mit Vaters Generalschlüssel ließ ich meine Partygäste durch seine Büroräume eintreten und führte sie dann in schwindelnder Höhe über den Schnürboden in einen großen Raum oberhalb der Zuschauerränge, den wir zum Ballsaal umfunktionierten. Dort erklang dann Elvis Presleys »Jailhouse Rock« so laut, daß Passanten die Polizei auf den Lärm im »Woogna-Deooda« (Wagner-Theater) aufmerksam machten. Opa Lodes kam dann mit der Polizei, wir versteckten uns, und kaum war die Luft wieder »bullenfrei«, rockten wir weiter.

In diese Zeit fiel auch der Beginn meiner Freundschaft mit Eckart Grebner und Reiner Heller, mit denen zusammen ich nach »scheena Maadla« (schönen Mädchen) Ausschau hielt. Eine der Mutproben war damals, die seit 1955 im Festspielpark stehende völkische Richard-Wagner-Marmorbüste von Arno Breker rot anzumalen. Genüßlich sah ich zu, wie dann die Feuerwehr das bedrohliche Monster säuberte. Die Schulnoten gingen damals rapide in den Keller.

Von nachhaltiger Wirkung aber sollte etwas anderes sein: Im Herbst 1963, meine Eltern erholten sich gerade im Urlaub von den Festspielstrapazen, erkundete ich einen Holzschuppen, der neben der Garage stand. Dort stand Vaters schweres BMW-Motorrad mit Beiwagen. Darin fand ich in zwei Pappkartons zahlreiche runde Aluminiumdosen verschiedener Größe. Sie waren so verrostet, daß ich sie mit bloßen Händen nicht öffnen konnte. Ich schaffte sie heimlich in mein Zimmer, entfernte den Rost und machte sie vorsichtig mit einem Schraubenzieher auf. In jeder Dose lag eine Filmrolle. Ich nahm eine der größeren und zog den Filmstreifen unter einer Lupe hindurch. Was ich entdeckte, warf mich um. Ich sah meine Tanten, Onkel Wieland und Großmutter Winifred zusammen mit Hitler, dieser im eleganten Doppelreiher, scherzend durch den

Wahnfried-Park promenieren. Der glückliche »Führer«, die glücklichen Wagner-Kinder, die glückliche Großmutter Winifred! Dann Bilder vom »Führer« im Festspielhaus. Alle rissen den Arm stramm hoch zum Hitler-Gruß. Wagners Kunst und »Führers« Macht. Kraftstrotzende Herrenmenschen und lächelnde Sieger, Endsiegstimmung im Vormarsch. Onkel Wolf, wie Hitler liebevoll in meiner Familie genannt wurde, und die Wagners gehörten zusammen – das war die Filmbotschaft. Gedreht hatte das alles mein Vater.

Er und Wieland wie der Rest der Erwachsenenwelt wurden mir mit einem Schlag unheimlich. Ich erinnerte mich an die Bilder von Buchenwald aus der Wochenschau, die ich 1956 gesehen hatte. Mir wurde klar: Ich mußte die Filme aufbewahren und verhindern, daß mein Vater sie erneut versteckte oder gar vernichtete, und deponierte sie in meiner Kleiderkammer. Die leeren Dosen verschmutzte ich wieder und legte sie zurück in die beiden Pappkartons im Beiwagen. Ich beschloß, meinen Eltern nichts zu erzählen von meinem Fund, sie aber nun hartnäckig nach Hitler zu fragen.

Die erste Gelegenheit dazu ergab sich während der Winterferien im schweizerischen Arosa im Dezember 1963. Es war bei einem der langen Spaziergänge mit meinen Eltern und meiner Schwester. Ich wollte meinen Vater nicht in eine Verteidigungsposition bringen, denn das hätte einen baldigen Gesprächsabbruch bewirkt. So betonte ich, gegen meine Überzeugung, daß ich mich quasi nur aus »rein« historischen Gründen für die Verbindung meiner Familie mit dem »Führer« interessierte. Ich fragte Vater, wie Hitler als Mensch auf ihn gewirkt habe. Er machte keinen Hehl daraus, daß »Onkel Wolf« ihn fasziniert hatte. Er beschrieb seine Begegnungen mit ihm mit zurückhaltender Sympathie. Stolz erzählte er mir auch später immer wieder, wie der »Führer« ihn in der Berliner Charité besucht hatte, wo der berühmte Chirurg Ernst Ferdinand Sauerbruch höchstpersönlich für Vater gesorgt hatte, als er im »Polenfeldzug« verwundet worden war. »Dein Onkel wurde ja durch Hitler vom Krieg freigeschrieben, und nur ich mußte dem Vaterland dienen«, ergänzte er. Ausführlich und begeistert berichtete er von Arbeitsdienst und Militärausbildung, wo eine einzigartige Kameradschaft geherrscht habe. Er erzählte, wie der einzige Freund seines Lebens, Emil, in einem Dorf von »hinterhältigen Polacken« umgebracht worden sei, während die »tapfere deutsche Armee« Polen erobert habe.

Und immer wieder Hitler! Für ihn war nach der nationalsozialistischen Machtergreifung eigens ein »Führeranbau« am Siegfried-Wagner-Haus errichtet worden, darin befand sich der »Führerkamin«. Nach einer »Götterdämmerung«-Vorstellung im Festspielhaus folgten mein Onkel und mein Vater Hitlers Einladung zu einem endlosen nächtlichen Gespräch am »Führerkamin« über die Zukunft der deutschen Kunst im Geist Richard Wagners als Ausdruck der Welterneuerung durch den Nationalsozialismus. Ich hatte einige Schwierigkeiten, den Wortschwall Vaters zu begreifen, stellte aber keine Zwischenfragen, um ihn nicht zum Abbrechen zu provozieren. Er berichtete weiter: »Wir saßen am Kaminfeuer, und Hitler entwarf uns seine kulturellen Zukunftsvisionen. ›Wenn wir die Welt erst einmal von den bolschewikisch-jüdischen Verschwörern gesäubert haben werden, dann wirst du, Wieland, die Theater des Westens und du, Wolfgang, die Theater des Ostens leiten.‹« Leise fragte ich Vater, wen Hitler gemeint habe, als er von »bolschewikisch-jüdischen Verschwörern« sprach. Meine Zwischenfrage irritierte ihn, und ich hatte Sorge, er würde das Gespräch beenden. Statt dessen nahm er sich nun der deutschen Geschichte an. Mit dem »Schandvertrag von Versailles« habe alles angefangen, dem sei dann die Massenarbeitslosigkeit gefolgt in der chaotischen Weimarer Republik mit den unfähigen Linken und »Scheißliberalen«. So kam er auf das »großartige Wirken Hitlers bis 1939«. Das wollte ich genauer wissen, und Vater blieb mir die Antwort – aus seiner Sicht –

nicht schuldig: »Hitler hat die Arbeitslosigkeit überwunden und die deutsche Wirtschaft wieder zur weltweiten Achtung gebracht, unser Volk aus der moralischen Krise befreit und alle anständigen Kräfte vereint. Wir Wagners verdankten ihm die idealistische Rettung der Bayreuther Festspiele.«

»Aber wie war das mit den Juden, Vater?«

Er erwiderte: »Da wird viel herumgeredet, und da ist auch viel Gehetze gegen uns Deutsche von den Linksintellektuellen dabei, mit der Anzahl usw. Das war aber der einzige wirkliche Fehler, den Hitler beging. Wenn er die Juden für sich gewonnen hätte, dann hätten wir den Krieg gewonnen. Nach dem Krieg wäre alles nicht so schlimm geworden, wie immer die Propagandamaschine der Alliierten behauptet.«

Wir gingen den Rest des Spaziergangs schweigend nebeneinander her, bis meine Mutter auf die Weihnachtsgeschenke zu sprechen kam.

Neue Orientierungen

Nach der Rückkehr im Januar 1964 traf ich in Bayreuth Maria Kröll, meine erste große Liebe. In ihr vereinten sich Lebensfreude, geistige Wachheit und Fraulichkeit. Das faszinierte mich an ihr, und sie riß mich aus meiner Isolation im goldenen Festspielhauskäfig. Ihretwegen fuhr ich regelmäßig nach Creussen, dreizehn Kilometer südlich von Bayreuth. Dort lebte sie mit ihren Eltern und ihrer jüngeren Schwester Dorle, die in meine Klasse ging. Ihr Vater, Professor Joachim Kröll, war ein ungewöhnlich vielseitig begabter Mann. Er unterrichtete Deutsch, Geschichte und Erdkunde am Deutschen Gymnasium und war bei den Schülern beliebt wegen seiner unkonventionellen Art und Lehrmethoden. Marias Mutter Ursula war eine gütige, kluge und gebildete Frau.

Maria half mir, selbstsicherer zu werden. Ihren Eltern, engagierten liberalen Sozialisten, verdanke ich wesentliche Impulse für meine geistige Entwicklung. Die Krölls lasen mit Leidenschaft Bücher über alle möglichen Themen. Da ich mich bei diesen freundlichen und offenen Menschen schnell zu Hause fühlte, wachte ich auf aus meinem provinziellen Festspielhügelschlaf. Joachim Kröll regte mich an, mich mit Heinrich Böll, Günter Grass und anderen engagierten Schriftstellern zu beschäftigen. Ich war begeistert von der neuen Lektüre. Joachim Kröll war der erste, der mich aufklärte über die deutsch-jüdische Geschichte.

Nach solchen Gesprächen empfand ich mein elterliches Zuhause und den Festspielbetrieb mitsamt Publikum unerträglich. Meinem Vater konnte es nicht entgehen, daß in mir Kritik erwachte und mein Interesse an deutscher Geschichte und Politik wuchs, zumal ich begann, die Diskussionen bei den Krölls zu Hause fortzusetzen. So wagte ich es, die Existenz zweier deutscher Staaten zu begrüßen. Mein Vater hielt damals Franz Josef Strauß für den einzigen anständigen Politiker und reagierte entsprechend wütend auf meine Erklärungen. Die Diskussion über die Existenzberechtigung der DDR endete wie viele Diskussionen zuvor: Mein Vater verbat sich jedes weitere Wort, beschimpfte Joachim Kröll als »miesen Sozi«, der einen schlechten Einfluß auf mich habe. Wütend verließ ich den Eßtisch und knallte die Zimmertür hinter mir zu. Er versuchte mich auf der Treppe einzuholen, aber ich war schneller und verschloß blitzartig meine Tür. Er schlug heftig gegen die Tür und forderte, sie zu öffnen. Ich dachte nicht daran. »Außer Prügel fällt dir wohl nichts ein!« rief ich ihm zu. Dann kletterte ich auf einer Strickleiter vom ersten Stock hinunter in den Garten und rauschte, genüßlich eine Rothändle rauchend, per Moped zu Maria nach Creussen. Damit konnte sich mein Vater nicht abfinden. Er suchte hinter meinem Rücken Joachim Kröll auf und verlangte, daß die Beziehung zwischen Maria und mir gelöst würde. Außerdem müsse die Familie Kröll aufhören, mich zu beeinflussen.

Maria hat mir später berichtet, wie hart die Väter aufeinandergeprallt waren. Joachim Kröll war keineswegs bereit, die Meinungen meines Vaters über Politik und Liebesbeziehungen zu teilen. Nach dieser Episode drohte ich meinem Vater, für immer zu verschwinden, wenn er noch einmal in dieser Form in mein Leben eingreifen oder mich verprügeln würde. Da ich ein Jahr zuvor wegen einer unglücklichen Liebe tatsächlich schon einmal bei Nacht und Nebel verschwunden war und dieses Ereignis zum Bayreuther Klatsch beitrug, besann sich mein Vater nun auf andere Mittel, und ich bekam dann doch meine Strafe für meine Rebellion: Gegen meinen Willen wurde ich Ende April 1965 wieder nach Stein an der Traun gebracht, um mich von Maria und ihrer Familie zu trennen.

Da mein Cousin Wummi 1964 das Abitur in Stein bestanden hatte und Olf Ziegler, der neue Direktor, ein Sohn einer Freundin meiner Großmutter war, hielt mein Vater das Internat nun wieder für einen geeigneten Aufenthaltsort für mich. Der Schmerz, den die Trennung von den Krölls und vor allem von Maria auslöste, war groß. Und die Umstellung auf ein Leben mit vielen Menschen auf engem Raum fiel mir schwer. Doch nach und nach freundete ich mich mit einigen Mitschülern an, die – wie ich – das Gros der arroganten Söhnchen und Töchterchen aus »guten« und weniger »guten Häusern« ablehnten. Die Mehrheit meiner Schulkameraden stammte aus Wirtschaftswunderfamilien. Ihre Eltern hatten keine Zeit für sie, oder sie waren geschieden, oder ihre verwöhnten Sprößlinge waren stinkfaul und wenig begabt, so daß sie auf einer gewöhnlichen Schule niemals das Abitur erreicht hätten. Besonders hochmütig gebärdeten sich zwei Nachfahren aus der Familie Bismarck. Die stete Auseinandersetzung mit dem Geprotze in meinem Umfeld verstärkte in mir das Bedürfnis, linke Literatur zu lesen. Mein Mitschüler Henry Hohenemser half mir, mich mit meiner Familiengeschichte auseinanderzusetzen, und er wies mich auf Formen des offenen und versteckten Antisemitismus hin. Es war für mich eine wichtige Zeit. Ich begann Arbeiten von Ernst Bloch, Sigmund Freud, Theodor Adorno, Hannah Arendt, Max Horkheimer und Bruno Bettelheim zu lesen.

In den Sommerferien 1965 erlebte ich Proben zu Wielands neuem »Ring« mit. Die Atompilzvision am Ende der »Götterdämmerung« empfand ich zwar als ästhetisch wirksam, aber sie stand stilistisch im Widerspruch zu dem sonst an der Welt von Henry Moore orientierten Bühnenbild und Richard Wagners Musik, die keineswegs im Nichts endet.

Der Kontrast zwischen den Sponsoren, den »Freunden von Bayreuth«, und Festspielgästen wie Ernst Bloch oder Hans Mayer, dem renommierten Literaturhistoriker, wurde mir immer klarer. Und auch der Heiligenschein meines Onkels begann für mich zu verblassen. Wieland kannte in seinem Umgang mit Mitarbeitern kaum Grenzen. Einmal ohrfeigte er bei einer Probe den Elektriker des Festspielhauses, seinen ehemaligen Spielgefährten, vor aller Augen, weil dieser angeblich oder tatsächlich nicht minuziös ausgeführt hatte, was Wieland tyrannisch von ihm forderte. Anhand dieses und anderer Ereignisse begriff ich, daß Wieland die eigene Vergangenheit doch nicht überwunden hatte. Er lavierte hin und her zwischen Krupp und Siemens auf der einen Seite und Bloch und Mayer auf der anderen. In meinen Augen wurde er immer opportunistischer. Er begann nach links zu tendieren, weil er ahnte, daß sich die Machtverhältnisse im Kulturbetrieb nach dorthin veränderten.

Nach den Ferien kehrte ich zurück in das Steiner Internat. Ich beschäftigte mich damals vor allem mit den frühen Schriften von Karl Marx, besonders seinem Aufsatz »Zur Judenfrage«. Als ich später in einer Diskussion mit meinem Vater meine Leseerfahrungen einbrachte, verlegte er sich wie üblich auf Monologe. Er begann mit den Rassengesetzen von 1935, die sich die Juden selbst zuzuschreiben hätten, denn sie seien »die schlimmsten Rassisten in der Geschichte« gewesen. Ich wagte zu entgegnen, daß man die Nürnberger Rassengesetze doch nicht mit den orthodoxen jüdischen Traditionen vermengen könne. Aufgebracht erwiderte mein Vater, daß die Juden sogar den Nürnberger Rassengesetzen wesentliche Impulse gegeben hätten. »Der Marx war doch selbst Antisemit und wollte die Emanzipation der Gesellschaft vom Judentum.«

»Aber doch wohl kaum die Endlösung«, antwortete ich.

Damit war das Gespräch beendet. Die Neonazis hatten bei den Kommunalwahlen von 1966 in Bayreuth 3 von 42 Stadtratssitzen gewonnen und dadurch bei meiner Großmutter die Hoffnung auf den Endsieg wiedererweckt. Meine Tante Friedelind war außer sich, als meine Großmutter sich langsam wieder zur First Lady mauserte und politische Freunde als Gäste empfing wie Edda Göring, Ilse Heß, den damaligen NPD-Vorsitzenden Adolf von Thadden, Gerdy Troost, die Frau des NS-Architekten und Hitler-Freundes Paul Ludwig Troost, den britischen Faschistenführer Oswald Mosley, den verwandten NS-Filmregisseur Karl Ritter sowie den rassistischen Autor und ehemaligen Reichskultursenator Hans Severus Ziegler. Auf ihren Einladungen konnte man »endlich« wieder offen über den »Führer« sprechen, nachdem man ihn jahrelang hinter dem Kode-Wort »USA« (Unser Seliger Adolf) versteckt hatte. Mit Recht kritisierte Friedelind in einem »Spiegel«-Interview im Dezember 1967 die Rückkehr von »faschistischem Ungeist«.

Im Juli 1966, kurz vor der Festspielzeit, wurde Wieland ins Kulmbacher Krankenhaus eingeliefert und wenig später in die Münchner Universitätsklinik verlegt. Mein Vater informierte mich zwar nicht über den Gesundheitszustand meines Onkels, aber ich ahnte, daß die Sache ernst war. Das glaubten auch andere. Nun begann der offene Krieg zwischen dem Wieland- und dem Wolfgang-Lager, wobei das letztere seine Stunde gekommen sah. Im anderen zeigten sich erste Risse. Mancher spielte mit dem Gedanken, die Seite zu wechseln. Mein Vater empfing gern die Devotion, die ihm nun unverhofft entgegengebracht wurde. Unerwartet war er nun alleiniger Festspielleiter, auf jeden Fall in diesem Jahr. Selbst ich wurde nun von Leuten freundlich gegrüßt, die mich zuvor nicht beachtet hatten. Die Wolfgangs waren »in«, die Wielands waren »out«. Ich fand den neuen Zustand genauso widerlich wie den alten. Bayreuth, der Festspielhügel, die Familie und alles drum herum kotzten mich nur noch an. Ich spielte mit dem Gedanken, Deutschland zu verlassen. Aber wie, ohne Geld und ohne Beruf?

Am 17. Oktober sah ich mir im Kino den Film »Der Spion, der aus der Kälte kam« an. Mitten in der Vorstellung wurde ich darüber informiert, daß mein Onkel im Sterben lag. Ich trampte nach München. Dort umarmte mich Vater zum ersten- und letztenmal in seinem Leben, schweigend. Mutter teilte mir weinend Wielands Tod mit. Die Trauerfeier für Wieland im Festspielhaus am 21. Oktober 1966 werde ich nie vergessen. Es war eine Riesenheuchelei. Großmutter Winifred brach in Tränen aus – für ihren armen Wolfgang, den armen »Wolf«, der nun ganz allein die Verantwortung für die Bayreuther Festspiele tragen mußte. Die feine Gesellschaft entdeckte urplötzlich ihre Liebe zu Wieland. Einzig Blochs Ansprache war ein Lichtblick.

Blitzlichter zuckten und Kameras surrten, als sich der lange Trauerzug zum Gottesackerfriedhof bewegte. Gleich danach begann das Poker um die Neuordnung der Machtverhältnisse. Die besten Karten hatten mein Vater, meine Großmutter und meine Schwester Eva.

In den anschließenden gemeinsamen Winterferien in Arosa kam das Gespräch auf einen öffentlichen Brief, den Günter Grass geschrieben hatte, um vor der Bildung einer großen Koalition – »dieser miesen Ehe« – in Bonn zu warnen, »die die Jugend unseres Landes sich nach links und rechts verrennen lassen wird«. Mein Vater zeigte sich über meinen »Linksruck« entsetzt. Er führte ihn, nicht ganz zu Unrecht, zurück auf meine damalige Lektüre: Bertrand Russell, Erich Fromm und Karl Jaspers. Er beklagte bitter meine Undankbarkeit gegenüber all den Opfern, die er für meine teure Ausbildung im Luxusinternat Stein gebracht habe. Ich hätte fast meine Koffer gepackt, aber dann gab ich meiner Mutter zuliebe nach, schließlich war ja Weihnachten.

Ich verzichtete auch darauf, von der Reaktion meiner Großmutter auf einen Buchwunsch zu berichten. Ich hatte sie gebeten, mir Blochs Werk »Das Prinzip Hoffnung« zu schenken. Ihr

Kommentar: »Diesen linken jüdischen Schund schenke ich dir nicht.« Ich antwortete ihr, sie solle mich künftig von ihrer Weihnachtsgeschenkeliste streichen, denn ihre Nazihaltung sei mit meinen Prinzipien unvereinbar. Dafür sollte ich noch einige »Quittungen« bekommen.

»Der Wille zur Macht« I

Mit dem Jahr 1967 begann mein Vater sich bis zur Unkenntlichkeit zu verändern. Waren die Festspiele bisher schon Mittelpunkt des Familienlebens, so wurden sie nun zur Obsession für ihn. Zuerst ging er daran, die Wielandianer auszuschalten, ausgenommen jene, die ihm Gefolgschaft versprachen. Wielands Inszenierungen wurden in der Folgezeit entstellt. Mit Vehemenz versuchte er das Über-Ich seines Bruders zu zertrümmern. Da mein Vater erkannte, daß der Druck der Alleinverantwortung für die Festspiele und der Streß der letzten Schlacht auf dem Festspielhügel unsere Beziehung weiter zu verschlechtern drohte, erlaubte er mir, die Schule in Stein als Externer zu besuchen.

Damals begann für mich die Freundschaft mit Dietrich Hahn. Er hat eine ungewöhnliche schriftstellerische Begabung, ist sehr an zeitgenössischer Kunst interessiert, malt und wollte ursprünglich Schauspieler werden. Er ist der Enkel des berühmten Radiochemikers und Nobelpreisträgers Otto Hahn und litt besonders daran, seine Eltern bei einem Verkehrsunfall verloren zu haben. Im Haus seiner Pflegeeltern, der Industriellenfamilie Kalkhoff-Rose, Förderern von Helmut Kohl, fühlte er sich unwohl. So wurden die Ferien für ihn immer ein besonderes Problem, und ich lud ihn manchmal nach Bayreuth ein. Nach einer kurzen Zeit am Theater, das ihn wie mich bald mit seiner Oberflächlichkeit und seinen üblichen Hierarchiestrukturen anwiderte, begann er, als Publizist über Wissenschaftsgeschichte sich um den bedeutenden Nachlaß seines Großvaters zu kümmern und diesen der Weltöffentlichkeit zugänglich zu machen. Was uns in einzigartiger Weise verbindet, ist das Interesse an humanitären Aktionen und deutsch-jüdischer Geschichte. Unsere Internatszeit in Stein sehen wir beide heute ohne nostalgische Verklärung.

Als wir beide damals externe Schüler wurden, begann auch für mich ein anderes Leben. Der verbotenen Lektüre folgten verbotene Taten. Mit meinen Freunden Norbert und Henry störte ich NPD-Veranstaltungen in Oberbayern. Norbert und ich hatten unsere Fluchtwege genau festgelegt, bevor wir verkleidet wie Charly Chaplins großer Diktator in Neonaziversammlungen auftauchten. Es reichte, schweigend durch die Biersäle zu laufen, um den Pöbel anzustacheln. Wie gejagte Hasen rannten wir dann auf ausgekundschafteten Pfaden davon und sprangen in Henrys alten VW-Käfer, der mit laufendem Motor auf uns wartete.

In dieser Zeit war ich sogar in den damals für bayerische Verhältnisse liberalen Schulbetrieb im Steiner Internat nicht mehr integrierbar. Ich ging von der Schule. Der Chorleiter der Bayreuther Festspiele, Wilhelm Pitz, vermittelte mich im Juni zu Charles Spencer, dem Chairman des bedeutenden New Philharmonic Chorus in London. Es wurde ein Aufenthalt, der mein Leben in eine entscheidende Richtung lenken sollte.

Familie Spencer nahm mich herzlich auf. Ich genoß in vollen Zügen das Konzert- und Opernangebot der Saison und besuchte täglich eine Sprachschule, um mein Englisch zu verbessern. Ich war begeistert, ganz in der Nähe des Studios der Beatles zu wohnen. Charles Spencer, erfolgreicher Chormanager und Geschäftsmann, war ein leidenschaftlicher Musikfreund und kritischer Wagnerianer. Wir unterhielten uns oft scherzend in

Wagner-Zitaten. Die Idylle wurde abrupt unterbrochen durch ein weltpolitisches Ereignis: den Sechstagekrieg zwischen Israel und den arabischen Ländern im Juni 1967. Heftiger als je zuvor wurde ich auf jüdische Geschichte gestoßen. Voller Bangen saßen wir vor dem Fernsehapparat. Tag und Nacht diskutierten wir leidenschaftlich über die Ereignisse.

Dabei erfuhr ich, daß Charles' Eltern Wiener Juden gewesen waren. 1938, nach dem »Anschluß« Österreichs an Hitlerdeutschland, fielen sie dem Naziterror zum Opfer. Charles und seine Schwester entkamen. Charles' Tochter Diana berichtete mir weitere erschütternde Details, während wir Familienfotos betrachteten. Da wohnte ich als Kind von Tätern wie ein Sohn in einer Familie, die furchtbar gelitten hatte unter der Nazibarbarei. Charles bemerkte meine Befangenheit und Scham. Ich gestand ihm, wie bedrückend ich das Bayreuther Erbe mit seinem Antisemitismus empfand, und erzählte ihm von dem fanatischen Rassismus meiner Großmutter. Er sagte: »Erst nach den Tätergenerationen wird vielleicht Hoffnung für einen Neubeginn zwischen Juden und Deutschen sein, was nicht verhindern wird, daß es zwischen Deutschen und Juden individuelle Freundschaften geben kann. Fühle dich nicht schuldig, aber lerne aus den Fehlern deiner Familie.« Dieser kluge Rat meines »Wahlverwandten« sollte ein Motto meines Lebens werden.

Charles wurde für mich eine prägende Persönlichkeit. Er lebte, trotz seiner Tragödie, ohne Feindbilder und Haß, und in stiller Bescheidenheit setzte er sich im Alltag für Menschen in Not ein. Als ich in diesen Wochen bei Charles eine Fernsehsendung mit Beiträgen aus vielen Ländern der Welt sah, wurde aus Deutschland von der Eröffnung der Festspiele 1967 berichtet mit »Lohengrin« in der Neuinszenierung meines Vaters. Ich fühlte eine Distanz gegenüber allem, was mit Bayreuth und Wagner verbunden war, und war erleichtert, als nach den üblichen langweiligen Szenenausschnitten von der Bayreuther

Bühne ein Song der Beatles gesendet wurde. Bei einem Telefonat erklärte ich meiner Mutter, daß ich beabsichtigte, für längere Zeit nicht nach Deutschland zurückzukehren. Sie verstand meine Haltung. Und Charles unterstützte mich, als ich mich dafür entschied, eine Weile in Frankreich zu leben.

Davor lag allerdings eine Kurzvisite in Bayreuth. Mit Verwunderung registrierte ich, wie sich mein Vater als Machtmensch gab. Und meine Schwester, die gerade eine Kindergärtnerinnenausbildung absolviert hatte, spielte die Chefin. Vater duldete in seiner Umgebung nur noch Jasager, und jede Form von Kritik, besonders an seiner »Lohengrin«-Inszenierung, machte ihn aggressiv – unausgesprochen war Wielands epochaler »Lohengrin« von 1958 die Meßlatte. Gegen meine Überzeugung äußerte ich mich nicht über die neue Festspielhügeldiktatur, um die Beziehung zu meinem Vater nicht noch weiter zu belasten. Großmutter Winifred und der Chor der bräunlichen Alt-Wagnerianer bejubelten den Beginn einer neuen Ära. Ich war froh, als ich endlich nach Paris abreisen konnte.

Wie von London war ich auch von Paris überwältigt. Über Nacht wurde ich vom »Engländer« zum »Franzosen«. Gerne hätte ich meine deutschen Wurzeln verleugnet, aber ich verriet mich durch meinen Akzent, was man mich oft mit einiger Arroganz spüren ließ. Ich verbrachte einen Großteil meiner Tage an der Sorbonne und in der Alliance Française in Sprachkursen. Allerdings lernte ich dort wenig, da ich meist englisch mit meinen Mitstudenten sprach. Ich ging viel spazieren im 6. Arrondissement, wo ich nahe dem Jardin du Luxemburg wohnte. Ich besuchte Museen, und nachts zogen mich besonders »Les Halles« an, weil sie so belebt und verrufen waren. Meine Tante Blandine de Prévaux, eine Urenkelin von Franz Liszt, betreute ihren »cousin allemand« rührend. Tante Blandine lebte in einer eleganten Wohnung an der Seine, an den Wänden hingen Porträts ihres Urgroßvaters, dereinst Schwiegervater von

Richard Wagner. Der österreichisch-ungarische Komponist, Klaviervirtuose und Förderer von Wagners Musik war mir kaum ein Begriff. Mein Vater schätzte ihn ebensowenig wie mein Onkel Wieland.

Tante Blandine erzählte mir, daß die Nazis ihren Mann, einen Widerstandskämpfer, ermordet hatten. Sie tat dies ohne Anklage. Unsere Gespräche waren seitdem offen, und sie überwanden die Altersgrenze zwischen dem gerade 20jährigen Neffen und der 73jährigen Tante. Ich verdanke ihr nicht nur erste kritische Einführungen in das Werk und die Biographie von Liszt, sondern auch die Anregung, mich mit französischer Malerei und Literatur zu beschäftigen. Von ihrer Cousine Winifred sprach sie nur zwischen den Zeilen, machte sich aber mit feinen Anspielungen über deren Ungebildetheit lustig.

Mitte Juli lud mich Blandines Tochter Daniela nach Lessey in der Normandie ein, wo sie in einem Schloß wohnte. Dort lernte ich deren Tochter Blandine kennen. Sie war in meinem Alter und faszinierte mich durch ihre offene Opposition zur Welt ihrer Eltern. Nach einem kurzen Austausch von Höflichkeiten erkannten wir sofort, daß wir in allen wesentlichen Dingen ähnliche Auffassungen hatten und daß wir in den wenigen Punkten, wo wir nicht übereinstimmten, die Verschiedenheit als Bereicherung empfanden. Cousine Blandine erzählte mir viel von ihrem Kontakt mit dem Filmregisseur Jean-Luc Godard – »Außer Atem« – und den radikaldemokratischen Kreisen, in denen sie verkehrte. Nächtelang diskutierten wir, wie man unsere verkommene Weltgesellschaft verändern könne. Sie diskutierte leidenschaftlich, bekämpfte soziale Ungerechtigkeit, besaß Mut und formulierte ihre gesellschaftspolitischen Vorstellungen so bewundernswert kreativ wie konkret. Diese enge geistige Verwandtschaft, die bis heute anhält, hat mit Wagner und Liszt nur noch am Rand zu tun. Wie muffig war angesichts all dessen der Wagner-Kult am Festspielhügel.

Aber der hatte mich nun wieder, die Schule rief. Ich vermied Streit mit meinem Vater, da ich seine Unsicherheit erkannte. Er war noch weit davon entfernt, mit seiner Alleinherrscherrolle vertraut zu sein, und er litt unter der oft harten Kritik der Medien. Im Herbst 1967 mußte ich die zwölfte Klasse wegen meiner langen Abwesenheit wiederholen. Ich wollte die Schulzeit nun so rasch wie möglich hinter mich bringen, und dies auf erträgliche Weise. Ich versicherte dem Steiner Schuldirektor, daß ich stets auf einem akzeptablen Leistungsniveau bleiben würde, und dafür durfte ich meine Präsenz in der Klasse »freier gestalten«. Das bedeutete unter anderem, daß ich mit Henry Hohenemser nach Prag und Budapest fuhr, wo wir Ansichtskarten an die Lehrer schrieben, deren Stunden wir schwänzten. Aber die Ausflüge hatten nicht nur touristischen Charakter. Als wir die schwerbewachte Grenze zwischen Ost und West überquerten, spürten wir den Hauch der Weltpolitik. Der Vietnamkrieg und die Studentenunruhen in West-Berlin und Paris beschäftigten unsere Köpfe und beherrschten unsere Diskussionen. Ich verteidigte zu Hause die Positionen der Studenten zum Entsetzen meines Vaters und auch meiner Schwester, die ihren Nutzen auf der Seite des Establishments suchte.

Im heißen Politsommer 1968 hatte mein Vater die Premiere seiner »Meistersinger«-Inszenierung, die ich nach Wielands Aufführungen von 1956 und 1963 konventionell bis unerträglich fand. Meine Großmutter und der Großteil der meist ungebildeten bürgerlichen Sponsoren waren begeistert, daß die »Meistersinger von Nürnberg« endlich wieder so aufgeführt wurden wie in den »guten alten Zeiten«. Ich hielt mich mit Kommentaren zur künstlerischen Leistung meines Vaters zurück, reagierte aber heftig, wenn die braune Vergangenheit verherrlicht wurde. Meine Großmutter stellte mich seitdem ihren »uranständigen Kreisen« mit dem Satz vor: »Das ist Gottfried, der Freund der Bolschewiken und Juden.« Dann lachte sie laut und männlich.

Vor Eröffnung der Festspiele rückte ein schwerbewaffnetes Polizeiaufgebot heran, als ob Terroristen das Festspielhaus samt Premierengästen in die Luft sprengen wollten. In Wahrheit ging es um ein paar harmlose Studenten, die gegen die westdeutschen Industriellen unter den Festspielgästen protestierten. Als ich sah, daß die Polizisten gewaltsam gegen die Protestierer vorgingen, beschimpfte ich die Beamten als »Bullen«. Nur die Tatsache, daß ich der Sohn vom Chef war, ersparte mir eine Verhaftung. Nach der Premiere gab es im Neuen Schloß den üblichen Empfang. Auch dort hatten sich Demonstranten versammelt. Obwohl ich beim Empfang nicht gern gesehen war, setzte ich mich an den Tisch von Willy Brandt. Den SPD-Außenminister und Vizekanzler der großen Koalition in Bonn hielt ich damals für den einzigen glaubwürdigen deutschen Politiker. Bayreuther SPD-Größen umschmeichelten ihren Vorsitzenden und hofften auf Karrierehilfe. Sie wurden nervös, als einige Mitglieder des Balletts offen ihre Sympathie für die protestierenden Studenten bekundeten. Die Unruhe stieg, als sie begannen, Brandt unbequeme Fragen zu stellen zur aktuellen Weltpolitik, zu Vietnam und Rudi Dutschke, den Kopf des Sozialistischen Deutschen Studentenbundes (SDS). Brandt dagegen blieb souverän: Er bat die Kontrahenten an seinen Tisch und diskutierte mit ihnen zum Entsetzen des Bayreuther Establishments und der geladenen Gäste. Unter ihnen waren Sponsoren, die wie meine Großmutter im kleinen Kreis den SPD-Chef nur als »Sausozi« oder »Willy Weinbrand« bezeichneten. Mein Vater schwieg dazu. Ich verstand dies als Zustimmung.

In diesem Winter wollte ich nicht mehr mit nach Arosa in die Weihnachtsferien. Aber ich gab schließlich Mutter zuliebe nach, die mich vermißte, da ich meist im Internat war. Mein Vater beschwerte sich bitter über mein angebliches kommunistisches Weltbild. Er kritisierte meine politischen Ansichten als infantil, erinnerte an seine opferreiche Jugend, seine Entbehrungen im und nach dem Krieg, sein hartes Leben beim Aufbau der Festspiele. Er habe viel Geld in meine Ausbildung gesteckt, und nun müsse er erleben, daß der eigene Sohn als »Salonkommunist« gegen die demonstriere, die die Bayreuther Festspiele und damit sein Leben mitfinanzierten. Meine Antwort war heftig und unkontrolliert: »Ihr mit euren Scheißidealen aus der Vergangenheit! Ich spreche hier von dem verbrecherischen Krieg in Vietnam. Es wäre wohl Zeit, daß du endlich an einer Demo teilnimmst, statt dich als Dessertlieferant einer inhumanen internationalen Bourgeoisie anzudienen.«

Zu Jahresbeginn 1969 begriff ich endlich, daß das Abitur für mich der Schlüssel zur persönlichen Freiheit war, und ich begann mich intensiv auf die Abschlußprüfungen vorzubereiten. Mich interessierten vor allem deutsch-jüdische Autoren der Weimarer Republik. So wählte ich zum Befremden meines Deutschlehrers Grütter Arnold Zweigs Roman »Der Streit um den Sergeanten Grischa« zum Thema eines Referats. Vor dem Hintergrund des Vietnamkriegs interessierte mich damals an diesem Buch das Antikriegsthema und Zweigs Verfahren, die Struktur der bürgerlich-kapitalistischen Gesellschaft als Ursache des Kriegs zu entlarven. In der »Weltbühne« schreibt 1930 Zweig zu seinem Roman: »Wie, frage ich, widerlegt man ein System, eine Gesellschaftsordnung und den von ihr schwer wegzudenkenden Krieg? Indem man seine leidenschaftlichen Gegenaffekte abreagiert und Karikaturen vorführt? Meiner Meinung nach widerlegt man ein System, indem man zeigt, was es in seinem besten Falle anrichtet, wie es den durchschnittlich anständigen Menschen dazu zwingt, unanständig zu handeln. (...) Wir wollen nicht Schurken entlarven wie unser Freund Schiller, sondern Systeme.«[3] Um zu provozieren, teilte ich meine Absicht erst meiner Großmutter und dann meinem Vater mit. Großmutter zeigte sich empört: »Links,

Jude – wie kannst du uns das nur antun!« Vater schwieg mal
wieder vielsagend.

In dieser Zeit hörte ich häufiger von Familiensitzungen wegen
einer geplanten »Festspielhaus-Stiftungssatzung«. Ich wollte
dazu mehr wissen. Vater betonte immer wieder, all das sei auch
in meinem Interesse und diene auch meiner Zukunft. Er
sprach von einem Paragraphen, der meine Nachfolge regele,
wenn ich eine entsprechende Qualifikation nachwiese. Ich
fand diese vagen Auskünfte beunruhigend, zumal ich mir
überlegte, wie ich nach dem Abitur meinen Berufswunsch verwirklichen konnte. Ich wollte am Theater als Regieassistent
arbeiten. Mein Vater hatte aber ganz andere Pläne mit mir: Er
wollte, daß ich Jura studierte, damit ich eines Tages in den
Festspielbetrieb als Manager einsteigen könne.

Zur Abiturfeier in Stein kam nur meine Mutter, mein Vater
hielt sich am Festspielhügel für unabkömmlich. Als ich nach
Bayreuth zurückkehrte, fand ich vieles verändert. Die Schar der
Jasager hatte sich vergrößert. Die Servilität, die auch mir als
Sohn des Chefs entgegengebracht wurde, war widerlich. Der
Opportunismus führte Regie. Und manche hatten ihr Ohr am
Puls der Zeit, spürten nachhaltige Veränderungen des politischen und kulturellen Klimas. Die 68er Rebellion hatte verkru-
stete Strukturen aufgebrochen. Die sozialliberale Koalition unter Willy Brandt stand bevor. Sie würde bald mehr Demokratie
wagen und sich den Nachbarn im Osten zuwenden. Aber schon
in der Zeit der großen Koalition wurden unübersehbare Signale
gesetzt, die zeigten, daß die Stimmung im Land sich änderte.
Die Zeiten wechselten, und allmählich verschob sich das ideologische Spektrum auch in der Kultur nach links. Wer sich nicht
als Außenseiter wiederfinden wollte, mußte sich bewegen. Besonders der Pressechef der Festspiele, Herbert Barth, versuchte
geschickt und behutsam, meinen Vater davon zu überzeugen,
daß nun ein moderater Linkskurs vonnöten sei.

Doch dafür war mein Vater zu diesem Zeitpunkt noch nicht zu haben. Er vergab die erste Regie nach Wieland und außerhalb der Familie 1969 an August Everding, heute Generalintendant der Münchner Bühnen. Dessen Inszenierung des »Fliegenden Holländers« setzte die Serie hausbackener Premieren nach Wielands Tod in deprimierender Weise fort. Neu war nur das geschäftstüchtige Geschwätz. Vater beerdigte mit seinem servilen Regieassistentenstab Wieland ein zweites Mal, um Alt-Bayreuth wiedererstehen zu lassen. Everding war darin ein wertvoller Baustein.

Was ich als Opernmuff empfand, stieß beim Großteil der Bayreuther Sponsoren und Wagner-Verbände auf Begeisterung. Meine Großmutter ließ seit Wielands Tod jede Zurückhaltung fallen. Das erlebte ich etwa im Zusammenhang mit dem amerikanischen Dirigenten Lorin Maazel, der den Wieland-»Ring« 1968 und 1969 musikalisch betreut hatte und für den nächsten »Ring« in der Inszenierung meines Vaters 1970 vorgesehen war. Bei einer ihrer Einladungen im Siegfried-Wagner-Haus erklärte Großmutter Winifred zur Erheiterung ihrer Gäste: »Obwohl Maazel Jude ist, scheint er doch ganz begabt. So nimmt ihn Wolf nächstes Jahr trotzdem wieder.« Ich saß neben Lorin Maazel und seiner Frau und schämte mich zu Tode. Maazel schien diese Bemerkung nicht gehört zu haben, oder vielleicht wollte er sie auch nicht hören. Er sagte 1970 wegen Krankheit ab.

Der offizielle Pressespiegel der Saison 1970 wurde zwar manipuliert, aber selbst in ihm fand sich reichlich Kritik. Zu stark hatte sich die Medienszene, vor allem das Feuilleton, nach links orientiert, als daß die Bayreuther Erstarrung außerhalb der treuen Wagner-Gemeinde öffentlich beklatscht wurde. Die Welt sprach eine andere Sprache. Das mußte allmählich auch mein Vater zur Kenntnis nehmen, denn am Ende ging es darum, die Festspiele und die eigene Existenz materiell zu sichern.

Im Herbst 1969 beugte ich mich dem Druck meines Vaters und nahm an der Universität in München das Jurastudium auf. Ich nutzte die Zeit aber auch, um Vorlesungen in den geisteswissenschaftlichen Fächern zu hören, die mich besonders interessierten. Kurz zuvor, in den Semesterferien im Oktober hatte ich meine Eltern in Bayreuth besucht. Sie lasen gerade Albert Speers »Erinnerungen«. Speer war zunächst Hitlers Architekt gewesen und hatte gemeinsam mit dem »Führer« bombastische Bauten entworfen, die nach dem »Endsieg« errichtet werden sollten. Im Krieg ernannte ihn Hitler zum Chef der Kriegsproduktion. In dieser Funktion sorgte Speer unter anderem dafür, daß Nazideutschland den Krieg und damit das Terrorsystem verlängern konnte. In den Nürnberger Kriegsverbrecherprozessen wurde Speer zu zwanzig Jahren Haft verurteilt. Er saß sie in Berlin-Spandau ab und nutzte die Zeit, um sein Rechtfertigungsbuch zu schreiben. Speer starb 1981.

Vater zeigte mir gegenüber offen seine Sympathie für Speer. Ähnlich wie die einstige NS-Größe ließ er seine Bewunderung für Hitler immer wieder anklingen. Diese Haltung provozierte eine neue Auseinandersetzung zwischen uns, die wir dann während der Winterferien in Arosa fortsetzten. Wie immer, wenn wir nicht einer Meinung waren, mußte ich mir anhören, ich sei zu unreif, um die tragische und opferreiche Geschichte Deutschlands zu verstehen. Das Klima verschlechterte sich noch dadurch, daß ich den Regierungswechsel (Brandt wurde Bundeskanzler) in Bonn begrüßte, was für meinen Vater unerträglich war. Überall vermutete er linke Verschwörungen.

Mein Vater war ohnehin in einer Götterdämmerungs-Stimmung. Die Kritiken an seiner »Ring«-Inszenierung 1970, die Diskussionen über den künftigen Kurs der Festspiele und über die geplante Stiftung zerrten an seinen Nerven. Ich riet ihm, die »Scheiß-Festspiele« sausen zu lassen und endlich ein menschenwürdiges Leben zu führen, ohne seine Hofschranzen und ohne den Entertainer der deutschen High-Society zu mar-

kieren. Der Vorschlag war nicht geeignet, die Stimmung aufzu-
heitern.

Meine Schwester fand solche Diskussionen unnütz. Sie
begann sich mit Everding anzufreunden und ihre Bayreuther
Zukunft abzusichern, ohne viel Aufhebens davon zu machen.
Sie wurde darin unterstützt von ihrer »Omi« Winifred. Bald
war sie der Liebling einflußreicher Sponsoren und Industriel-
ler. Sie war sich mit Vater einig, daß alles, was ich vorschlug,
nichts taugte, und integrierte sich vollständig in den Festspielbetrieb. Bei Everding und Otto Schenk durfte sie zeitweise
Regieassistentin spielen und fand dabei heraus, daß das internationale Opernbusineß ihr Metier und ihre Zukunft der
Intendantensessel in Bayreuth sein müsse. Wer sich mit ihr
nicht gut stellte, hatte bis 1975 am Festspielhügel ein schweres
oder kurzes Leben. Das Motto »Nach Cosima und Winifred
nie mehr eine Weiberdiktatur«, wie es mein Onkel Wieland
gefordert hatte, galt nicht mehr.

Meinen Lebensstil empfanden Vater und Eva als unange-
messen. Da gab es so einen lächerlichen linken Idealisten, der
sich mit zeitgenössischer Philosophie, Psychologie und Politik,
also mit gänzlich weltfremden Dingen, beschäftigte und seine
Zeit vertat. Eva teilte die Meinung unserer Großmutter, daß
für marxistische Spinner wie mich am Festspielhügel kein
Platz sei. Diese Etikettierung sollte ich nie mehr loswerden.
Der Applaus der »Gesellschaft der Freunde von Bayreuth« war
ihr damit schon damals gewiß.

Die nur technisch verbesserte zweite Bayreuther »Ring«-
Inszenierung meines Vater von 1970 brachte, wie sein »Ring«
1960, keinerlei neue Impulse und lebte einzig von den Projek-
tionen durch Rüdiger Tamschick. Herbert Barth wußte dies
durch seinen geschickt manipulierten Pressespiegel für sich
und seinen internen und externen Jasagerchor zu nutzen, und
zwar auch im Sinne der zunehmenden Unlust meines Vaters,
sich Kritik, gleich welcher Form, anzuhören. Die Aufbereitung

der Pressestimmen dieser Zeit war eines der großen Meisterwerke Bayreuther Machtpolitik. Ihm folgte als Gipfelpunkt die Entdeckung des linken Wagner in Vorbereitung künftiger Goldrauschjahre: »Hundert Jahre Bayreuther Festspiele« standen vor der Tür.

Geduldet war bereits zu diesem Zeitpunkt nur der am Festspielhügel, der sich den autoritären, nach außen hin aber als liberal verkauften Regeln meines Vaters unterordnete. Die Blütezeit des Hofschranzentums begann. Wer den Künstler Wolfgang Wagner lobte, hatte Privilegien. Ich bemerkte mit einiger Befremdung, wie dem Bayreuther Marketing für die Hundertjahrfeier 1976 ein linkes Image aufgepfropft werden sollte. Garanten dieser Verschiebung waren: Herbert Barth, der Pressechef, der zusammen mit Dietrich Mack als Herausgeber der Cosima-Tagebücher vorgesehene Schriftsteller und Wagner-Verehrer Martin Gregor-Dellin, Egon Voss, der spätere Herausgeber der neuen kritischen Richard-Wagner-Gesamtausgabe, und Dorothea Glatt-Behr, später auch Oswald Georg Bauer, heute Generalsekretär der Bayerischen Akademie der Schönen Künste.

Ein typisches Beispiel dieser programmatischen Verschiebung nach links war der Beitrag »Das Trauerspiel der Macht«, Miszellen zur »Ring«-Interpretation von Vater und Dietrich Mack im »Rheingold«-Programmheft der Bayreuther Festspiele 1970. Dort las ich zu meiner Verwunderung etwa: »Handelt es sich demnach [beim Schluß der Götterdämmerung] um eine Apotheose, eine Welterlösung, eine Heilsgewißheit oder um eine Apokalypse, eine totale Vernichtung; um eine optimistische Tragödie oder um Pantragismus? (...) [Es ist vielmehr]: kein Weiterreichen des Erbes, kein kontinuierlicher Übergang von einer Generation zur anderen, sondern radikaler Bruch, tabula rasa, rauchende Trümmer. Also doch Apokalypse? Ja, aber als Beispiel, nicht als Selbstzweck; denn zwei Dinge kommen hinzu. Menschen, die (...) demagogisch mit

Alkohol und Drogen zu einer stumpfen und blöden Masse mißbraucht waren, erleben dieses Inferno. Jammer und Schrecken überfällt sie [sic!]. Die Aufklärung muß brutal sein, die Welt muß an allen Ecken und Enden brennen. Ein Scheiterhaufen allein genügt nicht, um kathartisch zu wirken. Das Wissen um dieses furchtbare Ende aber muß bezeugt und die Erkenntnis weitergegeben werden, daß ein Weg vielleicht aus diesem Nichts herausführen kann.«[4]

Von all diesen Grausamkeiten war auf der Bühne allerdings nichts zu sehen. Was Vater mit dem Bruch zwischen Generationen meinte, verstand ich erst später: Unbewußt hatte er das eigene familiäre Problem in sein Regiekonzept hineingewoben. (Darauf werde ich noch bei meiner Interpretation der sich damals in Vorbereitung befindenden Satzung der Richard-Wagner-Stiftung, unterzeichnet im März 1973, zurückkommen.)

Unter diesen Umständen hatte ich keine Absicht, Vaters Assistent zu werden, zumal auch Eva immer deutlicher zu verstehen gab, daß ihr meine Anwesenheit am Festspielhügel lästig war. Um nicht in diese Spannungen und Intrigen verstrickt zu werden, zog ich im Herbst 1970 nach Mainz. Dort begann ich endlich das zu studieren, was mich interessierte: Musikwissenschaft, Psychologie und Germanistik. Mein Vater war gegen dieses neue Studium und nur dadurch zu besänftigen, daß ich ihm versprach, Jura nicht ganz aufzugeben. Er bat den Musikwissenschaftler Professor Gernot Gruber, mich heimlich zu beobachten, und wollte von ihm erfahren, ob ich überhaupt die Voraussetzungen zum Studium hätte. Aber Gruber berichtete mir vom Mißtrauen meines Vaters. Das Verhältnis zwischen meinem Vater und mir wurde dadurch nicht besser.

In Mainz nahm ich neben dem Studium Klavierunterricht. Im Sommersemester 1971 studierte ich im österreichischen Graz und dann im Bayreuther Festspielhaus bei Maximilian Kojetinsky, dem musikalischen Studienleiter der Festspiele,

Klavier, Kontrapunkt und Harmonielehre. Ich tat dies gründlich und versetzte meinen Vater in Erstaunen. Er hätte nie geglaubt, daß ich das selbstgewählte Studium mit solcher Konsequenz verfolgen würde.

Es kam das Gerücht auf, ich würde bald in den Festspielbetrieb aufgenommen werden. Eva widersprach energisch. Mit einigem Trotz erklärte ich aufgrund meiner Fortschritte bei Kojetinsky, daß ich weiter Musikwissenschaft studieren würde. Gernot Gruber unterstützte mich in dieser Absicht, und schließlich akzeptierte mein Vater, daß ich das verhaßte Jurastudium aufgab.

Im Sommer 1971 erfuhr ich von Mutter, daß einer der engsten Mitarbeiter Wielands, Gerhard Helwig, entlassen worden war. Helwig übergab meinem Vater am 7. August 1971 alle Dokumente, die er aus der Wieland-Zeit hatte. Vater äußerte Zweifel an der Vollständigkeit der Schriftstücke. Solche Ereignisse weckten in mir zunehmend das Interesse an der Familiengeschichte, zugleich aber auch das Mißtrauen gegenüber den offiziellen Praktiken beim Umgang mit Familiendokumenten.

Im Wintersemester 1971/72 setzte ich mein Studium in Erlangen fort und begann mich nach Regieassistenzen umzusehen. Der Universitätsbetrieb dort enttäuschte mich, die Musikwissenschaft fand ich zu konservativ, zumal manche Professoren ihre politische Haltung demonstrativ vor sich hertrugen. Die Studenten und Professoren behandelten mich wie ein Museumsstück, mit dessen Hilfe man ja vielleicht neue Kontakte knüpfen konnte. Das Lehrangebot der Psychologiedozenten erschöpfte sich in formalen Analysen. Ebenso unwohl fühlte ich mich in der theaterwissenschaftlichen Abteilung. Mit deren Leitern arrangierte ich mich, viele der Studenten fand ich ideologisch zu stark fixiert – Nachzügler der 68er Generation. Jeder, der nicht so »progressiv-marxistisch« war wie sie, wurde schnell zum Reaktionär gemacht. Da mich damals bereits Bertolt Brecht faszinierte, belegte ich einen Kurs über dessen

Theaterarbeit und zählte so zunächst zu den »fortschrittlichen Kräften«. Als die studentischen Hüter der reinen linken Lehre aber herausbekamen, wer ich war, nahmen sie mir mein Interesse für Brecht nicht ab. Denn wie sollte sich der »reaktionäre Wagner« mit dem »fortschrittlichen Brecht« vereinbaren lassen? So wurde ich wieder einmal zum Außenseiter. Erlangen sah ich nur als eine Zwischenstation an und wollte schnell die nötigen Scheine machen, um mein Nomadenleben dann anderswo fortzusetzen.

Mich drängte es immer mehr zur praktischen Theaterarbeit. Im Herbst 1971 nahm ich Kontakt auf mit Hans Peter Lehmann, der im Opernhaus Nürnberg Oberspielleiter war. Lehmann war einer der Regieassistenten Wielands gewesen, und mein Vater hatte ihm die Aufgabe übertragen, einige der noch bestehenden Inszenierungen meines Onkels für den Bayreuther Spielplan zu erhalten. Er war mit dieser Konservierungstätigkeit in eine widersprüchliche Situation geraten: Einerseits hing er mit Liebe an Wielands Hinterlassenschaft, andererseits folgte er meinem Vater, der darauf drängte, die verbliebenen Werke Wielands zu verändern, was sich dann besonders stark in der Aufhellung der Lichtregie auswirkte. Für Hans Peter Lehmann war es gewiß vorteilhaft, die Verbindung nach Bayreuth zu pflegen.

Ich glaubte damals, er sei an meiner beruflichen Entwicklung zum Opernregisseur interessiert. Zunächst lief auch alles wie gewünscht: Im Februar 1972 konnte ich bei Lehmann endlich meine erste Regieassistenz antreten, und zwar in Wuppertal bei dessen »Tannhäuser«-Inszenierung. Mit großer Begeisterung stürzte ich mich in die Arbeit: Regiebuchführung, Regieproben mit den alternativen Besetzungen, Probenplanung, Absprachen mit Solisten, Chor, Orchester, Technik und Verwaltung und nicht zuletzt Arbeit mit den Medien. Mir wurde klar, wie schwer es gewesen sein mußte, Wieland Wagners

Regieassistent zu sein. Nach dessen Tod lag auf jeder Wagner-Inszenierung der Schatten des großen Vorbilds. Kein Wunder, daß auch Lehmanns »Tannhäuser« in Wuppertal stark von Wieland beeinflußt war. Neu in dieser Inszenierung war die erste Musiktheater-Choreographie der revolutionären Pina Bausch.

Nach der Premiere bescheinigte er mir brieflich, gute Arbeit geleistet zu haben. Trotzdem erhielt ich später, als ich in schwierigen Situationen auf Arbeitssuche war, kein weiteres Engagement von ihm.

Da es von Erlangen nach Bayreuth nicht weit ist, besuchte ich am Wochenende hin und wieder meine Eltern. Für die »Tannhäuser«-Inszenierung der Festspiele 1972 hatte mein Vater den Opernregisseur Götz Friedrich engagiert. Er war Assistent von Walter Felsenstein an der Komischen Oper in Ost-Berlin gewesen und hatte sich einen vorzüglichen Ruf erarbeitet. Es gab also keinen Grund zum Streit in inhaltlicher Hinsicht. Ich hoffte, daß der Everding-Auftritt mit dem »Holländer« von 1969 ein einmaliger Mißgriff gewesen war und daß mein Vater seine Regiearbeiten einstellte. Ich wünschte mir, daß er statt dessen profilierte Kräfte von anderen Häusern nach Bayreuth holte. Leider erfüllten sich meine Wünsche nicht.

Der Frieden zwischen meinem Vater und mir währte nur kurz. Er war vorbei, wenn die Sprache auf Willy Brandts Ostpolitik kam. Ich sah dazu keine Alternative, wohingegen mein Vater die Entspannungspolitik als einen Ausverkauf deutscher Interessen bezeichnete. An diesen Wochenenden besuchte ich auch meine Großmutter, um mehr von ihr und ihren Jahren mit dem »Führer« zu erfahren. Obwohl sie meine »linksradikale« Einstellung kannte, beantwortete sie meine Fragen meist recht offen. Sie schwärmte von Hitlers wunderbaren, hellen, hypnotischen Augen, seiner Sanftmut, seinen guten Manieren, seinem Charme, seiner Liebe zu Vater und Wieland, seinen

Plänen mit den Buben in der Zukunft eines »besseren Deutschland«, seiner tiefen Kenntnis der Werke Wagners, seiner Liebe zur Natur und zu den Menschen.

Hier unterbrach ich ihren Redefluß und fragte sie, wie es denn mit der Liebe zu den Menschen im Fall der Juden gewesen sei. Sie erwiderte: »Du kennst die Juden noch nicht, warte ab. Eines Tages wirst du mich begreifen, und Hitler wird in der Weltgeschichte anders dastehen.« Das erinnerte mich an Vaters Reaktionen, wenn ich ihn nach Hitler fragte.

Ich beging in solchen Gesprächen anfänglich den Fehler, bei ungeheuerlichen Aussagen zu explodieren: »Hör doch auf damit! Sechs Millionen Juden sind dir wohl nicht genug, um aufzuhören, dir etwas vorzumachen.«

Sie verteidigte sich immer wieder mit dem Satz: »Das sind doch nur die Lügen und Verleumdungen der amerikanischen Juden!«

Was ich als Neunjähriger noch mehr oder weniger kritiklos hingenommen hatte, da ich es damals nicht verstand, wollte ich jetzt, mit 25, genau wissen. Jetzt merkte ich, daß der Antisemitismus meiner Großmutter erschreckend brutal war. Ich fragte sie damals auch nach den Schicksalen jüdischer Sänger, die vor der Naziherrschaft in Bayreuth aufgetreten waren und später emigrieren mußten oder in Konzentrationslagern ermordet wurden, wie Henriette Gottlieb, Ottilie Metzger-Lattermann, Margarethe Matzenauer, Hermann Weil, Alexander Kipnis, Eva Liebenberg, Friedrich Schorr und Emanuel List. In solchen Momenten sah sie sich in ihren Lebenslügen ertappt, und sie wurde besonders aggressiv. »Du kannst das nicht verstehen. Das war doch gar nicht Hitler, sondern Schleicher und die anderen Verbrecher, die den Nationalsozialismus verrieten. Ich habe immer versucht, den Juden, die in Bayreuth sangen, zu helfen!«, schrie sie erregt.

Ich erwiderte: »Also haben du und die Familie von Auschwitz gewußt!« An dieser Stelle waren die Gespräche beendet.

Übrigens kam es ihr, um ihr Geschichtsbild aufrechtzuerhalten, auch auf eine plumpe Fälschung der historischen Wahrheit nicht an: General Kurt von Schleicher war 1934 von den Nazis ermordet worden und konnte daher mit dem Holocaust nichts zu tun haben. Meine Großmutter meinte aber Julius Streicher, den Begründer des antisemitischen Hetzblattes »Der Stürmer«.

Mit solchen Auskünften gab ich mich nun nicht mehr zufrieden und änderte daher meine Taktik. Ich blieb nun ruhig und gab mich so, als wäre ich ein Historiker ohne persönliche Betroffenheit. Der Trick funktionierte. Großmutter beantwortete meine Fragen, und vor allem beauftragte sie ihre Vertraute, Gertrud Strobel, eine militante Antisemitin, mir ohne Wissen meines Vaters historische Materialien zu geben. Gertrud Strobel, die meine Absichten erstaunlicherweise nicht durchschaute, sah nun in mir den einzigen uranständigen Wagner und versorgte mich mit einer Fülle von Dokumenten. Sie gab mir sämtliche »Bayreuther Blätter«, Festspielführer und sonstige Unterlagen aus dem Zeitraum von 1850 bis 1944. Vor allem faszinierte mich die Korrespondenz zwischen Hitler, meiner Großmutter, Wieland und Vater. Mein Entsetzen wuchs mit der Lektüre. Dieses Ausmaß der Verstrickung meiner Familie in die Nazityrannei hatte ich nicht geahnt.

Der Antisemitismus der Familie Wagner
(1850-1945)

Der Ausgangspunkt für die Diskussion über den Antisemitismus von Richard Wagner ist das 1850 erschienene Pamphlet »Das Judenthum in der Musik«. Es ist überwiegend ideologisch und beruht auf dem pathologischen Feindbilddenken Wagners gegenüber den Juden. Letzteres ist für ihn der negative Gegenpol zu seinem künftigen politischen und künstlerischen Konzept, wie es der Festspielidee und ihrer Verwirklichung in Bayreuth zugrunde liegt. Um den fiktiven jüdischen Feind zu diffamieren und um sein Gegenkonzept zu entwikkeln, greift Wagner im »Judenthum in der Musik« zu widerwärtigen Schmähungen: »Der Jude ist abstoßend (...), herrscht und wird so lange herrschen, als das Geld die Macht bleibt, vor der all unser Thun und Treiben seine Kraft verliert. (...) Der Jude, der bekanntlich einen Gott ganz für sich hat, fällt uns im gemeinen Leben zunächst durch seine äußere Erscheinung auf, die – mögen wir nun einer europäischen Nationalität angehören, welcher wir wollen, etwas dieser Nationalität unüberwindlich unangenehm Fremdartiges hat. (...) Der Jude, der an sich unfähig ist, weder durch seine äußere Erscheinung, noch durch seine Sprache, am allerwenigsten aber durch seinen Gesang, sich uns künstlerisch mitzutheilen, hat nichts desto weniger vermocht, in der verbreitetsten der modernen Kunstarten, der Musik, zur Beherrschung des öffentlichen Geschmackes zu gelangen. (...) – Der Jude hat nie eine eigene Kunst gehabt, daher nie ein Leben von kunstfähigem Gehalte. (...) Wir müssen die Periode des Judenthumes in der modernen Musik geschichtlich als die der vollendeten Unproduktivität, der verkommenen Stabilität bezeichnen.«[5]

Wagner beendet nach einer Verunglimpfung von Felix Mendelssohn seine Schmähschrift mit einem Aufruf, der klingt, als wolle er ankündigen, was keine neunzig Jahre später beginnen sollte: »Nehmt rückhaltslos an diesem selbstvernichtenden blutigen Kampf Theil, so sind wir einig und untrennbar! Aber bedenkt, daß nur Eines Euere Erlösung von dem auf Euch lastenden Fluche sein kann, die Erlösung Ahasver's: der Untergang!«

Von beschämender Aggressivität sind die Ausfälle Wagners gegen seine »Feinde« Felix Mendelssohn und Giacomo Meyerbeer, ohne deren Wirken Wagners Bühnenwerke undenkbar sind. Dem einstigen Förderer Meyerbeer verdankte er wesentliche Elemente der Musikdramaturgie seiner Frühwerke und Mendelssohn entscheidende Einflüsse auf Melodik und Instrumentation. Im »Judenthum in der Musik« verwischt Wagner vorsätzlich wesentliche Fremdeinflüsse auf seine künstlerische Entwicklung. Darin liegt ein zentrales Motiv seines krankhaften Antisemitismus, der sich wie ein roter Faden durch das gesamte schriftstellerische Werk Wagners bis 1882 zieht.

Das »Judenthum in der Musik« ist keineswegs, wie später in Bayreuth behauptet wurde, der Abschluß, sondern der Beginn von Wagners Antisemitismus im Sinne eines kulturpolitischen Konzepts. Die Thesen seines ersten antisemitischen Pamphlets wiederholt er, kaum verändert, in seinem kunsttheoretischen Hauptwerk »Oper und Drama« von 1851. Wagner relativierte später seine revolutionäre Kunsttheorie, um sich nicht zu weit vom Geschmack des Bürgertums zu entfernen. Sein Antisemitismus aber blieb und äußerte sich vor allem in den

Schriften »Über Staat und Religion« (1864), »Was ist deutsch?« (1865/78), »Deutsche Kunst und Politik« (1867) bis zu den Regenerationsschriften (1879-1881). Unter dem Einfluß des rassistischen Philosophen Arthur Gobineau steigerte sich Wagners Antisemitismus zum verhängnisvollen biologischen Rassismus der Bayreuther Spätzeit, wie er sich dann auch nach Wagners Tod (1883) bis 1945 weiterentwickelte. Am Ende der Regenerationsschrift »Erkenne dich selbst« von 1881 formulierte Wagner Vorstellung, die sich heute wie eine erschreckende Vorwegnahme von Hitlers »Endlösung« lesen. Er beschwor als »große Lösung« ein judenfreies Deutschland: »Uns Deutschen könnte, gerade aus der Veranlassung der gegenwärtigen, nur eben unter uns wiederum denkbaren gewesenen Bewegung, diese große Lösung eher als jeder anderen Nation ermöglicht sein, sobald wir ohne Scheu, bis auf das innerste Mark unsres Bestehens, das ›Erkenne-dich-selbst‹ durchführten. Daß wir, dringen wir hiermit nur tief genug vor, nach der Überwindung aller falschen Scham, die letzte Erkenntnis nicht zu scheuen haben würden, sollte mit dem Voranstehenden dem Ahnungsvollen angedeutet sein.«[6]

Wagners Verhalten den Juden gegenüber änderte sich immer wieder, und dies aus durchsichtigen Gründen. Er gab sich sogar als philosemitisch, wenn er es als nützlich ansah, um seine ideologisch-politischen und künstlerischen Ziele durchzusetzen. Aber: Seit 1850 war jeder Feind seiner Kunst, unabhängig von der Geburt, ein »Kunstjude«.

Wagners Schrift über das »Judenthum in der Musik« provozierte starke Proteste, die auch viele spätere Rezensenten Wagnerscher Opern und Schriften beeinflußten. Wagners antisemitische Schriften lesen sich wie ein ständiger Wechsel von Angriff und Gegenangriff zwischen ihm und den Musikkritikern seiner Zeit. Dabei verliert Wagner den Blick auf die Entwicklung des europäischen Judentums in der zweiten Hälfte des 19. Jahrhunderts und so zunehmend auch den Sinn für

Realität und Humanität. So wird aus Wagners Kunst, trotz aller genialen Innovationen, wie sie sich auch in seinen ersten im Bayreuther Festspielhaus aufgeführten Werken, dem »Ring des Nibelungen« und dem »Parsifal«, manifestieren, auch antijüdische, also Gegenkunst, und das Festspielhaus antijüdische Gegenkulturstätte, ganz im Sinne des »Berichtes über das Festspielhaus in Bayreuth« von 1873. Darin stellt Wagner sein deutsch-»neueuropäisches Theater, Geschmack und Sitten (...) einer Pariser Dirne oder einem glücklichen Börsenspekulanten« gegenüber, womit er auf Meyerbeers Opern anspielt. So verweist er unausgesprochen zurück auf seine Schriften »Was ist deutsch?« und auf die 1869 erschienene zweite Auflage von »Das Judenthum in der Musik«. Spätestens hier schließt sich der Ring, den Wagner schon 1850 zu schmieden begann: Die Festspielidee wurde verwirklicht als »Bayreuther Festspiele«, die schon bald in ganz Deutschland propagandistisch wirkten. Hinzu kamen die aus dem Boden schießenden Wagner-Vereine, die sich in den deutsch-nationalistischen »Bayreuther Blättern« darstellten. Vom Anfang der Festspiele an gehörten so Antisemitismus und Rassismus zu den Ingredienzen des Bayreuther Opern-Unternehmens, ob sie nun offen oder unterschwellig zutage traten. Eng damit verbunden war Wagners Antisemitismus.

Besonders Wagners Schriften »Modern« von 1878, »Publikum und Popularität« von 1879 und der Neudruck von »Was ist deutsch?« von 1878 ermutigten andere antisemitische, chauvinistische Autoren bei ihrem Bemühen, die deutsche Kultur an den Maßstäben der Bayreuther Kultstätte auszurichten. Wie sehr sich die Gesinnung des Bürgers Richard Wagner auf seine Kunst auswirkte, zeigt sich in den Bühnenwerken, die er bei seinen Bayreuther Festspielen von 1876 bis 1882 als Regisseur und Theaterunternehmer verwirklichte. Wer ist wohl mit Alberich und Mime, den zwergwüchsigen Ausbeutern, und Hagen im »Ring«, Beckmesser in den »Meistersingern« sowie Klingsor und Kundry, der weiblichen Ahasver-Figur im »Parsifal«, gemeint? Sieht man Kundrys Taufe im 3. Akt des »Parsifal« im Zusammenhang mit den Regenerationsschriften, begreift man, wie Wagner mit der bereits im »Judenthum in der Musik« geforderten Konversion der Juden zum Christentum ernst macht. Die erwähnte »große Lösung« von 1881 wird dagegen im dramaturgisch überflüssigen und daher ideologisch vielsagenden Tod der Kundry am Ende des »Parsifal« szenisch realisiert. Genauso, wie Wagner in seinem Kunstwerk verschiedene Deutungen zuläßt, verführt er seine Anhänger in seinen Regenerationsschriften zu »seinem« neuen Christentum. Dieses ist eine unentwirrbare Mischung aus Antisemitismus, Antifeminismus und buddhistischem Gedankengut, vermengt mit Elementen der Schopenhauerschen Entsagungsphilosophie. Mit anderen Worten: »Der Künstler hat in Hinsicht auf das Erkennen der Wahrheiten eine schwächere Moralität, als der Denker; er will sich die glänzenden, tiefsinnigen Deutungen des Lebens durchaus nicht nehmen lassen und wehrt sich gegen nüchterne, schlichte Methoden und Resultate. Scheinbar kämpft er für die höhere Würde und Bedeutung des Menschen; in Wahrheit will er die für seine Kunst wirkungsvollsten Voraussetzungen nicht aufgeben, also das Phantastische, Mythische, Unsichere, Extreme, den Sinn für das Symbolische, die Ueberschätzung der Person, den Glauben an etwas Wunderartiges im Genius: er hält also die Fortdauer seiner Art des Schaffens für wichtiger, als die wissenschaftliche Hingebung an das Wahre in jeder Gestalt, erscheine diese auch noch so schlicht.«[7] So scharfsinnig schreibt es Nietzsche in »Menschliches, Allzumenschliches« von 1878 vor dem Hintergrund seiner Erfahrungen mit Wagner und dessen Werk.

Cosima, geborene Liszt, Richard Wagners zweite Frau und Festspielleiterin bis 1907, war nicht weniger antisemitisch als ihr Mann. Davon zeugt unter anderem eine Eintragung in ihrem Tagebuch vom 18. Dezember 1881, in der sie ein Gespräch wiedergibt, das sie mit Richard geführt hatte: »– Dann erzählt er von einer neulichen Aufführung des ›Nathan‹, wo bei der Stelle, Christus war auch ein Jude, ein Israelit im Parterre bravo gerufen habe. Er wirft Lessing diese Fadheit sehr vor, und wie ich ihm erwidere, daß mir schiene, ein eigener deutscher Zug der Humanität in dem Stück zu liegen, sagte er: ›Aber gar keine Tiefe‹ (...). Man nährt den Hochmut dieser Kerle dadurch, daß man mit ihnen umgeht, und z. B. wir sprechen vor Rub[instein] unsere Empfindung über die Juden im Theater nicht aus, 400 ungetaufte und wahrscheinlich 500 getaufte.‹ Er sagt im heftigen Scherz, es sollten alle Juden in einer Aufführung des ›Nathan‹ verbrennen.«[8]

Die in diesen Äußerungen deutlich werdende Haltung Richard und Cosima Wagners sollte weit über ihren Tod hinaus wirken. Dieses Zitat aus Cosimas Tagebüchern faßt in wenigen Sätzen zusammen, was die Bayreuther Tradition bis 1945 prägen sollte. Das zeigt sich etwa in den Schriften von Cosimas Schwiegersohn, dem englischen Rassentheoretiker Houston Stewart Chamberlain, einem der geistigen Väter Adolf Hitlers. Ein Zitat aus Chamberlains Schrift »Richard Wagner« von 1895 belegt die nachhaltige Wirkung von Wagners Antisemitismus: »Gleich am Eingang seines Judentums in der Musik giebt Wagner als seinen Zweck an: ›die unbewusste Empfindung, die sich im Volke als innerlichste Abneigung gegen jüdisches Wesen kundgiebt, zu erklären, somit etwas wirklich Vorhandenes deutlich auszusprechen, keineswegs aber etwas Unwirkliches durch die Kraft irgend welcher Einbildung künstlich beleben zu wollen‹ (...) Und wie soll dieses wirklich Vorhandene aus der Welt geschafft, wie soll die unheilvoll gähnende Kluft überbrückt werden? Wagner verweist auf die Regeneration des Menschengeschlechtes und ruft den Juden zu: ›Nehmt rücksichtslos an diesem, durch Selbstvernichtung wiedergebärenden Erlösungswerk teil, so sind wir einig und ununterschieden! Aber bedenkt, dass nur eines eine Erlösung von dem auf euch lastenden Fluch sein kann: die Erlösung Ahasver's – der Untergang!‹ Was er unter ›Untergang‹ versteht, geht aus einem früheren Satz klar hervor: ›Gemeinschaftlich mit uns Mensch werden, heisst für den Juden aber zu allernächst soviel als aufhören, Jude zu sein.‹«[9]

Von Chamberlain führt ein direkter Weg zu Hitler, den er von Beginn an verehrt. Am 7. Oktober 1923 schreibt Chamberlain dem künftigen »Führer«: »Sehr geehrter und lieber Herr Hitler (...) Sie sind ja gar nicht, wie Sie mir geschildert worden sind, ein Fanatiker, vielmehr möchte ich Sie als den unmittelbaren Gegensatz eines Fanatikers bezeichnen. Der Fanatiker erhitzt die Köpfe, Sie erwärmen die Herzen. Der Fanatiker will überreden, Sie wollen überzeugen, nur überzeugen, – und darum gelingt es Ihnen auch; ja, ich möchte Sie ebenfalls für das Gegenteil eines Politikers (...) erklären, denn die Achse aller Politik ist die Parteiangehörigkeit, während bei Ihnen alle Parteien verschwinden, aufgezehrt von der Glut der Vaterlandsliebe. (...) Sie haben Gewaltiges zu leisten vor sich, aber trotz Ihrer Willenskraft halte ich Sie nicht für einen Gewaltmenschen. Sie kennen Goethes Unterscheidung von Gewalt und Gewalt! Es gibt eine Gewalt, die aus Chaos stammt und zu Chaos hinführt, und es gibt eine Gewalt, deren Wesen es ist, Kosmos zu gestalten, und von dieser sagte er: ›Sie bildet regelnd jegliche Gestalt – und selbst im Großen ist es nicht Gewalt.‹ In solchem kosmosbildenden Sinne meine ich es, wenn ich Sie zu den auferbauenden, nicht zu den gewaltsamen Menschen gezählt wissen will. (...) Mein Glauben an das Deutschtum hat nicht einen Augenblick gewankt, jedoch hatte mein Hoffen – ich gestehe es – eine tiefe Ebbe erreicht. Sie haben den Zustand meiner Seele mit einem Schlage umgewandelt. Daß Deutschland in der Stunde seiner höchsten Not sich einen Hitler gebiert, das bezeugt sein Lebendigsein; desgleichen die Wirkungen, die von ihm ausgehen; denn diese zwei Dinge – die Persönlichkeit und ihre Wirkung – gehören zusammen.

Daß der großartige Ludendorff sich offen Ihnen anschließt und sich zu der Bewegung bekennt, die von Ihnen ausgeht: welche herrliche Bestätigung! Ich durfte billig einschlafen und hätte auch nicht nötig gehabt, wieder zu erwachen. Gottes Schutz sei bei Ihnen!«[10]

1915 heiratete Richard Wagners Sohn Siegfried, mein Großvater, Winifred Williams. Sie schätzte Hitler nicht weniger als ihren Schwager Chamberlain. Das dokumentiert beispielsweise ihr »Offener Brief« vom 14. November 1923 in der Bayreuther »Oberfränkischen Zeitung«, also nur wenige Tage nach Hitlers Putschversuch in München: »Ganz Bayreuth weiß, daß wir in freundschaftlicher Beziehung zu Adolf Hitler stehen. Wir waren an den verhängnisvollen Tagen gerade in München und sind die ersten gewesen, die von dort zurückkamen. Begreiflicherweise wandten sich Hitlers Anhänger an uns, um von Augenzeugen sich berichten zu lassen. (...) Seit Jahren verfolgen wir mit größter innerer Teilnahme und Zustimmung die aufbauende Arbeit Adolf Hitlers, dieses deutschen Mannes, der, von heißer Liebe zu seinem Vaterlande erfüllt, sein Leben seiner Idee eines geläuterten, einigen, nationalen Großdeutschland zum Opfer bringt, der die gefahrvolle Aufgabe sich gestellt hat, der Arbeiterschaft über den inneren Feind und über den Marxismus und seine Folgen die Augen zu öffnen, der es wie kein zweiter fertig gebracht hatte, die Menschen untereinander zu verbrüdern und zu versöhnen, den schier unüberbrückbaren Klassenhaß zu beseitigen gewußt hat, der Tausenden und Abertausenden Verzweifelnder die frohe Hoffnung auf ein wiedererstehendes, würdiges Vaterland und den festen Glauben daran wiedergegeben hat. Seine Persönlichkeit hat wie auf jeden, der mit ihm in Berührung kommt, auch auf uns einen tiefen, ergreifenden Eindruck gemacht, und wir haben begriffen, wie ein solch schlichter, körperlich zarter Mensch eine solche Macht auszuüben fähig ist. Diese Macht ist begründet in der moralischen Kraft und Reinheit dieses Menschen, der restlos eintritt und aufgeht für eine Idee, die er als richtig erkannt hat, die er mit der Inbrunst und Demut einer göttlichen Bestimmung zu verwirklichen versucht. Ein solcher Mann, der so unbedingt für das Gute eintritt, muß die Menschen begeistern, hinreißen, mit aufopfernder Liebe und Hingebung für seine Person beseelen. Ich gebe unumwunden zu, daß auch wir unter dem Banne dieser Persönlichkeit stehen, daß auch wir, die wir in den Tagen des Glücks zu ihm standen, nun auch in den Tagen der Not ihm die Treue halten.«[11]

Von 1907 bis 1930 leitete Siegfried Wagner die Bayreuther Festspiele. Auch er korrespondierte mit Hitler. Siegfried Wagners Antisemitismus war aber nicht so extrem wie der seiner Frau Winifred oder Cosimas. So schrieb er am 6. Juni 1921, noch ganz unbeeinflußt von der späteren Pro-Hitler-Stimmung in Bayreuth, an einen antisemitischen Redakteur der »Deutschen Zeitung« in Berlin: »Unter den Juden haben wir sehr viele treue, ehrliche und selbstlose Anhänger, die uns zahlreiche Beweise ihrer Freundschaft gegeben haben. Sie wollen, daß wir all diesen Menschen unsere Türen verschließen, sie nur aus dem Grund, daß sie Juden sind, zurückweisen. Ist das menschlich? Ist das christlich? Ist das deutsch? Nein! (...) Auf unserem Festspielhügel wollen wir positive Arbeit leisten, keine negative. Ob ein Mensch Chinese, Neger, Amerikaner, Indianer oder Jude ist, das ist uns völlig gleichgültig. Aber wir könnten von den Juden lernen, zusammenzuhalten und einander zu helfen.«[12]

Dieser Brief wurde nach der Nazizeit als scheinliberales Alibi für die Bayreuther Festspiele benutzt, um die Zeit von 1907 bis 1930 im Lichte der reinen Kunst Richard Wagners präsentieren zu können. Die (noch) vorhandenen Dokumente aus der Zeit von 1925 bis zu Siegfried Wagners Tod zeigen aber, daß auch in den zwanziger Jahren am Festspielhügel das Werk

Richard Wagners kulturpolitischen Zwecken diente. In seinem Brief von Weihnachten 1923, also nur einige Wochen nach dem mißglückten Novemberputsch Hitlers in München, schrieb Siegfried Wagner an Rosa Eidam:

»Wir lernten den herrlichen Mann [Hitler] im Sommer hier bei dem Deutschen Tag kennen und halten treu zu ihm, wenn wir auch dabei ins Zuchthaus kommen sollten. Gesinnungslumpen waren wir ja in Wahnfried nie. [Auf die politischen Unruhen in den zwanziger Jahren in Bayern anspielend:] Die Zustände in Bayern sind ja unerhört. Die Zeiten der spanischen Inquisition sind zurückgekehrt. Meineid und Verrat wird heilig gesprochen, und Jude und Jesuite[n] gehen Arm in Arm, um das Deutschtum auszurotten! Aber vielleicht verechnet sich der Satan diesmal. Sollte die Deutsche Sache wirklich erliegen, dann glaube ich an Jehova, den Gott der Rache und des Hasses. Meine Frau kämpft wie eine Löwin für Hitler! Großartig!«[13]

Nach der Lektüre dieses Briefes wird auch der Brief Hitlers an Siegfried Wagner vom 5. Mai 1924 verständlich, den er in der Feste Landsberg als Edelgefangener verfaßte. Hier schrieb Hitler in Erinnerung an seinen offiziellen Besuch in Bayreuth anläßlich des »Deutschen Tages« am 30. September 1923 in der Hoffnung auf einen künftigen Wahlsieg Siegfried Wagner bezüglich der offenen Parteinahme der Familie Wagner für ihn unter anderem:

»Stolze Freude faßte mich, als ich den völkischen Sieg gerade in der Stadt sah, in der, erst durch den Meister [Richard Wagner] und dann durch Chamberlain, das geistige Schwert geschmiedet wurde, mit dem wir heute fechten.«[14] Der Vergleich von Richard Wagners und Chamberlains antisemitischen Hetzschriften mit Hitlers rassistischen kulturpolitischen Wahnideen in »Mein Kampf« läßt keinen Zweifel am historisch-inhaltlichen Zusammenhang.

Die Tatsache, daß Siegfried Wagner, seine Frau und Schwestern am 1. August 1925 das Ehrenpräsidium des völkischen

Bayreuther Bundes der deutschen Jugend (BBdJ) übernahmen, macht geschichtliche Kontinuitäten deutlich. Als künftige Aufgaben und Ziele setzte sich der BBdJ, »das Ideengut Bayreuths, die Kunstwerke und kulturpolitischen Ideale Richard Wagners dem gesamten deutschen Volke zu übermitteln; den tiefen Sinn der unmittelbaren Verbundenheit des großen deutschen Erinnerungswerkes Adolf Hitlers und seines kulturellen Willens mit dem Werke von Bayreuth zu erschließen«. [15]

Eng verbunden mit dem völkischen Gedankengut und den Bayreuther Festspielen waren die »Deutschen Festspiele« in Weimar ab Juli 1926, in deren Rahmen Opern von Siegfried Wagner aufgeführt und völkische Dichtungen veröffentlicht wurden, unter anderem von Hans von Wolzogen, dem Herausgeber der antisemitischen und chauvinistischen »Bayreuther Blätter« von 1878 bis 1938. Die Weimarer waren wie die Bayreuther Festspiele ein aggressives kulturpolitisches Gegenkonzept zur avantgardistischen Kunst der Weimarer Republik. Mit der Gründung der »Nationalsozialistischen Gesellschaft für deutsche Kultur« 1927 und des »Kampfbunds für deutsche Kultur« 1928 durch Alfred Rosenberg, den halboffiziellen NS-Philosophen und Autor der Propagandaschrift »Der Mythus des 20. Jahrhunderts«, wurden unter anderem die Nazigrößen Hans Frank, Baldur von Schirach, Wilhelm Frick, Hans Severus Ziegler, Hans Schemm und Adolf Bartels für die Bayreuther Sache gewonnen. Als Sohn des Meisters und kulturellen Vorbilds von Hitler sowie durch die Parteizugehörigkeit seiner Frau Winifred seit 1926, wahrscheinlich aber schon 1923, konnte Siegfried Wagner nach außen hin die Rolle des überparteilichen Künstlers mimen, aber alle Vorteile der völkischen, pränationalsozialistischen Bewegung wahrnehmen.

Mit dem nach 1945 immer wieder als entlastend angeführten Bayreuther Engagement von Arturo Toscanini, der zeit seines Lebens in Wagner nur den Künstler sehen wollte, schien Siegfried Wagner sich kurz vor seinem Tod im Juni 1930 anderen kulturellen Strömungen zu öffnen. Wie Siegfried Wagner sich im Dritten Reich verhalten hätte, ist heute reine Spekulation. Hitler und sein späterer Propagandaminister Joseph Goebbels fanden ihn wegen seiner Homosexualität dekadent.

Nach Siegfried Wagner leitete meine Großmutter Winifred die Festspiele bis 1944. Daß sie fest an Hitlers »Endsieg« glaubte, geht aus einem Beitrag im »Meistersinger«-Programmheft der Kriegsfestspiele von 1943 hervor: »Wenn für die Kriegsfestspiele 1943 gerade die ›Meistersinger von Nürnberg‹ ausgewählt wurden, so hat das seine tiefe und symbolische Bedeutung. Zeigt uns doch dieses Werk in eindrucksvollster Form den schaffenden deutschen Menschen in seinem völkisch bedingten Schöpferwillen, dem der Meister in der Gestalt des Nürnberger Schuhmachers und Volksdichters Hans Sachs eine unsterbliche Verkörperung gegeben hat und der im gegenwärtigen Ringen der abendländischen Kulturwelt mit dem destruktiven Geist des plutokratisch-bolschewistischen Weltkomplotts unseren Soldaten die unüberwindliche Kampfkraft und den fanatischen Glauben an den Sieg unserer Waffen verleiht.«[16]

»Der Wille zur Macht« II

Ich unterbrach meine Entdeckungsreise in die Nazivergangenheit meiner Familie im Februar 1972 durch meine erste Regieassistenz in Wuppertal. Nach meinen ersten Erfahrungen dort war ich gespannt, wie Götz Friedrich den »Tannhäuser« für die Festspiele inszenieren würde. Im April 1972, wenige Monate vor seinem Debüt in Bayreuth, besuchte ich ihn in Ost-Berlin. Er schilderte mir sein Konzept, und ich war begeistert. Anschließend lud mich Friedrich in eine »Coriolan«-Vorstellung des Brecht-Theaters ein. Die Aufführung enttäuschte mich wegen ihrer sterilen Perfektion, die Darsteller agierten wie Roboter.

Die Zeit nach Berlin nutzte ich, um die Gespräche mit meiner Großmutter und Gertrud Strobel fortzusetzen. Mein Vater sah dies keineswegs gern. In der Zwischenzeit hatte meine Großmutter ihm nibelungentreu von meinem großen Interesse an der politischen Vergangenheit Bayreuths und meinen zahlreichen Fragen und Notizen dazu berichtet. Vater war in diesen Monaten besonders gereizt, wenn es um die Festspiele, um Hitler und um die Familie Wagner ging. Er wollte seine Stiftungssatzung durchsetzen und jede Irritation vermeiden, die das große Geschäft beeinträchtigen konnte. Ich mußte also bei meinen Forschungen noch vorsichtiger vorgehen. Frau Strobel berichtete mir mit Entsetzen von den linken Musikwissenschaftlern der Thyssen-Stiftung, die sie ständig wegen des

großen Jubiläums 1976 bestürmten. Sie meinte, wie ich später
erfuhr, Egon Voss, Dietrich Mack und Michael Karbaum, mit
denen ich dann eigene Erfahrungen machen sollte. Die Thyssen-Stiftung förderte finanziell diese und andere Autoren, die
am Projekt »100 Jahre Bayreuther Festspiele« arbeiteten.

Im Juli 1972 fand Götz Friedrichs »Tannhäuser«-General-
probe in Bayreuth statt. Friedrich hatte mir in Ost-Berlin nicht
zuviel versprochen. Mich faszinierte vor allem, wie er die Solisten und den Chor im 2. Akt führte. Als die Wartburggesellschaft im 2. Akt in Smoking und Abendkleid mit Hitlergruß
den Landgraf grüßte und später Tannhäuser in Nazimanier aus
der Wartburg zu schmeißen versuchte, ahnte ich einen Premie-
renaufruhr. Großmutter Winifred setzte meinen Vater unter
Druck, um zu verhindern, daß diese Inszenierung unverändert
aufgeführt wurde. Ich redete Vater zu, Friedrich in Ruhe arbeiten zu lassen. Es spricht für meinen Vater, daß er sich zurück-
hielt.

Bei der Premiere kam es tatsächlich zum Eklat. Nicht nach
dem 2. Akt, sondern wegen des Epilogs am Ende der Oper, den
ich eher bieder fand: Der Chor im deplazierten Freizeitlook
verkündete als weltbeglückende Botschaft, daß Tannhäuser
nun erlöst sei. Die Mehrheit der Zuschauer mißverstand das
Schlußbild als »Arbeiter-und-Bauern-Gruß« des DDR-Regis-
seurs Friedrich. Sie schrie ihren Haß fast so fanatisch heraus,
wie ihre Vorgänger wenige Jahrzehnte zuvor dem »Führer« zu-
gejubelt hatten. Der Grund für die hysterische Aggression der
Mehrheit im Saal war klar. Friedrich hatte diesen Zuschauern
den Spiegel vorgehalten: In der Wartburggesellschaft erkannten sich unbewußt viele der Damen und Herren aus dem Wirt-
schaftswunderland wieder. Was die Darsteller an faschistoi-
dem Verhalten auf der Bühne gespielt hatten, wiederholte sich
real nach der Premiere im Zuschauerraum.

Ich wurde in eine dieser gewalttätigen Szenen verwickelt.
Einer der Herren aus der »Gesellschaft der Freunde von Bay-

reuth« stand neben mir und schrie, als Friedrich zur Verbeugung vor den Vorhang kam: »Geh zu deinen dreckigen Kommunisten in die DDR zurück, wir brauchen dich hier nicht!« Die Zuschauer um uns herum stimmten begeistert zu. Ich fragte den Schreier nach seinem Namen, aber er wollte ihn mir nicht sagen. »Wer sind Sie denn, mich hier im Festspielhaus nach meinem Namen zu fragen?« wollte er wissen. Wütend schrie ich: »Sie Feigling verstecken sich hier in der Gruppe! Stehen Sie zu Ihrer Meinung. Wer sind Sie?«

Kaum hatte ich das gesagt, packte er mich brutal am Hals. Er wollte mir meine Fliege herunterreißen und mich dann wohl verprügeln. Nun erkannte ich eine gewisse Notwendigkeit, mich vorzustellen: »Mein Name ist Gottfried Wagner. Ich bin der Sohn des Festspielleiters, der diese großartige Regie durchsetzte. Sie befinden sich hier immer noch auf dem privaten Grund meiner Familie, und ich werde Sie wegen Hausfriedensbruch und Körperverletzung vor Gericht bringen. Nun kommen Sie mit zur Polizei.« Kaum hatte ich das gesagt, verschwand der Wagner-Freund in aller Eile aus dem Saal. Meine Reaktion sollte noch ein Nachspiel haben, denn einer der Zuschauer beschwerte sich einige Tage darauf per Brief bei meinem Vater über meinen »Linksradikalismus«.

Nach der Premiere war auch sonst dicke Luft. Ewald Hilger, Präsident der »Gesellschaft der Freunde von Bayreuth«, war mitsamt seiner Gefolgschaft außer sich über Friedrichs Inszenierung. Hilger hatte sein Amt von seinem Vater übernommen, einem einflußreichen Herrn der westdeutschen Gesellschaft und Förderer von Arno Breker. Er beriet die Festspielleitung und verlor an diesem Abend die Kontrolle über sich und beschimpfte meinen Vater, weil dieser Friedrich engagiert hatte. Vater verteidigte sich kaum. Da Hilgers Angriffe immer massiver wurden, schalteten meine Mutter und ich uns ein. Meine Mutter sprang auf, wies mit dem Zeigefinger auf die Ausgangstür und schrie, daß der ganze Saal ruhig wurde: »Jetzt langt es aber! Hören Sie auf, meinen Mann derartig zu beleidigen. Es gibt hier keine Meinungsdiktatur der ›Freunde Bayreuths‹ über meinen Mann und uns!« Sie blieb mit gestrecktem Finger stehen, bis Hilger, zu Tode beleidigt, aus dem Saal stürzte, nicht ohne vorher drohend zu verkünden: »Das hat Folgen!« Es hatte keine Folgen. Vater und er waren bald wieder ein Herz und eine Seele.

Ich war begeistert von Mutters Aktion. Aber um uns herum herrschte Eiseskälte, ein Vorgeschmack auf das, was meine Mutter und ich künftig häufiger erleben mußten. Selbst die »linke Vorhut« um den Pressesprecher der Festspiele, Herbert Barth, zog sich vorsichtig zurück. Nur wenige kamen, um Mutter anerkennende Worte zu sagen. Meine Schwester und mein Vater schwiegen betreten. Mutter und ich waren uns selten so nahe gewesen wie an diesem Abend. Mein Vater bat sich am nächsten Morgen mehr Zurückhaltung aus, was mich sehr betroffen machte, denn ich war davon überzeugt, daß Mutter und ich für die richtige Sache stritten. Mich widerten all diese Verlogenheiten und später dann auch die opportunistischen Veränderungen in der »Tannhäuser«-Inszenierung an.

Mein Vater sah sich so unter Beschuß, daß er begann, das Schlußbild des 3. Aktes in Frage zu stellen. Das löste unter uns einen heftigen Streit aus, denn ich war gegen jede Änderung und die Preisgabe der künstlerischen Freiheit, nur weil sich Sponsoren darauf versteiften, mit Friedrichs Inszenierung nicht leben zu können. Ich berichtete Vater von dem Vorfall im Zuschauerraum, und er schien seine Entscheidung noch einmal überdenken zu wollen. Aber er fiel schließlich um, und die zweite Aufführung mußte ohne den vermeintlichen »Arbeiter-und-Bauern-Gruß« auskommen. Dieser faule Kompromiß befriedigte zwar die »Gesellschaft der Freunde von Bayreuth«, ich aber empfand ihn als ein feiges Zugeständnis.

Die Reaktion der bürgerlichen Gesellschaft, vor allem die von Franz Josef Strauß, der sich öffentlich massiv gegen die Regie von Götz Friedrich ausgesprochen hatte und mit dem Vater in Verhandlungen wegen der Stiftungssatzung stand, traf ihn und trug wohl dazu bei, daß er von Friedrichs Schlußbild abrückte. Die liberale und linke Presse, die zuerst nur gejubelt hatte, meldete nun auch Zweifel an. Leidenschaftlich wurde über den neuen und den alten Schluß diskutiert. Bayreuth war über Nacht keineswegs nur »retheatralisiert«, wie Friedrich sagte, sondern es war vor aller Augen auch repolitisiert worden. Die Fronten zwischen rechts, liberal und links wurden wieder deutlich. Sie waren seit 1951 verwischt worden durch die Flucht in die unpolitische psychoanalytische Richtung der Wieland-Inszenierungen.

Das Zeitalter des »linken Richard Wagner« brach nun vollends an. Die hysterische Mehrheit des Premierenpublikums fühlte sich angesichts der öffentlichen Debatte verunsichert und wartete mit weiteren Meinungsäußerungen auf die Kritiken von Joachim Kaiser und anderen renommierten Wagner-Experten, um dann deren Auslassungen nachzuplappern, auch wenn diese stark vom eigenen Verhalten im Zuschauerraum nur kurz zuvor abwichen. Man mußte »in« bleiben. Viele der in Interpretationsnot geratenen Wagner-Freunde suchten Trost und Rat bei meiner Großmutter. Sie erklärte: »Ich finde den ›Tannhäuser‹ von diesem Kommunisten Friedrich ja auch widerlich, aber denkt an meinen Sohn. Der kann sich ja auch einmal täuschen und hat ja schon begonnen, die schrecklichsten Szenen zu ändern. Unser Bayreuth bleibt unser Bayreuth! Man sieht doch nur noch deutlicher die große künstlerische Begabung von Wolf!« Wenig später sollten dieselben Damen und Herren, die Winifreds Urteil so weise fanden, mit dem »bösen« Friedrich Arm in Arm zusammensitzen. »Saubere Freunde«, kommentierte Großmutter enttäuscht.

Vater wurde weiter offen angepöbelt. Beim Jahrestreffen der »Gesellschaft der Freunde von Bayreuth« wollten sich deren Mitglieder nicht darauf beschränken, die Festspiele finanziell zu unterstützen, sie wollten auch inhaltlichen Einfluß gewinnen. Die Position der Sponsorenmehrheit angesichts der »Tannhäuser«-Premiere im Juli 1972 erinnerte mich an Äußerungen Friedrich Nietzsches in der Nachschrift seines Essays »Der Fall Wagner«: »Die Anhängerschaft an Wagner zahlt sich theuer. Messen wir sie an ihrer Wirkung auf die Cultur. Wen hat eigentlich seine Bewegung in den Vordergrund gebracht? Was hat sie immer mehr in's Grosse gezüchtet? – Vor Allem die Anmaassung des Laien, des Kunst-Idioten. Das organisirt jetzt Vereine, das will seinen ›Geschmack‹ durchsetzen, das möchte selbst in rebus musicis et musicantibus den Richter machen. Zuzweit: eine immer grössere Gleichgültigkeit gegen jede strenge, vornehme, gewissenhafte Schulung im Dienste der Kunst; an ihre Stelle gerückt den Glauben an das Genie, auf deutsch: den frechen Dilettantismus (– die Formel dafür steht in den Meistersingern). Zudritt und zuschlimmst: *die Theatrokratie* –, den Aberwitz eines Glaubens an den Vorrang des Theaters, an ein Recht auf Herrschaft des Theaters über die Künste, über die Kunst. (...) Aber man soll es den Wagnerianern hundert Mal in's Gesicht sagen, was das Theater ist: immer nur ein *Unterhalb* der Kunst, immer nur etwas Zweites, etwas Vergröbertes, etwas für die Massen Zurechtgebogenes, Zurechtgelogenes! Daran hat auch Wagner Nichts verändert: Bayreuth ist grosse Oper – und nicht einmal gute Oper. (...) das Theater ist eine Form der Demolatrie in Sachen des Geschmacks, das Theater ist ein Massen-Aufstand, ein Plebiscit gegen den guten Geschmack. (...) Dies eben beweist der Fall Wagner: er gewann die Menge, – er verdarb den Geschmack, er verdarb selbst für die Oper unsren Geschmack.«[17]

Im Wintersemester 1972/73 in Erlangen war ich plötzlich beliebt in der theaterwissenschaftlichen Abteilung. Das Institut veranstaltete ein »Richard-Wagner-Musiktheater-Seminar«. Ich hatte meine Dozenten und Kommilitonen nämlich zur Generalprobe des »Tannhäuser« eingeladen gehabt. Man entdeckte irrtümlicherweise Wagner als Vorkämpfer des Sozialismus von 1848, analog zur Einschätzung Wagners in der DDR-Musikwissenschaft, allen voran Werner Wolf, wobei er nicht ganz auf Alt-Wagnerianerin Gertrud Strobel im Bayreuther Archiv verzichten konnte. Unterschiedslos rechnete man in den Erlanger Seminararbeiten auch Autoren wie Bloch, Gregor-Dellin, Hans Mayer und Walter Jens zu den linken Wagner-Interpreten. Auf meine Anregung hin wurde der Dramaturg der Bayreuther Festspiele und damalige enge Berater meines Vaters, Dietrich Mack, eingeladen. In dieser Zeit konnte ich mich vor selbstlosen Freunden kaum retten.

Bei meinen Stippvisiten in Bayreuth ließ ich mich nicht dazu verleiten, etwas von meinen Recherchen zur NS-Vergangenheit unserer Familie zu berichten. Ich verschwieg auch meinem Vater gegenüber weiterhin meine geheimen Treffen mit Gertrud Strobel. Unter dem Vorwand, ich müsse mich auf ein Wagner-Seminar an der Universität vorbereiten, intensivierte ich nun meine Untersuchungen im Siegfried-Wagner-Haus. Ich erinnere mich noch genau, daß ich bei einem meiner Besuche Vater klagen hörte, daß »der Zustand« mit Gertrud Strobel nicht mehr zu dulden sei, da sie ständig Materialien weitergebe, die nur die Familie beträfen und die besonders jetzt, kurz vor Unterzeichnung der Stiftungsurkunde, nicht an die Öffentlichkeit kommen dürften. Vorsichtig fragte ich Vater, welche Materialien er meine. »Alle die privaten Briefe mit Hitler und Oma und andere Dinge, die nichts mit der Politik und der Familie zu tun haben. Wenn da die Linken von der Thyssen-Stiftung rankommen, ist der Teufel los!« Ich entgegnete ruhig, aber wenig diplomatisch: »Alles muß auf den Tisch, sonst wird es nie einen Neubeginn geben!« Vater geriet außer sich über mein Ansinnen. Ich schwieg, denn ich hatte Angst, er würde möglicherweise an seine Filme aus der Nazizeit, die ich versteckt hatte, erinnert werden. Aus Angst, ertappt zu werden, kontrollierte ich gelegentlich, ob Vater die leeren Filmdosen aus dem Motorradbeiwagen herausgenommen hatte.

Für Mai 1973 hatte ich eine Regieassistenz bei Götz Friedrich in Amsterdam angenommen und mußte nun die praktische Theaterarbeit mit dem Studium so verbinden, daß sich mein Examenstermin nicht hinausschob. Ich verfolgte alles, was sich im Musiktheater tat, mit großer Aufmerksamkeit. Deshalb fuhr ich auch Mitte April mit Dietrich Mack auf Einladung der Stadt Leipzig zur Premiere von »Rheingold« in der Regie von Joachim Herz und der Bühnenausstattung von Rudolf Heinrich. Die Inszenierung orientierte sich an Bernard Shaw. Der irische Schriftsteller hatte den »Ring« im Zusammenhang mit dem Frühkapitalismus des 19. Jahrhunderts gedeutet. Alberich und Wotan standen als betrügerische bürgerliche Geschäftsleute in einem tödlichen Konkurrenzkampf um die Weltherrschaft. Nachdem ich in Bayreuth so viel unverbindliche Abstraktion in den Inszenierungen meines Vaters gesehen hatte, war ich von der konkreten Erzählweise und Interpretation begeistert. Herz und Heinrich schufen eine Modellinszenierung, an der sich später viele Regisseure orientieren würden, so auch Patrice Chéreau in seinem »Ring« von 1976.

In welchem Kontrast zu dieser epochalen »Rheingold«-Inszenierung befand sich aber Leipzig, Richard Wagners Geburtsstadt! Die Trostlosigkeit des grauen Alltags und die Allgegenwart der Sicherheitskräfte schlugen mir aufs Gemüt. Ich wollte mehr über das Leben in der DDR wissen, aber ein richtiges Gespräch über soziale oder politische Fragen kam nicht in Gang. Statt dessen erging man sich in Andeutungen oder in bitteren Witzen, die ich nicht komisch finden konnte. Etwa: »Honecker sprach bei uns im Theater. Da fiel eine Kulisse um und erschlug ihn.« Kaum hatte der Vater von Rudolf Heinrich den letzten Satz beendet, lachten alle aus vollem

Hals. Ich wartete vergeblich auf eine Pointe. Ein wenig entschädigt wurde ich durch Funde in Buchhandlungen und Antiquariaten. Ich entdeckte herrliche Erstausgaben von Büchern aus »bösen« feudalen und bürgerlichen Zeiten. Sie waren spottbillig, verglichen mit den Preisen daheim. Ich kaufte aber nicht nur wertvolle alte Schinken, so etwa den berühmten Adelsführer »Gotha« von 1860, sondern auch ebenso günstig DDR-Literatur über Brecht und Weill.

Auf der Rückfahrt diskutierte ich mit Dietrich Mack über die DDR. Er verteidigte wie so viele Linke dieser Zeit die sozialen Errungenschaften des Systems, die ich dagegen als einen zu hohen Preis für den Verlust der individuellen Autonomie ablehnte. Als wir die Grenze erreichten, sah ich mich in meiner Haltung bestätigt: Mit deutscher Gründlichkeit durchsuchte ein DDR-Grenzer meinen VW-Käfer. Er fand schließlich den »Gotha«. »Warum haben Sie dieses Buch gekauft?« fragte er. Ich antwortete: »Ich bin an deutscher Geschichte interessiert.« »Warum sind Sie an deutscher Geschichte interessiert«, wollte er nun wissen. »Weil ich ein Deutscher bin.« Ich begann fast zu lachen, was den Grenzer verärgerte. Schließlich wurde es mir zu bunt, und ich stellte mich vor, unterrichtete den guten Mann über meine Einladung durch die Stadt Leipzig und sagte, daß ich über diese Reise als Journalist berichten würde. Als er das gehört hatte, wurde aus dem finsteren Uniformierten ein überaus höflicher Mensch, der uns ohne weitere Diskussionen die Grenze passieren ließ.

Kaum hatten wir die bayerische Seite erreicht, begann das Spielchen von neuem, diesmal unter westdeutschem Vorzeichen. Der Grenzpolizist fand bei seiner Kontrolle die DDR-Literatur, und die erschien ihm anstößig. Ich kürzte diesmal das Verfahren ab und wiederholte, was ich seinem DDR-Kollegen erzählt hatte. Auch hier erlebte ich eine wundersame Wandlung binnen Sekundenfrist. Der Grenzbeamte bettelte um Festspielkarten. Natürlich kriegte er keine. Es war schon aufregend, als ein Wagner von Deutschland nach Deutschland zu reisen.

Nach solchen Reisen fühlte ich mich unwohl mit meiner deutschen Staatsangehörigkeit. So war ich froh, als ich im Mai 1973 nach Amsterdam fahren konnte, um als Regieassistent unter Götz Friedrich an einer »Aida«-Inszenierung an der Théâtre Carré mitzuwirken. Friedrich erzählte Giuseppe Verdis »Aida« als einen harten Politkrimi, in der eine Liebe in einen tödlichen Konflikt mit dem Staat gerät. Leider wurde das überzeugende Konzept in einer etwas kitschigen Ausstattung realisiert, so daß mich nur die Regie begeisterte. Ich arbeitete wie ein Sklave zwölf Stunden und holte mir bei der Rennerei zwischen Bühne und Zuschauerraum blutige Füße, was der zur Tyrannei neigende Meister Friedrich ganz in Ordnung fand.

Wichtiger aber war, daß ich bei ihm eine Menge lernte für meinen Wunschberuf. Sein scharfer Intellekt vereinte sich mit weiter Phantasie, seine Personen- und Chorführung war von großer Intensität, seine theoretische Leidenschaft gab mir Anstöße für eigene Theaterarbeiten. Weitere Angebote, mit Friedrich zusammenzuarbeiten, nahm ich aber nicht an, da ich nicht der ewige Schüler eines Meisters werden wollte.

In besonderer Erinnerung blieben mir zwei Ereignisse in dieser hektischen Zeit. Götz Friedrich war es aus der DDR gewohnt, autoritär aufzutreten. Wie ein deutscher Feldwebel sprang er auch mit dem Chor um. Eines Tages kam der Vorstand des Chors zu Friedrich und mir und sagte: »Diesen Ton kennen wir von der deutschen Besatzungszeit, und wir sind nicht bereit, das hinzunehmen.« Friedrich verbat sich das entschieden, und das Klima verschlechterte sich schlagartig. Ich riet ihm dringend, nachzugeben, was er dann schließlich tat. Am Tag darauf hatte ich meine erste eigene Regieprobe. Ich hatte die aufregende Aufgabe, unter achtzig wunderschönen dunkelhäutigen Mädchen aus den ehemaligen holländischen Kolonien zwanzig als Sklavinnen der Aida auszuwählen und mit ihnen die Szene im Gemach der Amneris im 1. Akt zu proben. Da stand ich nun, ich armer Tor, und fühlte mich mit all diesen herrlichen Blumenmädchen wie Parsifal im Zaubergarten des Klingsor. Am liebsten hätte ich alle als Aidas Sklavinnen engagiert. Nachdem ich die Auswahl getroffen hatte, mußte ich den erwählten Schönheiten ihre Aufgaben zuweisen im Schlafgemach der Amneris. Sie sollten nur als dekorativer Rahmen für Amneris dienen und durften allenfalls deren Haare kämmen, sie schminken, mit Palmenzweigen wedeln oder einfach nur sinnlich auf Kissen liegen. Ich bestand erfolgreich darauf, häufig mit meinen Sklavinnen zu proben.

Und dann mußte ich mich auch noch in die Schwester des Dirigenten verlieben! Edo de Waart hatte mich großzügig in seiner geräumigen Wohnung aufgenommen. Dort lernte ich Manja kennen. Sie hatte ein fein geschnittenes, ovales Gesicht und ein unwiderstehlich fröhliches Lächeln. Wir schwebten Hand in Hand durch das nächtliche Amsterdam und besuchten das verrufene Bahnhofsviertel und sämtliche wichtigen Museen Amsterdams. Sie vermittelte mir mit viel Charme und Wissen, was man über niederländische Geschichte, besonders die Besetzung durch die Deutschen im letzten Krieg, sowie über einheimische Malerei und Musik erfahren sollte. Sie ist eine begabte Bratschistin, aber keineswegs nur an der Kunstwelt interessiert. Nach einem Besuch im Anne-Frank-Haus schämte ich mich, Deutscher zu sein. Doch Manja holte mich wieder in die Gegenwart zurück und erklärte mir mit ihrem liebenswerten holländischen Akzent: »Our generation has to make it better!« Sie hatte recht. Der Abschied von ihr und die Rückkehr nach Deutschland fielen mir schwer.

Im Sommer 1973 teilte ich meinem Vater mit, daß ich infolge meiner Beschäftigung mit Brecht in Erlangen beabsichtigte, meine Doktorarbeit über Kurt Weills und Bertolt Brechts zeitgenössisches Musiktheater zu verfassen. Brecht und Weill waren die prominentesten Gegner von Wagner und seiner

Bayreuther Kultstätte. Und als Vater auch noch erkannte, daß ich diese Wahl nicht nur aus rein musikwissenschaftlichen Gründen getroffen hatte, war sein Kommentar schneidend: »Fällt dir nichts anderes als diese Tingeltangelmusik ein?« Ich reagierte wütend: »Der Seeräuber-Jenny-Song ist mir tausendmal lieber als die ganze verlogene bürgerliche Wagnersche Erlösungsscheiße!« Das hätte ich besser nicht gesagt, denn Vater bekam einen seiner Tobsuchtsanfälle und verließ das Eßzimmer. Mit einem gewissen Genuß teilte ich auch meiner Großmutter die Hiobsbotschaft mit. Sie reagierte, gefaßt und unmißverständlich, so, wie ich es von ihr erwartet hatte: »Du machst also jetzt mit den Juden Geschäfte, sogar mit den linken! Daß dein Vater das in der heutigen verjudeten Zeit machen muß, kann ich ja noch bis zu einem Punkt verstehen, aber du? Das Rad der Geschichte wird sich sicher wieder für uns drehen!« Abrupt fiel ich ihr ins Wort: »Wieland hatte vielleicht doch recht: Du glaubst immer noch an den Endsieg.«

Der einzige, der mich damals darin bestärkte, auf dem Weill-Brecht-Thema zu bestehen, war mein Freund Eberhard Wagner, Redakteur des »Ostfränkischen Wörterbuchs« bei der »Bayerischen Akademie der Wissenschaften«, engagierter Mundartlyriker, Stückeschreiber und Romancier, heute der zweite Vorsitzende der Studiobühne Bayreuth. Ich hatte ihn in Erlangen kennengelernt. Er erwies sich stets als einer der wenigen echten Freunde in Bayreuth und stand mir später in persönlichen Krisen immer zur Seite.

Die Richard-Wagner-Stiftung

Im Mai 1973 wurde die Stiftungsurkunde der Richard-Wagner-Stiftung Bayreuth unterzeichnet. Von seiten der Familie waren daran meine Großmutter, meine Tanten Friedelind und Verena, mein Vater und die Kinder meines Onkels Wieland beteiligt. Ich war damals darüber aufgebracht, daß ich vor der Unterzeichnung nicht informiert worden war über den Inhalt der Urkunde und daß ich nicht zu den Unterzeichnern gehören durfte. Obwohl ich heftig darauf gedrängt hatte, mehr zu erfahren, erfuhr ich über den Inhalt der Stiftungsurkunde nur das, was in einem oberflächlichen Kommentar von Martin Gregor-Dellin im »Meistersinger«-Programmheft des Festspielsommers 1973 zu lesen war. Erst vier Jahre später erhielt ich auf meine Bitte hin vom Anwalt der Wieland-Kinder den vollständigen Text der Stiftungsurkunde. Von deren vierzehn Paragraphen betreffen mich besonders der zweite, der sechste und der achte. In Paragraph 6 ist der Stiftungsrat definiert. Danach teilten sich damals, also vor dem Tod meiner Großmutter und meiner Tante Friedelind, die Stimmen der Mitglieder wie folgt auf:

»Bundesrepublik Deutschland 5 Stimmen
Freistaat Bayern 5 Stimmen
Familie Wagner 5 Stimmen
Stadt Bayreuth 2 Stimmen
Gesellschaft der Freunde von Bayreuth 1 Stimme

Oberfrankenstiftung 2 Stimmen
Bezirk Oberfranken 2 Stimmen
Bayerische Landesstiftung 2 Stimmen.«[18]

Diesem heterogen zusammengesetzten, in Sachen Kunst und Kultur nur bedingt urteilsfähigen Stiftungsrat wird in Paragraph 8 die Entscheidung zugetraut, über die künstlerische Eignung eines möglichen Nachfolgers des Festspielleiters zu befinden. Dies scheint immerhin gewissen demokratischen Mindestanforderungen zu genügen, wäre da nicht der zweite und dritte Absatz in Paragraph 8, der folgendes besagt: »Das Festspielhaus ist grundsätzlich an ein Mitglied, ggfs. auch an mehrere Mitglieder der Familie Wagner oder auch an einen anderen Unternehmer zu vermieten, wenn ein Mitglied, ggfs. auch mehrere Mitglieder der Familie Wagner die Festspiele leiten. Dies gilt nur dann nicht, wenn andere, besser geeignete Bewerber auftreten. Mit der Mehrheit ihrer Stimmen im Stiftungsrat können die Abkömmlinge von Richard Wagner Vorschläge machen. Sobald feststeht, daß der Vertrag mit einem Festspielunternehmer beendet ist oder beendet wird, weist die Stiftung die Vertreter der Familie Wagner im Stiftungsrat auf die Möglichkeit hin, einen Vorschlag zu machen. (...) Hat der Stiftungsrat Zweifel darüber, ob ein Mitglied der Familie Wagner für den Posten des Festspielunternehmers besser oder ebenso gut geeignet ist wie andere Bewerber, so hat der Stiftungsrat die Entscheidung einer dreiköpfigen Sachverständigenkommission einzuholen. Diese Kommission besteht aus den Intendanten von Opernhäusern aus dem deutschsprachigen Raum, wobei die Intendanten in der Reihenfolge der nachstehend genannten Opernhäuser zuzuziehen sind: Deutsche Oper Berlin, Bayerische Staatsoper München, Staatsoper Wien, Staatsoper Hamburg, Staatsoper Stuttgart, Städtische Oper Frankfurt/Main, Städtische Oper Köln.«[19]

Auch dies hört sich vernünftig an, ist aber in der Praxis schwer zu verwirklichen. So ist es nicht viel mehr als eine Geschmacksfrage, ob oder wie ein Mitglied der Familie oder ein anderer Bewerber geeignet ist, die Festspiele zu leiten. Darüber hinaus kann man angesichts der geschichtlichen Entwicklung der Familie Wagner nicht davon ausgehen, daß sie sich auf einen oder mehrere Kandidaten einigt. Dies dürfte in meiner bisherigen Darstellung ausreichend klar geworden sein. Des weiteren fragt es sich auch, inwieweit die Mitglieder der beiden entscheidungsbefugten Gremien, also des Stiftungsrats und – nachgeordnet – der Sachverständigenkommission, fähig und willens sind, objektiv zu urteilen; immerhin handelt es sich bei den Intendanten in der Kommission ja möglicherweise selbst um außerfamiliäre Bewerber um den Posten des Festspielleiters.

Nimmt man all das, was so vernünftig klingt, zusammen, so wurde der Willkür Tür und Tor geöffnet. Mein Vater wird ja auch seit Jahren nicht müde, alle Miglieder der Familie (sich selbst natürlich ausgenommen) in der Öffentlichkeit als ungeeignet abzustempeln. Soviel zur Frage der »Einigung«.

Für ebenso bedenklich halte ich den Paragraphen 2. Darin werden als Stiftungszweck im Anschluß an das Gemeinschaftliche Testament von Siegfried und Winifred Wagner vom 8. März 1929 folgende vier Punkte genannt: » 1. den künstlerischen Nachlaß von Richard Wagner dauernd der Allgemeinheit zu erhalten; 2. das Festspielhaus Bayreuth dauernd der Allgemeinheit zu erhalten und zugänglich zu machen und stets den Zwecken dienstbar zu machen, für die es sein Erbauer bestimmt hat, also einzig der festlichen Aufführung der Werke Richard Wagners; 3. die Richard-Wagner-Forschung zu fördern; 4. das Verständnis für die Werke Richard Wagners insbesondere bei der Jugend und beim künstlerischen Nachwuchs zu fördern.«[20]

Dazu ist folgendes anzumerken: Der Nachlaß von Richard Wagner ist grundsätzlich nicht nur als ein rein künstlerischer, sondern auch als ein kulturpolitischer zu verstehen. Aus der tragischen Geschichte der Bayreuther Festspiele ergibt sich eine besondere Verantwortung im Umgang mit diesem künstlerischen *und* kulturpolitischen Nachlaß. Mit anderen Worten: Der vorliegende Stiftungszweck verleugnet und verdrängt die Möglichkeit, sich künftig mit Fragen wie »Wagner – Hitler und die Folgen« kritisch und unvoreingenommen zu beschäftigen. Dagegen könnte man einwenden, daß in Punkt 3 die Wagner-Forschung dies ja garantieren würde. Da aber in Punkt 1 nur vom »künstlerischen Nachlaß« die Rede ist, ist die »Großzügigkeit« des Punktes 3 Augenwischerei. Gegen den Punkt 2 ist rechtlich sicher nichts einzuwenden, er zeugt aber davon, daß die Verfasser der Satzung nichts gelernt haben aus der Geschichte. Denn die Fortsetzung der Festspiele als eine allein auf Richard Wagner abgestellte Veranstaltung schließt aus, daß künftig der Wagner-Kult beendet wird, dessen verheerende Folgen sich bereits in der Vergangenheit gezeigt haben. Um der allein auf Wagner abgestellten Monokultur entgegenzuwirken, müßte das bestehende Festspielkonzept erweitert werden:

1. Sämtliche Werke Wagners, also auch seine frühen Opern, Symphonien, kammermusikalischen Werke und Lieder wären im Festspielhaus aufzuführen, da sie die verschiedenen künstlerischen Einflüsse auf Wagner deutlich und sinnlich erfahrbar machen würden.

2. Die Werke der Künstler, die auf Wagner besonders nachhaltig eingewirkt haben, müßten im Rahmen der Festspiele dargeboten werden. Dies würde eine wesentliche Erweiterung des künstlerischen Horizonts bringen.

3. Richard Wagner hat zeitlebens das Offene, Provisorische seines Festspielkonzeptes betont. In diesem Sinne sollten zeitgenössische Vertreter aller Kunstgattungen – natürlich mit jährlich wechselnden Schwerpunkten – eine regelmäßige Möglichkeit erhalten, sich der Öffentlichkeit zu präsentieren. Die genannten drei Punkte hätten auch die längst überfällige Pu-

blikumsumschichtung zur Folge, einfach gesagt: Die Festspiele wären dann im Sinne von Richard Wagner nicht nur für die »oberen Zehntausend« da, sondern würden eine der heutigen Zeit gemäße demokratische Breitenwirkung bekommen.

Ein solches Programm wird durch den Paragraphen 2 unmöglich gemacht, was mich mit solchen Vorschlägen als einen an der Vielfalt der menschlichen Kultur interessierten Kosmopoliten in die Nähe eines weltfremden Utopisten rückt. Damit könnte ich leben, wenn die Stiftungssatzung mich in ihrer letzten Konsequenz nicht in eine Doppelrolle drängen würde: Einerseits gehöre ich durch meine Familienzugehörigkeit zum »Kreis der Bewerber« für die Nachfolge, andererseits könnte ich den Anforderungen des Paragraphen 2 der Satzung nur entsprechen, wenn ich bereit wäre, in allem, was ich tue, den monokulturellen Ansprüchen der Satzung zu genügen. Die Nachfolgediskussion in Zusammenhang mit meiner Person ist fiktiv, erwies sich jedoch ungeachtet dessen als schwere Behinderung für den Aufbau meiner beruflichen Existenz als Regisseur und Musikpublizist. Offensichtlich soll ein Wagner nur dann Sachwalter Richard Wagners sein können, wenn er sich buchstabengetreu an die Stiftungssatzung hält.

. . .

»Der Wille zur Macht« III

Im Herbst 1973 schrieb ich mich an der Universität Wien ein.
Dort hatte ich in Professor Otmar Wessely einen Doktorvater
und in Professor Gernot Gruber einen Dissertationsbetreuer
gefunden. Sie haben mich stark gefördert bei den Vorbereitungen meiner Doktorarbeit über Weill und Brecht. Ich war froh,
Abstand zu gewinnen vom intriganten Bayreuther Umfeld. Die
Universitätsbibliothek war eine reiche Fundgrube für meine
Studien und für meine Recherchen zur Geschichte der Bayreuther Festspiele in der Nazizeit. Ich saß auch oft im Musikver-
lagshaus Universal Edition, wo man eher kopfschüttelnd auf
mein leidenschaftliches Interesse an Weill und Brecht reagierte. Dort wurde ich nach österreichischem Brauch mit »Herr Dr.
Wagner« angeredet, was mich erheiterte. Kam die Rede auf
Kurt Weill, dann offenbarte sich immer wieder ein versteckter
Antisemitismus. Mit den Nazis allerdings wollten viele Wiener nichts zu tun gehabt haben. In ihren Augen hatten die Deutschen Österreich gewaltsam annektiert. Man hatte also nichts
aufzuarbeiten. »Aber, Herr Doktor, was bohren S' denn in der
Vergangenheit herum, und das mit Weill. Die Musik von Wagner ist doch viel schöner!« war einer der vielen »guten« Ratschläge, die man mir gab.

In den gemeinsamen Winterferien 1973 wollte ich mit Vater
über den Paragraphen 8 reden, den ich wie einen Maulkorb
empfand. Besorgt erklärte ich ihm bei einem langen Spazier-

gang: »Ist es nicht absurd, anzunehmen, daß sich unsere Familie auf einen Kandidaten aus der Familie einigen wird? Und wer bestimmt denn nach welchen Kriterien, wer der bessere, geeignetere Kandidat sein kann? Und welche Interessen vertreten die Intendanten von München, Wien, Hamburg, Stuttgart, Frankfurt oder Köln? Doch wohl erst einmal die eigenen, und sie werden doch erst einmal gegen eine zerstrittene Familie Wagner sein! Wer da von der Familie reinkommen will, muß sich mit allen gut stellen, eingeschlossen den Politikern, Industriellen und Mitgliedern der ›Gesellschaft der Freunde von Bayreuth‹. Das verstehe ich nicht.«

Vater erwiderte: »Wenn du dich im Sinne der Stiftungssatzung bewährst, hast du gute Aussichten, das Rennen zu machen.«

Zu einem Streit kam es in diesen Weihnachtsferien über die Aufnahme der Bundesrepublik und der DDR in die UNO. Ich hielt die weltweite Anerkennung der DDR für eine so vernünftige wie logische Fortsetzung der Ostpolitik von Brandt und Genscher. Vater schrie: »Das ist das Ende der Einheit Deutschlands, und die Kommunisten werden so noch für die Teilung Deutschlands belohnt.«

Im Frühjahr 1974 ließ mein Vater Peter Stein und Patrice Chéreau gegeneinander antreten in einem Regiewettbewerb um die Neuinszenierung der »Ring«-Tetralogie für 1976, zum hundertjährigen Bestehen der Bayreuther Festspiele. Für die musikalische Leitung hatte Pierre Boulez bereits zugesagt. Die Verhandlungen mit den Regisseuren kamen jedoch nicht voran. Vater erwog, den »Ring« selbst zu inszenieren. Davon riet ich entschieden ab, auch weil er mit einer solchen Entscheidung die gerade erst begonnene Hinwendung zu modernen bis avantgardistischen Interpretationen Richard Wagners unterbrochen hätte. Wegen meiner Französischkenntnisse wurde ich hin und wieder bei den Verhandlungen dazugebeten. Ob

Vater einmal Chéreau, ein anderes Mal Stein den Happen »Ring« zum Greifen nahe vorhielt, hing ganz von deren Aussagen zum »Ring« ab, die seinen entsprechen sollten, besonders was den Umgang mit der sogenannten Rezeptionsgeschichte und dem Thema Kunst und Macht von 1850 bis 1945 betraf. Er wünschte sich eine vieldeutige, apolitische Interpretation. Das schaffte nicht gerade gute Luft. Das Verfahren erinnerte mich an eine Pokerpartie mit gezinkten Assen. Als ich Peter Stein später einmal am Nürnberger Flughafen abholte, erklärte er: »Die ständige Bevormundung Ihres Vaters erinnert mich an alte Zeiten.« Chéreau sollte schließlich das Rennen machen.

Nach Abschluß des Sommersemesters im Juli 1974 kehrte ich nach Bayreuth zurück. Im Festspielhaus sah ich allerdings nur den »Tristan« unter Carlos Kleibers faszinierender musikalischer Leitung. Die Inszenierung von August Everding beglückte die Alt-Wagnerianer und die Kreise um meine Großmutter. Meine Schwester wußte um Everdings wachsenden Einfluß in der deutschen Opern- und Theaterszene und gab sich begeistert von ihm. Ich redete mit ihm über das Wetter, mehr hatten wir uns nicht zu sagen. Gesellschaftlich tanzte er auf allen Hochzeiten und war daher auch ein wegen seiner konservativen Haltung gern gesehener Gast meiner Großmutter Winifred, die zusammen mit Eva im Siegfried-Wagner-Haus immer mehr repräsentative Pflichten übernahm, obwohl dies dem Jasagerchor meines Vaters nicht in das neue linke Image paßte.

Am 1. August 1974 heiratete ich meine damalige langjährige Lebensgefährtin Beatrix Kraus und stellte sie unvorbereitet meiner verdutzten Familie als meine Frau vor. Die Familie hatte sie jahrelang geschnitten, weil Beatrix eine erfrischende Respektlosigkeit gegenüber dem Wagner-Kult an den Tag legte. Sie verfügte über einen messerscharfen Witz, gesellschaftliche Sicherheit und wußte sich im Festspiel-Schlangenloch souverän zu verteidigen. Das war ihrer Beliebtheit, gerade bei den

Frauen am Festspielhügel, nicht zuträglich. Ich zog mit ihr in eine Wohnung der Villa der Familie Feustel am Stadtrand von Bayreuth. Unsere neue Bleibe lag in einem herrlichen Garten. Leute vom Festspielhügel zählten nicht zu unseren zahlreichen Gästen. Bei uns wurde auch wenig über Richard Wagner gesprochen.

Das nach meiner Heirat wichtigste Ereignis in diesen Monaten war Ernst Blochs Besuch bei uns. Ich holte ihn und seine Frau Karola in Tübingen ab. Ernst Bloch gab mir für meine Doktorarbeit wichtige Hinweise und vermittelte mir Kontakte, wie etwa den zu der österreichisch-amerikanischen Schauspielerin und Sängerin Lotte Lenya. Blochs wegen war ich mit Bayreuths SPD-Oberbürgermeister Hans Walter Wild in eine Kontroverse geraten. Ich hatte ihm vorgeschlagen, Ernst Bloch zum Ehrenbürger der Stadt Bayreuth zu ernennen. Hitler war die Ehrenbürgerschaft gleich 1933 verliehen worden, und niemand fand etwas daran auszusetzen, daß damals noch eine Straße nach dem Naziverehrer und Wagner-Anbeter Chamberlain benannt war. In seinem Antwortbrief vom 25. April 1974 erklärte der Oberbürgermeister, daß er keine Gründe dafür sehe, meinem Vorschlag nachzukommen. Er führte die Namen weiterer Ehrenbürger an, darunter den meiner Großmutter.

Ernst Bloch faszinierte mich damals vor allem mit seinem leidenschaftlichen Interesse an allen kulturellen Dingen. Es war für mich aufregend, wenn er von der Weimarer Republik erzählte und der Zeit mit Otto Klemperer an der Kroll-Oper in Berlin. Am liebsten hörte ich ihm zu, wenn er über den Teufel sprach, da ließ er in meinem Geist Bilder aus dem Alten Testament entstehen, die ich nie vergessen werde. Als mein Vater und Herbert Barth in Begleitung des Ehepaars Mack ihn und Karola zum Jahrhundert-»Ring« 1976 einluden, sprach er über Wagner, wie er ihn verstand, also über den Revolutionär.

Bloch trat ins Fettnäpfchen, als er meinem Vater sagte, meine entstehende Doktorarbeit über Weill und Brecht sei eine revolutionäre Tat. Bei der Rückfahrt nach Tübingen machte ich Bloch klar, daß mein Vater keineswegs hinter meiner Arbeit stünde.

In diesem Festspielsommer 1974 hatten wir außer dem Bühnenbildner Roland Aeschlimann und seiner Frau Andrea auch den Literaturwissenschaftler Hans Mayer zu Gast. Er brachte das Angebot eines Verlags mit, zusammen mit mir ein Buch über die Geschichte der Bayreuther Festspiele zu schreiben. Da ich Mayers Wagner-Interpretationen damals für anregend hielt und eine Möglichkeit sah, mich von meinem Vater finanziell unabhängiger zu machen, stimmte ich dem Vorschlag zu. Ich ging daran, mein Material über Wagner und den Festspielhügel zu ergänzen.

Im Herbst 1974 zog ich mit Beatrix nach Wien und konzentrierte mich auf meine Doktorarbeit. Daneben setzte ich meine Recherchen für das Buch mit Hans Mayer fort. In Wien konnte ich außerdem weitere Erfahrungen als Regieassistent sammeln. Joachim Herz und Rudolf Heinrich luden mich ein, an der Staatsoper an einer Aufführung von Mozarts »Zauberflöte« mitzuwirken. Herz, ein Schüler Walter Felsensteins, brachte mir eine Menge bei, theoretisch wie praktisch. Und er verdeutlichte mir, welch großen, aber weithin unterschätzten Einfluß Meyerbeer auf Richard Wagners Musikdramaturgie gehabt hatte.

Im alltäglichen Umgang war die Zusammenarbeit oft schwierig, weil Herz immer nervös war. Er forderte von mir Tag- und Nachteinsatz. Damit war ich einverstanden, zumal die Ergebnisse für Herz sprachen. Ebenso anregend waren für mich in diesen Wochen die Gespräche mit dem genialen Bühnen- und Kostümbildner Rudolf Heinrich, der mit Felsenstein die Komische Oper in Berlin, die auch »Anti-Bayreuth« genannt wurde, zur Weltgeltung gebracht hatte. Die Hausregieassistenten, die meist der Clique um den einflußreichen Regisseur Otto Schenk und den Sänger Eberhard Wächter nahestanden, fanden es degoutant, daß der Sachse Herz es wagte, Mozarts »Zauberflöte« in Wien kritisch zu inszenieren. Die üblichen Intrigen – wie sollte es in der Wiener Staatsoper anders sein – fanden schnell ihren Niederschlag in den Medien. Der Verriß wurde systematisch vorbereitet. Das widerte mich an, und ich bereitete mein erstes Interview als Journalist für die Wiener Zeitung »Die Presse« vor, um Herz aus Solidarität mit seiner Modellinszenierung der »Zauberflöte« eine Plattform für seine Konzeption zu schaffen. Leider half das wenig.

Anfang Dezember hatten Roland Aeschlimann, Gernot Gruber, Eberhard Wagner und ich ein Zusammentreffen mit Vater. Wir sollten mit ihm anhand eines Bühnenbildmodells von Aeschlimann über »Parsifal« diskutieren. Wir hofften, Vater damit einige Anregungen für seine erste »Parsifal«-Inszenierung geben zu können, die für 1975 vorgesehen war. Sie mußte sich an Wielands Aufführung von 1951 messen. Ich hatte Aeschlimann 1974 ans Festspielhaus vermittelt, wo er als Beleuchter arbeitete. Er hatte ein Bühnenbild entwickelt, das sich an den Arbeiten des 1928 verstorbenen avantgardistischen Bühnenbildners Adolphe François Appia orientierte, die Cosima Wagner dereinst heftig abgelehnt hatte. Wir alle unterstützten Aeschlimanns Modell begeistert. Mein Vater tat so, als sei er interessiert, und machte unverbindliche Komplimente, was einer Absage gleichkam. Ich beging einen großen Fehler, als ich mit ihm über Kundry und das Judentum – Stichwort »weiblicher Ahasver« – reden wollte. Er meinte unwirsch: »Was hat denn die Kundry mit dem Judentum zu tun?« Seitdem verzichte ich darauf, mit meinem Vater über Richard Wagners Kunst zu diskutieren. Er verlangt auch auf diesem Gebiet die absolute Gefolgschaft. Das von ihm schließlich 1975 verwirklichte Bühnenbild erinnerte einige Kritiker nicht zu Unrecht an die Architektur von Albert Speer, dem Lieblingsarchitekten Hitlers.

Winifreds Film

Am 20. Januar 1975 schrieb mir meine Schwester, daß der Filmregisseur Hans Jürgen Syberberg mich als Mitarbeiter für einen Film über unsere Großmutter gewinnen wolle. Ich fand die Idee gut und folgte Syberbergs Einladung nach Wien, wo er seinen Karl-May-Film präsentierte, der mich allerdings eher langweilte. In einer Unterhaltung nach der Premiere berichtete Syberberg mir, daß Ernst Bloch, Hans Mayer und Walter Jens seinen neuen Film positiv aufgenommen hätten. Er registrierte mit offensichtlicher Aufmerksamkeit mein Interesse an deutschjüdischer Geschichte und am Werk Kurt Weills und zeigte sich begeistert von meinem Mut, auch Tabuthemen anzuschneiden, so die Verstrickung der eigenen Familie in den Nationalsozialismus. Bei diesem ersten Treffen merkte ich, daß er davon und von der Rolle meiner Großmutter in dieser Zeit nicht viel wußte. Ich sollte ihm nicht nur ein Entrée bei meiner Großmutter und meinem Vater verschaffen, sondern ihm auch mein Wissen zur Verfügung stellen. Ausschlaggebend für meine Zusage, bei der Vorbereitung, den Dreharbeiten und der Bearbeitung des Films mitzumachen, war mein leidenschaftliches Interesse an einer Aufdeckung der finstersten Epoche der Familiengeschichte. Ich informierte Syberberg darüber, daß ich auch an einer TV-Dokumentation über das Thema »100 Jahre Bayreuther Festspiele« für die BBC arbeitete. Mein Partner bei der britischen Fernsehanstalt war ein gewisser Brian Large.

Der Vertrag, den ich mit Syberberg schloß, berücksichtigte dieses andere Projekt und räumte mir wichtige Rechte ein. Ich zeigte Vater den Vertrag, und er willigte ein, daß wir im April 1975 mit den Dreharbeiten begannen. Die Zeit bis dahin nutzten Beatrix und ich für weitere Recherchen, die später auch dem Buch mit Hans Mayer zugute kommen sollten.

Damit begann ein Hindernislauf. Mein Vater dachte nämlich nicht daran, mir alle Dokumente herauszugeben zum Thema »Die Familie Wagner und der Nationalsozialismus«, die ich im Archivkatalog verzeichnet fand oder von denen mir Großmutter berichtet hatte. Da gab es etwa den Briefwechsel zwischen Adolf Hitler und Winifred, Wieland und Wolfgang Wagner von 1923 bis 1944, den mir meine Großmutter heimlich aus dem Stahlschrank geholt und für kurze Zeit zur Einsicht überlassen hatte. Die Briefe zeugten von großer Vertrautheit zwischen meiner Großmutter, meinem Onkel und meinem Vater und Hitler und waren voll von Bekundungen des Glaubens an den Endsieg des Dritten Reichs. Auf meine Nachfrage nach den Briefen zwischen Hitler, ihm und Wieland wich Vater aus.

Gereizt reagierte mein Vater, als ich auf die Geschenke von Hitler an meine Großmutter und die Familie zu sprechen kam, wie etwa auf den Golddruck von »Mein Kampf« mit der Widmung »Von Wolf für Winnie« von 1925. Er wollte derartige intime Familiendokumente auf keinen Fall für den Syberberg-Film freigeben. Argwöhnisch überwachte er die Vorbereitungen und später auch die Dreharbeiten. Nicht zuletzt wollte er verhindern, daß irgendeine Aussage meiner Großmutter dem damaligen linksliberalen Image der Festspiele schadete. Ich dagegen wollte, daß alles auf den Tisch käme. Nur wenn die Verstrickung meiner Familie in den Nationalsozialismus vollständig aufgedeckt werden würde, könne sie die Schuld aufarbeiten.

Ich zeigte Syberberg einige Filme aus der Nazizeit, die ich im Beiwagen der BMW gefunden hatte. Einen Teil davon gab ich ihm leichtsinnigerweise mit nach München. Er versprach, sie sorgfältig aufzubewahren und sie nicht ohne meine Genehmigung zu verwenden. Es gehört zu Syberbergs Legenden, daß er bereits in Bayreuth eine genaue künstlerische Vision oder gar ein Konzept zu dem Film hatte. Dazu fehlten ihm zwei Voraussetzungen: einerseits die Kenntnis der Materie und andererseits eine Vorstellung vom Charakter meiner Großmutter.

Sie übernahm von Anfang an das Kommando. Um es deutlich zu sagen: Bei den Dreharbeiten im Siegfried-Wagner-Haus entstand ein Film von und mit Winifred Wagner unter der Assistenz von Syberberg. Dieser wurde von meiner Großmutter bei den Dreharbeiten sofort an die Wand gespielt. Großmutter sah die Stunde ihrer Wahrheit gekommen und ergriff diese Chance ohne jede Rücksicht. Syberberg gab sich wie ein flirtender Oberprimaner, der Winifred anhimmelte. Damit lag er goldrichtig im Sinn seiner wahren Absichten, die ich erst nach und nach kennenlernen sollte. Später berichtete er von den Dreharbeiten und sagte dabei nicht die ganze Wahrheit. So verschwieg er, daß sich meine Großmutter während der Dreharbeiten an mich wandte, als sie ihren »Wolf« (Hitler) verherrlichte. Ich war in keiner Weise mit ihren Aussagen über Hitler einverstanden, und es fiel mir schwer, bei laufender Kamera meinen Unwillen zurückzuhalten, zumal Syberberg verlangte, daß ich keine Kommentare abgeben sollte. So diskutierte ich mit meiner Großmutter in Drehpausen über ihre wahnwitzigen Aussagen über den »Führer«. Syberberg wollte Winifred einfach reden lassen, er hakte nicht nach und setzte offensichtlich darauf, daß sie sich selbst entlarven würde. Wehe mir, wenn mir der Kragen platzte, weil ich Großmutters Darstellungen nicht mehr ertrug! Dann behauptete Syberberg gleich, in seiner Kunst behindert zu werden. Und so konnte Großmutter etwa folgendes ins Mikrophon sprechen im Zusammenhang mit der »Judenfrage«: »Wir [Hitler und Winifred Wagner] haben uns nie über diese Dinge unterhalten (...) da habe ich mich, offengestanden, nicht kompetent genug gefühlt, ich bin ein restlos unpolitischer Mensch, und ich war hocherstaunt, wie man mir in der Spruchkammer [bei der Entnazifizierung 1947] immer die Politik vorwarf. Ich habe gesagt, da würde doch keine Politik getrieben. Da haben sie alle gelacht. Die haben gesagt, natürlich haben Sie Politik getrieben. Ich habe keine Politik getrieben.«[21]

Die Mitglieder der Spruchkammer hatten natürlich recht, wenn sie lachten: Großmutter war natürlich in Wirklichkeit eine sehr politisch agierende Frau. Das gilt auch für vermeintlich private Episoden:

»Ich hab' zu Weihnachten 1923, da hab' ich hier gesammelt bei den hiesigen Nationalsozialisten, die haben alle ihre Weihnachtsgaben hierher gebracht, und die hab' ich dann in Kisten verpackt und hab' sie an den Leiter von Landsberg [Feste Landsberg, wo Hitler inhaftiert war] (. . .) geschickt mit der Bitte, es zu verteilen usw. Das ist auch geschehen. Na ja, und ich hatte gefragt, was er brauchte, und da hat er gesagt, ja, Schreibpapier wäre ihm so wichtig, und da hab ich ihm massenhaft Schreibpapier geschickt. Ja lieber Gott, jetzt machen die Leute mir den Vorwurf, ich hätte dem das Papier für ›Mein Kampf‹ geliefert, nicht. Also so quasi, daß ich indirekt daran schuld bin, daß ›Mein Kampf‹ geschrieben wurde. Man konnte tun, was man wollte, man wurde immer wieder angegriffen.«[22]

Mein Verhältnis zu Syberberg wurde gespannter. Ich hatte in seinem Film anfänglich eine Möglichkeit gesehen, die Familienvergangenheit öffentlich aufzuklären. Aber während der Dreharbeiten begann ich Syberberg zu mißtrauen wegen seiner distanz- und kritiklosen Art der Befragung und seinem devoten Umgang mit meiner Großmutter. Syberberg bemerkte das und versuchte, mich mit Hilfe meiner Schwester bei Laune zu halten. Ich blieb bis Ende der Dreharbeiten in Bayreuth dabei.

Im Sommersemester 1975 traf ich in Wien meine Cousine Nike Wagner, die zweite Tochter meines Onkels Wieland, wieder.

Wir sahen uns in Wien dann regelmäßig, und es entwickelte sich zwischen uns fern von Bayreuth und Familienintrigen ein intensiver Dialog. Eine besondere Rolle in unseren Gesprächen spielte Syberbergs Film über unsere Großmutter. Dadurch kamen wir auf die Rolle unserer Väter in der Nazizeit. Das Thema erwies sich als heikel, da Nike damals über die privilegierte Rolle ihres Vaters in der Nazizeit nicht reden wollte, während ich meinen Vater und Wieland so sah und offen darüber sprach. Erst zu Beginn der neunziger Jahre sollte sie sich zum Thema Wagner, Hitler, Antisemitismus und Familie Wagner in Bayreuth aus ihrer Sicht äußern. Einig waren wir darin, daß es notwendig war, uns mit jüdischen Künstlern zu befassen, wie wir es in unseren Promotionen taten, sie mit Karl Kraus, ich mit Kurt Weill. Wummi dachte wohl ähnlich, es war kein Zufall, daß er mit der Tochter eines der Hitler-Attentäter, Nona von Haeften, zusammenlebte.

Als ich meinem Vater und Eva von meiner damals herzlichen Freundschaft mit Nike berichtete, rief dies in Bayreuth sofort Mißtrauen hervor. Wir galten bei Vater und Eva als weltfremde Spinner, die an der Wirklichkeit vorbeilebten.

Ich habe Nike auch von meinem Mißtrauen gegenüber Syberberg erzählt. Es wuchs weiter, da Syberberg mich bei Telefonaten nur sehr vage über den Fortgang des Filmschnitts unterrichtete. Im Juni kam es in München zu einem Treffen von Vater, Syberberg und mir. Mein Vater hatte sich zuvor von seiner Mutter eine Vollmacht ausstellen lassen, wonach er entscheiden konnte, ob er den Film annahm oder ablehnte. Außerdem konnte er bestimmen, wie das Material, beispielsweise in Büchern, weiterverwertet werden durfte.

Syberberg zeigte uns eine Version des Filmanfangs, und mein Vater akzeptierte sie. Sofort gab Syberberg am 9. Juni ein Interview, in dem er das Ergebnis öffentlich aus seiner Sicht darstellte, die von der meines Vaters aber abwich. Am selben Tag gab Vater seine Stellungnahme ab und relativierte Syberbergs Aussagen. Da er sich allmählich aber der eigenen widersprüchlichen Rolle offensichtlich bewußt wurde, hatte er inzwischen »andere Lösungen« für die rechtliche Situation des Films vorgeschlagen, die sein juristischer Mitarbeiterstab für ihn ohne mein Wissen erarbeitete. Am 10. Juni verfaßte Syberberg ein fünfseitiges Protokoll, das alles zusammenzufassen schien, was zwischen ihm, meinem Vater und seinen Juristen vereinbart worden war. Für mich bedeutete all das, daß ich völlig die Übersicht über die rechtliche Lage verlor. Zu diesem Zeitpunkt ahnte ich nicht, daß Syberberg Vater und mir eine Version vorgeführt hatte, die über die endgültige Fassung wenig aussagte. Er berichtete mir bei einem meiner Anrufe, daß Hans Mayer Ausschnitte des Films gesehen habe und begeistert gewesen sei.

Und dann kam es zum Streit über mein BBC-Projekt. Denn Syberberg wollte meine Großmutter exklusiv vermarkten, was dem britischen TV-Team sowenig behagte wie mir. Ich bat den Anwalt meines Vaters, meine Verträge mit Syberberg und der BBC zu prüfen. Trotz zahlreicher Mahnungen sah ich sie nie wieder. In der Sache wurde so entschieden: Die Briten durften Großmutter filmen, wie sie mit ihrem alten Volkswagen durch Bayreuth zum Festspielhügel fuhr und sich dort schweigend in Pose vor dem Festspielhaus hinsetzte. Brian Large bekam Filmaufzeichnungen von den Inszenierungen der »Meistersinger« von 1975, vom »Parsifal« und vom Jahrhundert-»Ring« unter Chéreau und Boulez. Meine Bilanz sah nicht so günstig aus: Ich flog aus dem BBC-Projekt hinaus. Large hatte nun eigene Bayreuth-Connections.

Ende Juni 1975 besuchte ich Syberberg in München. Mit von der Partie waren Nike und Beatrix. Syberberg zeigte uns einige belanglose Ausschnitte. Ich bat, uns bestimmte Szenen mit Hitler zu zeigen. Er erklärte, dies sei nicht möglich, die Szenen befänden sich gerade im Schnitt. Mein Mißtrauen wuchs weiter. Zufällig entdeckte ich, daß er in einem anderen Raum die Filme meines Vaters, die ich im BMW-Beiwagen gefunden hatte, an eine Wand projizierte, vor der eine Fotokamera stand. Und dann stellte sich heraus, daß Syberberg diese Filme nicht nur abfotografierte, sondern auch schon komplette Kopien gezogen hatte. Wütend forderte ich ihn auf, mir Originale und Kopien auszuhändigen. Ich erhielt die Rollen aber erst im Herbst zurück und lagerte alle Filme meines Vaters bei den Eltern von Beatrix, wo sie blieben, bis der Anwalt meines Vaters sie zurückforderte. Auf mysteriöse Weise verschwanden sie später bei meiner Schwester Eva.

Aber ich bin der Chronologie vorausgeeilt. Als ich Syberberg bei unserem Besuch in München zur Rede stellte, versprach er, das Material nicht mißbräuchlich zu verwenden. Im April 1976 entdeckte ich in der »Zeit« eine Artikelserie über meine Großmutter, und im Jahr darauf publizierte Syberberg ein Buch über seinen Film. In beiden Fällen hat er Bilder aus den besagten Filmen meines Vaters unter seinem Copyright verwendet. Soviel zum Wahrheitsgehalt des Syberbergschen Versprechens.

Zum großen Knall zwischen uns war es schon vorher gekommen. Im Juli 1975 sollte die Welturaufführung in der Cinémathèque Française in Paris stattfinden. Syberberg hatte mich darüber nicht informiert, geschweige denn dazu eingeladen. Ganz zu Recht befürchtete er den Eklat, wenn ich entdeckte, wie er seinen Film montiert hatte. Meine französischen Cousinen unterrichteten mich über dieses Ereignis, und Nike, Beatrix und ich rasten in Frankreichs Hauptstadt. Die Uraufführung sollte für mich zum Alptraum werden. Ich sah mich im großen Saal der Cinémathèque Française inmitten eines Rudels sensationslüsterner Zuschauer und Journalisten, die geil darauf waren, endlich alles über Winifreds »Affäre« mit »Wolf« zu erfahren.

Während der Film lief, mußte ich zu meinem Entsetzen feststellen, daß er mit der Version, die Syberberg mir in München gezeigt hatte, nicht viel zu tun hatte. Es war ein anderer Film mit neuen Zwischentiteln und Schnitten, der auch durch eine veränderte Szenenfolge einen anderen Inhalt vermittelte. Meine französischen Verwandten verstanden sofort, was passiert war. Sie blieben die einzigen in der Familie, die mich nicht angriffen. Wie gerädert saß ich nach der Uraufführung mit Syberberg, Nike, Nikolaus Sombart und Wolf Donner von der »Zeit« im Restaurant »Capitol«.

Dort kam es zur ersten harten Auseinandersetzung zwischen Syberberg und mir. Ich zog es vor, ihn unter vier Augen zu sprechen, um einen öffentlichen Skandal zu vermeiden. Meine Vorwürfe bezogen sich keineswegs auf die Tatsache, daß er die Nazigesinnung meiner Großmutter bloßgelegt hatte. Aber ich war wütend, daß er sich nicht an unsere Absprachen gehalten und mir nicht nur das vereinbarte Einspruchsrecht gegen die Verwendung der Filme genommen, sondern auch weitere Zusagen nicht erfüllt hatte. Vor einer öffentlichen Präsentation hätte der Film privat vorgestellt werden sollen, unter anderem Fachleuten wie Hans Mayer. Besonders übel nahm ich Syberberg, daß er stehende Bilder im Film – die teilweise aus Vaters Filmrollen abfotografiert worden waren – mit menschenverachtenden Aussagen meiner Großmutter unterlegt hatte, die er heimlich über ein verstecktes Mikrophon in den Drehpausen mitgeschnitten hatte. Syberberg reagierte mit Drohungen.

Syberberg trug mit seiner Distanzlosigkeit während der Dreharbeiten dazu bei, den monumentalen Mythos um die Rolle meiner Großmutter in der NS-Zeit zu verfestigen. Daran änderten auch seine Schnitte und Kommentare grundsätzlich nichts, da sie beherrscht wurden von der optischen Präsenz meiner Großmutter im Film. Als »Schauspielerin« wirkte sie sehr überzeugend, demagogisch, wie die Reaktion des Publikums bewies. Statt dies durch künstlerische Mittel zurückzunehmen, verstärkte Syberberg diese Effekte noch durch seine Filmregie. So wirkte der Film auf Menschen, die das Dritte Reich nicht verdrängen wollten, wie Nazipropaganda.

Heute gebe ich zu, daß ich damals in jeder Hinsicht mit dem Projekt überfordert war. Daß ich sowohl von meiner Großmutter als auch von Syberberg überfahren wurde, bemerkte ich zu spät. Ich hätte aufgrund des Stils anderer Syberbergscher Filme auch wissen müssen, daß bei dem Film am Ende eine Mystifizierung der Zeitzeugin herauskommen würde.

Als ich nach Bayreuth zurückkam, regnete es von allen Seiten Kritik, da man mich mit dem Film identifizierte. Scharf attackierte mich der Psychoanalytiker Eberhard Pöhner, dessen Vater Konrad am Wiederaufbau der Bayreuther Festspiele nach dem Krieg maßgeblich mitgewirkt hatte und dessen jüdische Frau von den Nazis verfolgt worden war. Leider gab er mir keine Chance, mich zu verteidigen. So zerbrach eine für mich wichtige Freundschaft. Jüdische Wagnerianer verdächtigten mich als Nazisympathisant, rechte Wagnerianer erklärten mich zum Nestbeschmutzer, und das linksliberale Publikum schnitt mich, weil ich angeblich von Syberberg zu Winifred übergelaufen war. Die »Gesellschaft der Freunde von Bayreuth« und die Repräsentanten Bayreuths gingen auf Distanz, weil der Film das Image der Stadt beschädigt habe. Selbst an den redlichen Absichten, meine Doktorarbeit über Weill zu schreiben, wurde gezweifelt. In dem ganzen Trubel brachte mich besonders der Opportunismus des Bayreuther »Nordbayerischen Kuriers« und dessen Chefredakteurs Erich Rappl auf. Rappl hielt regelmäßig die Einführungsvorträge für die Festspiele. Gleichzeitig fungierte er als deren Kritiker. Schon als Teenager hatte ich diesem Blatt den Namen »Festspielhügel-Expreß« verpaßt. Im »Nordbayerischen Kurier« mußte man nun als Reaktion auf Syberbergs Film in einer Schlagzeile über meine Großmutter lesen: »Denkmal an Zivilcourage«. Schlimmer konnte man die braune Vergangenheit der Hitler-Freundin Winifred Wagner nicht verharmlosen. Rappls Artikel war von aalglatter Unverbindlichkeit. Seine Einführungsvorträge waren nicht gefährdet.

Im Juli 1975 fand im Festspielhausrestaurant eine internationale Pressekonferenz statt. Dort gab es nur ein Thema: Winifred und »Wolf«. Mein Vater hatte mich gebeten, dort nicht aufzutauchen. Er behauptete gegenüber den Medien, meine Großmutter habe ihre Äußerungen »als unreflektiert« erkannt und zurückgenommen. Er habe ihr bis auf weiteres untersagt, das Festspielhaus zu betreten. Über die eigene Rolle im Fall Syberberg schwieg er. Obwohl er meine Bedingungen für die Zusammenarbeit mit Syberberg kannte und sie anfänglich gebilligt hatte, erklärte er über mich, daß ich »mit jugendlichem Ungestüm bei dem Film mitgewirkt« hätte und »von dem Ergebnis entsetzt« sei. Es half mir nicht viel, im nachhinein bei meinem Vater gegen diese öffentliche geistige Entmündigung zu protestieren.

Danach ging ich demonstrativ zu meiner Großmutter. Als ich die Tür öffnete, sah ich mit Entsetzen, daß auf dem Schreibtisch meiner Großmutter neben dem Bild meines Vaters Hitlers Foto mit der Widmung »Von Wolf an seine Winnie« stand. Als ich sie fragte, warum sie das Foto aufgestellt habe, erwiderte sie wütend: »Wolf[gang] behandelt mich wie Wieland mit seinem Gerede, ich glaubte noch an den Endsieg. Er war doch bei allen Verhandlungen mit Syberberg dabei. Jetzt läßt er sich als linker Widerstandskämpfer feiern.« Über Hitler, Wieland und meinen Vater sagte sie bitter: »Die verstanden sich blendend, auch wenn er jetzt so tut, als ob sie mit ihm nie etwas zu tun gehabt hätten. 1945 habe ich mich für beide geopfert.«

Am Ende der Festspielsaison 1975 schickte ich Hans Mayer, mit dem ich ja seit einiger Zeit zusammen an einem Buch über »Richard Wagner in Bayreuth« arbeitete, alles, was ich in den letzten Jahren zu diesem Thema gesammelt hatte. Es war ein Berg von Dokumenten und Bildern. Mayer hatte sich schon lange mit Wagner und den Bayreuther Festspielen auseinandergesetzt. Er wußte, um was es ging. Deshalb gab es keinen

Dissens bei der Zusammenstellung der Dokumente und Fotos. Er verarbeitete auch Textauszüge aus dem Syberberg-Film. Es versteht sich fast von selbst, daß Syberberg schäumte, als ihm dies zu Ohren kam, schließlich wollte er Großmutter exklusiv vermarkten, unter anderem auch in einem Buch. Syberberg erklärte in einem Telefonat mit dem Anwalt meines Vaters, daß er sich an seine Zusagen vom Juni nicht mehr gebunden sehe. Mir ließ er ausrichten, daß er mich bitte, nicht bekanntzugeben, daß ich mich aus dem Film zurückgezogen hätte. Falls ich dies täte, würde er Erklärungen abgeben, die mir schadeten.

Im November 1975 erfolgte die deutsche Uraufführung des Syberberg-Films. Mein Vater bat Ewald Hilger, den Vorsitzenden der »Gesellschaft der Freunde von Bayreuth«, die Veranstaltung zu besuchen. Hilger unterrichtete mich im Anschluß daran schriftlich über den Verlauf. Am 25. November 1975 schrieb er unter anderem, er habe an den Äußerungen von Frau Winifred nichts zu beanstanden. Bei dem Film habe es sich um einen ehrlichen und faszinierenden Lebensbericht gehandelt, was auch vom Publikum so verstanden worden sei. Hätte man darüber nichts hören wollen, dann hätte man ja Frau Winifred nicht zu befragen brauchen. Die Aufregung um den Film halte er, Hilger, für unbegründet, habe jedoch Bedenken gegen die Veröffentlichung des Interviews in Buchform, weil dadurch ein ganz anderer Eindruck entstehen müsse. Es sei ein Unterschied, ob man die »brisanten Äußerungen« von Frau Winifred vorgetragen höre oder sie gedruckt lese.

Das war ein verdammt schlechter Witz. Hilger bezog eine geradezu prototypische Position für Leute seiner Gesinnung. Er nahm widerspruchslos hin, daß Großmutter Hitler weiterhin als Privatperson betrachtete.

Als hätte es Auschwitz nicht gegeben und auch nicht »Mein Kampf«, in dem Hitler seine Vernichtungspläne bereits beschrieben hatte, lange bevor er sie verwirklichte. Was sollte daran ehrlich sein, daß Winifred Wagner sich auch dreißig Jahre nach dem Krieg beharrlich weigerte, in ihrem »Wolf« den Massenmörder zu sehen?

Damit war der Fall Syberberg aber keineswegs abgeschlossen. Mein Vater las mir bei unseren letzten gemeinsamen Weihnachtsferien in Arosa im Dezember 1975 einen Antwortbrief von Ernst Bloch vor, in dem der Tübinger Philosoph ihm die Bitte um einen Beitrag zur Jubiläumsschrift für die 100-Jahr-Feier der Festspiele abschlug. Bloch erklärte sich dazu als Jude und Antifaschist außerstande. Durch Syberberg und Winifred Wagner sei die alte Beziehung zwischen Wagners Musik und den Nazis aufs neue aufgebrochen, die von Wieland und Wolfgang Wagner betriebene Entnazifizierung sei desavouiert worden.

Ich bedauerte Blochs Absage. Allerdings war und bin ich gänzlich anderer Meinung hinsichtlich der Rolle meines Vaters und Wielands. Von einem konsequent entnazifizierten Neu-Bayreuth kann keine Rede sein. Vater versuchte bei geheimen Besuchen, Bloch umzustimmen, aber es gelang ihm nicht, wie mir meine Mutter damals berichtet hat. Syderberg sollte später seine wahre Einstellung zeigen; er wurde ein Vertreter der neuen deutschen Rechten.

100 Jahre Bayreuther Festspiele

Nur ein einziges Mal habe ich in Bayreuth unter der Intendanz meines Vaters als Regieassistent gearbeitet. Es war beim Jubiläums-»Ring« des Jahres 1976, der von Patrice Chéreau inszeniert wurde. Dramaturg war François Regnault. Eigentlich hätte ich, als ich zu Beginn des Jahres 1976 erfuhr, daß ich im »Ring«-Team tätig werden sollte, glücklich sein müssen, denn es war einer meiner Kindheitsträume, am Festspielhügel zu arbeiten, nachdem ich mir außerhalb Bayreuths die ersten beruflichen Sporen verdient hatte. Aber die sich anbahnende Scheidung meiner Eltern bedrückte mich, vor allem deren Umstände. Bald würde ich erfahren, daß Dietrich Macks Frau der Scheidungsgrund war. Und damit klärte sich auch das Rätsel des plötzlichen Abgangs von Dietrich Mack 1974 vom Festspielhügel.

Die Beziehung zwischen meinem Vater und mir erreichte einen neuen Tiefpunkt, zumal Vater angesichts seiner privaten Veränderung mich jetzt nicht mehr im »Ring«-Team und damit vor Ort haben wollte. Ich war aber nicht bereit, auf die Zusammenarbeit mit Chéreau und Boulez zu verzichten, ganz abgesehen davon, daß ich meine Mutter in dieser Situation nicht im Stich lassen wollte. Auch das Buchprojekt mit Hans Mayer war ohne Vaters Unterstützung und Billigung nicht zu verwirklichen, da weitere Materialien, die ich Hans Mayer hätte übergeben wollen, erst durch Vaters Hände mußten.

Am meisten beeindruckte mich das Treffen des neuen »Ring«-Teams am 21. Februar 1976 im Festspielhaus. Allen späteren Legenden des Bayreuther Marketings zum Trotz war mein Vater damals keineswegs einverstanden mit dem »Ring«-Konzept von Chéreau und Regnault, wie es nach dem Medienerfolg der Inszenierung später dargestellt worden ist. Die Stimmung bei diesem Treffen war äußerst gespannt, und wegen des deutsch-patriarchalischen Verhaltens meines Vaters hätte das Projekt auch platzen können. Die knallharten Auseinandersetzungen zwischen Vater und Regnault setzten sich bis Juni 1976 fort. In einem Brief an Regnault schrieb Vater am 11. Juni 1976 über Regnaults bedeutenden Beitrag zum »Ring« 1976 mit dem Titel »Richard Wagners theatralische Sendung« unter anderem, die vom Verfasser aufgestellten Thesen seien so mißverständlich, unausgegoren und falsch, daß die Annahme naheliege, er habe letztlich gar nicht begriffen, worum es im »Ring« gehe.

Natürlich kannte ich diesen derart abqualifizierten Text genau: François hatte ihn mir verstört zu lesen gegeben und mich um meine Meinung gebeten. Die Brillanz der Analyse wesentlicher Szenen des »Rings«, so etwa des »Rheingold«-Vorspiels, und der Charaktere der Protagonisten, besonders der Wotan-Figur, faszinierte mich ebenso wie seine tiefe Kenntnis verschiedener Kulturkreise und Mythologien. Überzeugend fand ich auch die Deutung deutscher Theatertraditionen der Klassik und Romantik. François beendete in einem Brief vom 20. Juni 1976 seine Replik auf Vaters vernichtendes Urteil mit der Bemerkung, man sei in Bayreuth wohl gezwungen, vor der Macht des »genialen Merkers« zu kapitulieren.

Damit war die Stunde des neuen Hausdramaturgen, späteren Pressechefs und engen Beraters meines Vaters bis 1986, Oswald Bauer, gekommen. Bauer teilte in jeder Hinsicht Vaters Meinung über Regnaults Beitrag. Was mich betraf, so folgte er von nun an jedem meiner Schritte im Festspielhaus und machte seinem verehrten Chef brav Meldung. Er ließ kein noch so lächerliches Detail aus. Zum Beispiel berichtete er »nach oben«, daß ich Fotokopien angefertigt hatte, um ein Interview mit den »Nürnberger Nachrichten« vorzubereiten. Vater untersagte mir daraufhin, das Kopiergerät im Festspielhaus zu benutzen, da er hinter meinem Interview böse Absichten vermutete.

Schlimmer traf mich allerdings eine andere Geschichte: Für meine geplante und bereits erwähnte Publikation in Zusammenarbeit mit Hans Mayer hatte ich Materialien zum Thema »Richard Wagner in Bayreuth« gesammelt, um sie ihm zur Verfügung zu stellen. Ungefähr gleichzeitig hatte der Musikhistoriker Michael Karbaum im Rahmen seiner Arbeit unter der Ägide der Thyssen-Stiftung ähnliche Dokumente zum gleichen Thema zusammengetragen. Da mein Vater aufgrund seiner Familienzugehörigkeit und Position als Festspielleiter schon damals urheberrechtliche Privilegien hatte, mußte Karbaum ihm sein Material vor der Verwertung vorlegen. Mein Vater gab dieses Material jedoch – zur Ergänzung des von mir selbst gesammelten Materials – an mich weiter mit der Bemerkung, daß dieses Material jenes sei, das er Karbaum aus den Familiendokumenten zur Verfügung gestellt habe, und in der richtigen Annahme, daß ich es an Mayer weitergeben würde.

Dieser Vorgang führte dann dazu, daß Karbaum gegen den Belser Verlag, der das Mayer-Buch herausgeben wollte und dann auch herausgegeben hat, einen Prozeß anstrengte, weil – so sein Vorwurf – »sein« Material zum Bestandteil des Mayer-Buches gemacht geworden sei. Karbaum verlor jedoch den Prozeß, da sich Spuren dieses Materials, das in vielen Punkten nichts Neues im Vergleich zu dem von mir gesammelten Material enthielt, allenfalls in fünf Prozent der strittigen Zitate nachweisen ließen.

Hintergrund für das Vorgehen meines Vaters war, daß ihm die im Rahmen des Thyssen-Forschungsprojekts arbeitenden Wissenschaftler als zu links galten und er speziell Karbaums Manuskript zum Thema als »wissenschaftlich zweifelhaft« hinstellte. Daher bevorzugte Vater eine Bearbeitung durch den damals als gemäßigt links einzuschätzenden Hans Mayer, dessen Name im übrigen in der Wagner-Literatur etabliert war.

Aus heutiger Sicht versuche ich davon auszugehen, daß Vater mir damals helfen wollte. Trotzdem wäre es besser gewesen, wenn er mir bei der Übergabe des Karbaum-Materials reinen Wein eingeschenkt hätte. Dieser Vorgang führte dazu, daß ich im nachhinein in der deutschen wissenschaftlichen Öffentlichkeit als unseriös, ja, als »Dieb fremden geistigen Eigentums« galt. Bei Anlaß eines Antrags für ein DFG-Forschungsstipendium zu Weill/Brecht 1977 hatte ich deshalb große Probleme und bekam nach mehr als einem Jahr eine Ablehnung. Auf welche Art und Weise diesbezüglich Stimmung gegen mich gemacht wurde, mußte ich im Februar 1976 erleben, als Dietrich Mack mich in zynischem Ton im Stuttgarter Opernfoyer fragte, ob die Karbaum-Affäre mich nun bald auffliegen lassen würde.

Gerade in diesen Tagen hatte ich erfahren, daß seine Frau Gudrun der Grund für die bevorstehende Scheidung meines Vaters von meiner Mutter Ellen sein würde. Diese Nachricht hatte mich sehr getroffen. Ich reagierte auf die Anspielung in der »Karbaum-Affäre« mit einem Brief Ende März 1976 an Dietrich Mack und verbat mir diese Reputationsschädigung. Im Juni dieses Jahres wollte sich Mack dann in einem anbiedernden Brief mit mir arrangieren, was ich aber schriftlich zurückwies.

Später konnte man feststellen, daß Karbaums Interpretation stark von der Hans Mayers abweicht. Karbaum hat einen wichtigen Beitrag zur Aufhellung der Bayreuther Festspielgeschichte im Nationalsozialismus geleistet. Heute weiß ich, daß der Grund der falschen und mißverständlichen Aussagen meines

Vaters zu den Dokumenten in seiner Absicht lag, das Thema »Bayreuth, Hitler und die Familie Wagner« zu verhindern, dem Karbaum mit großer Konsequenz nachging.

Zurück zum April 1976. Beatrix und ich zogen nach Martinsreuth in der Nähe von Bayreuth, um mehr Distanz zu meinem Vater und zum Siegfried-Wagner-Haus zu gewinnen. Im Monat darauf begann ich im Festspielhaus meine Regieassistenz bei Chéreau. Ich versuchte, ihn nach Möglichkeit zu unterstützen, denn er hatte gegen viel Widerstand im Festspielhaus zu kämpfen. Mein Vater legte mir mehrfach nahe, angesichts der gespannten Familienverhältnisse die Regieassistenz aufzugeben. Von dieser Zeit an wollte er von seiner ersten Ehefrau sowenig wissen wie von seinen Kindern. Sogar meiner Schwester sperrte mein Vater das Büro zu, was einer Kündigung nach neun Jahren Zusammenarbeit gleichkam. Da ich Bayreuth nicht verlassen wollte, begann er mich zu schikanieren. In einer ganzen Reihe von üblen Briefen stieß er Drohungen aus, kündigte gar juristische Schritte gegen mich an, als ich meiner Mutter in alltäglichen Dingen helfen wollte. Die Zeit am Festspielhügel wurde zur Hölle für mich. Als das offizielle Gruppenfoto des »Ring«-Teams vor dem Königsbau des Festspielhauses gemacht wurde, forderte mein Vater mich auf, von der Bildfläche zu verschwinden, mit der Begründung, daß ich nicht zum Team gehörte. Dessen Mitglieder schwiegen betreten. Der Fotograf Siegfried Lauterwasser, ein Freund Vaters aus der Jugendzeit und mir seit Jahrzehnten herzlich zugetan, war entsetzt und fotografierte mich demonstrativ separat zusammen mit meinem musikalischen Mentor Maximilian Kojetinsky. Trotz aller Belastungen arbeitete ich die alternative Besetzung für den Chéreau-»Ring« in die Inszenierung ein. Wie Boulez begriff der Regisseur meine Situation. Beide dachten nicht daran, mich plötzlich nicht mehr zu kennen, wie es die meisten im Festspielhaus taten.

Mit Schrecken denke ich noch heute an die 100-Jahr-Feier am 23. Juli 1976 zurück. »Richard Wagner und die Deutschen«: So viele verlogene Reden über Richard Wagner und seine Erben! Den Höhepunkt bildete ein Volksfest, nachdem der 3. Akt der »Meistersinger« (Festwiese) in der Regie meines Vaters und unter der musikalischen Leitung Karl Böhms aufgeführt worden war. Diese beiden Veranstaltungen ließen die Feierlichkeiten in oberfränkischer Provinzialität ersticken. Organisator des Spektakels war Oswald Bauer.

Als ich zum Empfang meines Vaters nach dem Festakt im Festspielhaus gehen wollte, ohne Eintrittskarte und wie meine Kollegen in salopper Kleidung, fand ich mich plötzlich im Polizeigriff wieder. Ich schrie den zivil gekleideten Beamten an: »Ich will meinen Anwalt sprechen. Das sind polizeistaatliche Methoden.« Einer der Zaungäste sagte zum Polizisten, ich sei »der Sohn vom Festspielchef«. Bei dem Wort »Chef« klingelte es im Beamtenhirn, und er ließ mich frei. Devot erklärte er: »Aber warum haben Sie denn nicht gesagt, wer Sie sind. Bitte holen Sie Ihre Einladungskarte.« Das konnte ich nicht tun, da ich keine Karte erhalten hatte. Da ich seit meiner Kindheit den Festspielhügel genauestens kannte, versuchte ich auf einem der Schleichwege meiner Kindheit in den Saal zu gelangen. Ich hatte mein Ziel fast erreicht, als mich zwei Sicherheitsbeamte abfingen und mich abführen wollten. Diese Szene sah der Verleger Klaus Piper, der am Tisch von Martin Gregor-Dellin saß. Er eilte mir zu Hilfe, wies die Polizisten zurecht und bat mich an seinen Tisch. Ich schaute mich um, sah die pikierten Gesichter der Gäste aus der Spitze der westdeutschen Wohlstandsgesellschaft, besonders die der »Gesellschaft der Freunde von Bayreuth«, und entdeckte meinen Vater inmitten seines Jasagerchors. Nein, hier konnte ich nicht bleiben. Ich verließ, so schnell ich konnte, den Saal. Am liebsten wäre ich sofort aus Bayreuth abgereist, aber ich hatte Chéreau und Boulez zugesagt, noch mit der zweiten »Ring«-Besetzung weiterzuproben.

Ende Juli erfuhr ich aus der »Bild«-Zeitung, daß mein Vater die vormalige Frau Mack geheiratet hatte. Obwohl ich nichts mit der Sache zu tun hatte, stürzten sich jetzt auch die Boulevardblätter auf mich.

Die Scheidung meiner Mutter Ellen von meinem Vater während der 100-Jahr-Feier 1976 nach 33 Jahren Ehe löste bei ihr einen schweren Schock aus, den sie nie überwinden sollte. Sie begann damals, sich intensiv mit ihrer Biographie auseinanderzusetzen, weil sie eine neue Identität suchte. Sie arbeitete die umfangreichen Aufzeichnungen in ihren Tagebüchern sowie ihren Briefwechsel mit Vater seit der Verlobungszeit 1942 durch und ergänzte diese durch zahlreiche aufschlußreiche Kommentare, die oft die offizielle Bayreuther Geschichtsschreibung in Frage stellen. Die Auseinandersetzung mit dem Nationalsozialismus und die Rolle der Familie Wagner darin wurde zu einem ihrer zentralen Themen. Sie stellte sich diesem Problem mit großer Intensität. Das hatte zur Folge, daß sie sich zeitweise überforderte.

Erst 1978, nachdem sie von Bayreuth in ihre Geburtsstadt Wiesbaden umgezogen war, begann sie sich ein Leben nach ihren Vorstellungen und Bedürfnissen aufzubauen. Dieser schmerzhafte Entwicklungsprozeß führte bei mir dazu, mich nicht nur mit den Folgen der NS-Vergangenheit der Familie Wagner, sondern auch mit meiner Beziehung zu meiner Mutter näher zu befassen. Sie hatte durch ihre völlige Identifizierung mit den Bayreuther Festspielen und Vater, wie man es von ihr erwartete, kaum die Möglichkeit gehabt, auch ihrer Rolle als Mutter gerecht zu werden, worunter sie oft litt. Seit der ersten »Ring«-Inszenierung meines Vaters in Bayreuth 1960 suchte sie immer mehr meinen Rat und Zuspruch, da Vater sich als Regisseur nur noch im Konkurrenzkampf mit seinem erfolgreichen Bruder Wieland befand. Der damit verbundene Unfriede in den beiden Familien verschlimmerte Mutters Lage weiter. Nach Wielands Tod 1966 und den für sie damit verbundenen gesellschaftlichen Verpflichtungen als Frau des alleinigen Festspielleiters empfand sie das Leben am Festspielhügel immer mehr als eine Hölle, da Vater, Großmutter und meine Schwester Eva als Repräsentanten der neuen Ära ihr kein Verständnis und keine Geduld entgegenbrachten.

Die Durchsetzung des Willens zur Macht in den Jahren von 1966 bis 1975 isolierte meine Mutter immer stärker von der Außenwelt. Sie war sich dessen natürlich bewußt und versuchte dagegen anzugehen. Leider mißlang es, da sie dem Druck der anderen Familienmitglieder nicht gewachsen war. In diesen Jahren fragte sich Mutter häufig, was wohl passiert wäre, wenn sie ihre erfolgreiche Karriere als Solotänzerin an der »Oper unter den Linden« in Berlin nicht 1942 aufgegeben hätte. Sie fing jetzt auch an, sogar ihre Laufbahn am Theater in Frage zu stellen, und bedauerte, nicht Krankenschwester geworden zu sein. Nach der Scheidung im Alter von 57 Jahren mußte sie feststellen, daß es für den Aufbau einer neuen beruflichen Laufbahn längst zu spät war. Daher konzentrierte sie sich – gewissermaßen ersatzweise – auf die Auseinandersetzung mit dem Nationalsozialismus und auf jüdische Geschichte.

Mancher sensationslüsterne Journalist mißbrauchte Mutters Medienunerfahrenheit, um eine der üblichen Wagner-Skandal-Stories zu verkaufen, allen voran die »Bild«-Zeitung, gegen die ich vorgehen mußte, da Mutters Aussagen in übler Weise entstellt worden waren. Mit der allmählichen Befreiung von der Bayreuther Vergangenheit, wobei ihr Bruder und dessen Familie ihr halfen, wuchs Mutters Interesse an meiner italienischen Familie, vor allem an ihrem Enkelsohn Eugenio. Darüber freute ich mich, denn dies entspricht unserem großen Bedürfnis nach Harmonie und Frieden und der Suche nach einer Sinngebung des Lebens. Ein Bild, das sie als vierjährige Darstellerin des »Kindes Kummer« in der Oper »Madame Butterfly« von Giacomo Puccini 1923 in einer Wiesbadener

Vorstellung zeigt, steht auf meinem Schreibtisch. Ihr schönes, fragiles Lächeln von einst leuchtet noch heute durch ihre Züge und läßt erkennen, was immer die wirkliche Bestimmung ihres Lebens war: das Theater und seine Welt.

Auf der Suche nach mir selbst

In den letzten Julitagen 1976 stellte mein Vater die Cosima-Wagner-Tagebücher vor, die von Martin Gregor-Dellin und Dietrich Mack herausgegeben wurden. Kurz darauf packte ich meine Koffer. Die einzige, die mir meinen Abschied schwermachte, war Gunda, meine Wahltante aus der Kindheit. Sie brach in Tränen aus.

Zuerst fuhren Beatrix und ich an den Chiemsee zu ihren Eltern. Dort beschlossen wir, nach Irland weiterzureisen, um uns vom Bayreuther Wahnwitz zu erholen. Bei einem Zwischenaufenthalt besuchten wir Charles und Germaine Spencer in London. Sie nahmen uns herzlich auf, und Charles sprach mir Mut zu, ein Leben ohne Bayreuth zu führen. In Irland überwältigte uns die Schönheit der Landschaft. Aber richtig genießen konnte ich sie nicht, zu tief saß die Erschütterung über das, was ich erlebt hatte.

Glücklicherweise gab es wenigstens berufliche Lichtblicke. Ich verhandelte mit dem Bonner Theater über eine »Fidelio«-Inszenierung im Frühjahr 1977. Und dann gab es noch das großzügige Angebot von Lys Symonette aus New York, im Kurt-Weill-Archiv bei der Veröffentlichung der Schriften und Briefe Weills mitzuarbeiten. Den Kontakt zum Bonner Theater hatte Dieter Rexroth, der Leiter des Hindemith-Instituts in Frankfurt am Main, 1975 diskret geknüpft. Rexroth hatte brillante konzeptionelle Ideen zu Beethoven, Roland Aeschlimann sollte nach meinem Willen ebenfalls an der Inszenierung mitarbeiten. Er, Dieter Rexroth und ich hüteten unsere Verhandlungen wie ein Geheimnis, weil ich befürchten mußte, daß mein Vater und sein Kreis Engagements für mich verhindern würden. Man darf den Einfluß Bayreuths in der Opernszene nicht unterschätzen. Der damalige Intendant der Bonner Oper, Joachim Heyse, unterrichtete mich über die Meinungsmache, die von Bayreuth ausging. Nachdem mein Vater erfahren hatte, daß der Kontrakt unterschrieben war, erklärte er Heyse auf einem Intendantentreffen: »Da haben Sie sich ja was eingehandelt. Gleich mit ›Fidelio‹ die erste Regie in Bonn zum Beethoven-Festjahr. Ob das wohl gutgeht?« Die Zweifel an meinen Fähigkeiten, geäußert vom eigenen Vater, machten sofort ihre Runde bei Agenten, Theaterleitungen und Medien. Viele von ihnen standen Bayreuth ohnehin nahe. Für Agenten und Intendanten war es wichtiger, sich mit dem Festspielhügel gutzustellen, als mir Engagements zu verschaffen. Man wußte jetzt in der Szene, daß mein Vater es nicht gerne sah, wenn man mich beschäftigte.

Seit Herbst 1976 lebte ich wieder in der Münchner Wohnung am Wartburgplatz, in der ich schon früher gewohnt hatte. Für mich gab es vor allem zwei Sorgen: Zum einen wollte ich helfen, die Existenz meiner Mutter zu sichern, zum anderen mußte ich mich auf das Rigorosum, die mündliche Promotionsprüfung, in Wien vorbereiten, nachdem meine Doktorarbeit im Mai 1976 angenommen worden war.

Mein Vater hatte mittlerweile seine monatlichen Zahlungen eingestellt. Einer meiner Schutzengel in dieser Zeit war der Hotelier Peter Kremslehner, der meine prekäre Situation kannte und mich als Gast großzügig in seinem Hotel »Regina« in Wien aufnahm. Im Dezember 1976 bestand ich meine mündlichen Prüfungen in Musikwissenschaft, Germanistik und Philosophie. Zur Promotionsfeier erschienen lediglich meine Mutter, Beatrix und ein paar Wiener Freunde. Wummi rief an und erzählte mir, daß er Vater von meinem erfolgreichen Abschluß berichtet hatte. Dessen einziger Kommentar sei gewesen: »Der hat das doch eh nur abgeschrieben!«

Im April 1977 nahm ich meine Arbeit in Bonn auf. Dieter Rexroth hatte die erste und dritte Fassung des »Fidelio« zu einer revolutionären Version verschmolzen. Sein Konzept mußte nun auf der Bühne umgesetzt werden. Der theoretische Anspruch schlug sich auch in einem umfangreichen provokativen Programmheft nieder mit Texten von Ursula Krechel, August Stramm, Ernst Toller, Kurt Schwitters, Peter-Paul Zahl, Rainer Kunze, Paul Celan, Marie Luise Kaschnitz und Norbert Friedrich. Während der Premiere im Mai fanden Veranstaltungen von amnesty international statt für die Freilassung politischer Gefangener im Iran, Chile und in der UdSSR.

Ich erlebte dann vor dem Vorhang meine erste harte Auseinandersetzung mit einem vorwiegend konservativen Publikum, wohingegen die jungen Zuschauer meine zeitbezogene Regie begrüßten.

Die Pressereaktion war unterschiedlich. Den Ton für die deutschen Medien bestimmte Josef Herbort in der »Zeit« vom 3. Juni 1977 unter der Schlagzeile »Vom Junior keine Konkurrenz. Wagner-Urenkel Gottfried debütiert als Regisseur mit ›Fidelio‹«. Der sachbezogene Teil der negativen Kritik irritierte mich wenig. Schlimm fand ich aber dies: »Als Wolfgang Wagner vor Jahresfrist nach der Möglichkeit gefragt wurde, ob er eine Festspielinszenierung oder gar die Leitung der Bayreuther Festspiele demnächst einem jüngeren Familienmitglied übertragen wolle, antwortete der schlaue Franke diplomatisch, er sehe in der nachfolgenden Generation noch keinen Geeigneten. Nachdem Wieland-Sohn Wolf-Siegfried schon früher an ›Tristan‹ und ›Meistersingern‹ dilettiert und Wagner aufs Eindimensionale reduziert dargeboten hatte, nachdem nun Wolfgang-Sohn Gottfried mit Erfolg seine Ansicht inszenierte, daß Beethovens Oper kein Theaterstück sei, kann der Bayreuther

Festspielchef wieder ruhig schlafen. In der Tat droht ihm von den beiden Urenkeln des Meisters bislang keinerlei Konkurrenz. Und wenn das Gerücht stimmt, das in Bonn bei der ›Fidelio‹-Premiere umlief, Wolfgang Wagner habe alle Intendanten vor seinem Sohn gewarnt, mag man den Familienstreit unter den Hütern des Nibelungen-Goldes beurteilen, wie man mag. Sachlich ist der Vater nicht im Unrecht.«[23]

Herbort war erfolgreich: Ein Engagement an deutschen Opernhäusern sollte ich lange nicht mehr finden, und bis heute werde ich in Kritiken meiner Inszenierungen mit Vorurteilen und Unterstellungen im Stile Herborts konfrontiert.

Lediglich der Bonner Kritiker Hans G. Schürmann teilte nicht die Meinung seiner deutschen Kollegen. Je ferner aber von Bayreuth, desto fairer wurde das Urteil. So schrieb etwa der angesehene Kritiker Roy Koch in der »New York Times« Ende Mai: »Bonn (...), hier, in Beethovens Geburtsstadt, wo jede Note der Partituren des Meisters als heilig betrachtet wird, fand eine radikal avantgardistische Inszenierung seiner einzigen Oper ›Fidelio‹ statt, die eine harte Diskussion auslöste. Und das in noch härterer Weise, da der Regisseur sein professionelles Debüt hatte und der Urenkel von Richard Wagner ist. So trat Gottfried Wagner sichtbar bewegt durch einige starke Buhs, die von enthusiastischem Applaus am Ende der Premiere übertönt wurden, vor den Vorhang. ›Ich war mir nicht klar darüber gewesen, daß ich eine solch heftige Reaktion provozieren würde‹, sagte er. Gottfried Wagner wird bei vielen Kennern der Opernszene als eine große Begabung unter der neuen Generation von Opernregisseuren angesehen.«[24] Schon damals sah ich voraus, daß ich mich außerhalb Deutschlands beruflich besser würde entfalten können.

Tröstlich war auch, daß ich Bettina Fehr in Bonn wiedertraf. Ich hatte sie im Vorjahr in Bayreuth kennengelernt. Sie half mir in dieser wie in folgenden Krisen und wurde bald meine Wahlmutter. Seit damals nimmt sie an allen wesentlichen beruflichen und privaten Ereignissen meines Lebens Anteil. Ihr selbstloses soziales Engagement seit Jahrzehnten ist beispielhaft für mich. So war sie lange Zeit als ehrenamtliche Geschäftsführerin der Bonner Gesellschaft für Christlich-Jüdische Zusammenarbeit tätig, deren Mitglied sie seit 1954 ist. Dieses Engagement hat auch viel mit einem unserer gemeinsamen Interessen zu tun: dem deutsch-jüdischen Dialog, den sie auch aus familiärer Solidarität mit ihrem jüdischen Großvater mütterlicherseits pflegt. Durch ihn ist sie weitläufig mit Heinrich Heine verwandt. Als »Mischling zweiten Grades« im Wahnsystem der Nürnberger Rassengesetze von 1935 konnte sie als Tochter des gutbürgerlichen christlichen Arztes Arthur Lankes nicht studieren und wurde Buchhändlerin, ein Beruf, den die Nazis ihr erlaubten. Durch ihre Ehe mit Götz Fehr, dem langjährigen Leiter von Inter Nationes, konnte sie nach dem Krieg weltweit Menschen für ihre Anliegen gewinnen. Eines unserer Gesprächsthemen, außer dem deutsch-jüdischen, ist »Bayreuth« und meine Beziehung zu meinem Vater, den sie kennt. Es wundert mich wenig, daß Bettina trotz ihres täglichen Einsatzes für Menschen in Not und ihrer großen Familie seit 1992 noch in der Olga-Havel-Stiftung für Behinderte tätig ist. Ihr zu raten, sich ein wenig zu schonen, ist vergebliche Liebesmüh.

Glücklicherweise erneuerten in dieser schwierigen Zeit Lotte Lenya und Lys Symonette das Angebot, Mitarbeiter der Kurt Weill Foundation of Music zu werden. Aber bevor ich im Herbst nach New York reiste, mußte ich einen bitteren Gang nach Bayreuth machen. Meine Mutter wollte unbedingt dort bleiben und war ausgerechnet zu meiner Großmutter gezogen. Zu deren achtzigstem Geburtstag tauchten Beatrix und ich auf. Mutter, Beatrix und ich wurden von den anwesenden Gästen aus feinster Gesellschaft geschnitten. Ich hatte noch nie so viele verlogene Komplimente für meine Großmutter gehört. Der Syberberg-Film hatte ihre Position bei ihren bräunlichen

Verehrern weiter gestärkt. Die alte Garde von Mitgliedern der Wagner-Verbände und der »Gesellschaft der Freunde von Bayreuth« feierten Hitlers »Winnie«. Meine Großmutter hörte nicht auf, vom Lieblingsbildhauer des »Führers«, Arno Breker, zu schwärmen. Dieser fertigte in dieser Zeit eine Büste meiner Großmutter an. Sie und ihr Anhang schwelgten in den guten alten Zeiten. Aber meine Versuche, Mutter aus dieser Nazihöhle zu befreien, schlugen fehl. Das sollte schlimme Folgen haben.

Vor meiner Reise nach New York stand eine so kurze wie bemerkenswerte Episode. Im August wurden Wummi, Nike und ich von Klaus Figge für die ZDF-Sendung »Aspekte« interviewt. Sofort meldeten die Medien, die vierte Wagner-Generation stehe vor Bayreuths Pforten zur Machtübernahme. Und dies, obwohl ich erklärt hatte, daß ich einen Weg außerhalb Bayreuths gehen wolle. Meinem Vater paßte der Auftritt nicht. Der Moderator hatte nämlich erkannt, daß mein Vater diese vierte Generation pauschal für unfähig erklärte, ohne dies fachlich begründen zu können. Um seiner Meinung Nachdruck zu verleihen, bezeichnete Vater Ende August 1977 in einem Brief an den damaligen Programmdirektor und heutigen Intendanten des ZDF, Dieter Stolte, die Recherchen des Interviewers als nicht sorgfältig genug und warnte für die Zukunft vor der Wiederholung solcher Vorgänge, was schließlich auch im Interesse des ZDF liegen müsse. Es lag in der Tat im Interesse des ZDF, das später häufig Bayreuther Produktionen ausstrahlen durfte.

Im September kehrte ich nach Bonn zurück, es standen die Wiederaufnahmeproben für weitere Aufführungen meiner »Fidelio«-Inszenierung an. Das vernichtende Urteil der deutschen Presse hatte das Klima im Team und im Theater verschlechtert. Die Wiederholung wurde aber allen Unkenrufen zum Trotz ein Erfolg bei dem Publikum, das ich damals erreichen wollte: junge Leute, die sonst nie in die Oper gehen.

Damals traf ich häufig den in Bonn lebenden Neurologen und Psychiater Johannes Meyer-Lindenberg, den ich bei der Premierenfeier des »Fidelio« durch Bettina Fehr kennengelernt hatte. Sie erzählte ihm von meiner schwierigen familiären Situation. Er erbot sich, meiner Mutter, der es damals besonders schlecht ging, zur Seite zu stehen. Eva und ich nahmen dies dankbar an. Eines unserer zentralen Themen wurde aber der Konflikt mit Vater. Johannes hatte durch das eigene Schicksal eine große Sensibilität für schwierige Familienkonstellationen. Sein Vater stammte aus einer jüdischen und seine adlige Mutter aus einer christlichen Familie. Deshalb waren seine Eltern gezwungen, vor den Nazis nach Kolumbien zu flüchten, wo Johannes 1938 geboren wurde. Nach dem Zweiten Weltkrieg war sein Vater als westdeutscher Botschafter in Rom und Madrid tätig, und Johannes kam erst durch das Studium nach Bonn.

Er hatte in Köln einen psychosozialen Dienst für Italiener und Spanier in Westdeutschland gegründet und war 1989 Präsident der Deutschen Gesellschaft für Psychiatrie und Nervenheilkunde geworden. Er verstand sofort meine Rebellion wegen der NS-Vergangenheit meiner Familie und daß meine ethischen und kulturpolitischen Positionen unvereinbar waren mit denen meines Vaters. Da er merkte, daß ich unter dem Zerwürfnis litt, wollte er zwischen Vater und mir vermitteln. Johannes versuchte vom Herbst 1977 bis zu seinem schmerzlich frühen Tod 1991 im Alter von nur 53 Jahren sein Bestes, um Vater bei Treffen in Bayreuth und in zahlreichen Telefonaten von der Notwendigkeit eines Dialogs mit mir zu überzeugen. Als wir uns 1991 in Bonn kurz vor seinem Tod zum letztenmal sahen, wollte er alles über das Zusammenleben mit meinem Sohn Eugenio und dessen Adoption wissen. Er freute sich herzlich mit mir über mein neues Lebensgefühl, Vater zu sein, und meinte ernst: »Ich bedauere es sehr, daß all unsere Bemühungen mit deinem Vater umsonst waren. Konzentriere dich auf deinen Sohn und mache daraus etwas Schönes! Das scheint mir der einzige Weg, mit der zerbrochenen Beziehung zu deinem Vater fertig zu werden. Seine Verdrängung und Verleugnung der eigenen Vergangenheit schließen eben leider auch dich ein. Schau nach vorne!«

Wieder nahm sich Bettina Fehr meiner in Bonn herzlich an. Einmal lud sie mich ein, sie in die israelische Botschaft zu einem Empfang zu begleiten. Dort stellte sie mich nicht nur dem Botschafter vor, sondern auch Heinrich Böll. Böll sagte: »Sie sind also der Wagner, der ›Fidelio‹ hier im heiligen Bonn gegen den Strich gebürstet hat.« Ich antwortete etwas verzagt: »Das hat man mir sehr verübelt, sehen Sie nur in die ›Zeit‹ von Ende Mai.« Ich erzählte ihm, was Herbort geschrieben hatte. Böll lachte mich an und erwiderte: »Gottfried Wagner, was Sie da gewagt haben, war ganz in Ordnung, und lassen Sie sich bloß nicht von Leuten wie Herbort irritieren, die ihre Fahne nach dem Wind halten. Sie müssen lernen, innerlich frei von der Meinung von Opportunisten zu werden, sonst werden Sie im deutschen Kulturdschungel vor die Hunde gehen. Hören Sie auf zu glauben, die ›Zeit‹ habe die Wahrheit und Redlichkeit gepachtet.« Ich berichtete Böll auch von meinen ersten Leseerfahrungen mit seinem Buch »Wanderer, kommst du nach Spa« und davon, daß mein Vater sein Werk nicht schätze. Böll war wenig überrascht: »Ihr Vater wird sich sicher nicht mehr ändern, auch wenn er das der Presse verkaufen wird.« Auch darin hatte er recht.

Ich nutzte meinen Bonn-Aufenthalt auch dazu, mich bei der DFG vorzustellen und zu fragen, wie es mit meinem Stipendiumsantrag aussehe. Der für mich zuständige Sachbearbeiter stand hinter meinem Projekt. Er hatte sich schon zuvor in einem Brief verwundert darüber gezeigt, daß die Entscheidung so lange dauerte. Ende September schickte ich eine weitere umfängliche Dokumentation mit neuen Forschungsergebnissen an die DFG. Kurz vor meiner Abreise nach New York rief mich dann der Sachbearbeiter an und erklärte mir, daß drei Mitglieder des Entscheidungsgremiums Einspruch gegen meinen Antrag erhoben hätten, darunter Reinhold Brinkmann, ein Fachkollege und Freund Michael Karbaums, der aus verständlichen Gründen nicht gut auf mich zu sprechen war. Da hatte mich Bayreuth auch in der DFG eingeholt. Mein Antrag wurde schließlich mit knapper Mehrheit abgelehnt. Ich hatte die Hoffnung auf ein Stipendium aber schon vorher aufgegeben. Da ich kein Geld, keine Lust und keine Energie hatte, mich mit dem Bayreuther Morast in einen endlosen und teuren Prozeß einzulassen, und es in Deutschland kaum eine Chance für mich gab, freute ich mich, daß ich mein Glück in Amerika versuchen konnte.

Auf den Spuren von Kurt Weill

Im November flogen Beatrix und ich endlich nach New York. Die bleierne Müdigkeit wich schnell, als wir in der gelbschwarzen Giftglocke der Abgase von New York auf dem John-F.-Kennedy-Flughafen landeten. Die Grenzbeamten hatten einen ganz eigenen Stil. »What do you want here, Gottfried?« fragte mich ein dicker schwarzer Beamter. Das wußte ich selbst nicht so genau. Etwas verklemmt erwiderte ich: »I am here for fun!« Der Beamte grinste, knallte seinen Stempel in meinen Paß und sagte: »So have fun, Gottfried!« In einem der schrecklich heißen, überfüllten und stinkenden Busse fuhren wir nach Manhattan. Wir kamen bei einer Tante von Beatrix unter, deren Haus in Riverdale am Hudson River gegenüber vom Toscanini-Haus lag. Francis de Vegvar und seine Frau Kitty, andere Verwandte von Beatrix, luden uns in ihr wunderschönes Penthouse ein und sollten zu meinen treuesten Freunden in schwierigen Zeiten in den USA gehören.

Der Blick vom Penthouse über den Central Park und die endlose 5th Avenue up- and down-town ließ mich die bitteren Erlebnisse in Deutschland fast vergessen. Das Kontrastprogramm zum Luxusdasein von Beatrix' Verwandtschaft ließ aber nicht lange auf sich warten. Nur ein paar Blocks weiter uptown sah ich das unbeschreibliche Elend von Black Harlem. Das wirkte auf mich wie »Mahagonny«, aber ohne das romantische Sozialgeschwätz aus dem Mund deutscher Akademiker.

Mein erster Aufenthalt in New York im November und Dezember 1977 erwies sich als keineswegs so komplikationslos, wie ich es erhofft hatte. Die rechtliche Situation der Kurt Weill Foundation of Music war zu diesem Zeitpunkt alles andere als geklärt. Lys Symonette versuchte verzweifelt das Archiv zusammenzuhalten, das ihr Vorgänger David Drew in einem traurigen Zustand hinterlassen hatte. Allerdings beharrte Drew darauf, weiter der eigentliche Nachlaßverwalter zu sein. Er hatte wie ein Fafner 25 Jahre lang auf Weills Nachlaß gesessen und angeblich oder tatsächlich an einer Biographie des Komponisten gearbeitet. Lotte Lenya und Lys Symonette waren außerdem dahintergekommen, daß Drew immer noch einige wichtige Originaldokumente wie Briefe oder Kompositionen bei sich in London hatte, und es wurde fast zu einem Scherz, wenn Lys und ich im Zusammenhang mit Drew hörten, es sei »wieder etwas ans Tageslicht gekommen«. Drew gab nur Informationen weiter, die längst bekannt waren, und antwortete auf Briefe mit großer Verspätung. Ein Versuch, in London von ihm Informationen zu erhalten, scheiterte. Erst im Februar 1979 schaffte Anwalt Alfred Rice, der auch den Hemingway-Nachlaß verwaltete, allmählich Klärung, und Drew schied als Nachlaßverwalter endgültig aus.

In dieser Zeit überreichte ich Lotte Lenya, die nur Lenya genannt werden wollte, die Buchversion meiner Doktorarbeit, für die sie eine Einleitung geschrieben hatte. Als sie das Buch entgegennahm, sagte sie bewegt: »Endlich kommt der Name von Weill an erster Stelle und dann erst Brecht! Das war immer anders, und du bist der erste, der die Gleichwertigkeit Weills mit Brecht erkannt hat.« Ich antwortete nicht weniger bewegt: »Weills Musik macht die gemeinsamen Werke mit Brecht unsterblich, denn was von Brecht bleiben wird, wird sicher nicht sein ideologisches Anliegen, sondern seine genaue Kenntnis der menschlichen Widersprüchlichkeit und seine herrlich klare, poetische Sprache sein!« Lenya teilte meine Meinung. Mit großer Leidenschaft begann sie von ihrer Arbeit mit Brecht in den Jahren von 1927 bis 1933 zu sprechen. »Brecht«, so Lenya lachend, »sagte mir immer, du bist episches Theater!«

Ich wollte natürlich mehr von Weill wissen. Der jüdische Seminarist von 1927, wie man ihr »ernstes Kurtchen« damals nannte, suchte in Lenya sicher nicht die intellektuelle, emanzipierte Frau, sondern die verführerische Lulu, mit der er alle Freuden des Venusberges genoß. Begeistert lauschte ich Lenyas Erzählungen von den Nächten in Berlin bis zum März 1933. Oft entstanden die Namen von Personen und Städten im Suff, indem Brecht wild einen Globus drehte und Weill ihn mit dem Zeigefinger stoppte. Der Punkt, auf dem der Finger lag, hieß Benares, und so entstand der Benares-Song. »Es ist schon absurd, was heute so manche Afterwissenschaftler über die Entstehung der Werke von Weill und Brecht zusammenschreiben und welche Ideologiesoße sie über Kurt kippen«, sagte Lenya erregt. Von einem auf den anderen Moment hörte sie auf, von ihrer Vergangenheit zu reden, und wollte »alles von mir wissen«. »Da gibt es nicht soviel zu erzählen, und du kannst dir doch denken, warum ich über Weill und Brecht meine Doktorarbeit schrieb«, antwortete ich. Sie fragte besorgt: »Hast du viele Schwierigkeiten gehabt?« »Sicher viel weniger als Weill und du!«

Wir schwiegen und sahen uns ernst an. Dann brach sie in Lachen aus und erzählte eine ihrer Wagner-Stories aus ihrer Züricher Statistenzeit: »Damals mußte ich im dritten Akt des ›Parsifal‹ als Gralsdiener mit drei Kollegen den Sarg mit dem toten Titurel in einem langen Gang von der hinteren Bühnenmitte ganz nahe an den Orchestergraben tragen. Wir schritten ganz heilig, und ich mußte noch heiliger den Wachskopf des toten Titurel, über den eine Samtdecke gelegt war, enthüllen. Aber zu meinem Verhängnis riß ich zu stark an der Decke, und der Kopf des Titurel flog im hohen Bogen in den Orchestergraben. Die Zuschauer tobten vor Lachen, der Vorhang fiel, und ich wurde entlassen.«

Sie wurde immer fröhlicher. Sie hatte noch immer den Charme eines Mädchens. Es wurde mir klar, wie leicht man sich vor vierzig Jahren in diese Frau verlieben konnte. Der Abend endete damit, daß wir aus »Lohengrin« sangen. Sie sang Elsas Traum mit ihrer etwas verrauchten, brüchigen Stimme, aber in sauberster Intonation und genauestem Rhythmus. Sie kannte jede Note und jedes Wort aus dem Gedächtnis, obwohl sie Noten nicht lesen konnte. Ich parodierte den Schwanenritter von der Grals-Erlösungs-GmbH. Wir konnten kaum mehr atmen vor Lachen und vergaßen unsere Umwelt völlig.

In den kommenden Wochen mußte ich zu meinem Entsetzen erkennen, wie instinktlos Lenya bei der Wahl ihrer Freunde war. Dies nutzten diese schamlos aus. Lys war den falschen Freunden Lenyas nicht gewachsen. Bei meinem zweiten Treffen mit Lenya gelang es mir nicht, alle Fragen, die mit meinem Job zusammenhingen, zu klären. Ich fing also an, mir eine andere Arbeit zu suchen.

Bei verschiedenen Treffen mit Theateragenten wurde ich wieder drastisch an meine Herkunft und an Bayreuth erinnert. Die Agenten waren genau unterrichtet über meine Auseinandersetzungen mit der Familientradition. Der Arm des Festspielhügels reichte bis New York.

Mein Leben wurde dadurch erschwert, daß ich in Riverdale wohnte. Alles Wesentliche fand in Manhattan statt, und dorthin mußte ich den Bus nehmen, der durch Black Harlem fuhr. Nie werde ich die haßverzerrten Gesichter verwahrloster schwarzer Jugendlicher vergessen. Sobald sie den Bus ankommen sahen, rannten sie auf ihn los und beschimpften die Insassen. Dazu schlugen sie manchmal gegen die Karosserie des Fahrzeugs. Die höflichen, meist schwarzen Fahrer versuchten ohne Stopps durch Black Harlem zu rasen, sie wurden als »Freunde der Weißen« beleidigt. Wenn eine Ampel auf Rot schaltete, öffnete der Fahrer das Fenster, um die heranstürmenden schwarzen Jugendlichen mit harten Worten zu verscheuchen. Diese schimpften unflätig zurück. »No melting pot«, dachte ich in solchen Momenten. Viele dieser meist arbeitslosen Jugendlichen haßten uns, weil wir aus dem reichen jüdischen Riverdale kamen. Da explodierte eine böse Mischung aus Klassen- und Rassenhaß. Meine Zweifel wuchsen, ob New York wirklich so wunderbar war. Und mein Interesse für soziale Fragen erwachte dort, ich empfand das saubere, wunderschöne Umfeld in Riverdale immer mehr als einen Elfenbeinturm.

In diesen Wochen traf ich im Metropolitan Club Gert von Gontard, einen der einflußreichsten Sponsoren der New Yorker Opern und der Bayreuther Festspiele. Von ihm sollte ich nur Gutes erfahren. Er war ein besessener und kenntnisreicher Kunst-, Theater- und Musikfreund. Er stammt aus der Bierbrauerdynastie der Budweiser, das eröffnete ihm alle Möglichkeiten, seine Liebe zur Oper zu pflegen. Dabei war er keineswegs ein eitler Snob, sondern folgte als Abkömmling einer bürgerlichen Familie dem adeligen Motto »noblesse oblige«. Er hatte Max Reinhardt unterstützt, als der große Theatermann vor den Nazis aus Berlin in die Vereinigten Staaten flüchten mußte. Offen stellte ich ihm meine wenig erfreulichen beruflichen Perspektiven dar und erläuterte meine Haltung gegenüber den Bayreuther Festspielen, auf die er ebenfalls schlecht zu sprechen war. Obwohl er eher als Konservativer einzuordnen war, unterstützte er mit väterlicher Sympathie meine Kritik am deutschen Kulturestablishment, besonders an Bayreuth.

Dann erlebte ich eine erfreuliche Überraschung. Meine Schwester bat mich, bei ihrer Heirat in Südfrankreich ihr Trauzeuge zu sein. Mit einigen Illusionen weniger hinsichtlich einer beruflichen Zukunft in New York flog ich im Dezember 1977 nach München, um von dort nach Frankreich weiterzureisen. Trotz des nur kurzen und wenig erfolgreichen Aufenthalts in New York fühlte ich mich in Deutschland unwohl. Mit oder ohne Job, ich war fest entschlossen, so bald wie möglich nach Amerika zurückzukehren. Die Wochen dort hatten eine heilsame Wirkung auf mich gehabt, und ich begann die Dinge in Deutschland mit größerer Distanz zu betrachten. Was der in der deutschen Theaterszene immer mächtiger werdende Everding oder andere Theaterfürsten von sich gaben, war mir nun egal. Auch die Tatsache, daß die deutschen Medien mein Buch über Weill und Brecht ignorierten, berührte mich wenig. Amerika wurde für mich zur großen Herausforderung. Dort wollte ich meine Chance suchen, ein eigenes Leben aufzubauen.

Wie sehr genoß ich die Weite und Schönheit Südfrankreichs nach der Enge in Deutschland und der Wildheit des New Yorker Dschungels. Mir wurde klar, daß sich Eva nur deshalb wieder anhänglicher gab, weil Vater sie verstoßen hatte. Außerdem wirkte das herzliche und offene Wesen meines Schwagers Yves Pasquier Wunder. Endlich versuchten Eva und ich, uns ehrlich zu unterhalten, ohne daß im Hintergrund das ständige Mißtrauen lauerte und ohne Rivalität um den Festspielleitersessel. Ich sagte ihr: »Die Brutalität, mit der uns unser Vater aus Bayreuth hinausekelte, wird noch Gutes mit sich bringen. Nützen wir es!«

Dieser Wunsch sollte sich als eine große Illusion erweisen. Doch in diesen Tagen in Südfrankreich war der trennende Bayreuther Schatten nicht zwischen uns. Die Hochzeit und das anschließende Weihnachtsfest waren von einer Fröhlichkeit und Herzlichkeit, die mir schmerzhaft bewußt machten, was wir als Kinder nie gehabt hatten: das Gefühl familiärer Zusammengehörigkeit und Geborgenheit. Meine neuen Verwandten fragten aus Höflichkeit nicht nach Bayreuth. So wurde die Stimmung kaum durch bittere Reminiszenzen getrübt.

Im Januar 1978 flogen Beatrix und ich mit einem Zwischenstopp bei den Spencers in London zurück nach New York. Ich begann mich nun systematisch mit den Werken Weills nach seiner Flucht aus Nazideutschland zu beschäftigen und entwickelte erste Vorschläge, wie man sein Werk in Deutschland fördern könne. Außerdem erhielt ich eine erste Lektion »how to behave to get a job« von Betty Smith, einer renommierten New Yorker Medienagentin, die mir selbstlos half. Betty legte mir zwanzig Fragen vor, die typisch waren für Anstellungsgespräche mit Agenten, Theaterdirektoren oder Verlegern. Ich beantwortete alle falsch, weil ich die Wahrheit sagte. Betty war entsetzt, als ich etwa auf die Frage, wie ich die Bayreuther Familientradition sähe, antwortete: »Warum denken Sie wohl, daß ich hier bin? Weil ich mit dem ganzen Bayreuth-Getue nichts zu tun haben will!« Betty sagte erst lachend, dann aber ernst: » Do you wanna get a job or not? Your capital is also to be a Wagner. Use it in the right way!«

Natürlich hatte sie recht. Ich hatte zu lernen, wie ich mit meiner Vergangenheit umzugehen und das Verhältnis zu meiner Familie in Bayreuth darzustellen hatte, ohne mir selbst zu schaden, aber auch ohne meine Identität zu verlieren. Ich begann mich schmerzlos zu entdeutschen und wollte ein »liberal American« werden. Ich rannte Literaturagenten die Tür ein. Dabei traf ich Eliot Ravetz, der für die einflußreiche Agentur Scott Meredith Literary Agency in der 3rd Street arbeitete. Mit Eliot verband mich bald eine herzliche Freundschaft, die aber leider so rasch endete, wie sie begonnen hatte. Die Agentur wollte meine Revolte gegen das Familienerbe zum Mittelpunkt der Werbung für mein Buch machen. Ich hatte dagegen nicht die Absicht, grobschlächtig als Revoluzzer gefeiert zu werden. Eliot mußte seinem Boß gehorchen, und wir verloren uns ohne Streit aus den Augen. Mir tat es leid, denn mit Eliot konnte ich offen über Deutsche und Juden unserer Generation sprechen. Er half mir, meinen oberflächlichen Philosemitismus zu überwinden. Eliots einfache Worte auf einer unserer Fahrten von Manhattan nach Riverdale werde ich nie vergessen: »Du wirst hier in New York, wo mehr Juden leben als in Israel, eine Menge widerwärtiger Juden kennenlernen, die einen richtig antisemitisch fühlen lassen. Hör auf, in uns Juden bessere Menschen zu sehen, besonders hier in New York! Das sind wir nicht.«

Beatrix' Onkel, Francis de Vegvar, und seine Frau Kitty luden uns ein, einige Vorstellungen am Broadway und in der Metropolitan Opera zu sehen. Ich gestehe, daß diese Darbietungen mich nicht sonderlich beeindruckt haben. Das gepriesene Musical »Chorus Line« fand ich, bei aller technischen Perfektion, kitschig und inhaltlich flach. »Il Trovatore« von Verdi in der »Met« wirkte in Regie und Bühnenbild grotesk altmodisch.

Bei einem Met-Besuch lernte ich Milcom und Yveta Graff kennen, Sponsoren des Opernhauses, die ihre Geldzuwendungen allerdings mit der Auflage versahen, sie in tschechische Musik zu investieren. Yvette stammt aus Prag. Die Graffs wohnten in einem der luxuriösen Apartments in der Park Avenue. Die »Eintrittskarte« in das Haus Graff und damit in die New Yorker Society verdankte ich meinem Namen. Man war auf alles, was Wagner und Bayreuth betraf, äußerst neugierig. Die Gespräche drehten sich keineswegs nur um Richard Wagner und seine Werke. Ich wurde auch befragt nach dem Führungsstil meines Vaters und meinem persönlichen Verhältnis zu ihm. Immer wieder wollte man wissen, ob ich meinem Vater als Festspielleiter nachfolgen würde. Trotz des Charmes und der Großzügigkeit meiner Gastgeber war mir diese Art der Unterhaltung unangenehm. Die meisten der recht konservativ eingestellten Frager interessierten sich mehr für die Privatsphäre der Familie Wagner als für meine Ansichten zu Kultur und Kunst. Ich dachte immer an die Mahnung von Betty Smith – »Do you wanna get a job or not?« – und bemühte mich, so höflich wie unverbindlich zu antworten. Als ich aber gefragt wurde, warum ich meine Doktorarbeit ausgerechnet über Weill und Brecht geschrieben hätte, war es mit dem Ausweichen vorbei. Jetzt sprach ich Klartext über Hitler, Bayreuth und die Juden. Mit einiger Leidenschaft bekannte ich, daß das

Buch meine Konsequenz aus der verhängnisvollen Ehe von Politik und Kultur in Bayreuth gewesen sei. Frau Graff, die als Kind mit ihrer Familie die Schrecken der deutschen Besatzung miterlebt hatte, zeigte Sympathie für mein Engagement. Doch sie blieb eine Ausnahme. Der Großteil der anwesenden Kunst-Sponsoren, die teilweise Mitglieder des stockkonservativen Wagner Circle und Bayreuth-Pilger waren, schwieg höflich. Sie gaben damit zu verstehen, daß sie dem, was ich damals mit Alexander und Margarete Mitscherlich als »Trauerarbeit« bezeichnete, mehr als skeptisch gegenüberstanden. Ihr Motto hieß: »Was man nicht ändern kann, ist kein Thema mehr.« Der Eindruck verbesserte sich auch nicht dadurch, daß einige mir unter vier Augen versicherten, wie mutig sie meine Haltung fänden. Nach einigen Momenten des Schweigens erörterten die Anwesenden die Frage, ob Wagner Jude gewesen sei. Hätte diese Vermutung zugetroffen, dann wäre dies gleichbedeutend mit einer Ehrenrettung Wagners gewesen angesichts der bekannten antisemitischen Ausfälle meines Urgroßvaters und der in Winifred Wagner kulminierenden Traditionslinie der Familie. Ich kannte diese Spekulationen des Wagner-Biographen Ernest Newman, die man in Bayreuth je nach Wetterlage nutzte oder verwarf. Ich wies darauf hin, daß keineswegs klar sei, ob Ludwig Heinrich Christian Geyer Jude war und als der leibliche Vater Richards in Betracht komme. Nachweisbar ist, daß Geyer der Adoptivvater Richard Wagners war. Ich hatte allerdings damals keinen Beweis für meine Gegenposition. Ich versprach aber, nach einer hieb- und stichfesten Antwort zu suchen.

Nach einigen Wochen bekam ich im New Yorker Leo Baeck Institute endlich die Antwort. Man hatte mir freundlicherweise die genealogischen Dokumente über Ludwig Heinrich Christian Geyer herausgesucht, und die ergaben, daß er kein Jude war. Wenige Wochen später traf ich Milcom and Yvetta Graff in der Met bei einer Aufführung von Debussys »Pelléas et Mélisande« wieder. Ich teilte ihnen das Ergebnis meiner Recherche mit. Yvetta Graff war wenig überrascht und sagte, daß für sie nur die Musik Wagners und nicht seine Ideologie zähle – eine Meinung, die ich angesichts meiner Kenntnisse der Geschichte Bayreuths nicht teilen mochte.

Dieser Abend wird mir aus einem anderen Grund immer in Erinnerung bleiben. Nach dem Besuch der verstaubten Aufführung, zu der ich mich als geladener Gast schick gemacht hatte, verpaßte ich den letzten Bus nach Riverdale. An diesem Tag fegte ein schwerer Schneesturm über New York. Da mir ein Taxi zu teuer war, beschloß ich, mit der U-Bahn nach Hause zu fahren. Allerdings landete ich in der falschen Linie. Deren Endstation war Black Harlem. Das merkte ich aber erst, als ich bereits mitten im Schneesturm auf der 154th Street stand und mich von allen Seiten schwarze Gesichter verwundert ansahen. »Hey, Mister, was machen Sie hier? Sehen Sie zu, daß Sie hier weg kommen! Nehmen Sie nur ein gelbes Taxi. Die anderen Taxis könnten gefährlich sein.« So der Rat eines Schwarzen, der mit mir in der U-Bahn gesessen hatte. Als ich mich genauer umsah, sah ich schweigende Menschen, die sich an Benzintanks wärmten, in denen sie Feuer angezündet hatten. Ihre Kleidung bestand aus verdreckten Lumpen. Als sie mich eleganten Weißen erblickten, sahen sie mich verächtlich und mißtrauisch an. Mir stockte der Atem, und ich begann hektisch nach einem yellow cab zu suchen. Das entdeckte ich aber erst, nachdem ich über eine Stunde im Schnee herumgestanden und dubiose Angebote für eine Fahrt nach Riverdale abgelehnt hatte. Der verwunderte Fahrer fragte mich zuerst, ob ich Geld hätte, und dann nach der Adresse. Als er hörte, daß ich aus Riverdale kam, erklärte er aggressiv: »Das ist das Viertel der reichen Juden, und wir haben einen Schneesturm. Deshalb bezahlen Sie den doppelten Preis.« Ich schlug ihm zwanzig Dollar vor, aber er forderte ultimativ vierzig – »sonst laufen Sie im Schnee«. Die Vorstellung, in dieser Gegend und bei diesem

Wetter die schätzungsweise zwölf Kilometer nach Riverdale zu laufen, erstickte in mir jeden Widerstand, und ich ging auf die Erpressung ein.

Damit begann ein weiteres Abenteuer. Der Fahrer raste wie ein Verrückter auf Schleichwegen und über riesige Schlaglöcher. Ich flog auf der Sitzbank von einer Seite zur anderen, mein Kopf kollidierte einige Mal mit den Scheiben. Ich flehte ihn an, langsamer zu fahren, was ihn noch aggressiver stimmte. Er ließ nun seinen Buick zusätzlich auf den verschneiten und holprigen Straßen hin und her schlittern. Da es stark schneite, konnte ich nicht erkennen, wo wir waren, und sah mich schon als Leiche im Hudson River. Auf einmal bremste der Fahrer abrupt und forderte massiv seine vierzig Dollar. Kaum hatte ich sie ihm kreidebleich gegeben, stieg er aus und riß mir die Tür auf. Mit einem breiten Lächeln, das im Schneesturm besonders stark wirkte, rief er mir zu: »Hey, man, you better learn something about Black Harlem!« Ich stieg aus, und er knallte die Tür zu und verschwand wie ein Phantom. Diese Lehre vom März 1978 sollte ich bei künftigen U-Bahn-Fahrten in New York und anderswo beherzigen. Ich hatte wieder eine Lektion gelernt über die geradezu obszöne Kluft zwischen arm und reich in der Metropole. In dieser Nacht bezweifelte ich, daß mein Leben im eleganten Riverdale als Privatforscher in Sachen Weill und als häufiger Gast der New Yorker Society sinnvoll war.

Ich hatte wenig Zeit, meine sozialen Zweifel zu pflegen. Meine finanzielle Lage wurde kritisch, und Lenya zögerte den versprochenen Vertrag weiter hinaus. Sie hatte einen Verarmungskomplex, der es ihr offenbar erschwerte, sich zu Gehaltszahlungen zu verpflichten, obwohl sie sonst großherzig war. Auf diesen Komplex zurückzuführen war auch die Tatsache, daß Lys und ich bei unseren Besuchen in New City, Bundesstaat New Jersey, im wunderschönen Weill House am Bach unseren Lunch selbst mitbringen mußten, was Lenya aber dann nicht daran hinderte, uns anschließend in ein Restaurant einzuladen. Das alles störte mich wenig, denn ich war glücklich, im Weill House zu sein.

Der Komponist hatte das Haus mit den Honoraren finanziert, die er für seine Arbeit in Hollywood bekommen hatte. Mich beeindruckte besonders Weills spartanisch eingerichtetes Mansardenarbeitszimmer. Da standen nur ein Schreibtisch und ein Stuhl. An diesem Ort hatte er einige seiner großen Werke wie beispielsweise »Lost in the Stars« geschrieben.

Lenya schlug mir vor, eine Weill-Biographie zu schreiben, zumal David Drews Buch möglicherweise nie vollendet werden würde. Leider sagte sie mir nicht, daß schon der Publizist und Journalist Ronald Sander an einer Biographie Kurt Weills arbeitete, und dies mit ihrem Einverständnis.

Einen Monat später machte ich Lenya klar, daß ich nach Deutschland zurück müsse, wenn sie mir keinen Vertrag geben könne. Sie begriff, daß ich es ernst meinte. Außerdem hatte Lys ihr erzählt, daß ich mich bereits mit Weills Arbeiten in Amerika beschäftigte und Konzepte zur Förderung seines Werks entwickelt hatte. Darüber hinaus stand ein Interview der »New York Times« mit mir an, in dem ja die Weill Foundation bekannter gemacht werden konnte. Diesmal klappte es. Im März hatte ich einen Vertrag in der Hand, der mir eine bescheidene Existenz sicherte. So war ich nicht auf ein Darlehen angewiesen, das mir Gert von Gontard großzügig angeboten hatte.

Durch seine Vermittlung lernte ich bei einem feinen Mittagessen im New York Metropolitan Club einen ungewöhnlichen Zeitzeugen der österreichisch-jüdischen Geschichte kennen: John White. Er war als ehemaliger Wiener Jude vor den Nazis in die USA geflohen und nach einem bewegten Leben der erfolgreiche Verwaltungsdirektor der New York City Opera geworden. Mit großem Einfühlungsvermögen begriff er sofort meine Situation und sagte trocken: »Der Urenkel des Antisemiten

Wagner arbeitet über den linken Juden Weill. Das wird Sie in Deutschland wenig populär machen. Ich will Sie gar nicht nach Ihrer Familie fragen. Sie folgen wohl in der Antinazihaltung Ihrer Tante Friedelind!« Und schon waren wir mitten im Thema. Ich widersprach White: »Ich achte zwar die Haltung meiner Tante, was den Nationalsozialismus betrifft, teile aber nicht ihre unkritische Haltung gegenüber dem Antisemitismus von Richard Wagner. Ich sehe, im Gegensatz zu ihr, ideologisch schon eine Linie von Wagners Artikel ›Judenthum in der Musik‹ bis zu Hitler.« Als er merkte, wie wichtig mir das Gespräch mit ihm über den Nationalsozialismus war, lud er mich in sein Büro ein. Dort gab er mir wichtige Hinweise für meine Arbeit über Weill und informierte mich über aktuelle Forschungsergebnisse zum Nationalsozialismus. Er empfahl mir auch einige Standardwerke, so etwa Eugen Kogons »Der SS-Staat. Das System der deutschen Konzentrationslager«. White hatte als Geschäftsmann viele Feinde, ich aber verdanke ihm viel.

Ganz anders sollte das Treffen mit Eric Werner einige Tage später verlaufen. Es wurde für mich bei der Suche nach meiner Identität wichtig. Nach mehreren Telefonaten traf ich den angesehenen Musikhistoriker, dessen bedeutende Arbeiten über Mendelssohn ich kannte. Höflich, aber mißtrauisch wollte er wissen, warum ich mich so intensiv mit Weill beschäftigte. Werner fand ihn zwar interessant, hielt ihn aber nicht für wichtig. Kaum hatte ich mein Interesse an deutsch-jüdischer Geschichte bekundet, begann er einen so kenntnisreichen wie von Aversion getragenen Vortrag über Wagners Antisemitismus zu halten. Er bezog sich keineswegs nur auf Wagners »Judenthum in der Musik«, sondern ging auch detailliert auf Cosimas zahlreiche antisemitische Bemerkungen in ihren Tagebüchern ein, die gerade in New York erschienen waren. Ich verstand sein Entsetzen über den antisemitischen Kult in Bayreuth und war nicht verletzt, daß er Wagner und den dortigen »Kretinismus« (Nietzsche) verabscheute.

Schwieriger war seine generelle Ablehnung der Deutschen, was ja auch meine Generation und mich selbst einschloß. Tatsächlich reihte er auch mich in die antisemitische Tradition meiner Familie ein. Dieser Deutung widersprach ich entschieden. Ich berichtete ihm von entscheidenden Momenten meines Lebens und von meiner Konfrontation mit dem Nationalsozialismus. Nun verstand er, warum ich meine Doktorarbeit über Weill geschrieben hatte. Aber seine grundsätzliche Haltung änderte sich nicht. Ich fühlte mich nach diesem Treffen wie ein kleiner, häßlicher Deutscher und noch dazu wie ein Nazi-Wagner, der besser daran täte, seinen Namen so schnell wie möglich zu ändern. Verstört verließ ich Eric Werner, dessen Verbitterung und Haß mich getroffen hatten. Ich war traurig über so wenig Dialogbereitschaft auch mit jenen, die wie ich unter der Last der Nazivergangenheit ihrer Eltern litten. Später erfuhr ich, daß Eric Werner ein besonders schweres jüdisches Schicksal gehabt hatte, über dessen Details er aber nicht sprach. Das stimmte mich in der Beurteilung unseres Treffens milder.

Dank der Hilfe von Betty Smith gab ich Ende Februar 1978 mein erstes großes Interview in den Vereinigten Staaten. Betty hatte mir ein Gespräch mit Donald Henaham von der »New York Times« vermittelt. Da ich keinerlei Erfahrungen mit den amerikanischen Medien hatte, bereitete mich Betty rührend geduldig darauf vor. Wir spielten mein Leben in einem Frage-und-Antwort-Spiel durch. Ihre zwanzig Fragen über Bayreuth beantwortete ich nur kritisch und ließ nichts Gutes an Wagner und der deutschen Kulturszene. Entsetzt rief sie aus: »Du hast seit unserem letzten Gespräch nichts dazugelernt. Werde dir bewußt, wie wichtig ein geglücktes Interview mit der ›New York Times‹ für dich ist!« So spielten wir die Fragen noch einmal durch und erarbeiteten eine diplomatischere, aber noch vertretbare Version der Antworten.

Betty sollte goldrichtig liegen mit ihrer Strategie. Donald Henaham stellte die Fragen, die sie erwartet hatte, und meine

Antworten fanden sein zwar distanziertes, aber sachliches Interesse. Die »New York Times« veröffentlichte im März 1978 eine genaue Wiedergabe dessen, was ich über meine »Fidelio«-Inszenierung, das Musiktheater im 20. Jahrhundert und Kurt Weill gesagt hatte. Endlich las ich kaum mehr ein Wort über die Familie Wagner und Bayreuth im Zusammenhang mit meiner Arbeit. Diesem Interview sollten weitere mit wichtigen amerikanischen Zeitungen folgen. Meine stets angespannte finanzielle Lage verbesserte sich dadurch aber nicht.

Eines Tages besuchte ich Lys in ihrem Apartment in der 73rd Street in der Westside. Zufällig entdeckte ich an der Haustür auf einem Klingelschild im Parterre in englischer Zierschrift einen Namen, der in mir eine ganz bestimmte Erinnerung wachrief. Da stand: Dr. Wolf, Kapellmeister. »Kapellmeister Wolf« hatte sich Hitler scherzend als Decknamen gegeben, wenn er vor 1933 auf seinen Reisen von Berlin nach München auf einer Zwischenstation im Hotel »Bube« in Bad Berneck übernachtete und von dort bei seiner »Winnie« anrief. Sofort nach Hitlers Ankunft im Hotel war ein Chauffeur zur Stelle, um den »Führer« nach Bayreuth zu bringen.

Wer war nun dieser Kapellmeister Wolf in der 73rd Street? Ich war so frech, einfach zu klingeln. Die Tür ging auf, und mir kam ein vornehmer, freundlich ausschauender Herr entgegen, der mit starkem deutschem Akzent fragte: »What can I do for you?« Ich wagte nicht, mit der Hitler-Geschichte in sein Haus einzufallen, und fragte ihn statt dessen wenig originell auf deutsch: »Sie sind Kapellmeister Wolf?« Er bejahte lächelnd. Er öffnete seine Tür, und ich entdeckte einen wunderschönen alten Steinway-Flügel, der das kleine Zimmer fast völlig ausfüllte. Als ich ihn genauer betrachtete, sah ich, daß auf ihm viele vergilbte Fotos standen. Ich weiß nicht, warum, aber ich begann mir zur Erheiterung von Kapellmeister Wolf die Bilder anzusehen und entdeckte zu meiner Begeisterung eine Aufnahme von 1927, die

Personen auf der Treppe des Baden-Badener Kurkonzertsaals zeigte. Ich las: »18. Juli 1927, Baden-Baden« und traute meinen Augen nicht.

Ich rief begeistert aus: »Das war doch Tag der Uraufführung vom ›Songspiel Mahagonny‹.«

Wolf amüsierte sich über mich: »Ja, schauen Sie nur genau hin.«

Ich erkannte Kurt Weill, Bertolt Brecht, Lotte Lenya, Otto Klemperer und Paul Hindemith.

»Der auf der linken Seite bin ich«, sagte Wolf mit bescheidenem Stolz.

»Wie, Sie waren bei der Uraufführung dabei?« wollte ich wissen.

»Ja, aber sagen Sie, sind Sie ein Nachkomme von Weill, weil Sie sich derart dafür interessieren?«

In der ganzen Aufregung hatte ich vergessen, mich vorzustellen. Ich lachte und sagte: »Tut mir leid, ich heiße nur Wagner.«

Wolf fragte: »Wie Richard?«

Ich nickte, und er begann mein Profil zu betrachten. Dann strahlte er: »Ein Wagner in meiner Wohnung!«, und wir gaben uns mit heiterem Pathos die Hand.

Mit wachsender Sympathie führten wir unser Gespräch fort. Dabei erfuhr ich, daß er nicht nur der Korrepetitor des Songspiels war, sondern auch des Musicals »Eternal Road« (»Der Weg der Verheißung«) nach einem Roman von Franz Werfel und mit der Musik von Kurt Weill. 1937 hatte es unter der Leitung von Max Reinhardt seine erfolglose Premiere in New York. Wir sprachen über die vielen guten Dirigenten der Weimarer Jahre, und ich nannte ihm als meine Lieblingsdirigenten Otto Klemperer und Bruno Walter. »Walter war mein Onkel«, sagte Wolf. Wir lachten herzlich. Aber die Fröhlichkeit war zu Ende, als mir der Kapellmeister seine Biographie mit NS-Verfolgung und Emigration erzählte. Dank seiner lebhaften und facettenreichen Erzählungen konnte ich für eine Weile wie mit einer Zeitmaschine in das Berlin der zwanziger Jahre reisen. Wir verabschiedeten uns am Ende herzlich wie alte Freunde.

Erst bei unserem zweiten Treffen in seiner Wohnung kurze Zeit später erzählte ich Kapellmeister Wolf zurückhaltend, an was ich mich erinnert hatte angesichts seines Klingelschilds. Er fand meine Geschichte skurril und sagte großherzig: »Alle Dinge haben zwei Seiten. Hitler hat uns hier zusammengebracht.« Ich werde Kapellmeister Wolf nie vergessen, denn er half mir, mich nicht als miesen Deutschen und noch mieseren Wagner in New York zu sehen, das so viele deutsche Juden aufgenommen hatte, die keineswegs alle bereit waren, mit den Kindern von NS-Tätern zu reden.

Die Zusammenarbeit mit Lys Symonette war in jeder Hinsicht erfreulich. Sie hatte eine anstrengende Arbeit am Curtis Institute in Philadelphia, einem der führenden Konservatorien der USA, und opferte viel Zeit, um Lenya zu helfen, die ihr die gesamte Post in Sachen Weill aufhalste. Außerdem versorgte sie Mann und Sohn als rührende »Jewish Mama«, wie ich sie bald necken würde. Trotzdem trafen wir uns regelmäßig in ihrem Einzimmerapartment. In ihrer Wohnung herrschte eine anregende Atmosphäre inmitten von Partituren und historischen Fotos aus Deutschland und den USA. Das Zimmer verwandelte sich in einen flirrenden Musiktheaterraum, als Lys begann, mich schrittweise in das Werk von Weill nach der Zusammenarbeit mit Brecht einzuführen. Sobald Lys anfing, Weill zu spielen, lebte sie auf und wurde frei vom Gram ihres harten Alltagslebens.

Mit ihr konnte ich durch dick und dünn gehen. Trotz mancher Krisen hat unsere Freundschaft bis heute gehalten. Lys half mir und förderte mich, obwohl sie nur über bescheidene Möglichkeiten verfügte. Wir waren oft verzweifelt über den Zustand des Weill-Archivs. Uns lähmte bei der Arbeit auch, daß Lenya sich nicht entschließen konnte, den Nachlaß in ein professionelles Weill-Forschungszentrum zu verwandeln. Aber alle Sorgen verschwanden, wenn Lys mir von ihrer Zeit mit Weill am Broadway erzählte, sich zu einem Swing an ihren Steinway-Flügel setzte und mich in amerikanische Synkopen, Jazz und die Vielfalt der Partituren Weills einführte. Ich verdanke ihr mein Grundwissen über Weill in Amerika. Mir wurde klar, wie viele Vorurteile immer noch gegen Weill und sein Werk auch in Nordamerika bestanden. Bei einem unserer Weill-Treffen – »with love for our Kurt« – sah ich das Schwarzweißfoto eines bürgerlich gekleideten Herrn mit feinem Gesicht. Er trug runde Brillengläser vor melancholischen Augen. »Er sieht aus wie Ihr Sohn Viktor«, sagte ich spontan. Lys lächelte und antworte: »Es ist mein Vater.« Und dann begann sie mir von ihrer dramatischen Flucht vor den Nazis über Italien nach New York zu erzählen.

Bemerkenswert war auch die Verbindung eines Vetters ihres Vaters, Emil Holzinger, zur Familie Wagner. Er war ein bekanntes Mitglied der jüdischen Gemeinde in Bayreuth. Als nach dem Ersten Weltkrieg die allgemeine Finanzkrise auch die Festspiele erreichte, bat mein Großvater Holzinger, reiche Juden Bayreuths dazu zu bewegen, die Festspiele finanziell zu unterstützen. Er empfahl Holzinger, Richard Wagners Antisemitismus nicht zu ernst zu nehmen, was in Anbetracht seiner antisemitischen Schriften und deren Wirkungen auch innerhalb der Familie Wagner eine wenig überzeugende Interpretation war. Während Lys erzählte, schwieg ich betreten. Ihre Eltern, die aus einer Mainzer jüdischen Familie stammten, waren aus der jüdischen Gemeinde ausgetreten, und so wurde Lys nicht religiös erzogen. Sämtlichen Familienmitgliedern gelang es, rechtzeitig aus Nazideutschland zu emigrieren. Ihre entfernte Verwandschaft mit Zuckmayer empfand sie positiv.

Wie gering waren doch meine Sorgen im Vergleich zum Schicksal vieler anderer Menschen. Ich mußte an das Gejam-

mere meines Vaters denken, der sich ständig über die »Opfer«
beklagte, die er in den harten Kriegsjahren und nach 1945 habe
bringen müssen. Was wußte er, und was wollte der einstige
Hitler-Protegé überhaupt wissen vom Leid der jüdischen Opfer, über das Lys nie klagte. Als sie in ihrer feinen, sensiblen Art
merkte, daß ihre Lebensgeschichte mich bewegte, lächelte sie
und sagte: »Jetzt muß ich Ihnen gestehen, daß ich, als ich hörte,
Sie hätten als ein Wagner aus dieser Bayreuth-Familie Ihre
Doktorarbeit über Weill geschrieben, mir dachte: Der muß
schon ein meschuggener Typ sein, denn außer Ihrer Tante Friedelind waren ja wohl alle anderen Wagner-Generationen vor
Ihnen Nazis und Antisemiten.«

Mit diesem Gespräch vertiefte sich unsere Freundschaft.
Mit dem Bewußtsein, daß wir geistige Wahlverwandte geworden waren, amüsierten wir uns köstlich, wenn wir »freireligiö-
sen Atheisten« bei koscherer jiddish chicken soup und Knob-
lauch-Bagel den »September-Song« mit dem »Tristan-Vorspiel«
vermischten oder den »Blumenmädchen-Walzer« aus dem
»Parsifal« parodierten, und Lys voll in die Tasten griff, um
den »Hollywood Wagner orchestra sound« zu schaffen. Sie gestand mir mit gespielter Verschämtheit, bei der ihre unruhigen
Augen heiter strahlten: »Ich und meine Familie sind Wagnerianer! Vergibst Du mir? Trotz allem?« Ich segnete sie weihevoll
und sprach: »Im Namen des Richard, des Kurt und des Heiligen Geistes sei dir und den Deinen die Todsünde, Wagnerianer zu sein, vergeben.«

Lys ist immer da, wenn man sie braucht. Und von welchen
»Freunden« kann ich das schon sagen, wenn ich an all die Gru-
ben denke, in die ich in meinem Leben hineingefallen bin und
aus denen ich nur wieder herauskam, weil Menschen wie Lys
mir halfen.

Endlich hatte ich meine Reise auf den Spuren Weills in Nordamerika vorbereitet. Ich flog nach Los Angeles. Am Flughafen

holte mich Paul Vamberys Frau ab. Vambery hatte zusammen mit Kurt Weill 1934 die musikalische Politsatire »Der Kuhhandel« geschrieben. Nach den kalten drei Monaten im aggressiven New Yorker Dschungel kam mir Beverly Hills mit seinem Sommerwetter, seinen Palmen, der sterilen Sauberkeit seiner protzigen Villen und seinen ewig unverbindlich lächelnden Snobs irreal vor. Dieses künstliche Amerika wurde mir etwas sympathischer, als ich einige Tage bei der Witwe Ernst Josef Aufrichts in North Canyon Drive verbringen durfte. Aufricht war zu Weimarer Zeiten der bedeutende Direktor des Berliner Theaters am Schiffbauerdamm gewesen. Er hatte bis 1933 Uraufführungen von Bertolt Brecht und Kurt Weill, von Ernst Toller, Robert Musil, Paul Kornfeld, Georg Kaiser, Ödön von Horváth, Jean Cocteau, Karl Kraus und Marieluise Fleißer auf die Bühne gebracht. Ich hatte Ernst Josef Aufrichts Autobiographie »Erzähle, damit du dein Recht erweist« von 1966 in New York gelesen und mich damit auf das Treffen mit Margot Aufricht und Paul Vambery vorbereitet, der in Berlin Aufrichts Dramaturg gewesen war. Das Buch war für mich nicht nur interessant, weil es beschreibt, wie Brecht und Weill bei der »Dreigroschenoper« zusammengearbeitet hatten. Mich erschütterte Aufrichts Bericht über seine Flucht vor den Nazis nach Amerika.

Margot Aufricht freute sich über mein leidenschaftliches Interesse an der Arbeit ihres Mannes, und sie wußte darüber gut Bescheid. Sie sprach mit mir deutsch, um zu zeigen, daß sie die Deutschen nicht über einen Kamm schor, und schon gar nicht meine Generation. Sie beantwortete meine Fragen schnell, genau und mit großer Liebenswürdigkeit. Sie beschrieb mir Brechts Familie mit ihrer Geld- und Machtgier in einer Weise, daß ich mich an Bayreuth erinnert fühlte, was ich ihr zu ihrer Heiterkeit auch sagte. Weill, von dessen sanftmütig-bescheidenem Wesen ich durch Lys und Lenya erfahren hatte, wurde mir durch Margot Aufrichts warme Worte immer sympathischer und verständlicher. Immer wieder dachte ich während dieser Gespräche, welcher Größe es bedurfte, daß sie mit dem Enkel von Winifred Wagner vorurteilsfrei sprach, deren Freund Adolf Hitler auch die Familie Aufricht aus Deutschland vertrieben hatte. Als wir uns über Nazi- und Neu-Bayreuth unterhielten, sagte sie gütig: »Ihre Familie hat Ihnen mit ihrer Sicht der deutschen Geschichte ein Erbe hinterlassen, an dem Sie Ihr Leben lang tragen werden.«

Als ich am 13. April Margot Aufricht einen meiner Besuche abstattete, hatte sie den Tisch mit Kerzen dekoriert, und es gab Kaffee und Kuchen. Es war mein 31. Geburtstag. Sie schenkte mir eines der letzten Exemplare des Buches ihres Mannes mit einer herzlichen Widmung; es gehört zu meinen liebsten Erinnerungsstücken. Ich war derart gerührt, daß ich meine Tränen nicht zurückhalten konnte, zumal ich von meiner Familie keinerlei Geburtstagsgruß erhalten hatte. In diesen Momenten identifizierte ich mich stark mit der deutsch-jüdischen Großeltern- und Elterngeneration. Meine Wut gegen meine Familie hatte eine Dimension angenommen, daß ich nach den vier Tagen im Haus von Margot Aufricht mit dem Gedanken spielte, amerikanischer Staatsbürger zu werden und meinen Namen zu ändern.

Mitte April besuchte ich Ira Gershwin, den Librettisten und Bruder von George Gershwin. Er hatte nur einige Wochen zuvor einen Schlaganfall erlitten, wollte mich aber trotzdem sehen. Er wohnte in einer der luxuriösen Villen von Beverly Hills. Sein Mitarbeiterstab war von meinem Besuch offenkundig nicht begeistert. Ira Gershwin saß unbeweglich in einem Rollstuhl und hatte große Mühe, sich zu artikulieren. Wir sprachen kurz über sein Drehbuch zu dem Hollywood-Film »Lady in the Dark«, in dem die Pyschoanalyse einer Frau kritisch verarbeitet wurde. Das wenige, was er mir sagen konnte, war aufschlußreich. Über Kurt Weill erklärte er: »Ihr Europäer werdet niemals verstehen, daß die Volksoper das Modell für das amerikanische Musical war, so wie ich und George es bei ›Porgy and Bess‹ gezeigt haben, und so wie Kurt und ich es in unseren beiden gemeinsamen Arbeiten versucht haben. Kurt war ein feiner, weichherziger Gentleman. Lenya hat seinen Charakter nie verstanden, aber sie fühlte die Größe seines Werks.« Als ich Ira Gershwin sagte, wie sehr ich »Porgy and Bess« mochte, schob er sich mit seinem Rollstuhl mühsam zu seinem Schreibtisch und zog ein Schallplattendoppelalbum mit allen seinen bekannten Libretti hervor und schenkte es mir. Am Schluß meines Besuches sagte er noch: »Richard Wagner was a bastard but a great composer!« Dann machte einer seiner Aufpasser mir klar, daß ich gehen mußte.

Den Germanisten Cornelius Schnauber, Fritz Langs Nachlaßverwalter und profunden Kenner der jüdischen Exilliteratur, hatte ich im Vorjahr in Bonn bei Bettina Fehr kennengelernt. Als ich ihn nun wiedertraf, lud er mich zu sich ein. Zu seinen Gästen zählten auch Martha Feuchtwanger sowie Ronald Schönberg und seine Frau. Man hörte in jedem Moment, daß Martha aus Bayern kam, auch wenn sie Englisch sprach. Sie war trotz ihres hohen Alters von großer geistiger Lebendigkeit, wenn sie über das Werk ihres Mannes Lion sprach und von ihrem Leben mit ihm berichtete. Sie sagte: »Ihre Arbeit über Weill ist für uns Emigranten eine Freude, denn so werden auch wir nicht ganz vergessen.« Welche Melancholie stand bei diesen Worten in ihren Augen.

Ganz anders verlief das Gespräch mit dem Richter Ronald Schönberg, einem Sohn aus Arnold Schönbergs zweiter Ehe, und seiner Frau, der Tochter des österreichischen Komponisten und Schönberg-Schülers Eric Zeisl. Ich wollte alles über seinen Vater und sein Judentum wissen, und der Wagnerianer Ronald wollte alles über Richard Wagner, aber nichts über dessen Antisemitismus hören. Wir sprachen mit großer Sympathie aneinander vorbei. Er schwärmte von Bayreuth und war verwundert, daß ich eine andere Sicht hatte. Obwohl er zehn Jahre älter ist als ich, fühlte ich mich in die Rolle der Elterngeneration jüdischer Emigranten versetzt, deren in Amerika geborene Kinder von den Geschichten ihrer Eltern aus der Nazizeit nichts mehr hören wollen und sich in einer Trotzreaktion manchmal fast prodeutsch geben. Alle Versuche, ein gemeinsames Gesprächsthema zu finden, scheiterten. Als wir uns voneinander verabschiedeten, versprachen wir uns, es bei einer weiteren Zusammenkunft trotzdem wieder zu probieren. Ich sagte: »Aber bitte nicht Wagner!«, worauf Ronald antwortete: »Aber bitte nicht Schönberg!«

Bei einem meiner Treffen mit Paul Vambery, der mir hinreißende Eindrücke von seiner Zeit mit Weill und am Theater am Schiffbauerdamm vermittelte, lernte ich einen engen Jugendfreund Weills kennen: Joseph Joachim, der seine Flucht aus Deutschland nie verwunden hat und sich Jackson nannte in der Hoffnung, mit seinem englischen Namen auch seine deutschen Wurzeln kappen zu können. Er war sich gar nicht bewußt, wie deutsch seine Umgangsformen waren. Auf Haßausbrüche gegen alles Deutsche folgten übergangslos Schwärmereien über die Schönheit der deutschen Sprache. Da saßen wir bei Paul Vambery auf der Veranda mit Blick auf Los Angeles und kamen von Deutschland nicht weg. »Weill«, sagten Vambery und Jackson, »ging an dem Nazirausschmiß zugrunde.«

Die beiden fragten mich nach meiner Großmutter und dem Rest der Familie aus. Es fiel mir schwer zu antworten, ohne alte Wunden wiederaufzureißen, und ich wollte ein differenziertes Bild von der Generation der Täterkinder vermitteln. So sprach ich zurückhaltend über Bayreuth und die Deutschen. Dabei wuchs in mir die Erkenntnis, daß ich ein Außenseiter geworden war. Ich war nur gerne mit Deutschen zusammen, die sich im Ausland entdeutscht hatten und sich bemühten, sich als Weltbürger zu verstehen. Hitler, immer wieder stand Hitler im Mittelpunkt meiner Gespräche. Oft wurden sie von Schweigen unterbrochen, um die Tränen zu unterdrücken. Mit wie vielen abgebrochenen Leben entwurzelter Menschen bekam ich da zu tun. Nicht alle Emigranten waren so erfolgreich wie Weill. Wie viel erfuhr ich durch Paul und Jackson von Deutschland, und wie gut ist es heute für mich, Pauls Briefe zu lesen!

Am 20. April flog ich über Chicago nach Bloomington im Bundesstaat Indiana, das letzte Stück auf abenteuerliche Weise in einer einmotorigen Propellermaschine. Dort wollte ich einen weiteren Zeitzeugen treffen: den mittlerweile verstorbenen Hans Busch. Er ist der Sohn von Fritz Busch, der 1924 in Bayreuth die »Meistersinger« dirigiert hat. Fritz Busch mußte Nazideutschland wegen seiner liberalen Haltung verlassen. Danach zählte er zu den Gründern des Glyndebourne Festivals, eine Art Gegen-Bayreuth. Er hatte 1923 mit Weill zusammengearbeitet und die Uraufführung des »Protagonisten« in Dresden dirigiert. Sein Sohn Hans hatte 1945 als Regisseur mit Weill die Volksoper in einem Akt »Down in the Valley« mit dem Libretto von Arnold Sundgard in Bloomington uraufgeführt.

Hans Busch sprach offen über seine Abscheu gegenüber dem von ihm als »NS-Günstling« bezeichneten Dirigenten Karl Böhm, der 1933 seinen Vater als Dirigenten an der Dresdener Oper verdrängt hatte. Auch meine Großmutter widerte ihn an. Viel Verletztheit schwang in seinen Erzählungen über den brutalen Rausschmiß seiner Familie aus Deutschland mit. Das beschämte mich.

Kaum aber kam er auf seine Zeit mit Weill, strahlte sein Gesicht, und er sprach mit Wärme von der großen Liebenswürdigkeit und Bescheidenheit des Komponisten. Hans lud mich zur Generalprobe der Oper »Danton and Robespierre« von John Eaton ein, die in Bloomington eine ungewöhnlich intensive Uraufführung erleben sollte.

Während am Abend die Generalprobe lief, wollte ich im Dunkeln kurz den Saal verlassen. Ich stieß eine der beiden Schwingtüren auf, schritt hindurch und wollte sie zurückfallen lassen, als ich eine kleine Gestalt wahrnahm, die mir mit

unverkennbar deutschem Akzent zurief: »Attention, please!«
Ich hielt die Schwingtür zurück, und eine kleine Dame, die ich
mangels Licht nicht richtig erkennen konnte, bedankte sich.
Ich antwortete: »My pleasure!« und stellte mich vor.

Die Dame im Dunkeln fragte neugierig: »Like Richard Wagner?«

Ich antwortete eher amüsiert: »Ja, aber mit gemischten
Gefühlen. Darf ich wissen, mit wem ich hier im Dunkeln spreche?«

Eine freundliche, lachende Stimme sagte: »You may, my name is Busoni!«

Woraufhin ich ebenso neugierig fragte: »Like Ferruccio?«

Sie bejahte und schlug vor, daß wir uns bei Licht im Foyer
kennenlernen sollten. So begann eine meiner wichtigsten
Freundschaften: die mit Hannah Busoni, die mich im Sommer
1978 in ihrem Apartment in ihrem »Hänsel-und-Gretel-Haus«
auf der Rückseite der Carnegie Hall aufnahm. Dort war bis
1994 meine New Yorker Bleibe. Hannah half mir in ihrer dis-
kret-großzügigen Art, wenn mir das Wasser bis zum Hals
stand. Sie erzählte mir viel über Busoni, Weill, ihren Mann,
den Maler Raffaele Busoni, Lotte Lenya, die Uraufführung der
»Dreigroschenoper«, die sie als Mädchen in Berlin miterlebt
hatte, und über ihre Flucht aus Nazideutschland. Sie war eine
geborene Apfel, Tochter eines sehr angesehenen jüdischen Anwalts in der Weimarer Republik, der 1933 nach Frankreich fliehen mußte. Da Hannahs Eltern geschieden waren, entkam sie
mit der Mutter nach England. Hannah war geistig ungemein
lebendig, hatte einen trockenen Humor und beherrschte die
deutsche Sprache so exzellent, daß sie mich in ihrer Ausdrucks-
weise an meine deutschen Lieblingsautoren der zwanziger
Jahre erinnerte. Sie hing mit Dankbarkeit an New York, wo sie
sich mit allen möglichen Jobs durchs Leben schlagen mußte,
bis die Bundesrepublik ihr dann endlich als »Wiedergutma-
chung« die Pension einer deutschen Richterin zusprach. Die

Nazis hatten verhindert, daß sie ihre Referendarzeit als Juristin beenden konnte.

Engagiert und selbstlos förderte sie nun junge Musiker und Musikwissenschaftler, die sich für ihren Schwiegervater Ferruccio interessierten. Durch Hannah wurde ich zum erstenmal in Amerika mit dem anderen, besseren geistigen Erbe meiner Familie konfrontiert, mit Liszt, den Busoni geschätzt hatte. Wer bei Hannah lebte, mußte glauben, er wohne im Berlin der Weimarer Republik. Viele ihrer Freunde hatten ein ähnliches deutsch-jüdisches Schicksal, und alle nahmen mich, den Enkel von Winifred Wagner, wie einen eigenen Enkel auf.

Bei Hannah lernte ich unter anderem Paul Falkenberg kennen. Bis 1933 hatte er als bedeutender Tonschnittmeister in Berlin gelebt. Er fand es aufregend und plausibel, als ich ihm erklärte, Weill habe in seinen Songs mit Brecht auch jüdische Sakralmusik verfremdet. Er schenkte mir mein erstes Sabbatgebetbuch. Als ich Hannah eines Tages nach ihrer Identität fragte, antwortete sie mir: »It's good to be Jewish«, womit sie die Schicksalsgemeinschaft der verfolgten deutschen Juden meinte und nicht eine religiöse Gemeinde. Hannah wird immer bei mir sein, auch wenn sie meine Briefe nie beantwortete – dazu konnte sie leider keiner ihrer Freunde bewegen. Wenn ich sie anrief, fragte sie gleich: »Wann kommst du? Du kannst vorne im Salon schlafen!«

Die Zeit stand still zwischen uns. Unsere Abschiede waren immer schnell, denn wir gingen davon aus, daß ich schon bald wieder die steile Treppe in den zweiten Stock emporkeuchen und schwitzend mit meinen Koffern vor ihrer Tür stehen würde. Dann umarmten wir uns, und sie ging daran, für den gefräßigen Dauergast zu kochen. Das habe ich schließlich verhindert, indem ich sie ausführte. Wie könnte ich Hannahs leuchtende Augen vergessen, wenn sie mir wieder einmal ihre Tür öffnete!

Während ich nach meiner Tour nach Bloomington ein paar Tage in Chicago bei Peter Jonas, damals Manager des Chicago

Symphony Orchestra und davor der persönliche Referent von Sir Georg Solti, abstieg, traf ich auch den berühmten Dirigenten. Er hatte angeboten, mir mit einem Empfehlungsschreiben in Amerika zu helfen, und löste dieses Versprechen nun ein. Ende April kehrte ich nach New York zurück. Dort bezog ich eine neue Bleibe im Lincoln Tower in der Westend Avenue, die Lys für mich besorgt hatte. Ich begann an einem Exposé für eine Weill-Biographie zu schreiben. Zusammen mit Lys studierte ich sämtliche Werke Weills, die er in Amerika geschrieben hatte. Obwohl das ziemlich lieblos eingerichtete Apartment sich im dreizehnten Stock befand, lebte ich mitten auf der Straße. Über deren vier Fahrspuren donnerten Tag und Nacht nicht nur Personenwagen, sondern auch sämtliche Lastwagen, die von up-town nach down-town dröhnten.

In diesen Tagen hörte ich zum erstenmal, daß Lenya ihre Materialien für eine Weill-Biographie auch dem Journalisten Ronald Sanders zur Verfügung gestellt hatte. Mein damaliger Agent Eliot Ravetz wollte sie deshalb verklagen, da sie mir vertraglich Exklusivität zugesichert hatte. Ich wollte aber auf keinen Fall gerichtlich gegen Lenya vorgehen, denn ich mochte sie trotz all ihrer Schwächen. Als Roland Sanders Weill-Biographie angekündigt wurde, verschlechterten sich meine geschäftlichen Beziehungen zu Eliot Ravetz und seiner Agentur, und auch die Kontakte zu den Verlegern wurden schwieriger. Ich erfuhr, was es heißt, im Dschungel der New Yorker Verleger und Agenten Geschäfte machen zu wollen. Wie immer standen mir Lys Symonette und Hannah Busoni mit Rat und Tat zur Seite.

In dieser Situation bemerkte ich, daß ich noch weit davon entfernt war, mich amerikanisiert zu haben. Mit einem Dasein, in dem jede Energie nur dem besseren Überleben dient, konnte ich mich nicht anfreunden.

In diesen Tagen einer Identitäts- und Arbeitskrise begegnete ich durch Zufall im New Yorker Stadtteil Greenwich Village einem meiner engsten Freunde aus Kindheitstagen: Eckart Grebner. Eckarts Mutter hatte viele Jahre im Festspielhaus gearbeitet, daher wußte er, wie meine Lebensgeschichte verlaufen war, auch nachdem wir uns aus den Augen verloren hatten. Sprachen wir über die Vergangenheit in Bayreuth, so taten wir dies mit dem Bewußtsein zweier Deutscher, die in keiner Weise typisch deutsch sein wollten.

Eckart ist Zahnarzt in München. Er macht seinen Job gut, aber er betrachtet ihn nicht als Sinn seines Lebens. Er sammelt neben verschiedenen anderen verrückten Dingen alte Autos. Vor allem aber besitzt er eine starke, aber unkonzentrierte Kreativität, die sich in Bildern und Gedichten entlädt. Er durchlebt leidenschaftlich das Heute und Jetzt und nimmt sich immer Zeit für wichtige Gespräche.

Als ich damals mit ihm sprach, stellte ich fest, mit welchen Deutschen ich mich immer noch verbunden fühlte, und empfand die Facetten der deutschen Sprache und Kultur als eine große Bereicherung in meiner Heimatlosigkeit. Eckart war wie ich erst einmal fasziniert von allem, was anders als man selbst war, und liebte jede kulturelle Anregung. Er lebte in jeder Hinsicht alternativ. Dies tat er mit solchem Charme, daß ich ihm gerne zuhörte, auch wenn er mich nicht immer überzeugen konnte von seinen »ganz neuen Kunst- oder Ökorichtungen«. Ohne daß er es wollte, kam ich mir dann vor, als wäre ich ein Greis. Eckart dachte damals keine Sekunde an seine finanzielle Sicherheit oder eine Alterssicherung. Er jammerte nie, selbst wenn er deftig auf die Nase fiel. Er registrierte jede wesentliche Veränderung meiner Entwicklung mit neugieriger Anteilnahme und gab mir nie Grund, mich zu rechtfertigen für drastische Kursänderungen in meinem Lebensweg. Im Gegenteil: In seinen Augen sollte nichts so bleiben, wie es war. So begann er, ohne Selbstverleugnung und falsche Höflichkeit, mit mir in meiner neuen Welt jenseits der Moral der Väter zu leben. Aus Interesse und aus Aversion gegen das verordnete Christentum vertiefte er sich in östliche Kulturen und Meditation. Außerdem beschäftigte er sich mit dem Judentum. Mit Eckart und seiner inneren Unruhe auf der Suche nach neuen Facetten der eigenen Identität treffe ich immer auch auf ein Stück meines Wesens.

Da Hannah Busoni wie jeden Sommer nach Deutschland zur Kur fuhr, lud sie Beatrix und mich ein, in ihre Wohnung nahe der Carnegie Hall zu ziehen. Wir nahmen das Angebot gerne an, denn so sparten wir teure Mieten, und außerdem war die Lage viel besser und ruhiger. Wir nutzten jede Möglichkeit, Konzerte, Opern und Broadway-Aufführungen zu besuchen. Ich ging vor allem zu den weniger bekannten und vitaleren Veranstaltungen, die als Alternativen gegen das New Yorker Establishment entstanden waren. Je mehr avantgardistisches off-off-Theater, desto neugieriger war ich.

Ende Juni wurden wir zum erstenmal mit Vorläufern des Sommers in New York konfrontiert. Er kommt einem Besuch in einer Sauna gleich, allerdings mit verklebten Kleidern am Leib. Rettung bringen nur die überall surrenden Klimaanlagen.

Wie ein Geschenk des Himmels erschien uns die Einladung von Schuyler Chapin und seiner Frau Betty. Schuyler kannte ich noch aus seiner Zeit als ständiger Berater von Leonard Bernstein. Er war einige Jahre Verwaltungsdirektor der Metropolitan Oper und gleichzeitig dean of performing arts an der Columbia University in New York gewesen. Er ist einer der untypischsten Vertreter des New Yorker Establishments: immer bescheiden, diskret helfend und selbstlos beratend, von einer herzlichen Spontaneität, die sich über alle Gesellschaftsschranken hinwegsetzt: He is a real liberal international gentleman. Betty kam aus der berühmten Flügelbauerfamilie Steinway und war genauso bescheiden wie ihr Mann. Mit ihnen feierten wir den Unabhängigkeitstag in Long Pond in ihrem Landhaus am eigenen See, umgeben von herrlichem Mischwald. Dieses Erlebnis versöhnte mich schnell mit all den schlechten Erfahrungen mit New Yorker Theater- und Literaturagenten.

In Schuylers schöner Wohung an der Ecke 66th Street und Lexington Avenue traf ich dann nach Jahren Leonard Bernstein wieder, und die Erinnerung an die schlimmen Jahre in Bayreuth kamen zurück. Er schwärmte verklärt von Wieland und wetterte gegen meinen Vater, den er trotz allen linksliberalen Getues für einen verkappten Nazi hielt. Als ich wissen wollte, wie er zu dieser Meinung gekommen sei, erzählte er mir von einem Treffen mit meinem Vater wegen eines geplanten »Tristan«-Dirigats, das aber dann nicht zustande kam. »Solange der in Bayreuth der Festspielleiter ist, werde ich am Festspielhügel nicht dirigieren«, erklärte er aufgebracht.

Bernstein hatte wie viele jüdische Künstler dagegen viel Sympathie für meine Tante Friedelind. »Du setzt wohl die Tradition deiner Tante mit deiner Arbeit an Weill fort«, sagte Bernstein wohlwollend.

Ich antwortete: »Friedelind glaubt immer noch an Richard Wagners Unschuld in Sachen Antisemitismus. Ich nicht!«

Es war offensichtlich, daß dieses Thema Bernstein bewegte. Er kam ins Grübeln und dachte laut: »Wie kommt es, daß ich als Jude die Musik dieses widerlichen Antisemiten, vor allem seinen ›Tristan‹, so liebe?«

Ich erwiderte: »Eigentlich habe ich kein Recht, dir als ein Urenkel Wagners etwas zu sagen. Aber ich sehe im ›Tristan‹, bei all meiner Aversion gegen den Menschen Wagner, keinen Antisemitismus. Und du solltest ihn eines Tages aufnehmen.«

Er nahm »Tristan« später in München auf und produzierte ein Video zu seinem Wagner-Dilemma. 1990 gab er mir den noch nicht vollendeten Film mit der Bitte, ihn zu beurteilen. Ich fand ihn mißglückt, was er bei unserem letzten Gespräch im April heiter zur Kenntnis nahm. Er bat mich, mit ihm am Schluß des mißglückten Videos zu arbeiten. Kurz darauf starb er, nachdem er sich noch für meine Vortragsreise über Wagner in Israel gegen die Bayreuther Machenschaften bemüht hatte.

Bayreuths langer Arm

Ende Juli 1978 flogen Beatrix und ich nach Deutschland wegen des Umzugs meiner Mutter und um berufliche Kontakte zu knüpfen. Meine Stippvisite war überschattet vom schlechten Gesundheitszustand meiner Mutter. Endlich war sie bereit, Bayreuth zu verlassen. Zusammen mit Eva wollten Beatrix und ich ihr eine Wohnung in Wiesbaden einrichten.

Da ich mir weiterhin Sorgen um meine berufliche Zukunft machte, versuchte ich auch in Deutschland, in Theatern oder in Medien Aufträge zu ergattern. Vergeblich. Eine der unerfreulichen Begegnungen hatte ich Ende September in Mannheim, wo ich mich als Dramaturg bei Friedrich Meyer-Oertel, dem damaligen Opernspielleiter, vorstellte. Er sollte später für kurze Zeit mein Chef in Wuppertal werden und liebte es, Episoden aus seiner Karriere zu erzählen. Ich dachte immer wieder an meine Freunde in New York und Los Angeles, an die Gespräche mit ihnen, und fand den deutschen Opernklatsch unerträglich.

Nach dem ersten Treffen mit Meyer-Oertel hatte ich damals starke Zweifel, ob ich in der deutschen Theaterszene mit ihrem verkrampften intellektuellen Gehabe eine Zukunft haben würde. Es war eine merkwürdige Situation. Ich schrieb über Lotte Lenyas achtzigsten Geburtstag für die »Neue Zürcher Zeitung« und die Wiener »Presse« und wartete nur darauf, endlich wieder die Koffer zu packen und Deutschland verlassen zu können. Diese Sehnsucht verstärkte sich noch, als ich meine Mutter in Bayreuth abholte, wo sie bei meiner Großmutter Winifred gewohnt hatte.

»Omi« war nun wieder ganz die Politikerin von einst. Sie war völlig auf die Linie meines Vaters eingeschwenkt, nachdem sie nach der Scheidung meiner Eltern so getan hatte, als wollte sie ihre ehemalige Schwiegertochter und ihre Enkel unterstützen. Als ich sie kurz vor unserer Abreise um einen Vorschuß von 4500 Mark auf meinen künftigen Pflichtteil bat, antwortete sie mir kalt lächelnd: »Du kannst sie dir doch bei deinen reichen New Yorker Juden oder im Kurt-Weill-Archiv holen!« Sie schwärmte nun von der zweiten Frau und Sekretärin meines Vaters, Gudrun, an der sie 1976 kein gutes Haar gelassen hatte. Kein Wunder, daß ich mich »zu Hause« fremder fühlte als je zuvor. Mitte Oktober 1978 war es dann endlich soweit: Mit einem Billigticket der Pan Am flog ich zurück nach New York.

Sofort nach meiner Rückkehr plante ich mit Betty Smith Details für ein Weill-Konzert in der New Yorker Avery Fisher Hall, das ich schon Monate vor meinem Deutschlandbesuch zusammen mit David Gilbert vorzubereiten begonnen hatte. Es sollte zu Ehren von Lotte Lenya stattfinden. David hatte ich 1976 in Bayreuth als Assistenten von Boulez kennengelernt. Er war inzwischen festangestellter Dirigent des Greenwich Philharmonia Orchestra geworden.

In Greenwich fand die Vorpremiere, am 12. November dann die New Yorker Premiere des Weill-Konzerts in der Avery Fischer Hall statt. Auch Lenya besuchte es. Sie war frisiert, geschminkt und gekleidet wie ein alternder Hollywood-Star. Wir hatten Pech, was die Medien betraf. Am Premierentag streikten die Presseleute in New York. Und was nicht in den Medien stattfindet, hat in Amerika nicht stattgefunden. Meine Aussichten auf einen Job verbesserten sich also nicht.

Ich arbeitete nun mit noch größerem Nachdruck an der Gliederung meiner Weill-Biographie, während meine neue

Literaturagentin Elsie Stern einen Verlag suchte. Außerdem hatte mir der Theateragent Germinal Hilbert die Regie des »Don Giovanni« in Marseille in Aussicht gestellt. Vom zu erwartenden Honorar hätte ich einige Monate sorgenfrei leben können.

In dieser hektischen Zeit zogen Beatrix und ich zweimal um. Wir landeten am Ende als Untermieter von Marion McLaughlin in zwei kleinen Zimmern in einem Haus an der Ecke 71st Street/Lexington Avenue. Unsere Zeit dort war bedrückend. Zum einen wollte unsere Vermieterin auch nachts mit mir über ihre persönlichen Probleme diskutieren, und zum anderen waren einige Nachbarn nicht einverstanden mit uns. So wurde ich häufig nach Mitternacht angerufen und mit vibrierender Männerstimme auf deutsch beschimpft: »Dreckige deutsche Sau, verschwinde aus unserem Haus. Wir wollen hier keine Nazis. Verschwinde hier, sonst legen wir dich um!« Ich bekam Atemnot, denn ich war derartigen Aggressionen zuvor nie begegnet. Ich schnaufte einmal tief durch und sagte: »Wir sollten uns persönlich kennenlernen. Ich bin zwar Deutscher, aber kein Nazi, und außerdem wurde ich 1947 geboren.« Daraufhin hörte ich ein wütendes Schnauben, und der anonyme Anrufer mit der nervösen Männerstimme warf den Hörer auf die Gabel. Dieses böse Spiel sollte sich mehrere Male wiederholen. Es zermürbte mich, da ich keine Nacht mehr ruhig schlafen konnte. Ich stellte fest, daß Schweigen ausbrach, wenn ich einen Lift betrat, aus dem ich zuvor deutsche Wörter vernommen hatte. Jetzt ahnte ich, aus welchem Personenkreis der Anrufer stammte. Hier lebten offenbar Menschen mit einem deutsch-jüdischen Schicksal. Da mich jede Form von Haß anwidert, versuchte ich diese Zwischenfälle schnell zu verdrängen. Doch es gelang mir nicht.

Bereits Mitte Juni 1978 hatte ich im Hampshire House den Mann kennengelernt, der den Opernweltmarkt beeinflußte: big boss Ronald Wilford. Der Agent holte die höchsten Gagen für sich und seine Künstler heraus. Er gefährdete mit seinen Honorarforderungen den gesamten Opernmarkt und besonders den Opernrepertoirebetrieb. Wer Opernkarriere machen wollte, hütete sich, seine Geschäftsmethoden zu kritisieren. Niemand wollte auf Wilfords schwarze Liste. Er schien während unseres einstündigen Gesprächs interessiert und war von unverbindlicher Höflichkeit wie viele der Mächtigen im Operngeschäft. Er wollte vor allem wissen, wie es zwischen Vater und mir stehe und ob ich eines Tages trotz aller Spannungen, worüber ihn offenkundig Eva unterrichtet hatte, der Nachfolger werden würde. Ich verstand: Er baute vor für künftige Geschäfte. Als ich ihm ausweichend antwortete, wollte er sich gleich verabschieden. Ich war aber nicht gekommen, um mit ihm Höflichkeiten auszutauschen. Also präsentierte ich ihm meine Biographie, legte Interviews vor, die ich gegeben hatte, und ergänzte das durch weitere Dinge, die einem Agenten nützlich erscheinen könnten. Er konzentrierte sich auf das Interview in der »New York Times« und erklärte, er werde es seinem besten Agenten, Matthew Epstein, geben und ihn bitten, mich zu empfangen. Und dann bat er mich noch, meinen Vater zu grüßen. Fazit: Nach einer Stunde war ich so klug wie zuvor.

Ich erhielt einen Termin bei Epstein nach vielen erniedrigenden Versuchen erst neun Monate später, Mitte Februar 1979. Ich habe noch die Worte einer hochdramatischen amerikanischen Sängerin im Ohr, die mir kurz davor nicht gerade Mut gemacht hatte: »Erwarte nichts! Du bist weder schwul noch jüdisch, und man weiß, daß dein Vater gegen dich ist!« Ähnlich denkwürdige Kommentare hörte ich immer wieder, wenn die Sprache auf Matthew Epstein kam. Ich traf Epstein in seinem New Yorker Office und mußte schnell feststellen, daß er es mir schwermachte, mit ihm irgendeine Gesprächsbasis zu finden. Der Mann war überdreht und versuchte mir vom ersten bis zum letzten Moment unseres durch ständige Telefonate unterbrochenen einstündigen Gespräches klarzumachen, daß er der

Chef war und ich ein kleines Nichts, das die große Ehre hatte, von ihm empfangen zu werden und dessen Karriere nun in seinen Händen lag.

Er fragte mich nicht, sondern verhörte mich nach meinen Ansichten zur Oper. Als ich von Bertolt Brecht, Konstantin Stanislawskij, Wsewolod Meyerhold, Erwin Piscator und anderen Autoren und Regisseuren sprach, erkärte er sofort: »Unverkäuflich! Sie sind nur verkäuflich als ein Wagner, der Wagner produziert und der der künftige Festspieldirektor ist. Wenn Sie ins Geschäft hier in den USA kommen wollen, und das gilt auch für Europa, dann müssen Sie Ihre linken Ideen aufgeben, denn mit denen gewinnen Sie keinen Blumentopf. Lassen Sie auch Weill! Da betreten Sie ein Terrain, das nicht Ihres ist!«

Ich unterbrach seinen Monolog und fragte: »Warum soll ich mich nicht mit Weill beschäftigen? Immerhin habe ich ein Buch über ihn geschrieben, das mir den Doktortitel der Universität Wien einbrachte und den Job bei der Weill Foundation.«

Epstein antwortete mit abfälligem Lächeln: »Für einen Enkel von Winifred Wagner ist hier bei uns kein Platz in Sachen Weill.«

Ich mußte mich zurückhalten, Epstein nicht zu sagen, daß dies Rassismus unter anderem Vorzeichen sei, und antwortete vorsichtig: »Ich bin ein überzeugter Liberaler, selbst im amerikanischen Sinn des Wortes. Ich habe von all den jüdischen Intellektuellen, die ich hier in den USA traf, nie Bemerkungen gehört, daß ich mit meiner Arbeit über Weill und wegen meiner Herkunft unwillkommen sei!«

Epstein wurde etwas verlegen, biß noch intensiver an seinen Nägeln und sagte gereizt: »Ich weiß. Die Dinge haben sich geändert. Wir machen auch Geschäfte mit Bayreuth, obwohl wir alles über Wagner und Hitler wissen. Aber das heißt nicht, daß wir vergessen hätten, daß Sie aus der Nazifamilie Wagner stammen.«

Ich wurde selbstbewußter und erwiderte mit Impetus: »Mir ist jede Form von Diskriminierung und ideologischem Fanatismus zuwider! Die Vielfalt von Meinungen in der Kunst und im realen Leben gehört zu meiner Identität, und die hat nichts mit der Gesinnung meiner Familie in Bayreuth zu tun!«

Epstein cool und herablassend: »So werden Sie nie Karriere machen! Ihre einzige Chance ist: Wagner macht Wagner, und das in Richtung Bayreuth mit dem Vater!«

Ich schwieg und wollte mich verabschieden.

Epstein bemerkte meine Aversion und sagte: »Ich werde Ihnen eine Empfehlung schreiben, denn niemand kennt Sie hier in den USA, und Sie vorstellen als Wagner, der Wagner macht und ganz auf der Bayreuth-Linie mit dem Vater liegt.«

Nun sagte ich etwas, was ich nicht hätte sagen sollen: »Nein danke! Ich werde versuchen, meinen Lebensweg zu gehen, ohne falsche Aussagen über mich und gegen meine Überzeugungen zu machen!«

Epstein war fassungslos: »Sie werden hier und anderswo nie einen Job finden, wenn Sie nicht meinem Rat folgen. Ich wollte Ihnen nur helfen.«

Angewidert verließ ich das Büro und hoffte, nie von Leuten wie Epstein abhängig zu werden. Doch das sollte sich als eine der vielen Illusionen erweisen, die ich im Hinblick auf Agenten hatte.

Theateragent Germinal Hilbert, der Büros in Paris und München unterhielt und eng mit meinem Vater zusammenarbeitete, sprach nun nicht mehr nur von Marseille, sondern auch von Buenos Aires, wo er mir eine »Lohengrin«-Regie in Aussicht stellte. Dafür gebe es bereits Vorverträge. Ich erarbeitete detaillierte Pläne für beide Inszenierungen und bat Hilbert, die Verträge fertigzumachen. Aber nun stellte sich heraus, daß Hilbert nicht einmal Verhandlungsunterlagen vorzuweisen hatte. Er hatte mich getäuscht. Als ich dies dem Dirigenten Karl Böhm erzählte und erwog, Hilbert zu verklagen, sagte dieser: »Wenn

Sie sich mit Hilbert anlegen, werden Sie keinen Fuß mehr in ein größeres Opernhaus in Europa setzen. Arrangieren Sie sich mit Hilbert und Ihrem Vater, und es wird an Arbeit nicht mangeln!«

Ich hatte aber nicht die Absicht, mich zu arrangieren. Einen Prozeß wagte ich angesichts meiner desolaten Finanzlage allerdings auch nicht. Mit Unterstützung einer Anwältin gelang es nach einigem Hin und Her, einen Kompromiß zu finden. Ich wurde schließlich abgespeist mit einer Inszenierung am Theater in Trier. Davon später mehr.

Rückkehr nach Deutschland

Da ich in den USA nicht genug Geld verdienen konnte, flog ich im Februar 1979 zurück nach Deutschland. Ich begab mich nun ohne Agenten auf Jobsuche und schrieb sämtliche Theater in Deutschland an. Ich fuhr von Pontius zu Pilatus. Mitte März schien sich ein Angebot der Wiener Kammeroper zu konkretisieren. Ich begann mit meinem Freund Johannes Dreher die »Tannhäuser«-Parodie Johann Nepomuk Nestroys auszuarbeiten. Johannes war in den sechziger Jahren für meinen Onkel und meinen Vater als Projektionsmaler und künstlerischer Mitarbeiter tätig gewesen. Er blieb als väterlicher Freund einer der wenigen aus meiner Bayreuther Vergangenheit, die ihr Fähnchen nicht nach dem Wind drehten.

Johannes hatte ein bewegtes Leben hinter sich. Als Schüler des Malers Otto Dix stand er auf der schwarzen Liste der Nazis. Sie hatten ihn verfolgt und gefoltert, wovon eine Gehbehinderung zeugte. Er war ein Nonkonformist geblieben. Er war Maler, und seine Projektionsmalereien waren an allen wichtigen Opernhäusern der Welt gefragt. Er war immer auf dem neuesten Stand der Bühnen- und Beleuchtungstechnik. Die Bayreuther und Salzburger Festspiele schulden ihm viel. Seine Bescheidenheit machte ihn für mich liebenswert, brachte ihm aber im Operndschungel wenig. Er wurde ausgenutzt, und darüber ärgerte ich mich. Mit ihm konnte ich über alles reden, und er folgte meinen Ausführungen zur Veränderung des verkommenen

Theater- und Opernbetriebs und der Welt überhaupt mit heiterer Zustimmung.

Wenn wir zusammenarbeiteten, war er manchmal leidenschaftlich wie ein junger Mann. Beide Sanguiniker, tobten wir, schrien uns an, wenn die Arbeit nicht so verlief, wie wir es uns vorstellten, um uns dann wieder in größter Zuneigung zu umarmen und uns zu freuen, wenn die Dinge auf der Bühne endlich so klappten, wie wir es uns vorgestellt hatten. Johannes verdanke ich nicht nur wesentliche Erkenntnisse darüber, wie man theatralische Mittel einsetzt, sondern auch die Forderung, nie zu vergessen, für wen man Theater macht.

Für Nestroys »Tannhäuser«-Parodie schrieb ich einen neuen Prolog und las ihn der Schriftstellerin Hilde Spiel vor. Sie fand ihn gut, und so begannen wir im April mit den Proben. Aber schon nach zwei Tagen ließ Kammeroperndirektor Hans Gabor die Proben einstellen, ohne es zu begründen. Zu einem Gespräch über seinen überraschenden Schritt war Gabor nicht bereit. Aber immerhin gastierte die Wiener Kammeroper mit der Parodie Mitte August 1980 im Bayreuther Markgräflichen Opernhaus. Da hatte in Bayreuth offenbar jemand an der Strippe gezogen.

Anfang Mai 1979 informierte mich der Anwalt meiner Mutter und Schwester, daß ich meine Möbel und andere Gegenstände in Bayreuth abholen könne. Ich wollte die leidige Angelegenheit zu einem schnellen Ende bringen, mietete mir einen Kleintransporter und fuhr Ende Mai mit Beatrix' Bruder als Verstärkung nach Bayreuth. Da mein Vater ein Treffen ohne Begründung ablehnte, wandte ich mich an den Hausmeister. Dieser, Nachfolger des gütigen Opa Lodes, war seit jeher ein treuer Diener meines Vaters. Obwohl er mich seit vielen Jahren kannte, behandelte er mich wie einen Fremden. Mit großer Eile schloß er einen Schuppen auf, der »Rüdelsheim« genannt wurde. Darin war es kalt und schmutzig. Der Hausmeister wies in die Ecke des Schuppens, wo meine Sache lagern sollten. Dann stellte er sich dicht neben mich hin und wollte jedes einzelne Stück kontrollieren, das ich in den Transporter einlud. Mir platzte der Kragen, und ich brüllte ihn an, daß er gefälligst verschwinden sollte. Das war genau die Sprache, die der Hausmeister verstand. Devot entschuldigte er sich und sagte, er folge nur Vaters Anordnungen und habe »gar nichts gegen mich persönlich«. Ich dachte wütend: Mit solchen Leuten hat sich Vater schon immer umgeben.

Der Hausmeister rückte mir endlich von der Pelle und postierte sich zwischen Tür und Lagerplatz. Ich wollte nun meine Sachen zusammensuchen. Als ich aber genauer hinschaute, stellte ich fest, daß meine Möbel, mit denen ich viele Jahre gelebt hatte, fehlten. Statt dessen hatte mir Vater ein paar schäbige Garderobenmöbel hinstellen lassen. Die wollte ich nicht. Also gab ich dem Hausmeister den Auftrag, meinem Vater zu melden, daß ich die Möbel nicht akzeptierte. Als ich in dem verdreckten Haufen weiter herumsuchte, entdeckte ich mein Kasperletheater und die Dekorationen, die ich als Achtjähriger mit Hilfe des Bühnenmalers Otto Wiesner angefertigt hatte. Alles war völlig vergammelt und nicht mehr zu gebrauchen. Die Puppen des Kasperletheaters aber lagen in einer altbayerischen Kiste und hatten die Lagerung wie durch ein Wunder überstanden. Das galt allerdings nicht für meine Tagebücher, die ich seit Anfang der sechziger Jahre geführt hatte. Sie waren verschimmelt und verschmutzt, die Seiten verklebt und nicht mehr lesbar. Ich dachte nur eines: Raus hier, wo man dich und deine Vergangenheit verkommen läßt. Ich werde meinem Sohn eines Tages ein eigenes Kasperletheater bauen!

Ich verließ das Lagerhaus nur mit den Puppen und einem Thonetstuhl. Auf dem Stuhl war in Wielands »Parsifal«-Inszenierungen Amfortas in den Gralstempel getragen worden. Als ich den sogenannten »Parsifal-Stuhl« wiedererkannt hatte, beschloß ich, mich selbst zu entschädigen und ihn aus dem Gerümpel zu retten.

Wie viele Gedanken kamen mir angesichts dieses Bühnenstuhls aus Wielands Zeiten! Ich mußte an Georges London und Thomas Stewart als Darsteller des Amfortas denken, aber auch an das Gastspiel der Bayreuther Festspiele in Francos Barcelona. Bevor ich abfuhr, sagte ich dem Hausmeister, er solle den »Diebstahl« ruhig meinem Vater melden. Mit dem fast leeren Transporter rasten wir auf der Siegfried-Wagner-Allee vorbei an Brekers heroischer Wagner-Büste im Festspielpark, um dann auf der Richard-Wagner-Straße Wahnfried zu passieren, ohne meine Großmutter zu besuchen. Ich wollte nur eines: so schnell wie möglich weg von hier. Später verzichtete ich auf alle Möbel. Sie hätten mich tagtäglich an Bayreuth erinnert.

Der »Parsifal-Stuhl« hat mir kein Glück gebracht. Er steht immer noch in der Bonner Galerie Bödiger. Wenn ich heute meinen Sohn Eugenio mit den Puppen spielen sehe, freue ich mich, denn er erinnert mich mit seinem Spiel an einige lichte Momente meiner Kindheit.

Obwohl ich Amerika als die große Alternative nicht aufgeben wollte, klammerte ich mich nun doch wieder an die Illusion, mir auch im deutschen Theater- und Opernbetrieb eine Existenz aufbauen zu können, zumal in meiner Kasse chronische Ebbe herrschte. So nahm ich im Sommer 1979 eine Regieassistenz bei den Salzburger Festspielen an. Ich arbeitete mit an Dieter Dorns Inszenierung der Richard-Strauss-Oper »Ariadne auf Naxos«. Dieter Dorn ist im persönlichen Umgang außerhalb des Theaters ein geistreicher, sensibler Mann mit brillanten Ideen, dessen Regiearbeiten ich schätzte. Aber sobald er das Salzburger Festspieltheater betrat, verwandelte er sich in einen der üblichen Theatrokraten.

Die Salzburger Festspiele sind wie die in Bayreuth eine Ansammlung tatsächlicher oder vermeintlicher Prominenter, die nichts bedeutender finden als sich selbst – die feine Gesellschaft in Vollendung. Diese Leute waren an meiner Person nur so weit interessiert, wie der Bayreuth-Klatsch reichte. Sie erkundigten sich nach dem Familienstreit und fragten, ob ich meinem Vater als Festspielleiter nachfolgen würde. Deutlich wurde mir gezeigt, daß ein Wagner ohne Bayreuth-Connections auch in Salzburg keinen Boden unter die Füße bekam.

In Salzburg fand dann auch die schwülstige Feier von Karl Böhms 85. Geburtstag statt. Leonard Bernstein ließ seine jüdische Weise als »Piccola Serenata« von Christa Ludwig vortragen, und der große Herbert von Karajan gratulierte seinem Karl gerührt. Überhaupt waren alle gerührt: das Publikum nicht weniger als die feinen Herren der classic music industries. Die biographischen Dunkelpunkte der Musikheroen in der Nazizeit blieben unerwähnt. Das hatte man alles schon längst vergessen.

Nach den Wochen in Salzburg flog ich im September 1979 nach Ankara, um die Regie von Carl Orffs »Carmina Burana« zu übernehmen. Vermittelt hatte mir diesen Auftrag Johannes Dreher. Als Hannes und ich nach einem ermüdenden Flug und einer wilden Fahrt durch das damals wenig anziehende Ankara in unserer Wohnung angekommen waren, fühlten wir uns nicht nur deshalb unwohl, weil die sanitären Anlagen nicht funktionierten. Bei einem Spaziergang stellten wir nämlich fest, daß die Stadt einer belagerten Festung glich. Die herrschende Militärjunta fürchtete bewaffneten Widerstand.

In der ersten Nacht hörten wir Schüsse und dann einen durch Mark und Bein gehenden Aufschrei. Ich stürzte ans Fenster und sah, wie zwei Soldaten einen Mann im Halbdunkeln mit Gewehrkolben erschlugen, nachdem sie ihn angeschossen hatten. Zum erstenmal mußte ich mit ansehen, wie ein Mensch ermordet wurde. Ich war empört und wie gelähmt vor Angst und wollte sofort nach München zurückfliegen. Als ich am nächsten Morgen den Operndirektoren von meinem traumatischen Erlebnis berichtete, hüllten sie sich in distanziertes Schweigen. Das machte mich noch unruhiger und verstärkte meinen Wunsch abzureisen.

Ausschlaggebend für meine Entscheidung, dann doch bis zur Generalprobe durchzuhalten, war das erste Treffen mit dem Chor des Opernhauses und Ballettmeister Attila mit seiner Gruppe. Die Mehrheit des Chors bestand aus jungen, aufgeschlossenen und lernbereiten Hochschulabsolventen. Sie waren einverstanden mit meinem Konzept und wollten »Carmina Burana« auch aus politischer Überzeugung im Ankara von 1979 spielen. Ich warf den für sie unverständlichen mythologischen Kitsch von Orff über Bord. Besonders erheiterten sie mich mit ihrem verlegenen Gekicher, wenn ich mit ihnen an den vielen erotischen Szenen arbeitete. Aber Prüderie und Verlegenheit wichen. Wir entdeckten, welche politischen Aussagen in »Carmina Burana« stecken: Ähnlich wie im »Ring des Nibelungen« geht es hier um den Kampf zwischen Liebe und Macht.

Bei einigen Freunden der Militärjunta sorgte das Konzept jedoch für böses Blut. So klappte dann aus »unerklärbaren« Gründen die Bühnentechnik nicht, und unsere Arbeit wurde tagelang boykottiert.

Nach der Generalprobe verabschiedete ich mich von all denen, die mit Hannes und mir die letzten Wochen durchlitten hatten. Wir wurden mit Geschenken und Einladungen überhäuft.

Besonders wichtig in diesen Tagen in Ankara war mir die beginnende Freundschaft mit Pulat Tacar und seiner Frau Selda. Pulat kam aus einer der wenigen Familien, die in der Türkei großen Einfluß hatten. Er war in München als Generalkonsul tätig gewesen und hatte großes Ansehen bei den Türken dort genossen. Sie hatten ihm wegen seines Einsatzes für ihre Belange den Ehrennamen »Arbeiterkonsul« gegeben. Als wir uns in Ankara zu Beginn meiner Proben kennenlernten, ließ er innerhalb weniger Stunden unsere Wohnung in einen menschenwürdigen Zustand versetzen. Dann verreiste er in diplomatischen Angelegenheiten, um am Ende der Proben wieder aufzutauchen. Er öffnete mir die Augen für sein Land, seine Kultur und sein Volk, dem er sich in kritischer Sympathie verbunden fühlte. Er ist ungewöhnlich gebildet und beherrscht acht Sprachen. Seine Leidenschaft gilt der Kunst, der Philosophie und den Weltreligionen, besonders dem chinesischen Philosophen Lao-tse, der vermutlich um 300 vor unser Zeitrechnung gelebt hat. Es verwunderte mich nicht, daß er auch Richard Wagners Werk gut kennt.

Ebenso ungewöhnlich ist seine Frau Selda, die es als Österreicherin nicht gerade leicht hatte, sich in das türkische diplomatische Corps zu integrieren. Als sensible Künstlerin, die offene Ohren und Augen für die chinesische Kultur hat, war sie wenig an Small talk interessiert.

Beider Gastfreundschaft war unübertrefflich. Im Oktober 1979 reisten Hannes und ich noch vor der Premiere ab, um gegen die Behinderungen unserer Arbeit zu protestieren. Der Abschied von Pulat und Selda war schwer. Traurig saßen wir im Flugzeug nach München. Stolz erzählte ich später meinem Sohn die Geschichte des türkischen Teppichs, der heute neben seinem Bett liegt. Pulat hatte ihn für mich zu einem traumhaft günstigen Preis auf einem Bazar in Ankara erstanden. In ihm steckt mein Regiehonorar für »Carmina Burana«.

Nach einigen Veranstaltungen in Washington, New York und Toronto in der zweiten Oktoberhälfte 1979, bei denen Weill und das Theater der Weimarer Republik im Mittelpunkt gestanden hatten, trat ich am 1. November meinen Dienst an der Frankfurter Oper als Abendspielleiter an. Der Journalist Wolf Rosenberg hatte mir den Job vermittelt. Den Dirigenten, Komponisten und Operndirektor Michael Gielen sah ich nur einmal zu einem kurzen unpersönlichen Gespräch. Er fragte mich, ob ich diesen Job denn wirklich so dringend brauchte, denn er bringe nichts außer einem Gehalt. Ich war verwundert über diese Äußerung. Ich hielt viel von Gielen als Dirigent, und auch wegen ihm hatte ich den Job in Frankfurt angenommen. Der stellvertretende Operndirektor Christof Bitter teilte mir mit, welche Stücke des Repertoires ich neben der Abendspielleitung aufzufrischen hätte. Er wies mir »Carmen« in einer alten Regie von Jean-Pierre Ponnelle zu und als Ladenhüter »Die Fledermaus« von Johann Strauß aus den sechziger Jahren.

Die Voraussetzungen für meine Arbeit waren miserabel. Es gab keine Klavierauszüge der »Carmen«, statt dessen eine unbrauchbare Videoaufzeichnung. Der Operndirektion war diese Malaise völlig gleichgültig. Mir wurde einmal mehr klargemacht, daß ein Wagner, der mit Bayreuth im Streit liegt, in den Chefetagen deutscher Opernhäuser keine Verbündete findet. Man gab sich auch in Frankfurt links und fortschrittlich, das Vokabular war von 1968, aber der Umgang mit Menschen, die das alles nicht so wunderbar fanden, war autoritär.

Als Kellerasseln im Opernhaus hatten meine Kollegen und ich schlechte Karten im tagtäglichen Gerangel. Viele waren auf den Job angewiesen, obwohl sie die eigene Tätigkeit als sinnlos empfanden. Um es mit den Worten eines der damaligen intellektuellen Oberzyniker in der Chefetage des Frankfurter Opernhauses zu sagen: Wir waren entfremdete Lohnempfänger. Man entzückte sich an weltfremden Ideen zur Rettung der Arbeiter und überhaupt aller Unterdrückten der Erde und begriff Theater als Instrument zur Überwindung gesellschaftlicher Gegensätze oder als Plattform für Heilslehren. Es verband sich Unvereinbares in diesem Theater der Selbstbefriedigung: absurd umfangreiche Programmhefte, aus denen es pseudolinks triefte, das Schielen nach Medien und Sponsoren, die Devotion vor der politischen Macht und die Verachtung des Publikums. Und immer war der Blick auf den nächsten freien Sessel in Everdings Intendantenkarussell gerichtet.

Als ich dann auch noch Dorothea Glatt, mittlerweile verheiratete Behr, als Bayreuther Abgesandte in den häßlichen unterirdischen Schächten des Opernhauses mit seinen Linoleumböden und abwaschbaren hellgrünen Wänden herumschleichen sah, bestätigte sich einmal mehr: Mit diesen Theatermanagern, die ihre kleine Bühnenrealität mit der Wirklichkeit verwechselten, wollte ich nichts zu tun haben. Da hatte Gielen recht. Das war nur ein Job, um Geld zu verdienen. Er half mir aber, besser zu begreifen, was in der westdeutschen Opernszene vorging. Ende Januar 1980 war der Frankfurter Alptraum vorbei, und ein neuer konnte beginnen, schon im März in Trier.

Der Intendant des Trierer Stadttheaters, Manfred Mützel, nannte sich stolz einen »Getreuen« von August Everding. In der Chefetage herrschten Geschwätzigkeit, elitäres Gehabe und Taktiererei. Hannes Dreher, den ich wieder, wie in Ankara, als Ausstatter mitbrachte, und mich mußten solche Leute für verrückte Exoten halten. Mit den anderen Mitarbeitern des Theaters kamen wir dagegen gut aus, denn sie orientierten sich an handwerklicher Professionalität. Ich hatte Busonis »Turandot« als Parodie auf die Oper und seinen »Arlecchino« als beißende Abrechnung mit moralisierenden Ideologien jeder Art ausgesucht. Da die Aufführungen im »schwarzen« Trier stattfanden, hatte ich grelle antiklerikale Anspielungen eingebaut, die von Chor, Ensemble und den fabelhaften Statisten mit großem Engagement angenommen wurden. Unsere Popularität bei den Mitarbeitern wuchs zum großen Ärger der Direktion, als ich begann, gegen den Despotismus der Chefetage auch im Interesse von Chor und Solisten vorzugehen. Der Intendant duldete es, daß der Chorleiter nicht einmal zur Generalprobe erschien. Also schaltete ich die Medien ein, um auf die abenteuerlichen Arbeitsbedingungen im Trierer Theater hinzuweisen. Trotz aller Hemmnisse wurde die Premiere ein Erfolg. Der Intendant machte brav gute Miene zu unserem

Spiel. Mützel schwärzte mich später bei einem Treffen der deutschen Intendanten an.

Nach diesen Erfahrungen in Trier nahm ich ein Angebot an, als Dramaturg und Regisseur an der Oper in Wuppertal zu arbeiten. Ich begriff erst später, daß Operndirektor Friedrich Meyer-Oertel und Generalintendant Hellmuth Matiasek nur an meiner Mitarbeit interessiert waren, weil ich Wagner heiße und vielleicht ja doch in ferner Zukunft eine Rolle in Bayreuth spielen könnte. Außerdem erschien es ihnen zweckmäßig, mich wie ein Museumsstück in den Medien herumzureichen, als im Februar 1981 Richard Wagners erste Oper »Die Feen« in Wuppertal aufgeführt wurde. Es fand auch Meyer-Oertels Wohlwollen, daß ich 60 000 Mark für das Wuppertaler Opernhaus bei Wagner-Verbänden und einer privaten Sponsorin sammelte.

Aber die Stimmung kippte um, als die Medien an meiner dramaturgischen Arbeit an den »Feen« größeres Interesse zeigten als an der konventionellen Regie des Operndirektors. Es folgten opernreife Auftritte und kleinliche Eifersüchteleien. In voll besetzter Kantine machte Meyer-Oertel mir lautstark deutlich, daß er der Operndirektor sei und ich nur sein Angestellter. Der Intendant sah Wuppertal nur als eine Zwischenstation seiner Karriere, und sein damaliger Assistent spielte in Matiaseks Abwesenheit den Chef. Spannungen waren also vorprogrammiert.

Lichtblicke waren allein neue Freundschaften. Zuerst lernte ich die Bühnenbildnerin Hanna Jordan kennen und schätzen. Wir sprachen über die Themen, die uns wirklich wichtig waren: über deutsch-jüdische Geschichte, den Nationalsozialismus und seine Wirkungen auf das kulturelle und politische Klima in Deutschland. Hanna war mit ihrer Familie unter die Nürnberger Rassengesetze gefallen. Auf jede Form von Intoleranz oder Diskriminierung reagiert sie heftig. Sie ist eine glaubwürdige Linke, die sich als Mensch, der viel gelitten hat, in Deutschland keineswegs immer wohl fühlt. Dieses Unwohlsein in Deutschland mit seiner unverarbeiteten Vergangenheit verbindet uns in besonderer Weise. Daß ich ein Wagner bin, betrachtet sie als eine Zutat meiner Biographie, die sie erheitert, zumal sie damals ausgerechnet in der Wotanstraße in Wuppertal-Elberfeld wohnte. »Wotanstraßen-Hanna«: darüber machen wir heute noch Witze, wie wir uns auch viel über Wagner lustig machten, den sie wie ich als »Theatertier« für wichtig hält. Als wir uns nach Jahren 1992 wieder in Wuppertal zu meinem Vortrag über den »Fall Wagner in Israel und Deutschland« trafen, war es, als ob wir uns gestern zum letztenmal gesehen hätten.

Am 5. März 1980 starb meine Großmutter im Überlinger Krankenhaus. Ich hatte sie drei Wochen zuvor zum letztenmal gesehen. Es wird mir deshalb in Erinnerung bleiben, weil sie in einer befremdlichen Klarheit über ihren nahenden Tod sprach. Wirklich glaubhaft litt unter ihrem Tod nur meine Tante Friedelind. Die feierliche Beisetzung am 10. März in Bayreuth war eine einzige Peinlichkeit. Mein Vater hatte einen Sitzplan erstellt, der die Familie trennte und allen zeigte, wer in der Gunst des Festspielhügels stand und wer nicht. Die endlosen Reden wurden von einem Streichquartett unterbrochen. Die Redner nannten meine Großmutter Retterin Bayreuths und fanden kein Wort für die innige Freundschaft von »Winnie« und »Wolf«. Oberbürgermeister Wild zeichnete sich dadurch aus, ihre nationalsozialistische Vergangenheit totzuschweigen.

Und dann war da noch ein Medienrummel ganz nach dem Fahrplan der Bayreuther PR-Profis. Unter den Zaungästen waren Abgesandte der NPD und alte Freunde meiner Großmutter aus der Nazizeit. Ihren Kondolenzversuchen wich ich aus. Mein Vater zeigte seine Allpräsenz als Festspielchef, nun ohne Mutter. Er hielt es nicht für nötig, die eigene Familie und die Gäste zu empfangen. Wurde nach außen Trauer geheuchelt, so waren die meisten in meiner Familie doch froh, daß der dominante Überschatten endlich verschwunden war. Man kam dann gleich zur Sache: zum Verteilen des Erbes.

Viel schwerer als der Tod der Großmutter traf mich die Trennung von Beatrix. Weihnachten 1980 erkannten Beatrix und ich, daß unsere Wochenendehe zwischen München und Wuppertal auf die Dauer nicht aufrechtzuerhalten war. Sie wollte nicht nach Wuppertal ziehen, weil sie in München bessere Karrierechancen als Rechtsanwältin vermutete. Ich hoffte, sie von der Trennung abbringen zu können, indem ich anbot, meinen Job in Wuppertal aufzugeben. Aber auch damit war sie nicht einverstanden. Als das Scheidungsverfahren eingeleitet wurde, begann einer meiner schwersten Lebensabschnitte. Ich floh in die Arbeit. Sie wurde für mich zur Droge.

In dieser Zeit war es Johannes Meyer-Lindenberg nach vierjährigen Versuchen gelungen, Vater zu einem Treffen zu bewegen. Bei Schneegestöber fuhren wir im Februar 1981 nach Bayreuth und fanden eine Unterkunft nur noch im Hotel Goldener Anker im ersten Stock, direkt neben dem Zimmer Nummer 23, wo 1923 Hitler übernachtet hatte, als er meine Großmutter zum erstenmal traf. Ich hielt dies für ein böses Omen, aber Johannes redete mir diesen Anflug von Aberglauben schnell aus.

Vater empfing uns im Festspielhaus aus Rücksicht auf seine Frau und meine Halbschwester Katherina, die ich nicht kennenlernte. Der Beginn des Gesprächs entsprach dem kalten Wetter. Vater war das Treffen sichtlich unangenehm. Ständig wiederholte er, daß er nur wenig Zeit und noch viele andere wichtige Dinge zu tun habe. Aber wir ließen uns nicht irritieren. Johannes taktierte mit einer Geschicklichkeit, die mich erstaunte. Er erklärte Vater, daß er sich endlich zu einem regelmäßigen Gedankenaustausch mit mir bereit finden und seine öffentlichen Attacken und abfälligen Äußerungen gegen mich einstellen solle. Als Johannes wissen wollte, wann das nächste

Treffen zwischen Vater und mir stattfinden könne, wollte er sich nicht festlegen, was Johannes verärgerte. Er forderte einen Termin in Wuppertal. Als Hauptergebnis wurde festgehalten, daß Vater und Sohn wieder zu einem regelmäßigen Gespräch bereit seien und Vater sich nicht mehr öffentlich negativ über mich äußern würde. Zufrieden verließ Johannes das Büro meines Vaters im zweiten Stock des Festspielhauses. Beim Abschied wollte ich meinem Vater in die Augen sehen. Aber er wich aus, und ich fühlte, daß er sich nicht an die Absprache halten würde.

Im März 1981 besuchte mein Vater mit seiner zweiten Frau Gudrun zum ersten- und zum letztenmal eine Aufführung unter meiner Regie: »Bastien und Bastienne« von Mozart. Für die Chefetage des Wuppertaler Opernhauses war es ein Großereignis, daß Wolfgang Wagner auftauchte. Die Aufführung fand in einer Schule in Wuppertal-Ronsdorf unter mehr als bescheidenen Bedingungen statt. Weil in der Öffentlichkeit nicht geworben worden war, war der Saal halbleer. Die Frau meines Vaters fühlte sich veranlaßt zu sagen: »Bei uns in Bayreuth können wir uns vor Zuschauern nicht retten. Ihr scheint ja wohl genau das Gegenteil als Problem zu haben.« Es folgte peinliches Schweigen, und die Atmosphäre war endgültig dahin.

Im April 1981 traf ich Johannes Meyer-Lindenberg. Ich bat ihn wegen meiner Scheidung um Hilfe. Mit einigem Widerwillen nahm ich die Beruhigungsmittel, die er mir verschrieb. Dann begann die Behandlung. Ich fing an zu erzählen. Nachdem ich eine halbe Stunde monologisiert hatte, erklärte Johannes mit gütigem Lächeln: »Du brauchst keine Psychoanalyse, sondern eine eigene Familie und dann das richtige berufliche Umfeld, was du in Wuppertal mit Karriereleuten wie Meyer-Oertel und Matiasek sicher nicht hast.« Bereits am nächsten Tag nahm ich keine Tabletten mehr, begann zur Verwunderung meiner Chefs nicht mehr nur für das Theater und ihre Karriere zu leben und flog nach der Premiere meiner Inszenierung von

»Beatrice und Benedict«, zu der zu meiner großen Freude meine Tante Friedelind gekommen war, nach Paris, um an einer jüdischen Hochzeit teilzunehmen, hatte einen kurzen belebenden Flirt mit einer bezaubernden Pariserin und kam langsam wieder zu mir. In diesem neuen heiteren Lebensgefühl wurde ich mir der Sinnlosigkeit meines bisherigen Lebens bewußt. Es mußte sich einiges ändern.

Teresina

Meinem neuen Lebensgefühl tat der Auftritt meines Vaters samt neuer Gattin keinen Abbruch. Es konnte nur besser werden. Ich begann mich aus meiner selbstverordneten Isolation zu lösen und genoß die großzügige Gesellschaft meiner Vermieterin, Dodo Koch, die mich wie einen Sohn in ihrem Haus aufnahm und verwöhnte. Dodo nahm an all meinen beruflichen Erlebnissen und privaten Ereignissen warmherzig Anteil. Ich wohnte in einem kleinen Nebenhaus, das wie das Haupthaus am Anfang eines Waldwegs zum Gelpetal inmitten einer schönen Landschaft liegt. Ein Ausgleich für die deprimierende Häßlichkeit von Barmen und dem Opernhaus!

In der ersten Juliwoche begann Dodo ihren siebzigsten Geburtstag vorzubereiten. Sie plant solche festlichen Ereignisse genau und ist eine perfekte Gastgeberin. Sie gehört zur Wuppertaler Gesellschaft und erfreut sich großer Beliebtheit. Sie hatte zahlreiche Gäste eingeladen und legte die Sitzordnung im Detail fest. Da sie von meiner Scheidung von Beatrix wußte, fragte sie mich in ihrer stets liebenswert direkten Art: »Und wen soll ich dir als Tischdame einladen?«

Ich sagte abwehrend: »Besser wohl niemanden!«

Dodo ließ nicht locker und meinte scherzend: »Ich fände Teresina Rossetti ganz reizend als deine Tischdame!«

Ich war etwas irritiert: »Ausgerechnet die. Mit der habe ich mich doch vor einem Jahr derart wegen des Papstes und seiner reaktionären Ansichten gestritten, daß du mir das nicht zumuten kannst!«

Verärgert erwiderte Dodo: »Wie dumm bist du doch, die menschlichen Qualitäten von Teresina wegen deiner überzogenen Ansichten und Streitereien über den Papst nicht zu sehen!«

Stets sprach sie mit großer Zuneigung und Achtung von Teresina, die bei Dodo seit 1973 regelmäßig zu Besuch gewesen war, zuerst als Au-pair-Mädchen, dann als Freundin. Einige Tage vor der Geburtstagsfeier saßen Dodo und ich in ihrem Salon und sprachen über den Ablauf des Festes. Da klingelte das Telefon. Dodo nahm ab, hörte und antwortete: »Teresinchen, wie schön, daß du da bist! Nimm dir ein Taxi und komm. Nein, warte. Dr. Wagner holt dich am Bahnhof ab!« Ich konnte Teresinas Kommentar gut hören, da ich neben Dodo saß. Sie erklärte bestimmt: »Ich nehme mir lieber ein Taxi.« Dodo aber war strikt dagegen und setzte ihren Willen durch. Bei der Fahrt zum Bahnhof überlegte ich mir, ob ich das Gespräch gleich wieder auf den Papst oder auf die Emanzipation der Frau lenken sollte. Als ich sie dann vor dem Bahnhof mit ihrem Koffer warten sah, müde von der endlosen Zugfahrt aus Mailand, ließ ich von allen kleinen Sticheleien ab und begrüßte sie freundlich: »Ciao, come stai?« (»Guten Tag, wie geht es?«)

Überrascht von meiner ungewohnten Freundlichkeit, antwortete sie mit unwiderstehlichem Lächeln: »Bene, grazie per essere venuto a prendermi.« (»Danke, daß du mich abholst.«)

Von diesem Moment an redete ich mit ihr mit Vorliebe italienisch. Als wir lächelnd im Auto saßen, konnte ich nicht umhin, sie zu fragen, warum sie am Telefon darauf bestanden hatte, nicht von mir abgeholt zu werden. »Ich wollte nicht gleich wieder mit dir über den Papst zu streiten anfangen, denn ich kann mir kaum vorstellen, daß du deine Meinung seit unserem Streit vor einem Jahr geändert hast«, meinte sie mit entwaffnender Heiterkeit.

Ich antwortete: »In meinem Leben ist seither viel passiert. Ich habe mich sehr verändert und bin nun fähig, dir besser zuzuhören.«

Von diesem Moment an trafen wir uns in den Tagen bis zu ihrer Abreise, wann immer wir konnten, und erzählten uns unsere Lebensgeschichten mit einer Offenheit, wie dies nur alte Freunde tun oder – frisch Verliebte. Wir klärten aufgrund beiderseitiger schlechter Lebenserfahrungen mit aller Un-mißverständlichkeit vom ersten Moment an, was für uns ein sinnvolles Leben war und was nicht. Und doch waren die Hür-den, die vor uns standen, alles andere als niedrig: Da waren meine laufende Scheidung und die schwierige berufliche Situation, eine unheilbare Krankheit von Teresinas Vater, die geographische Distanz und die so unterschiedlichen Famili-en. Wir vergaßen bei aller Planung für unsere ersehnte ge-meinsame Zukunft völlig die Wuppertaler Umwelt. Dodo ver-stand mit einiger Genugtuung sofort, daß wir uns verliebt hat-ten. Auch den anderen Gästen entging mein Wandel nicht, und man flüsterte hinter unserem Rücken: »Wie fröhlich und offen Gottfried Wagner geworden ist, und wie gut paßt diese reizende Italienierin zu ihm.«

Teresina und ich amüsierten uns über die zuckersüße Anteil-nahme von Dodos Gästen, die schon begannen, unsere Hoch-zeitsglocken zu läuten. Als ich am 12. Juli 1981 abends den Zug mit Teresina aus dem Kölner Bahnhof in Richtung Italien ab-fahren sah, wußte ich: Mit ihr habe ich die große Chance zu einem sinnvollen und erfüllten Leben. Viele Dinge, die mir als unlösbar erschienen waren, verloren an Gewicht. Ich begann, zu mir zu finden. Ich wurde durch Teresinas Liebe ich selbst.

Nach Teresinas Abfahrt traf ich die Vorbereitungen für ein Ge-spräch mit meinem alten Lehrer Maximilian Kojetinsky in Bay-reuth über die verschiedenen Fassungen des »Tannhäuser« für eine geplante Regie Meyer-Oertels für die kommende Spielzeit.

Zuvor hatte ich den Bühnenbildner Arno Adar aus Israel getroffen, einen Freund von Hanna Jordan, der mit Meyer-Oertel an einer Produktion von David Kirchners Oper »Die Trauung« arbeitete. Gleich beim ersten Treffen entwickelte sich eine offene, intensive Diskussion über die Rolle des Künstlers in der Gesellschaft und darüber, ob und wie weit Kunst politisch wirksam sein könne. Arno war zwar nicht gegen eine politisch engagierte Kunst, aber er bezweifelte, daß sie die Politik beeinflussen könne. Sofort waren wir mitten in einer Diskussion über die Abhängigkeit der Kunst in totalitären Staaten wie Nazideutschland und der Sowjetunion. Erst danach begann Arno über seine Erlebnisse als österreichisch-jüdischer Emigrant zu sprechen. Endlich hatte ich einen neuen Gesprächspartner in der sonst für mich wenig anregenden Wuppertaler Zeit gefunden.

Seine Skepsis gegenüber meinen oft zu idealistischen Argumenten beeindruckte mich, auch wegen Arnos menschlicher Glaubwürdigkeit. Er brachte mir Erich Fromm, Hannah Arendt und Viktor Frankl näher, Autoren, die ich nur oberflächlich kannte. Er erweiterte mein Blickfeld und motivierte mich, mich gründlicher mit dem Thema Kunst und Politik zu befassen. Ich fragte Arno, ob er mit mir nach Bayreuth kommen wolle. »Mit dir schon«, sagte Arno kurz.

Auf der Fahrt erzählte mir Arno von seiner Flucht aus Naziösterreich und berichtete mir ausführlich und faszinierend von Israel. In mir reifte der Wunsch, dieses Land kennenzulernen. Wir wohnten bei meiner Mutter, die damals gegen meinen Rat wieder nach Bayreuth zurückgezogen war.

An einem Nachmittag wollten wir die Generalprobe des »Tristan« in der konventionellen Ausstattung und Regie von Ponnelle besuchen. Als ich die Eintrittskarten für die Generalprobe im Büro meines Vaters abholen wollte, ließ man mich nicht passieren. Dem Pförtner, den ich seit dreißig Jahren kannte, war die Situation sichtlich peinlich. Er entschuldigte sich: »Die Chefin hat gesagt, daß Sie das Festspielhaus nicht mehr betreten sollen! Frau Pitz bringt Ihnen die Karten!« Arno war erstaunt und fragte: »Aber das ist doch der Sohn des Festspielleiters. Kann der nicht passieren?« In diesem Moment kam Frau Pitz. Sie wollte eine ausufernde peinliche Diskussion vermeiden und bat uns in ihr Büro, das vor Blumen und Geschenken barst – kleine Aufmerksamkeiten jener Glücklichen, die bei Generalproben oder Aufführungen dabei sein durften. Zum erstenmal in meinem Leben mußte ich den Erhalt der Karten für mich und meinen Gast mit Unterschrift quittieren. Als ich Arno als einen Freund aus Israel vorstellte, zeigte sich die Mitarbeiterin meines Vaters geradezu übertrieben freundlich. »Herr Barenboim ist ja auch Israeli«, erklärte sie mit schwärmerischem Unterton. Offenbar war ein neues Kapitel des taktischen Bayreuther Philosemitismus eröffnet. Als ich fragte, ob wir meinen Vater sehen könnten, erwiderte sie, daß sie das erst mit seiner Frau Gudrun besprechen müsse. »Ich werde es Ihnen zu Beginn der ersten Pause mitteilen.«

Ohne um Erlaubnis zu fragen, zeigte ich Arno das Festspielhaus. Die Mitarbeiter grüßten wenig begeistert oder gar nicht zurück. Ich begriff: Meine Anwesenheit war unerwünscht. Arno spürte das rasch. Ich erzählte ihm von meinem Vater. Die Geschichte bewegte ihn sichtlich. Nach der Pause nach dem ersten Akt betraten wir den Zuschauerraum. Ich wurde angegafft wie ein Mondkalb. »Er ist wieder da, er hat Frieden mit dem Vater gemacht« und ähnliches dummes Getuschel hörte ich hinter meinem Rücken.

Endlich ging der Vorhang zum zweiten Akt auf, und gegen meinen Willen verzauberte mich wieder Wagners »Tristan«-Musik. Ich vergaß die Kälte, mit der man mich empfangen hatte. Arno war begeistert von Akustik und Bühnenraum. Er sagte während der zweiten Pause: »Laß uns deinen Vater kurz begrüßen!« Ohne uns anzumelden, führte ich Arno zum Büro meines Vaters. Vor dessen Tür fing uns dessen Sekretärin ab und bat aufgeregt darum, erst einen Termin zu vereinbaren. Ich erwiderte trocken: »Ich bin sicher, mein Vater wird Herrn Adar aus Israel empfangen.« Bei diesem Stichwort verfiel die Sekretärin in größtmögliche Unterwürfigkeit, und nach wenigen Minuten durften wir meinen Vater sehen. Arno sagte zur Begrüßung fast provokativ: »Das hätte ich mir nie träumen lassen, hier einmal im Bayreuther Festspielhaus zu sitzen.« Mein Vater mißverstand diese Bemerkung, fühlte sich geschmeichelt und antwortete: »Wir haben hier ja eine große Tradition jüdischer Dirigenten, nun auch Barenboim!« Ich verkniff mir jeden Kommentar. Nach zwei Minuten stürzte die Sekretärin herein und erinnerte meinen Vater an einen Termin. Ich kannte diesen Trick von früher. Vater griff auf ihn zurück, wenn er lästige Gäste loswerden wollte. Großzügig erlaubte er uns noch, Barenboim in der Pause zu besuchen.

Ich hatte keine sonderliche Lust, mich in die Fan-Warteschlange vor Barenboims Zimmer einzureihen, tat es aber dann doch, mehr Arno zuliebe. Er sprach in Iwrith (Neuhebräisch) mit Barenboim – ganz neue und unerwartete Töne im Gralstempel. Arno stellte mich Barenboim als Sohn des Festspielleiters vor. Ich sprach von meiner Tante Friedelind, die ihn seit seinem elften Lebensjahr kannte. Der Dirigent schwieg diplomatisch, er wußte, daß meine Tante persona non grata bei Vater war.

Am nächsten Tag traf ich mich im Siegfried-Wagner-Haus mit Meyer-Oertel und Maximilian Kojetinsky, um, wie vereinbart, über die Dresdner und Pariser »Tannhäuser«-Fassung zu diskutieren. Anschließend führte ich Meyer-Oertel durch das Haus. Ich bemerkte, daß bereits viele wertvolle Familienstücke verschwunden waren, obwohl die endgültige Verteilung des Erbes noch ausstand. Als wir nach dem Besuch des »Führerzimmers« in das Schlafzimmer meiner Großmutter kamen, standen dort wie vor Jahren die Fotos, die meinen Onkel Wieland mit Nazistahlhelm und meinen Vater als des »Führers«

Soldat zeigten, auf dem Nachttisch. Meyer-Oertel begriff meinen Schrecken und den Wunsch, sofort das Siegfried-Wagner-Haus zu verlassen.

Am Festspielhügel verstand ich dann, warum er mich als seinen Mitarbeiter engagiert hatte: Er war ganz im Bayreuth-Connection-Fieber. Gott sei Dank war Arno in meiner Nähe, der genau beobachtete, was geschah. Wir verstanden uns auch ohne Worte. Nach der Generalprobe der »Meistersinger«-Inszenierung meines Vaters machte ich mich auf den Weg nach Italien.

Dort stand mir das erste Treffen mit Teresinas Familie bevor. Mir erschien die erste Trennung von Teresina wie eine Ewigkeit, obwohl sie gerade elf Tage gedauert hatte. Schmunzelnd wünschte mir Arno viel Spaß. »Die italienischen Familien werden wie die jüdischen von Frauen bestimmt«, sagte er zum Abschied.

Der 24. Juli 1981 wird mir stets in Erinnerung bleiben. An diesem Tag begann ein neuer Abschnitt in meinem Leben: meine Integration in Teresinas Familie in Cerro Maggiore bei Mailand. Sie verlief nicht ohne Reibungen. Mir fiel es aufgrund meiner zerrütteten Familienverhältnisse nicht leicht, mich bei den Rossettis einzugliedern. Außerdem mußte ich, der ich Italien nur als Tourist kannte, einige Vorurteile überwinden. Dabei wurde mir bewußt, wie fragwürdig meine soziale und kulturelle Prägung durch Bayreuth war. Hinzu kam, daß meine Scheidung noch nicht abgeschlossen war und ich nicht wußte, wie eine katholische Familie auf diese Vorgeschichte reagieren würde. Und nicht zuletzt waren meine beruflichen Aussichten dürftig.

Teresina versicherte mir, daß die Tatsache, daß ich ein Deutscher sei, ihre Familie nicht beunruhige. Immerhin hatte die SS in Legnano, ganz in der Nähe von Cerro Maggiore, einen Stützpunkt gehabt und die Bevölkerung terrorisiert. Mit einigem Herzklopfen fuhren wir in die Via Saffi, wo uns Mamma Antonietta, Papà Antonio, Onkel Luigi und seine Frau Maria sowie Teresinas Schwester Francesca mit ihrem Mann Enzo und ihrer kleinen Tochter Silvia erwarteten. Mit neugierigen, erwartungsvollen Augen wurde ich gemustert, und alle konzentrierten sich ganz auf mich. Ich wurde als Teresinas Verlobter empfangen. Teresina hatte mir geraten, nicht gleich mit der Tür ins Haus zu fallen und meine noch ausstehende Scheidung anzusprechen, wie ich es ursprünglich vorgehabt hatte. Ich verzichtete darauf, auch mit Rücksicht auf die schwere Krankheit ihres Vaters.

Dem fidanzato (Verlobten) Goffredo wurde selbstverständlich ein Platz in der Wohnung zugewiesen. Die Vorstellung, den künftigen Schwiegersohn in einem Hotel einzuquartieren, wäre Teresinas Familie absurd erschienen. Im Wohnzimmer wartete auf einem schön dekorierten langen Marmortisch das Abendessen. Mamma Antonietta gab eine der unvergleichlichen Proben ihrer Kochkunst, die mich sofort für sie einnahm. Auch ich sammelte Pluspunkte bei ihr, denn zur Heiterkeit der Runde langte ich bei jedem Gang ordentlich zu. Zu meiner Freude sollte ich bald erfahren, daß die Eßkultur in meiner neuen Umgebung einen hohen Stellenwert hatte. Am Tisch herrschte eine lockere, heitere Grundstimmung, wie ich sie bisher nicht gekannt hatte. Ebenso erstaunt war ich über die Intensität der Gespräche über das, was die Familienmitglieder zu berichten hatten. Ich genoß es auch, daß nicht Richard Wagner in den Mittelpunkt der Diskussion rückte. Onkel Luigi, Mamma Antoniettas Bruder und einst Musiker in der Banda Locale von Cerro Maggiore, wandte sich nach einigen fundierten Äußerungen über Wagners Orchester seinen Lieblingskomponisten Verdi und Puccini zu. Wagner als Thema war zu meiner Erleichterung nur eines der vielen Themen über Musik.

Am lebhaftesten wurde die Familie beim Thema »Mutter und Kind«. In Italien stehen die Kinder im Mittelpunkt der

Aufmerksamkeit der weiblichen Familienmitglieder. So war die damals neunmonatige Silvia bald das zentrale Gesprächsthema. Es machte mich fast ein wenig eifersüchtig, wenn Mamma Antonietta, Francesca oder Teresina zu Silvia sagten: »Fai un bel sorriso!« (»Schenk uns ein schönes Lächeln!«)

Wie lieblos waren meine Schwester und ich dagegen behandelt worden. Ich verglich, oft gegen meinen inneren Widerstand, immer wieder Erlebnisse aus meiner Vergangenheit mit der Begabung meiner neuen Familie, in einer einmaligen Intensität das »Jetzt und Hier« zu leben. Verwirrt und glücklich begann ich mich in Cerro Maggiore einzuleben. Meine Vorstellung bei den Verwandten und die damit verbundenen Feiern nahmen kein Ende. Von trauter Zweisamkeit mit Teresina konnte keine Rede sein. Wenn sie mich aber mit verständnisvollem Lächeln ansah, spürte ich die Herzlichkeit des Empfangs und gab gerne nach.

Dann änderte sich mit einem Schlag alles. Anfang August wurde Teresinas Vater ins Krankenhaus von Legnano eingewiesen. Dort erfuhren wir, daß der Knochenkrebs ihm nicht mehr viel Zeit zu leben lassen würde. Von diesem Moment an erfuhr ich, was es bedeuten kann, wenn eine Familie zusammenhält. Es gab nun keinen Augenblick mehr, an dem Papà Antonio nicht von Mamma Antonietta, Teresina, Francesca, seinen noch lebenden vier Brüdern Ernesto, Franco, Angelo und Luigi und seiner Schwester Giannina mit all den dazugehörigen Ehepartnern, Kindern und Kindeskindern betreut wurde. Ich war zum erstenmal dabei, als ein Mensch starb. Das Schweigen wurde nur unterbrochen durch Gebete im Krankenzimmer von Papà Antonio, durch das Schreien der Kinder auf dem Korridor oder das hin und her eilende Pflegepersonal. Selten, aber dann mit großer Erschütterung, brach einer der Verwandten in Tränen aus. Teresinas ständiges Leiden berührte mich in zuvor nicht gekannter Weise. Mamma Antonietta, die in den Stunden im Krankenzimmer Trost im Gebet suchte, wenn ihr Mann schlief, hielt die Familie zusammen. Sie vergaß wie immer sich selbst und lebte mit einer übermenschlichen Kraftanstrengung für uns. Sie schwieg und gab mit großer ruhiger Würde vor, wie wir diese Situation von lähmender Hilflosigkeit, Schmerz, Trauer und sinnloser Hoffnung überstehen könnten. Wenn Papà Antonio zeitweise schmerzfrei war und ich mit ihm sprechen konnte, galt seine Sorge Teresina, die vor Schmerz nicht mehr fähig war, mit ihm zu reden, und alle Energie brauchte, um nicht ständig in Tränen auszubrechen. Als ich in einer Nacht mit Papà Antonio allein war, sprachen wir offen über meine kommende Ehe mit Teresina. Angesichts des nahen Todes von Papà Antonio fühlte ich mich nun verantwortlich für Mamma Antonietta und Teresina und sagte ihm: »Sei ruhig, Papà, ich bin für Teresina und Mamma da!«

In diesem Moment empfand ich Trauer über meine Vaterlosigkeit. Ich litt darunter, daß mein Vater für mich nicht da war, während Papà Antonio, der mich als Sohn aufgenommen hatte, nun im Sterben lag. In meiner Verzweiflung rief ich an diesem Tag bei meinem Vater an und wollte ihn bitten zu kommen. Seine Sekretärin aber teilte mir mit: »Herr Wagner ist nicht zu sprechen, er ist in einer Sitzung!« Ich gab der Sekretärin meine Telefonnummer und ließ meinem Vater die Bitte ausrichten zurückzurufen. Er tat es nicht.

In dieser Nacht ereignete sich etwas Merkwürdiges. Ein Notar aus Legnano, der auf derselben Etage des Krankenhauses lag wie Papà Antonio, geisterte regelmäßig auf dem Korridor der Intensivstation herum. Er hatte, ich weiß nicht wie, erfahren, daß ich ein Urenkel Richard Wagners sei. Da er ein leidenschaftlicher Wagnerianer war, wollte er unbedingt mit mir ins Gespräch kommen. Er sang daher leise, aber für mich im Krankenzimmer gut hörbar, auf dem Gang in reinster Intonation die Gralserzählung des »Lohengrin« auf italienisch. Das erheiterte sogar Papà Antonio, der matt lächelnd sagte: »E'matto, ma simpatico, il notaio!« (»Er ist verrückt, aber sympathisch, der

Notar!«) Papà Antonio kannte einige der populärsten Stücke Wagners, wir hatten sie vor seinem Transport ins Krankenhaus zusammen in Toscaninis Interpretation von 1954 gehört. »Sag ihm, er soll aufhören, mitten in der Nacht Wagner zu singen, denn sonst werden die anderen böse!« bat Papà Antonio. Ich eilte auf den Korridor und erlebte eine Szene, die Fellini nicht besser hätte inszenieren können. Der verhinderte Heldentenor und Notar stand da in großer Opernpose, mit verklärtem Blick auf ein fiktives Gralswunder wartend. »Bravo, bravo!« sagte ich und schüttelte ihm mit theatralischer Dankbarkeit die Hand. Der selbsternannte »Lohengrin« erwiderte: »Wie lebt man als Urenkel des größten Komponisten der Menschheit?« Ich antwortete: »Das werde ich Ihnen erzählen, wenn Sie mir versprechen, jetzt um drei Uhr früh die anderen schlafen zu lassen.« Er seufzte auf und dankte verklärt: »Che bello. A domani, maestro!« (»Wie schön. Bis morgen, Meister!«) Ich hatte dann aber keine Zeit und ebensowenig die innere Ruhe, mit dem Notar über Wagner zu reden. Er verstand dies und nahm feinfühlig an unseren schweren Tagen Anteil.

Nur drei Nächte später sollte Papà Antonio sterben. Ich werde nie Teresinas Entsetzen und Erschütterung vergessen, als der Sarg geschlossen wurde. Auch bei mir hinterließ der Tod Papà Antonios Spuren: Zum erstenmal wurde mir schmerzlich bewußt, daß unser Leben eines Tages zu Ende geht. Kein Wunder, daß ich damals begann, es noch höher zu achten.

Die Verzweiflung hatte bei Teresina eine Glaubenskrise ausgelöst. Wer war dieser Gott, der den Vater mit 59 Jahren unter entsetzlichen Schmerzen an Knochenkrebs sterben ließ? In dieser Stimmung fuhren wir zu einem Ort, der für uns zu einem Refugium werden sollte: nach Cannero zum Orden der Augustinischen Väter der Himmelfahrt Mariens (Padri Agostiniani dell' Assunzione), die über dem Lago Maggiore an einem Fels mit einem herrlichen Blick auf den See wohnten. In diesen schweren Tagen wurde uns einer der Priester, Giuliano, ein wichtiger Helfer und Freund. Kein Thema wurde ausgelassen: nicht die religiöse Krise Teresinas, nicht meine undifferenzierte Aversion gegen das Christentum, speziell gegen die katholische Kirche, und ebensowenig meine Scheidung. Ich mußte mit einiger Beschämung feststellen, welche dummen Vorurteile ich auch gegenüber Priestern hatte.

Giuliano war nicht nur ein warmherziger, bescheidener Gesprächspartner mit einer vitalen Vision der Bibel und des Christentums, sondern er verfügte auch über eine weitgefächerte Bildung. Ich begriff, daß die katholische Kirche nicht allein aus einer repressiven Hierarchie besteht. Vielmehr lebt sie auch im globalen spirituellen Dialog mit den anderen monotheistischen Religionen und mit Atheisten. Teresinas Glaubenskrise und die Gespräche mit Giuliano stärkten bei mir das Bedürfnis, mich wieder mit religiösen Fragen zu befassen. Ich merkte, daß ich es mir zu leicht machte, wenn ich von außen kritisierte, statt zu helfen, ein wenig von der Bergpredigt im eigenen Umfeld zu verwirklichen.

Als ich wieder in Wuppertal war, nahm ich mit dem alles andere als konventionellen Franziskanermönch Ising Kontakt auf. Er hatte seine katholische Gemeinde in einem Umfeld von 128 verschiedenen Glaubensgemeinschaften und Sekten zu einer der lebendigsten und bestbesuchten spirituellen Zentren gemacht. Er tobte gegen den Papst, die Kirchenhiearchie und die korrupten Priester und hielt seinen Bruder Leonardo Boff, den brasilianischen Befreiungstheologen, sowie Hans Küng und andere Oppositionelle in der katholischen Kirche für die wahren Christen. Er sprach mit einer Sinnlichkeit über Mann und Frau, die Ehe und Kindererziehung, daß ich meinen Ohren nicht traute. Ich beschloß, ausgerechnet am Reformationstag, dem 31. Oktober, der katholischen Kirche beizutreten. Zu diesem Ereignis wagte Mamma Antonietta ihren ersten Flug, und auch Bettina Fehr kam als meine Zeugin angereist. Pater

Ising, der später zum Protestantismus konvertierte, heiratete und Vater wurde, sagte mir nach der Feier: »Die christliche Kirche ist ein heterogenes Universum. Sie werden sich nie bedingungslos der Kirche und ihrer hierarchischen Ideologie unterwerfen. Aber Ketzer wie Sie braucht die Kirche, denn sonst stirbt sie wie in der Nazizeit! Geben Sie nur nicht Ihren Dialog mit den Juden auf. Das ist Teil Ihres Lebens!« Er sollte Recht behalten.

Kloster und Bank

Wie absurd erschien mir in diesen Wochen nach meiner Rückkehr aus Italien und während der Gespräche mit Pater Ising meine Existenz als Dramaturg und Regisseur im Wuppertaler Opernhaus! Als Meyer-Oertel eine »Mahagonny«-Produktion, die ich mit Arno Adar plante und die bereits in der Jahresprogrammvorschau in meiner Regie angekündigt war, kippte, hatte ich innerlich bereits gekündigt. Ich wartete nur noch auf den richtigen Moment, um Wuppertal zu verlassen.

Ich brauchte eine andere Arbeit. Die ergab sich durch einen Zufall. Bei einer Premierenfeier lernte ich den ehemaligen Direktor der Deutschen Bank Wuppertal, Hans H. Asmus, kennen. Asmus ist ein leidenschaftlicher Kunstfreund und schätzt meine Theaterarbeit. Er sah mich trotz meiner Gegenwehr als künftigen Bayreuthchef und meinte: »Was Ihnen fehlt, ist eine Ausbildung und Feuerprobe in der Deutschen Bank! Die deutschen Intendanten haben doch alle keine Ahnung vom Bilanzlesen. Wenn Sie Bilanzen und Partituren lesen können, steht Ihnen die Welt offen!«

Gesagt, getan. Am 16. Dezember 1981 stand ich, als Jungbanker verkleidet, vor einem der drei Personaldirektoren der Deutschen Bank in Frankfurt am Main, Adolf Sievers. Dieses Treffen hatte nichts mit dem Bankgeschäft zu tun. Herr Sievers war von heiterer Liebenswürdigkeit und feinsinniger Bildung und lenkte unser einstündiges Gespräch in eine Richtung, bei der ich fast vergaß, warum ich mich mit ihm verabredet hatte. Er liebte wie ich Mozart und wußte Dinge über Interpretationen, die selbst einen Professionellen der Klassikmusikszene wie mich erstaunten. Otto Klemperer oder Bruno Walter war für ihn eine Gewissensfrage. Als ich ihn schließlich an den Grund meines Kommens erinnerte, fragte er lachend: »Was verstehen Sie vom Bankgeschäft?«

Meine Antwort: »Nichts, und ich möchte auch nie Banker werden, sondern nur lernen, mit Geld umzugehen. Und ich brauche einen Job, denn das Wuppertaler Theater interessiert mich aus vielen Gründen nicht mehr!«

Darauf Sievers: »Da Sie als exotischer Vogel sich in unserem Käfig erst einmal beweisen müssen, gebe ich Ihnen ein halbes Jahr Probezeit. Wo wollen Sie hin?«

Ich dachte an meine bevorstehende Scheidung und daran, möglichst nahe bei Cerro Maggiore zu leben. So entschied ich mich für München.

1981 erlebte ich Weihnachten zum erstenmal in meiner neuen Familie. Da es sich auch um das erste Weihnachtsfest ohne Papà Antonio handelte, lag große Melancholie über allem. Sie wurde nur aufgeheitert durch meine gerade einjährige Nichte Silvia. Wie in jedem Jahr ging die Familie Heiligabend in die Mitternachtsmesse der überfüllten Hauptkirche von Cerro Maggiore. In den folgenden beiden Weihnachtsfeiertagen traf man sich im Hause von Enzo und Francesca. Man tanzte und sang, trotz aller Trauer um den verlorenen Vater, denn alle wollten der kleinen Silvia ein heiteres Weihnachtsfest gestalten. Diese Fröhlichkeit aus Liebe und Achtung vor Kindern machte mich einmal mehr wehmütig, da ich an die zerstrittenen Weihnachtsfeste in meiner Familie dachte, in der Kindern eher eine dekorative Statistenrolle zugewiesen wurde.

Damals wurde mir langsam klar, welch grundlegender Unterschied zwischen der italienisch-katholischen und der deutsch-protestantischen Familie besteht: Die erstere ist matriarchalisch und die letztere patriarchalisch geprägt. Ich erfuhr, daß Kind und Mutter in meiner italienischen Familie eine unantastbare Einheit bilden, was auch eine Folge des Marienkults ist. Mamma Antonietta vermittelte mir, daß die Achtung vor dem Kind ein grundlegender Wert sei, den sie an ihre Töchter weitergegeben hatte.

Welche Rolle ich als Mann einnehmen sollte, begriff ich nach dem Tod meines Schwiegervaters schnell: Man erwartete von mir, daß ich die Familie mit meiner ganzen Kraft unterstützte. Es stand außerhalb jeder Diskussion, daß ich als künftiger Mann von Teresina vollständig in die Familie integriert werden würde. Was konnte dagegen sprechen, in eine Familie hineinzuwachsen, die in bösen und guten Zeiten wie Pech und Schwefel zusammenhielt und mich so nahm, wie ich war? Das hatte ich bis zu diesem Zeitpunkt nie erfahren.

Ich hatte schon bald die Möglichkeit, meiner neuen Familie meine Loyalität zu beweisen. Ich erfuhr, daß Teresina und ihre Mutter ihre Wohnung bald räumen mußten. Das hatte uns nach dem Tod von Papà Antonio gerade noch gefehlt. Nicht einmal geschieden, als künftiger Trainee der Deutschen Bank auf Probezeit mit noch nicht gekündigter Stelle in Wuppertal – egal: wir gingen auf Wohnungssuche. Mit dem Mut des Verliebten unterzeichnete ich schließlich einen Kaufvertrag über eine Eigentumswohnung, obwohl ich keinerlei Vermögen besaß. Meine Hoffnung, daß mir mein Vater meinen Pflichtteil auszahlte, ließ zunächst vor allem Anwälte reicher werden.

Das Jahr 1982 begann in jeder Weise dramatisch. Mit der Hilfe von Pater Ising hatte ich ein Zimmer im Franziskanerkloster in der Annagasse in München gefunden. Dort konnte ich die meisten meiner Möbel aber nicht unterbringen. Ich mußte sie in der Garage von Dodo Koch in Wuppertal einlagern, später landeten sie in einem Bonner Möbellager. Mitte Januar kündigte ich zum Entsetzen meiner Tante Friedelind und mancher

Freunde meinen Vertrag mit den Wuppertaler Bühnen. Meine letzte Aufgabe war es, eine Matinee zu organisieren. Mit großer innerer Distanz sah ich, was sich Meyer-Oertel als Regisseur zum »Tannhäuser« hatte einfallen lassen.

Erleichtert und ohne jedes Bedauern über meinen Abschied von den deutschen Bühnen, reiste ich Ende Januar nach München. Nachdem ich meinen Wagen entladen hatte, bat mich Prälat Guardian in sein Zimmer, schaute mich etwas skeptisch an und erklärte: »Sie waren, wie mir Bruder Ising sagte, in Wuppertal als Regisseur und Dramaturg tätig. Nun wollen Sie bei der Deutschen Bank arbeiten und bei uns wohnen. Theater, Kirche, Bank: das klingt wie ein Roman. Wir sind aber hier in einem Kloster. Bitte beachten Sie das!«

Mir wurde gegen eine geringe Miete ein relativ geräumiges Zimmer im ersten Stock des Klosters zugewiesen, von dem aus man in den Klostergarten schauen konnte. Es war nicht leicht für mich, Bad und Telefon mit Schülern und Studenten zu teilen. Sie betrachteten mich als suspekten Oldtimer. Aber ich wußte, daß die kommenden Monate nur eine Übergangszeit in meinem Leben sein würden.

Ich hatte mich zuerst im Betriebsbüro der Deutschen Bank Bayern in der Ungererstraße einzufinden. Einer der Personalchefs machte mir klar, daß ich nun die Nummer 42411 der Deutschen Bank sei und als solche meine frühere Identität an den Nagel zu hängen hätte. Als ich meine Münchener Adresse nannte, löste das schallendes Gelächter aus. Bank und Kloster – das war für ein Mitglied der großen Deutschen-Bank-Familie fast eine Provokation. Ich ahnte, daß da noch einiges auf mich zukommen würde.

Am 1. Februar 1982 begann ich meine Ausbildung als Trainee der Deutschen Bank in der Schwanthaler Straße. Der Direktor der Zweigstelle empfing mich freundlich und machte aus seiner Verwunderung über mein Vorleben keinen Hehl. Er wies mir einen engen Platz zwischen den vielen Schreibtischen hinter dem Tresen zu, und ich wurde gleich auf die Menschheit losgelassen. Da ich keinerlei Ahnung hatte, was ich tun sollte, schaute ich meinen neuen Kollegen über die Schulter und spielte den Kunden den routinierten Banker vor. Wenn ich nicht mehr weiter wußte – und das war zu Beginn der Normalfall –, sagte ich mit freundlichem Lächeln: »Einen Moment, für diese Frage ist ein anderer Kollege zuständig!« und wandte mich hilfesuchend an einen meiner Kollegen, die mir mit einer gewissen Heiterkeit aus oft peinlichen Situationen halfen.

Wenn ich mittags von der Zweigstelle zur Kantine der Deutschen Bank am Promenadenplatz lief, fielen mir drei Dinge in der Schwanthaler Straße auf: Banken, Bordelle und zweifelhafte Ex- und Importläden. Die Inhaber und Mitarbeiter der beiden letztgenannten Unternehmen bildeten den wesentlichen Bestand der Kundschaft, mit dem ich in der ersten Etappe meiner wenig erfreulichen Traineezeit zu tun hatte. Sie hatten keinerlei Verständnis für meine Unwissenheit und ließen mich das mit einer nie erlebten Brutalität spüren. Ich schluckte es herunter und dachte an Brechts »Dreigroschenoper«, fand aber, daß die Wirklichkeit mit der Theaterwelt nichts zu tun hatte. Nach der Nachtschicht auf dem Strich kippten die Damen des horizontalen Gewerbes ihre Einnahmen mürrisch aus ihren Dekolletés und schnauzten mich an, wenn ich nicht sofort wußte, was ich zu tun hatte. Ich mußte mir einige Mühe geben, nicht mit gleicher Münze zurückzuzahlen.

Als es mir dann zu viel wurde, beschwerte ich mich bei meinen Vorgesetzten. Daraufhin erteilte mir der stellvertretende Filialchef eine Lektion: »Daß Sie Wagner heißen, Musikwissenschaft und Philosophie studiert und am Theater gearbeitet haben, ist uns hier völlig gleich. Hier zählt nur eines: daß Sie aus den roten Zahlen, die Sie uns kosten, endlich herauskommen und Verträge machen. Mit wem, warum und wie, interessiert uns nicht. Wenn Ihnen das nicht paßt, hier ist die Tür!

Draußen steht eine Schlange von Leuten, die ihre Arbeit ohne Beschwerden macht!«

Ich erwiderte nichts, sondern schaute ihn nur verächtlich an. Das zahlte er mir heim, wann immer er konnte. Er war ein klassischer »Radfahrer«: nach oben buckeln, nach unten treten. Darin glich er den meisten kleinen Chefs, denen ich begegnete. Ich begriff bald, wie ich es vermeiden konnte, von ihnen aufs Kreuz gelegt zu werden. Ich gab vor, die großen Chefs zu kennen, und außerdem machte mein akademischer Titel Eindruck. Schließlich glaubten sie sogar, daß ich am Anfang einer langen Karriere stünde, und hielten sich zurück.

Der Leiter der Zweigstelle war in seiner oberbayerischen Biederkeit berechenbar. Er brachte mir bei, wie Kreditverträge zu verkaufen waren, und erwartete sofortige Erfolge. Jeden Morgen vor Schalteröffnung fragte er seine Untergebenen nach den »Rennlisten«, ihren Vertragsabschlüssen. Ich erfüllte die Erwartungen nicht und sah mit einigem Entsetzen, wie Kollegen vor allem Ausländer über den Tisch zogen. Sie schwatzten ihnen unseriöse Kredite auf und nutzten ihre Verständnisschwierigkeiten schamlos aus.

Ich begann gegen diese Methoden zu arbeiten und wurde immun gegen die täglichen Vorwürfe, keine Verträge abgeschlossen zu haben. Da kaum einer meiner Kollegen oder Kolleginnen Fremdsprachen beherrschte, wurde ich oft als Dolmetscher für Türken, Italiener, Jugoslawen, Franzosen oder Amerikaner eingesetzt. Ich warnte mittellose Kunden durch gezielte Andeutungen, langfristige Verträge mit dieser Zweigstelle abzuschließen, vor allem dann, wenn ich merkte, daß der Kunde nicht fähig schien, den gewünschten Kredit zu tilgen. Das sprach sich herum bei türkischen, jugoslawischen und italienischen Arbeitern. Sie kamen zur Verärgerung meiner Chefs in Gruppen zu mir. Ich mußte sie in einem Nebenraum bedienen. Ausländer ohne dicke Brieftasche waren nicht gern gesehen.

Es passierte, daß mir diese Gruppen aus Dankbarkeit Geschenke brachten oder mich nach Dienstschluß zum Essen einluden. Als das dem stellvertretenden Filialleiter zu Ohren kam, röhrte er zur Erheiterung aller Kunden und Kollegen durch die Halle: »Wir sind hier nicht die Caritas, Wagner!« und schob mich zum Sparblatteinsortieren in den Keller ab. Meine Proteste dagegen halfen nichts. Der einzige Trost war, daß meine Zeit in der Schwanthaler Straße bald zu Ende gehen würde.

Da ich mich nicht unterkriegen lassen wollte, begann ich, mich nach Kollegen umzusehen, die so ähnlich dachten wie ich. So lernte ich meine Freunde Florian Lauermann, einen vorzüglichen Organisten und Rechtsanwalt, Günther Maier und Axel Ohse kennen. Mit ihnen konnte ich meine Schwanthaler Erfahrungen austauschen. Und sie halfen mir, mich in die Bankerei einzuarbeiten. Nichts war mir damals ferner, als Bilanzen zu verstehen. Aber dann begriff ich, daß wirtschaftliche Kenntnisse und Erfahrungen mir helfen würden, gesellschaftliche Machtstrukturen besser zu begreifen. Ich begann allmählich, den Wirtschaftsteil der Zeitungen zu lesen und zu verstehen. Die neu erworbenen Kenntnisse halfen mir dann kurz darauf bei der Abwicklung meiner Scheidung und später bei den knallharten Verhandlungen mit den Anwälten meines Vaters, als es um die Auszahlung meines kleinen Pflichtteils ging.

Als ich Ende April 1982 die Zweigstelle Schwanthaler Straße verließ, kam ich mir vor, als hätte ich auf einem anderen Planeten gelebt. Ab Mai wurde ich in der Ungererstraße, wo die Verwaltung der Bank saß, in die Geheimnisse der Bankverwaltung und -technik eingewiesen. Da man mich dort nur, und das meist widerwillig, als Zuschauer duldete und froh war, wenn ich nicht durch Fragen störte, konnte ich endlich wieder meinen Interessen nachgehen. Ich las zur Verwunderung meiner Bankumwelt unter dem Schreibtisch mit wachsender Begeisterung das Alte Testament in der Fassung der Jerusalem-Bibel und die Werke von Schalom Ben Chorin, dessen »Bruder Jesus: Der Nazarener in jüdischer Sicht« mich besonders beeindruckte wie auch Pinchas Lapides Bücher zu den Übersetzungen der Bibel. Die Lektüre der jüdischen Bibeln von Moses Mendelssohn und Martin Buber und ihren Vergleich mit dem Neuen Testament setzte ich nach dem langweiligen Dienst dann im Kloster fort. Das machte mir meine Isolation in Deutschland erträglich und später meine Integration in Italien leichter. Mir wurde immer klarer, wie undenkbar das Christentum ohne das Judentum war, und meine innere Distanz zu Bayreuth mit seiner Wagnerschen Pseudoreligion wuchs weiter.

Im Mai besuchte ich meine Schwester, die mit ihrem Mann Yves in der eleganten Schönbergstraße in München wohnte. Beide arbeiteten für den bereits damals mächtigen späteren Medienzaren Leo Kirch. Eva verstand meine berufliche und private Entwicklung nicht. Leider kam es nicht zu einem offenen Gespräch. Die Kluft zwischen meiner geistigen Entwicklung, meiner neuen Familie auf der einen und Evas Opern/Film-Welt auf der anderen Seite war nicht zu überbrücken.

Nach der Scheintätigkeit in der Verwaltung kam ich endlich in die Bayernzentrale der Deutschen Bank am Promenadenplatz. Dort durchlief ich für zwei Monate die Auslandsabteilung. Von dem vielzitierten Trainee-Grundsatz »Learning by doing« konnte nicht die Rede sein. Ich durfte zuschauen, was die anderen taten. Ich zeigte nur deshalb großes Interesse, weil ich hoffte, in der Filiale der Deutschen Bank in Mailand oder bei einer italienischen Bank unterzukommen.

Die berufliche Monotonie und die Streitereien mit Anwälten über die Scheidung und meinen Pflichtteil konnte ich immer dann zurücklassen, wenn ich an Wochenenden zu Teresina nach Cerro Maggiore fuhr oder mich mit Münchener Freunden traf. Im Gegensatz zu meinen Kollegen hatte ich kein Bedürfnis, am Leben der Schickimickiszene um CSU und BMW teilzunehmen. Auch die Opernwelt war mir fern. Ich fand es wichtiger, mein Italienisch für meine Zukunft mit

Teresina zu verbessern und Marketingkurse zu besuchen, was mir vielleicht einmal helfen konnte.

Ich mimte nach außen weiterhin großes Interesse am Bankgeschäft und wollte auch beweisen, daß ich entgegen allen Prognosen von Freunden und Verwandten in der Deutschen Bank durchhalten würde. Die ersten positiven Bewertungen meiner Banktätigkeit erheiterten mich. Nur gegenüber Adolf Sievers brauchte ich nicht zu heucheln. Er machte mir immer wieder Mut durchzuhalten.

Anfang Juni erkundigte ich mich bei meinem Schwager nach meiner Schwester. Sie hatte im Mai in den USA einen Sohn, Antoine, geboren. Stolz wurde mir sein amerikanischer Paß mit dem Namen Antoine Wagner-Pasquier präsentiert.

Im August und September 1982 wurde ich in die tieferen Geheimnisse des Kapitalismus eingewiesen und arbeitete in der Vermögensabteilung der Deutschen Bank. Ich besuchte auch die Münchener Börse. Als ich die hysterisch schreienden Börsenhändler wie hungrige Wölfe herumrennen sah, fiel mir wieder Brecht ein, der keinen moralischen Unterschied sah zwischen dem Bankraub und einer Bankgründung. Aber fairerweise sei gesagt, daß es in der Deutschen Bank München Vorgesetzte und Kollegen wie Günther Maier und Axel Ohse gab, die mir mit großem Engagement wesentliche Einblicke in das Bankgeschäft vermittelten. Mit ihnen stehe ich noch heute in Kontakt. Sie begriffen, daß mein Berufsleben nicht in einer Bank enden würde, und empfanden mich Exoten als eine willkommene Abwechslung in ihrem Berufsalltag.

Auch in der Vermögensverwaltung langweilte ich mich zu Tode. Mich tröstete lediglich der monatliche Scheck. In meiner Freizeit beschäftigte ich mich erneut mit Wagners Idee von Religion im »Parsifal« – sie erschien mir verlogen.

Ich wollte unbedingt bald wieder am Theater arbeiten. Ich suchte daher Alberto Zedda, der in Pesaro und in der linken italienischen Kulturszene einflußreich war, und dann den Dirigenten Claudio Abbado auf. Beide bestätigten mir fachliche Kompetenz, halfen mir aber bei der Suche nach einem Job in Italien nicht weiter.

Der Streit um meinen Pflichtteil ging in eine neue Phase. Mein Vater forderte nun, daß ich zunächst die Filmrollen aus der Nazizeit herausgeben sollte. Sie lagerten noch immer bei Beatrix' Eltern. Im Januar 1983 ließ er die Originale vom Chauffeur seines Anwalts bei mir abholen. Die Kopien beförderte ich zu meiner Schwester. Ich machte ihr klar, welchen Sprengsatz sie nun hütete. Dieses Material wollte ich weiter auswerten. Ohne Projektor rollte ich gegen das Licht die Filme noch einmal vor meinem Auge ab: Hitler mit Familie Wagner im Wahnfried-Garten und im Festspielhaus, Vater als strammer Hitlerjunge am Bayreuther Sternplatz mit hochgerissenem Arm, welch fatale Intimität und alberne Heiterkeit! Dann Bilder aus Nürnberg von den Nazi-Parteitagen mit meiner Großmutter und anderen Familienangehörigen, denen fanatische Massen zujubelten.

Die Scheidungsverhandlung vor einem Münchener Gericht verlief unerfreulich. Wie zwei Fremde verließen Beatrix und ich das Gerichtsgebäude – und das nach einer Beziehung von fast elf Jahren.

Aber nun war die Zeit des gesellschaftlichen Versteckspiels für Teresina und mich zu Ende. Da ich in meiner ersten Ehe nicht kirchlich getraut worden war, stand einer klassischen italienischen Heirat nichts mehr im Weg. In den Monaten bis zu unserer Hochzeit am 3. Juli 1983 begriff ich, wie wichtig meiner neuen Familie die Heiratszeremonien waren. Wie fremd waren mir durch meine atheistische Erziehung und die geistig-ethische Verwahrlosung in Bayreuth die katholischen Riten, ebenso die wichtigen Feier- und Festtage. Ich beneidete Teresina und ihre Familie, besonders Mamma Antonietta, um ihre tiefverankerte Gläubigkeit, die nichts mit Bigotterie oder Abhängigkeit von der katholischen Kirche zu tun hatte und hat. Ich lernte mit der Zeit zu begreifen, daß meine neue Familie eine viel realistischere Lebensphilosophie besaß als ich mit meiner deutschen, pseudoprotestantischen, idealistischen Weltanschauung, in der die Idee nichts zu tun hatte mit der menschlichen Natur in all ihrer Widersprüchlichkeit. Bei allem Dogma und der Omnipräsenz der katholischen Kirche begriff ich allmählich, daß in meiner neuen Familie ein stark ausgeprägter Individualismus herrschte, der jede Form staatlicher und kirchlicher Bevormundung unmöglich machte. Ich entdeckte fasziniert die Fähigkeit meines neuen familiären Umfelds, das Leben heute und hier zu leben mit aller Sinnlichkeit der Mittelmeerkultur, die keineswegs nur das Christentum, sondern auch vorchristliche Riten und Mythen im Alltag widerspiegelt. Vieles von dem, woran ich geglaubt hatte, geriet ins Wanken. Ich begann eine meiner vielen, oft schmerzlichen Häutungen, die bis heute nicht abgeschlossen sind.

Im Februar 1983, schon vor der Heirat, hatte ich in München einem mehr als unvorteilhaften Vertrag über mein Erbschaftspflichtteil zugestimmt, weil ich eine Rate für unsere künftige gemeinsame Wohnung in Cerro Maggiore zu bezahlen hatte. So schlecht diese Regelung für mich auch war, sie bedeutete einen weiteren Schritt in Richtung Italien.

Im Februar begann auch der Rummel um Richard Wagners hundertsten Todestag. Obwohl ich mich in der Bank bedeckt hielt, wurde ich wieder mit meiner Bayreuther Vergangenheit konfrontiert. Ich bekam idiotische Angebote von Medien, als Urenkel aufzutreten, die ich alle ablehnte. Eine Anfrage der Münchner »Abendzeitung« schien von etwas besserer Qualität. Man fragte mich nach meiner Meinung zu Wagners Werk und Wirkung. Darauf glaubte ich guten Gewissens antworten zu können. Aber dann wurde doch nur wieder der Tratsch um die Nachfolge meines Vaters als Festspielleiter gedruckt.

Die Vitrinen der Buchhandlungen waren überfüllt mit Wagner-Literatur. Wichtig war nur die Neuauflage von Hartmut Zelinskys Buch »Richard Wagner: ein deutsches Thema«. Als oberflächlich empfand ich dagegen die Kommentare zur zehnbändigen Wagner-Ausgabe in der Edition Dieter Borchmeyers, der sich besonders mit seinen Äußerungen über Wagners »Judenthum in der Musik« in Bayreuth zu profilieren versuchte. Es gab wieder einmal einen Wagner-Boom auf dem Buchmarkt. Damit wollte ich aber nichts zu tun haben.

Inzwischen war ich in der Bank von der Kellerassel zum hoffnungsvollen Führungsnachwuchs avanciert, und der Leistungsdruck stieg. Im Februar durfte ich im Hotel »Bayerischer Hof« in München vor dem »Gottvater«, dem Direktor der Deutschen Bank München und der angeschlossenen bayerischen Filialen, Dr. Siegfried Gropper, und seinen ergebenen Getreuen zum Thema »Investitionsstreik« aus linksliberaler Sicht sprechen, nachdem ich einige Tage zuvor Peter Glotz von der bayerischen SPD als Wahlhelfer in Münchens Arbeiterviertel Haselberg unterstützt hatte. Mein Vortrag wurde unerwartet ruhig aufgenommen.

Anschließend fand ein Abendessen statt, zu dem die Trainees eingeladen waren. Viele von ihnen wollten die Chance nutzen und biederten sich beim großen Boß an. Man gab sich frohgemut und devot. Ich dachte an Heinrich Manns Roman »Der Untertan«. Da ich nicht unter Profilierungsdruck stand, unterhielt ich mich ganz locker mit Gropper. Ich wagte es sogar, ihm zu widersprechen, als er sich auf das für ihn unsichere Terrain »Kunst und Musik« begab und mir Nachhilfeunterricht über Wagner geben wollte. Meine Freunde unter den Trainees vergnügte es, den anderen blieb der Mund offen stehen über soviel Respektlosigkeit.

Einen Nutzen hatte das Treffen: Ich konnte mich als Italien-spezialist präsentieren, wobei ich allerdings den wahren Grund meines Interesses verschwieg. Tatsächlich wurde mir nach Abschluß der Grundausbildung in der Münchner Kredit-abteilung meine Bitte erfüllt. Die Münchener Banker wurden mich gerne los und verschafften mir eine Stelle bei der Deut-schen Bank in Mailand. Jetzt konnte ich meinen Umzug nach Cerro Maggiore planen.

Meine italienische Hochzeit

Die Mehrzahl meiner Freunde aus Deutschland kam bereits zum Polterabend am 2. Juli 1983. Diese Feier kannte meine neue Familie nicht. Im kleinen Sommerhaus von Antonio Lazzati mit seinem großen Garten feierten wir bei herrlichem Wetter weit in den Hochzeitstag hinein. Am Vormittag der kirchlichen Trauung kamen dann vor allem die italienischen Freunde und Verwandten in die Wohnung von Mamma Antonietta. Mit Teresina konnte ich mich nur noch durch verschlossene Türen unterhalten, denn der Bräutigam durfte die Braut erst wieder in der Kirche vor dem Altar sehen. Solche Rituale waren mir damals zwar fremd, aber ich hielt mich daran. Onkel Luigi flüsterte mir während des gesamten Tages diskret zu, was ich zu tun hatte. Die Hochzeitsgäste versammelten sich auf der Piazza vor der Borretta-Kirche.

Meine große italienische Familie schuf eine heitere Grundstimmung. Das ließ bei mir keine Trübsal in Anbetracht der Absage meines Vaters aufkommen. Die Gründe, die er dafür anführte, waren offenkundig vorgeschoben.

Mutter brachte mich an den Altar, und kurz darauf folgte Teresina mit dem ältesten Bruder ihres Vaters. Sie und Mamma Antonietta litten sichtlich darunter, daß Papà Antonio nicht dabei sein konnte. Als sie mir aber zum Brautmarsch aus »Lohengrin«, den der Chor von Cerro Maggiore auf italienisch für uns einstudiert hatte, in der prachtvoll mit Rosen geschmückten

Kirche entgegenkam, liefen in meinen Gedanken die Monate seit dem Juli 1981 noch einmal ab wie in einem Film. Neugierig und heiter saßen rechts neben mir vor dem Altar meine Trauzeugen, Eva und mein Freund Louis Landuyt, Sänger und Musikpädagoge aus Luxemburg. Mit der Wahl meiner Schwester als Trauzeugin verband ich die Hoffnung, einen Neubeginn unserer Beziehung zu ermöglichen. Hinter uns, im Kirchenschiff, saßen meine Mutter und meine Cousine Christa als Vertreterin der Verwandten meiner Mutter, hinter ihnen Bettina Fehr und die Freunde, die mir in der schweren Übergangszeit vom Theater zur Bank geholfen hatten: Eckard, Rosi, Dieter, Ulf, Dodo, Walter, Maureen, Florian und ihre Begleitungen. Auf der linken Seite saßen auf der Höhe von Teresina mein Schwager Enzo und meine Schwägerin Francesca, dahinter die Verwandten Teresinas väter- und mütterlicherseits. Darunter Mamma Antonietta und ihr Bruder Luigi, und Ernesto, der dritte Bruder von Papà Antonio, die mir bis heute besonders nahestehen. Sie wußten von Anfang an, daß es für mich schwer werden würde, mir als Ausländer eine Existenz in Italien aufzubauen.

Die Zeremonie der Eheschließung wurde durch unseren Freund Priester Giuliano auf deutsch und italienisch vollzogen. Teresina und ich hatten den Text aus 1. Korinther 13, 13 über die Liebe ausgesucht, die alle Hindernisse überwinden kann. Völlig unvorbereitet traf mich die Aufforderung, einen Text aus der Bibel für die deutschen Gäste zu verlesen. Die Buchstaben waren so klein gedruckt, daß ich sie kaum entziffern konnte. Hinzu kam meine Ergriffenheit, und so improvisierte ich Verse aus dem Stegreif, was meine bibelfesteren Gäste sichtlich erheiterte. Als Francesca zu unserer Überraschung das »Ave Maria« von Charles Gounod in wunderschöner Zartheit und reiner Intonation in der Orgelbegleitung von Franco Pasquali, dem Leiter des Chors »Ars nuova«, sang, gab es wenige in der Kirche, die nicht bewegt waren.

Hoffnungsfroh begann in diesen Momenten ein neuer Lebensabschnitt. Hinter mir lagen Krisen. Ich hatte sogar mit dem Gedanken gespielt, Teresinas Familiennamen anzunehmen, um auch nach außen sichtbar mit meiner Bayreuther Vergangenheit zu brechen. Aber Teresina überzeugte mich davon, daß dies nur ein sinnloses Verleugnen meiner Identität gewesen wäre und ich meinen Weg bald wieder in meinem eigentlichen beruflichen Umfeld fortsetzen müsse. Als ich mit Teresina mit Mendelssohns Hochzeitsmarsch, den ich mir als bewußten Gegensatz zu Wagners Hochzeitsmusik gewünscht hatte, aus der Kirche trat, fühlte ich mich in der Tat als ein ganz anderer Wagner.

Die verklärte Stimmung wurde abrupt unterbrochen durch laute Rufe der italienischen Hochzeits- und neugierigen Zaungäste: »Evviva gli sposi!« Ein nicht enden wollender Reisregen prasselte auf uns herab, und schlagartig machte sich eine vibrierende Fröhlichkeit breit. Bevor wir zum Hochzeitsessen fuhren, legten wir einige Rosen aus dem kirchlichen Hochzeitsschmuck auf Papà Antonios Grab und den Ruhestätten anderer verstorbener Verwandten nieder. Ich dachte an die Stil- und Gefühllosigkeit im Umgang mit den Toten in meiner Familie, deren nur bei offiziellen Anlässen mediengerecht gedacht wurde.

Unsere Hochzeitsreise führte uns an einen magischen Ort in Kreta, die Wiege europäischer und mediterraner Kultur. Umgeben von duftenden üppigen Blütenwäldern und zirpenden Grillen, vergaßen wir in den folgenden Tagen den Rest der Welt und all unsere Sorgen.

Im August 1983 fuhren wir zusammen mit Mamma Antonietta und italienischen Freunden nach Bayreuth. Da uns Vater nicht in seinem Haus empfangen wollte, lud uns Tante Friedelind zum Abendessen ins schicke Hotel »Schloß Tiergarten« ein. Als sie erfuhr, daß wir keine Karten für eine Festspielvorstellung hatten, rief sie gegen unseren Willen Vater an und forderte drei Karten für »Tristan und Isolde«.

Ich zeigte Teresina und Mamma Antonietta Bayreuth. Während der Führung durch den Wahnfried-Park, die Villa Wahnfried und den Festspielpark wurde hinter meinem Rücken herumgetuschelt, und die Festspielhofschranzen begrüßten uns in verlogener Herzlichkeit, wenn sie sicher waren, nicht dabei gesehen zu werden.

Im Festspielhaus stießen wir auf den versammelten Jasagerchor meines Vaters. Als ich darum bat, mit Teresina und Mamma Antonietta zu ihm vorgelassen zu werden, wurde mir mitgeteilt, daß mein Vater nur Teresina und mich kurz sehen könne. Ich warf die Festspielkarten auf den Schreibtisch, rannte wütend aus dem Zimmer und schrie: »Entweder mein Vater empfängt meine Frau, meine Schwiegermutter und mich, oder ich verlasse sofort den Festspielhügel. Was glaubt er denn, wer er ist? Meine Schwiegermutter wird hier nicht diskriminiert!« Die in den Gängen wartenden Gäste wandten sich demonstrativ von uns ab. Als ich aufgebracht Mamma Antonietta bat, mit uns das Festspielhaus sofort zu verlassen, zog sie mich mit starkem Griff zurück und sagte: »Beruhige dich. Du gehst jetzt mit Teresina zu deinem Vater, denn sie wird sicher nie mehr die Möglichkeit haben, ihren Schwiegervater zu sehen. Denke jetzt nicht an mich!« Gunda, meine liebevolle Wahltante, die an diesem Nachmittag Gott sei Dank Dienst hatte, zog Mamma Antonietta zu sich neben ihren Schreibtisch in der Telefonzentrale und schob Teresina und mich auf die Treppe zum ersten Stock in Richtung Chefetage. Als Teresina und ich dort ankamen, grüßte Gudrun mich mit huldvollem Lächeln und wollte mir die Hand zum Handkuß reichen. Ich schüttelte ihr statt dessen die Hand. Kurz darauf trafen wir auf Vater. Ohne uns anzuschauen, reichte er uns die Hand. Dann begann er ohne Punkt und Komma zu reden. Er sprach hastig und mit starkem oberfränkischen Akzent, so daß Teresina ihn nicht verstehen konnte. Taktlos verglich er seine zweite mit meiner zweiten Ehe. Ich erwiderte ruhig, aber bestimmt: »Jeder hat wohl seine eigenen Entscheidungen zu treffen!« Er ging nicht darauf ein. Ich schwieg Teresina zuliebe, versuchte aber, Vater mit Blicken dazu zu bewegen, das Thema zu wechseln. Statt dessen fuhr er fort, die zweite Ehe als die Erneuerungsquelle des Mannes zu preisen. Sein Redeschwall wurde durch eine seiner Sekretärinnen unterbrochen, die die Tür aufriß, um uns dadurch anzuzeigen, daß wir nun gehen sollten. An meinen Vater gewandt, erklärte sie: »Här Wogna, Sie missen auf die Bihne!« Vater verbeugte sich tief und hastig bei der Verabschiedung, so daß er uns nicht in die Augen sehen mußte, und rannte aus dem Zimmer. Als wir den Raum verließen, erkannte ich die Sekretärin: Es war die Tochter eines meiner Kindermädchen, wir hatten uns früher oft gesehen. Sie aber schien mich nicht mehr zu kennen.

Teresina und ich holten Mamma Antonietta aus Gundas Büro ab. Da die Vorstellung bald begann, eilten wir zu unseren Plätzen. In Kürze erklärte ich Mamma Antonietta den Inhalt des ersten Aufzugs von »Tristan und Isolde«, während wir die stickige Familienloge ansteuerten. Taktvollerweise hatte mich Gudrun neben dem Rechtsanwalt plaziert, der den ungerechten Pflichtteilvertrag aufgesetzt hatte. In den Pausen gingen wir ins Festspielrestaurant, wo uns die Anwesenden meist demonstrativ übersahen. Dort trafen wir aber auch Philip Wults, der an der Geschichte der Familie Wagner schrieb und mit großer Sensibilität verstand, was sich uns gegenüber abspielte. Ich wartete ungeduldig auf das Ende der Vorstellung, die Stippvisite bei meinem Vater und seinen Hofschranzen hatte mir die Laune verdorben. Ich wollte verhindern, daß Mamma Antonietta und Teresina einen noch schlechteren Eindruck von Bayreuth mit nach Hause nahmen.

Mamma Antonietta war von der Musik und Ponnelles Inszenierung angetan. Als ich sie nach der Vorstellung fragte, wie sie ihren Aufenhalt in Bayreuth fand, antwortete sie besorgt: »Die Opernvorstellung war schön. Aber ich glaube, daß du in Bayreuth nicht glücklich werden kannst!« Über das, was sie in Bayreuth als meine Schwiegermutter erleben mußte, schwieg sie. Diese Reise war ihr erster und letzter Besuch in Bayreuth.

Ende August 1983 organisierte ich meinen Umzug nach Italien, die Deutsche Bank bezahlte ihn. Sie ermöglichte es mir auch, mich an der teuren Wirtschaftsuniversität Bocconi in Mailand einzuschreiben. Vor allem aber gab sie mir einen vorteilhaften Vertrag für eine Stelle in der Kreditabteilung der Deutschen Bank in Mailand. Vier Wochen später begann ich mein neues Leben mit Teresina.

Gleich nach dem Umzug trat ich meinen Dienst in Mailand an und begann jeden Abend die Bocconi-Universität zu besuchen. Beiden Tätigkeiten ging ich nur nach, um Geld zu verdienen. In Italiens Theaterszene stand damals das Parteibuch des Sozialistenführers Bettino Craxi hoch im Kurs. Ich besaß es nicht, und mich widerte diese Art der Korruption an. In der Opern- und Akademikerszene war ich außerdem als Banker abgeschrieben, und meine Versuche, das falsche Image zu beseitigen, schlugen fehl.

Meine Vorgesetzten in der Kreditabteilung machten auf mich gleich zu Beginn einen unterschiedlichen Eindruck. Zu Eleonore Finsterbusch-Horn sollte sich im Lauf der Zeit eine herzliche Freundschaft entwickeln. Der andere Vorgesetzte, den wir nur »Semmel« nannten, wirkte dagegen unbeholfen und steif. Ich ahnte schon bald, daß ich mit ihm Ärger bekommen würde. Durch »Semmel« erfuhr ich am eigenen Leib, was es bedeutet, Untergebener zu sein in einer Bankhierarchie, in der Abweichungen von vorgegebenen Normen nicht geduldet wurden. Dieses System, das allein dem Profit der Bank diente, erstickte unterhalb der Führungspositionen jede Individualität. Man hatte nur zwei Möglichkeiten: Entweder man unterwarf sich, oder man nahm den Hut.

Da ich nach meinem Abschluß an der Bocconi-Universität ohnehin bald bei der Bank kündigen wollte, konnte ich mir Widerspruch erlauben. Ich analysierte die hierarchischen Mechanismen, um nicht als unwissender Tor dazustehen, und befaßte mich auch mit »Semmels« Psyche, seinem Untertanengeist und seinem unbändigen Willen zur Karriere. Er war der Prototyp des deutschen Spießers. Als ich ihn wiederholt dabei ertappte, daß er abfällig über »die Italiener« sprach, forderte ich ihn auf, er solle diese Diskriminierung unterlassen. Meine Familie sei italienisch, und auch ich fühlte mich beleidigt.

Das war der Auftakt zu einer Serie von kleinen, miesen Schikanen, auf die ich aber gut vorbereitet war. Der Krieg zwischen »Semmel« und mir sprach sich wie ein Lauffeuer herum. Eleonore ergriff Partei für mich. Die italienischen Kollegen begannen ihr und mir zu vertrauen. Ich genoß es, den italienischen Kollegen zu raten, sich endlich gewerkschaftlich zu organisieren. Sie hatten aber meist Existenzangst und wagten es kaum, Veränderungen zu fordern. »Semmel« ging den feigen Weg der Bankhackhierarchie und beschwerte sich beim Direktor, einem ehemaligen Luftwaffenoffizier, der nun versuchte, mir das Fürchten beizubringen. Ich bremste ihn in seinem Eifer allerdings durch die beiläufige Bemerkung, daß ich nebenberuflich als Journalist arbeiten würde. »Semmel« und er begannen nun, an ihrer Beurteilung über mich zu basteln. Erleichtert nahm ich bald zur Kenntnis, daß »Semmel« mich nicht mehr grüßte und sogar dankbar war, wenn ich meine Tür schloß, die seiner direkt gegenüberlag. Jeder Kontakt lief über die hausinterne Post, und die Gesprächsprotokolle füllten Ordner. Ich sammelte diese Dokumente. Im Frühjahr 1985 hatte ich genug stichhaltiges Material in meinem Besitz. Ich bat um ein Gespräch in der Zentrale in Frankfurt am Main. Der stets wohlwollende Adolf Sievers sah kurzfristig nur einen Ausweg: meine Beförderung nach Berlin. Ich bat um Bedenkzeit. Auf jeden Fall wollte ich noch erleben, wie »Semmel« meine Beurteilung vortrug und begründete. Kreidebleich versuchte er, mir seine hanebüchenen Bewertungen vorzulesen. Er kam nicht zum Ende, weil ich ihn ständig unterbrach.

Zurück im Kulturdschungel

In der Zeit des Kleinkriegs in der Bank machte mir Götz Friedrich, der Intendant der Deutschen Oper Berlin und des Theaters des Westens, ein verlockendes Angebot. Ich sollte einen
Beitrag über die Oper »Aufstieg und Fall der Stadt Mahagonny«
von Weill und Brecht schreiben. Dankbar nahm ich an. Ich
konnte aus dem vollen schöpfen: Schließlich brauchte ich nur
an meine Erfahrungen in der Deutschen Bank und in Bayreuth
zu denken. Der Beitrag wurde unter dem Titel »Ich erinnere
mich, die TV-Memoiren der Leokadja von Begbick« im April
1985 im Programmheft des Theaters des Westens veröffentlicht. Meine erfundene Story zu »Mahagonny« mit stark autobiographischen Anspielungen ging von meiner Erkenntnis aus,
daß es kaum einen Unterschied gibt zwischen den Praktiken in
der Bank- und in der Opernwelt, wo sich letztlich jeder gegen
jeden durchsetzen will. Ich beendete den Artikel mit folgenden Sätzen: »Auf dem Jim Mahoney Memorial Festkonzertpro-
gramm steht: ›Seid umschlungen, Millionen‹, nach Schillers
›Ode an die Freude‹ aus Beethovens 9. Symphonie in d-moll,
opus 125, dem G-Dur-Teil. Danach folgt, in Abänderung des
Programmes, nicht wie vorgesehen, Weills und Brechts Arioso
der Begbick aus der Oper ›Mahagonny‹, sondern auf besonderen Wunsch von Leokadja von Begbick das Vorspiel aus
›Tristan und Isolde‹ von Richard Wagner. Sozusagen zwischen
Beethoven und Wagner dürfen wir der höchsten Ehre für unsere

Präsidentin durch seine Exzellenz D. Hagen von Schleich bei-
wohnen. Sie wird, wir alle warten darauf, endlich Trägerin des
Platinringes der Klasse Ia unseres Mahagonny-Staates.«

Mit den »Millionen« meinte ich nicht die idealistische Vision der befreiten Menschheit, sondern US-Dollar. Mit dem
»Arioso der Begbick«, in dem Weill das »Tristan«-Vorspiel Wagners als Symbol der dekadenten bürgerlichen Welt parodie-
rend anklingen läßt, und dem Austausch durch das Wagnersche Original bezog ich mich auf das Ende fortschrittlicher
Kräfte in der Opernszene in der Weimarer Zeit ebenso wie in
den achtziger Jahren. Die Verleihung des Platinrings spielte an
auf gezinkte Preisverleihungen auf dem Opernmarkt innerhalb und außerhalb Bayreuths.

Götz Friedrich verstand meine Andeutungen sofort, und er
ermöglichte es mir, einen weiteren Beitrag zu schreiben, diesmal für das Premieren-Programmheft seiner Neuinszenierung
der »Götterdämmerung« im Herbst 1985.

Als ich auf diese Weise wieder in die Kulturszene eingestie-
gen war, konnte ich an neu gewonnene wertvolle Erfahrungen
anknüpfen. Ich wußte seit meiner Arbeit in der Bank etwas
mehr über die wirtschaftlichen und politischen Mächte, die die
Welt regieren, auch die der Oper.

Kurz nach der Veröffentlichung des Beitrags für Götz Friedrich schickte mir meine Schwester ein Interview, das mein
Cousin Wummi einem Redakteur der deutschen Ausgabe von
»Harper's Bazar« namens Karsten Peters gegeben hatte. Ich
hatte von Wummi seit meiner Übersiedlung nach Italien nichts
mehr gehört. Unter dem Titel »Ich habe immer das Gefühl, daß
heute alles passieren müßte« las ich einige Äußerungen, die ich
nicht unterstützen konnte. Leider beließ Wummi es nicht dabei, seine Arbeit als Opernregisseur vorzustellen. Ich ärgerte
mich darüber, daß er sich quasi stellvertretend für mich äußerte zu meiner Situation und Haltung, obwohl er meine Meinung
zu vielen Dingen nicht kannte. Darin zeigte sich wieder, daß

selbst Wummi und ich es nicht gelernt hatten, ganz offen miteinander zu reden – ein Ergebnis der von Mißtrauen und Haß erfüllten Atmosphäre, in der wir aufgewachsen waren. Das Interview war sicher auch das Ergebnis einer lange erlittenen Demütigung. Ich teile seine Kritik an der Regiearbeit meines Vaters. Als Peters ihn nach der Festspielleiternachfolge in Bayreuth fragte, antwortete Wummi: »Wolfgang Wagner will der längste [sic!] und letzte Festspielleiter unserer Familie sein. Und das finde ich eigentlich nicht sehr verantwortungsbewußt.« So weit, so gut. Weniger gut aber war das folgende: Auf die Frage, ob Wummi der Nachfolger meines Vaters werden wolle, antwortete er: »Ja, ich will das sehr stark. Das ist nicht nur ein frommer Wunsch, den ich habe, sondern ein ausgeprägter Drang.«

Peters: »Wer außer Wolfgang Wagner könnte Sie daran hindern?«

Wummi: »Ach, Wolfgang kann mich auch nicht daran hindern, glaube ich. Das kommt nur darauf an, unter welchen Umständen das passiert.«

Peters: »Gibt es denn vor dem Ableben Ihres Onkels eine praktische Möglichkeit, die Festspiele zu übernehmen?«

Wummi: »Es wäre seine Pflicht, mich heute schon einzubauen, statt auf den Moment zu warten, wo irgendeine Katastrophe oder etwas Unvorhergesehenes passiert.«

Peters: »Und das lehnt er strikt ab?«

Wummi: »Das lehnt er ab.«

Peters: »Und gibt er dafür eine Begründung an?«

Wummi: »Ja, er sagt, ich hätte mich nach dem Tode meines Vaters von unten hochdienen sollen. Dabei vergißt er aber, daß er mir das unmöglich gemacht hat. Ich finde auch, daß man sich lieber außerhalb einer Firma, der man angehört, verdient machen sollte als innerhalb.«

Peters: »Unter den übrigen ›Jung-Bayreuthern‹, die ja auch so jung nicht mehr sind, gibt es keinen Aspiranten?«

Wummi: »Doch, es gibt meine Cousine Eva, die ja schon immer sehr stark beschäftigt ist mit der Leitung von künstlerischen Betrieben, und es gibt meinen Vetter Gottfried, der sich im Moment allerdings mehr auf Verwaltung konzentriert.«

Peters: »Wie stehen Sie zu den beiden?«

Wummi: »Ich bin – erstaunlicherweise in unserer Familie – in bestem Kontakt und im besten Einvernehmen. Und es gibt auch gar keinen Grund, warum man das nicht zu zweit oder dritt machen sollte.«

Peters: »Wagner inszeniert Wagner – eine Generation nach der anderen. Ist das nicht so etwas wie künstlerischer Inzest?«

Wummi: »Sicher ist das Inzest. Aber ich bin der Meinung, daß auch aus Inzest Erstaunliches herauskommen kann. Und bei mir ist es so: Mir fällt zu dieser Musik am meisten ein.«

Besonders nachdenklich machten mich die folgenden Passagen des Interviews:

Peters: »Welche Eigenschaften würden auf Sie besonders zutreffen?«

Wummi: »Zornig und nachtragend.«

Peters: »Und wen hassen Sie im Moment?«

Wummi: »Mich selbst am meisten.«

Und dann kam Peters wieder auf sein Lieblingsthema zurück: »Wollen Sie das Erbe von Bayreuth (...) jetzt, hier und heute?«

Wummi: »Ja, lieber vorgestern als gestern. Wolfgang Wagner sollte Abstand davon nehmen, den Rest der Familie als unfähig abzuqualifizieren. (...) Und wenn er sich mal überlegt, was er denn vorher gemacht hat, würde ich sagen, da ist dann meine Qualifikation sicher mehr wert, als es seine damals gewesen ist.«

Peters: »Was bewegt Ihren Onkel, so zu handeln?«

Wummi: »Es muß wohl ein verschobenes Verhältnis vorherrschen, das – ich kann das nur vermuten – immer noch das Ergebnis jenes Kampfes ist, den er als der kleine Bruder führen mußte. Ich kann das nicht verstehen, zumal mein Vater nun schon lange tot ist. Wolfgang hat sich doch längst etabliert, und er ist ja auch anerkannt. Er muß doch nicht ewig für seinen Ruf kämpfen.«

Peters: »War die Feindschaft zwischen dem großen Bruder Wieland und dem kleinen Bruder Wolfgang so stark?«

Wummi: »Ja, die war bis aufs Messer.«

Peters: »Ist es auch ein bißchen Neid des weniger Begabten?«

Wummi: »Muß es ja wohl sein, sonst würde er ja nicht so um sich schlagen.«

Peters: »Wie steht er denn zu seinen eigenen Kindern, Eva und Gottfried?«

Wummi: »Das ist ja die eigentliche Tragödie an der ganzen Geschichte, daß seine eigenen Kinder ihm genauso[viel] wert sind wie die Kinder seines Bruders – nämlich nichts. Das ist schon bedenklich.«[25]

Auf welchem historischen Grund sich der fragwürdige Nachfolgeanspruch meiner Generation tatsächlich aufbaut, ist mir im Zusammenhang mit einem Bayreuther Ereignis einmal mehr deutlich geworden. Im Festspielsommer 1984 wurde ich durch Freunde sehr gründlich informiert über die Ausstellung »Wagner und die Juden« in der Villa Wahnfried. Genaue Details erhielt ich dann ein Jahr später anhand des Ausstellungskatalogs. Aus folgenden Gründen halte ich noch heute diese Ausstellung und ihren Katalog für Geschichtsfälschung:

Erstens: Die antisemitische Hetzschrift »Das Judenthum in der Musik« von Richard Wagner wurde völlig unkommentiert und nicht im kritischen Vergleich der drei Fassungen präsentiert.

Zweitens: Die erwähnte Schrift ist nur der Beginn der antisemitischen Schriften Wagners bis 1881.

Drittens: Die geschichtliche Entwicklung des Antisemitismus von Richard Wagner zu Cosima Wagner, weiter über

Houston Stewart Chamberlain zu Hitler, Winifred, Wieland und Wolfgang Wagner wurde völlig unzureichend in Text und Bild dokumentiert.

Viertens: Die Biographien der sogenannten jüdischen Freunde Richard Wagners, zum Beispiel Hermann Levis, Samuel Lehrs, Carl Tausigs, Heinrich Porges, Angelo Neumanns, Joseph Rubinsteins und Joseph Joachims, und Wagners jüdischer künstlerischer Vorbilder, Felix Mendelssohn und Giacomo Meyerbeer, wurden falsch dargestellt.

In den genannten vier Punkten zeigt sich der Versuch, Wagners Antisemitismus zu relativieren und bis zum Philosemitismus zu verfälschen.

Fünftens: Es wäre für die Ausstellung unerläßlich gewesen, Spezialisten für den geschichtlichen Zusammenhang zwischen Wagners Antisemitismus und dem Holocaust heranzuziehen.

Sechstens: In der Ausstellung wurde bewußt der Zusammenhang zwischen Wagners antisemitischen Schriften und den antisemitischen Inhalten im Bühnenwerk verschwiegen.

Besonders unangenehm fiel mir bei der Behandlung des Antisemitismus die Mißachtung von kritischen Wagner-Forschern auf, so etwa Hartmut Zelinskys. Damit war man in Bayreuth in eine Richtung gegangen, die ich nun bekämpfte. In einem späteren Telefonat mit Vater fragte ich ihn, ob er hinter diesem Machwerk stehe.»Es wurde wohl Zeit, daß hier einmal ein Schlußstrich gezogen wird«, sagte er und legte auf. Doch bevor ich offen und mit allen Konsequenzen meine Attacken gegen den Festspielhügel reiten konnte, hatte ich noch schwere existentielle Nöte zu überwinden, bei denen mir Teresina in aller Hingabe beistand.

Nachdem ich bei der Deutschen Bank gekündigt und ein überraschend positives Abschlußzeugnis bekommen hatte, versuchte ich, mich finanziell irgendwie über Wasser zu halten. So arbeitete ich zeitweise als Versicherungsagent in Mailand. Danach verkaufte ich mit einigem Erfolg auf der Mailänder Schuhmesse Schuhe eines befreundeten Modefabrikanten in Cerro Maggiore. Das verschaffte mir ein wenig Luft für Arbeiten über Liszt und Wagner. Alle Versuche, über Everding eine Anstellung in der Kulturszene zu finden, scheiterten, was mich nicht überraschte. Von ihm hörte ich nichts außer einigen »Worten zum Sonntag« mit vielen Komplimenten, und außerdem war er neugierig auf Bayreuther Familienklatsch. Ich war es schnell leid, ihn um einen Gefallen zu bitten. Der einzige in der Opernszene, der mich nicht in der Wüste stehen ließ, war Götz Friedrich.

Aufgrund der offiziellen Geschichtsschreibung in Bayreuth und weil ich meine deutsch-jüdischen Studien weiter treiben wollte, befaßte ich mich intensiv mit dem 19. und 20. Jahrhundert. Daneben setzte ich mich weiter mit Liszt auseinander. Mich faszinierte seine widersprüchliche Persönlichkeit, er war Mephisto und Heiliger, Salonlöwe und christlicher Sozialist. Er verstand sich als Weltbürger und war in der Öffentlichkeit in Momenten, in denen es Zivilcourage bedurft hatte, mutig gewesen, aber unfähig, dauerhafte familiäre und intime Beziehungen aufzubauen.

Beim Studium eröffnete sich mir eine neue, aufregende Welt, ein Kulturkonzept, das ich immer mehr als eine Gegenposition zu Wagner verstand. Als extrem empfand ich die Kontraste, die sich aus Liszts Konfrontation mit der realen Außenwelt ergaben. Er erlebte die Realität als Widerspruch zu seiner künstlerischen Vorstellungswelt. Die Lösung des Konflikts suchte Liszt vergeblich im Rückzug in die künstlerische Isolation. Er arbeitete als avantgardistischer Komponist, Pianist, Musiktheoretiker, Operndirektor, Dirigent, Pädagoge und Koordinator aller wesentlichen musikalischen Strömungen des 19. Jahrhunderts. Seine Wirkung auf die Musik seines und unseres Jahrhunderts ist enorm.

Ich sah mich einem weiteren Giganten aus der eigenen Familie gegenüber. Aber dieser ist mir weit sympathischer als der, dessen Name ich stets wie eine bleierne Kette tragen werde. Ich wurde mir bei der Arbeit über Liszt auch darüber klar, daß ich die eigene Identität noch suchen mußte. Es genügt nicht, Literatur und Partituren zu lesen.

Ich fuhr nach Eisenstadt in das Europäische Liszt-Zentrum, das sich als unbedeutendes Kleinarchiv entpuppte. In Raiding, dem Geburtsort des Komponisten, entdeckte ich im Liszt-Museum, daß Bayreuth seine Hand schon ausgestreckt hatte. Ich fand es wichtig, Liszt nicht frömmelnden Lisztianern und präpotenten Wagnerianern zu überlassen, sondern sein Werk als eigenständiges zu deuten.

Nach der enttäuschenden Reise ins Burgenland nahm ich Kontakt zu meiner Pariser Cousine Blandine Jeanson, einer direkten Nachfahrin von Liszt, auf. Ihre Mutter Daniela Jeanson hatte sich um das Erbe des Künstlers gekümmert. Daniela suchte die Tradition ihrer Mutter, die ebenfalls, entsprechend der Familientradition, den Vornamen Blandine trug, fortzusetzen. In ihrem Besitz befanden sich noch einige wertvolle Erbstücke. Als ich ihr von meinen Liszt-Studien berichtete, gab sie mir Ratschläge und informierte mich über den bevorstehenden internationalen Liszt-Kongreß an der Pariser Sorbonne im Herbst 1986.

Teresina, die zum erstenmal in Paris war, und ich genossen die großartigen Museen, vor allem die Impressionisten und den Louvre. Besonders freute ich mich auf das Treffen mit meiner Cousine Blandine, die ich seit Jahren nicht gesehen hatte. Ihre Anteilnahme an meinem beruflichen Werdegang und unsere Gespräche über die Schicksale unserer Familien halfen mir, eine nicht-wagnerische familiäre Zuordnung zu finden.

Neben meinen Studien zu Liszts Ethik als Gegenposition zu Wagner arbeitete ich an dem Beitrag für Götz Friedrich über die letzten Takte der »Götterdämmerung«. Damals erkannte ich die antisemitischen Anklänge, vor allem in Wagners dem »Ring« vorausgehenden Dramenentwurf »Jesus von Nazareth« von 1849, noch nicht. Aber ich empfand den Schluß der »Götterdämmerung« im Zusammenhang mit dem gesamten »Ring des Nibelungen« als eine Art künstlich aufgesetzten Musiktheaterepilog mit Opern-Happy-End.

In diese Zeit fiel ein Angebot des Leiters des Richard-Strauss-Instituts, Stephan Kohler, den ich 1978 bei Proben von »Ariadne auf Naxos« in Salzburg kennengelernt hatte. Kohler ist ein offener Europäer mit weitgefächertem Wissen, auch über Strauss, und persönlichem Mut zu wenig opportunen Themen. Ich sollte einen Vortrag über Strauss und Liszt erarbeiten. Da ich mich gerade mit Wagners vager letzter Botschaft der »Liebe als erlösungsbringende Rettung der Menschheit« im »Ring« beschäftigt hatte, interessierten mich Transzendenz und Immanenz in der »Berg-Symphonie« des unorthodox-christlichen Liszt und in der »Alpensymphonie« des Bourgeois und zeitweiligen Nietzscheaners Richard Strauss. Ausgangspunkt meines Themas »Christ – Antichrist oder der Künstler zwischen Transzendenz und Immanenz« war Kants Definition in seiner »Kritik der reinen Vernunft« von 1781: »Wir wollen die Grundsätze, deren Anwendung sich ganz und gar in den Grenzen möglicher – nicht bloß tatsächlicher – Erfahrung hält, immanente, diejenigen aber, welche diese Grenzen überfliegen sollen, transzendente Grundsätze nennen.«[26]

Während der Vorbereitung des Vortrags las ich den Briefwechsel zwischen Liszt und Nietzsche von Januar und Februar 1872. Nietzsche, der damals noch stark von Wagner beeinflußt war, mißdeutete Liszt als einen dionysischen Menschen, also als einen Mann, der seinem Charakter Stil verleiht und seine Leidenschaften gelten läßt, weil er stark genug ist, sie zu beherrschen. Liszts Antwort war voller Achtung, aber er schrieb, er sei Christ. Welche Entwicklung Nietzsches Urteil über Liszt nahm, las ich dann in der Schrift »Der Fall Wagner« (1888)

nach. Hier fand ich im Epilog folgende Zeilen, die für meine Auseinandersetzung mit Liszt wichtig wurden: »Wenn Wagner ein Christ war, nun dann war vielleicht Liszt ein Kirchenvater! – Das Bedürfniss nach Erlösung, der Inbegriff aller christlichen Bedürfnisse hat mit solchen Hanswursten Nichts zu thun: es ist die ehrlichste Ausdrucksform der décadence, es ist das überzeugteste, schmerzhafteste Ja-sagen zu ihr in sublimen Symbolen und Praktiken. Der Christ will von sich loskommen. Le moi est toujours haïssable.«[27]

Ich begann, einiges in Liszts Denken besser zu begreifen, als ich las, daß das Wunderkind als Sechzehnjähriger einen Nervenzusammenbruch hatte und Priester werden wollte. Das Bedürfnis nach Weltflucht kam zwei Jahre später wieder, weil seine erste Liebesbeziehung tragisch gescheitert war. Auch spätere Beziehungen des Komponisten endeten tragisch. Liszt war als Vater eine Katastrophe. Sicher liegt hierin auch eine Erklärung für das Wesen seiner Tochter Cosima.

Liszt polemisierte gegen die erstarrten musikalischen Formen seiner Zeit, aber er ließ wie Wagner die Diskussion um die Musik in vagen Interpretationen enden. Ich verstand damals Liszt als radikale Gegenposition zu Wagner, die für meine weitere Auseinandersetzung von großer Bedeutung war.

Als ich mich im Oktober 1985 vor dem Chor von Cerro Maggiore in einem Vortrag ganz im Sinn Liszts gegen eine dogmatische, intolerante Ausübung von Religion und Musik aussprach, waren meine Zuhörer nicht begeistert. Meine neuen Studien standen am Anfang meiner wachsenden Distanz zum geistigen Leben in Cerro Maggiore.

Mitte Dezember nahm das konservative Münchener Bildungsbürgerpublikum im Beisein der Bayreuth ergebenen Strauss-Söhne meine Gedanken über Strauss und Liszt zur Kenntnis. Ich hatte damit meinen Auftrag erfüllt und etwas Geld in der chronisch knappen Kasse.

Erst im Jahr darauf entdeckte ich Liszt wirklich. In Vorträgen und Rundfunksendungen in der Schweiz, Italien, Belgien, Frankreich und den USA sollten sich mir viele Möglichkeiten zum Gedankenaustausch bieten. Ich begriff allmählich Liszts Haltung zu den Juden. Seine Arbeit »Die Zigeuner und ihre Musik in Ungarn« von 1859 mit dem entscheidenden Kapitel »Die Israeliten« war sicher auch durch Wagners rassistische Hetzschrift »Das Judentum in der Musik« von 1850 angeregt worden. Liszt beendet seine Schrift nicht wie Wagner mit dem »Untergang«, dem »Selbstmord« der Juden. Nach einer antisemitischen Analyse der jüdischen Religion und Rasse empfahl er den Juden, die er als Nation verstand, sich Palästina durch »eigene Kraft« zurückzuerobern.

Ende Oktober 1986, nach dem Besuch des wenig befriedigenden Liszt-Kongresses in Paris, reisten Teresina und ich nach Luxemburg weiter, wo uns Louis Landuyt und seine Frau Cathérine zu einem Liszt-Abend eingeladen hatten. Louis hatte mit Hilfe des Luxemburger Kulturministeriums, der Deutschen Botschaft und – ausgerechnet – der Deutschen Bank im Théâtre des Capucins ein ausgewogenes Programm von Klavierstücken in der Interpretation von Cathérine und Liedern zusammengestellt, die Louis, begleitet von seiner Frau, vortrug.

Zu Beginn der Veranstaltung hatte ich einen Vortrag gehalten. Ich verlas nach einleitenden Worten vor allem provokative Zitate von Liszt zu allen wesentlichen Aspekten im Leben und Schaffen des Künstlers. Eine aggressive Stille im sich vor allem aus Bankern zusammensetzenden Publikum ergab sich, als ich folgende Passagen aus Liszts Schrift »Chopin« von 1852 vorlas: »Bei den Königen und Fürsten der Finanzwelt dagegen (...) bezahlt man Alles bar, selbst den Besuch eines Potentaten wie Karl V., dem man, wenn er sich herabläßt, sich von seinem Bankier beherbergen zu lassen, seine eigenen Wechsel anbietet, um sein Kaminfeuer anzuzünden. Somit brauchen auch Dichter und Künstler nicht umsonst auf ein Honorar zu warten, das ihr Alter vor Sorgen schützt. (...) Das reichgewordene Bürgerthum läßt Künstler und Poeten in der Gefräßigkeit des Materialismus untergehen. Hier wissen Frauen und Männer nichts Besseres zu thun, als sie zu mästen, wie man die King-Charles der Boudoir-Sophas mästet, bis sie, angesichts ihres japanischen Porzellantellers, vor Fettsucht umkommen. (...) Die Parvenus, die nicht säumen ihre befriedigte Eitelkeit zu bezahlen, da sie sich nur durch die von ihnen verausgabten Geldsummen groß fühlen, mögen immerhin mit weitgeöffneten Ohren und Augen hören und sehen, sie verstehen doch Nichts von wahrer Poesie und Kunst.«[28]

Als ich dann im katholischen Luxemburg noch Liszts Meinung über die römische Kirche und seinen Brief an den exkommunizierten Sozialrevolutionär Lamennais verlas, wurde Hüsteln im Saal vernehmbar. Doch man blieb höflich und verzichtete auf Zwischenrufe, auf die ich gehofft hatte. In der Pause stand ich dann zur Strafe allein mit Teresina. Louis und Cathérine amüsierten sich über das betretene Schweigen des Publikums. Doch dann trat wie ein deus ex machina ein Vertreter des ungarischen Kulturministeriums an mich heran, um mir mitzuteilen, daß ich aufgrund meiner Arbeiten über Liszt als einziger Deutscher mit der Liszt-Plakette 1986 ausgezeichnet worden sei. Diese Nachricht verkündete Louis vor dem zweiten Teil des Abends, dem Konzert. Plötzlich war ich »in«. Teresina und ich wurden nach dem erfolgreichen Konzert hofiert. Man erheiterte sich über Liszts »Scherze« ganz im Sinne Liszts »mit weit geöffneten Ohren und Augen«. Ein Direktor der Deutschen Bank sagte: »Das sind eben doch Meinungen eines Künstlers, der wenig von der Bankwelt versteht. Ihnen wird wie Ihrem Urgroßvater sicher unsere Welt auch ganz fremd sein.«

Ich antwortete: »Fremd ist mir die Welt der Bank schon, aber ich kenne sie. Ich habe drei Jahre in der Deutschen Bank gearbeitet.«

Allgemeine Heiterkeit. Niemand wollte es glauben.

Das Jahr 1987 schien Gutes zu verheißen. Ich bekam vom Bonner Theater einen Vertrag für eine freie Dramaturgie bei den »Meistersingern von Nürnberg« für die Spielzeit 1987/88. Das Projekt erforderte meine Anwesenheit in Deutschland, zunächst vor allem, um im Richard-Wagner-Museum in Bayreuth zu recherchieren. Es dauerte eine Weile, bis man mir gestattete, das Archiv in der Festspielstadt aufzusuchen. Die Archivleitung kannte die Stimme ihres Herrn und verfolgte meine Arbeit mit Argwohn. Es bedurfte einiger heftiger Vorstellungen, um durchzusetzen, daß ich Briefe der eigenen Familie lesen durfte, ohne jedesmal eine detaillierte Begründung abgeben zu müssen. Mein Ärger über die bürokratischen Behinderungen regte mich an, mich ein wenig gründlicher im Archiv umzusehen, und ich begann erneut, mich mit den Bayreuther Tabuthemen Antisemitismus, Gobineau, Cosima Wagner, Houston Stewart Chamberlain, Winifred Wagner und Hitler zu beschäftigen.

Das war auch nützlich im Hinblick auf eine Vortragseinladung zum Toscanini-Symposium Anfang November 1987 in Parma. Harvey Sachs, der weltweit angesehene Toscanini-Biograph, ließ mir Themenfreiheit, und ich entschied mich dafür, über »Toscaninis Bayreuther Dirigierstil« zu sprechen. Bei der Lektüre der »Bayreuther Blätter« und der Festspielführer von 1878 bis 1943 mußte ich mehrmals im öffentlichen Wahnfried-Park spazierengehen, weil mir schlecht wurde angesichts dieser pränazistischen und nazistischen Lektüre. Das war also der kulturelle Boden der eigenen Familie! Ich ließ mir alle Materialien kopieren, die ich brauchte, wissend, daß es in Bayreuth immer noch viele Quellen gab (und gibt), die kritischen Forschern vorenthalten bleiben sollen oder die mein Vater und sein Verfälschungsteam gern für immer unter Verschluß halten würden.

Jeder Besuch im Richard-Wagner-Museum und in Bayreuth war für mich wie ein Alptraum: Die Verdrängung, das

Verschweigen und die Verfälschung im Umgang mit deutscher Kulturgeschichte hatten einen Grad erreicht, der den bösen Geistern der Vergangenheit in den Archivschränken zu langem Leben verhalf. Immer wenn ich damals das Archiv im Chamberlain-Haus verließ und in Richtung Stadtzentrum die Richard-Wagner-Straße stadteinwärts ging, wurde ich mir dessen erneut bewußt.

Vor meiner Abreise aus Deutschland traf ich Vater im Festspielhaus, weil ich ihm einen Beitrag anläßlich des Jahrhundertjubiläums von Nietzsches Schrift »Der Fall Wagner« im kommenden Jahr anbieten wollte. Er erwiderte knapp: »Sende dein Konzept ein. Dr. Bauer wird es kontrollieren.« Ich war verwundert, daß Bauer trotz seiner neuen Stellung als Generalsekretär der Bayerischen Akademie der Schönen Künste, für die sich Vater stark gemacht hatte, immer noch Einfluß auf Vater hatte. Dessen Antwort kam einer Absage gleich. Ich erinnerte mich plötzlich daran, wie sehr Vater Nietzsche verachtete, und fragte: »Ist Dr. Bauer nun auch in Sachen Nietzsche Spezialist? Er hatte doch wohl, als er noch im Festspielhaus arbeitete, schon seine Probleme mit Wagner.« Vater verließ verärgert den Gang. Ich wußte, Bauer wartete nun genüßlich darauf, meinen Vorschlag abzulehnen, aber ich wollte seine und Vaters Stellungnahme schriftlich haben. Ich erhielt sie im April 1987, als Vater mir mitteilte, für ihn sei das Thema nach wie vor zu emotionsgeladen, weshalb er entsprechende Veröffentlichungen in den Bayreuther Programmheften, noch dazu von einem Nachfahren Richard Wagners, derzeit nicht für wünschenswert halte.

Durch meine Mutter lernte ich im August 1987 in München den jüdischen Wagnerianer Alfred Frankenstein aus Tel Aviv kennen. Mutter hatte mit ihm seit Jahren Kontakt und mir oft von ihm erzählt. Seine Liebe zu Wagners Musik machte ihn blind für meine Kritik an Wagners antisemitischen Schriften und an der Rolle der Bayreuther Festspiele in der deutschen Kultur und Politik. Er begriff leider auch nicht, wie schamlos die Festspielleitung ihn für das Neu-Bayreuther Philosemitismus-Marketing mißbrauchte. Er wurde mit berechnender Aufmerksamkeit mit Festspielkarten eingedeckt. Frankenstein wollte nicht anerkennen, daß Wagner mit seinen rassistischen Schriften und seinen Bayreuther Festspielen einen weltanschaulichen Teil zum Holocaust beigetragen hatte.

Der Wagnerianer Frankenstein wollte, wie viele andere jüdische Wagnerianer, verdrängen, ich wollte das nicht. Er konnte wie mancher meiner jüdischen Freunde, die Wagner wie eine Droge genossen, nie ganz begreifen, warum ich mich mit meinem Urgroßvater nicht identifizierte. Aber trotz aller Widersprüche fanden wir Sympathie füreinander. Bei ihm ergab sie sich, als er erfuhr, daß ich mich mit deutsch-jüdischer Geschichte befaßte. Wir sprachen über Kurt Weill, und dann kam die Frage auf, ob ich nicht Vorträge in Israel halten könnte. Er wies jedoch im Sinne von Uri Toeplitz darauf hin, daß diese Idee schwer zu verwirklichen sei. Toeplitz hatte 1966 in Israel in einem Programmheft der Abonnementkonzerte zum Thema geschrieben: »Wir sprechen von Musik, um zu betonen, daß wir Wagner nur als Komponisten annehmen können, nicht den Ideologen des ›Gesamtkunstwerks‹, noch weniger den Theoretiker, den Verfasser von Pamphleten über kulturelle oder politische Themen, den charakterlosen, egoistischen, mehrdeutigen Revolutionär, Freund und Ausbeuter von Königen, Freund von Juden und Erzjudenhasser – kurz, den Menschen, der aus all den Gegensätzen seiner komplexen Persönlichkeit heraus handelte. Wir wollen nicht, daß man vergessen soll, was die Nazis aus ihm machten, nämlich einen ihrer geistigen Ahnen, aber wir sollten auch bedenken, daß wir niemals wissen können, was Wagner selber dazu gesagt hätte, weil er längst tot war, als der Nationalsozialismus aufkam.«[29]

Das war eine für die Mehrheit der liberalen deutschen Juden in Israel typische Haltung Wagner gegenüber. Ihr stand damals die radikale Ablehnung der übrigen isrealischen Bevölkerung gegenüber, die Wagner mit Hitler gleichsetzte. All das konnte mich nicht entmutigen, denn ich war ja »aus der Art geschlagen«, was meine Familie und ihre Vergangenheit betraf. Frankenstein und seiner Frau Esther verdanke ich den ersten Kontakt nach Israel. Er sollte später Früchte tragen.

Im Juli 1987 sah ich mir einige Generalproben im Festspielhaus an. Obwohl Barenboim dirigierte, genoß ich es einmal mehr, »Tristan« im Festspielhaus zu hören. Neben anderen sah ich mir auch die Generalprobe der »Tannhäuser«-Inszenierung meines Vaters an. Ich hatte zuvor versucht, mit ihm darüber zu korrespondieren, aber er hatte nicht einmal geantwortet. Ich stellte während der Generalprobe erneut fest, daß nicht nur zwischen unseren Vorstellungen vom »Venusberg« Welten lagen.

Mein Interesse galt nun einem Angebot aus Frankreich, aus Orange. Ich sollte am dortigen Freilichttheater als freier Dramaturg, parallel zu einer »Ring«-Inszenierung, daran mitwirken, einen Videoclip zu produzieren, eine Ausstellung organisieren und das Programmheft für den Sommer 1988 erarbeiten. Nach einem ersten Treffen mit Direktor Raymond Duffaut merkte ich, daß es zwischen den Marketingmethoden in Bayreuth und Orange kaum Unterschiede gab. Die Direktion in Orange wollte vor allem meinen Namen vermarkten. Da ich zu dieser Zeit nicht gerade gesegnet war mit Angeboten und mich der Videoclip reizte, dachte ich an das Honorar und sagte zu. Zurück in Cerro Maggiore, erfuhr ich am Telefon, daß ich einer der Endkandidaten für die Leitung des Opernhauses im nordschwedischen Umea geworden war. Lennart Rabes, Pianist und bekannter Liszt-Interpret, der in Umea als Korrepetitor tätig war, hatte mich als Kandidaten vorgeschlagen. Ohne große

Hoffnungen hatte ich meine Unterlagen nach Umeå geschickt. Ende August flog ich zum erstenmal nach Stockholm, das mich mit seinen Seen und seiner seit Jahrhunderten unangetasteten Architektur entzückte. Dort wurde ich herzlich von Bertil Hagman, dem ehemaligen Dramaturgen der Königlichen Oper, dem liberalen Politiker Jan Eric Wikström und vor allem von Marietta Kardos, einer angesehenen Ärztin, empfangen. Marietta und ich entwickelten sofort eine herzliche Freundschaft, und ich erfuhr, daß sie als Kind mit ihrer Mutter das KZ überlebt hatte.

Meine neuen Freunde instruierten mich, was ich in Umeå zu erwarten und zu tun hatte. So vorbereitet, flog ich dorthin und ließ mich durch den Anblick der wilden Landschaft von Seen und Wäldern beeindrucken. Kaum gelandet, erwartete mich das gesamte Opernpersonal. Ich sprach, wie mir der Schnabel gewachsen war, und betonte, daß es ein Privileg sei, in der Kultur- und Opernszene zu arbeiten, und daß jede Form von Kulturarbeit auf individueller Initiative und Verantwortung beruhe.

Der Parteikader der Sozialisten am Opernhaus war mit meiner Meinung nicht einverstanden und wollte auch die Kunst von der Wiege bis zur Bahre durchorganisiert wissen. Trotz meiner Opposition gegen diese politische Bevormundung wurde ich mit überwältigender Mehrheit zum neuen Operndirektor gewählt. Man war sehr enttäuscht, als ich mich nach Diskussionen mit Teresina entschied, lieber mein Leben in Italien fortzusetzen, als mich im schönen Umeå mit Parteifunktionären herumzuschlagen. Mancher meiner Freunde und Bekannten war entsetzt, daß ich diese einzigartige Karrierechance in der Opernwelt nicht wahrnahm. Aber eine Karriere und eine unsichere Zukunft in einem mir fremd gewordenen Umfeld auf Kosten meines Privatlebens kamen für mich nicht in Frage. Wie mir ein Bayreuther Freund erzählte, atmete man am Festspielhügel erleichtert auf.

Ich begann nun Rundfunksendungen über Goethes »Faust« in kompositorischen Umsetzungen von Liszt, Hector Berlioz und Wagner sowie Liszts Jugendoper Oper »Don Sanche« vorzubereiten. Außerdem hatte ich bald beim Bayreuther Jugendfestspieltreffen einen Vortrag zum Thema »Die Fälle Nietzsche und Wagner« zu halten.

Bonn und Orange

Die Vorbereitungen zu den »Meistersingern« in Bonn und dem »Ring« in Orange sah ich als gute Möglichkeiten, nach sechs Jahren Theaterabstinenz neue Kontakte im Operngeschäft zu knüpfen. Der Wiederbeginn hatte aber auch Schattenseiten, denn er war mit dem damaligen Bonner Generalintendant Jean Claude Riber verbunden, der mich ausschließlich wegen meines Namens eingekauft hatte. Bereits in den wenigen Vorgesprächen über die »Meistersinger« merkte ich, daß es geistig nichts gab, was uns verband. Er freute sich über den absurd hohen Etat seines Hauses in der Bundeshauptstadt, setzte ganz auf den Starrummel, und wer nicht spurte, wurde hinausgeekelt. Bei einem Vorgespräch sah ich das Bühnenbildmodell von Günther Schneider-Siemssen, den André Heller zu Recht »die Basteltante von Karajan« genannt hatte. Ich war entsetzt über die spießige Ausstattung. Sie erinnerte mich an die »Meistersinger« der dreißiger und vierziger Jahre in Bayreuth. Schneider-Siemssen spürte mein Unbehagen. Er kritisierte meinen Onkel und dessen »Meistersinger *ohne* Nürnberg« von 1956. Da diese »Meistersinger« von Wieland zu meinen Lieblingsinszenierungen gehören, hielt ich mich nicht mehr zurück und sagte zu Schneider-Siemssen: »Inhaltlich und ästhetisch haben wir wohl nichts gemein. Wielands ›Meistersinger‹ von 1956 werden Theatergeschichte machen. Diese ›Meistersinger‹ nicht.« Damit war jeder Kontakt zum

Bühnenbildner abgebrochen. Ich begriff, daß ich mich im folgenden Jahr in Bonn darauf würde konzentrieren müssen, das Programmbuch fertigzustellen. Es kamen schwierige Zeiten auf mich zu.

Davor lag der Toscanini-Kongreß in Parma und mein dortiger Vortrag über »Toscaninis Bayreuther Dirigierstil«. Da die Zeit des großen italienischen Dirigenten am Festspielhügel in das Vorfeld des Nationalsozialismus fiel, interessierte mich das politische Umfeld, die Rolle meiner Großmutter, die Hitler ab 1923 bei der deutschen Bourgeoisie salonfähig gemacht hatte. Ich las einmal mehr die Autobiographie meiner Tante Friedelind »Nacht über Bayreuth«, in der sie 1944 geschrieben hat, welche unüberwindliche Kluft zwischen ihr und meinem Vater lag.

Kurz vor meiner Abreise nach Bonn, Anfang März 1988, lernte ich auf einem Empfang des österreichischen Konsuls Rudolf Novak in Mailand den Dichter und Lyriker Karl Lubomirski und seine Frau, die Malerin Enrica Lubomirski, kennen. Welche humane Gegenwelt zu der verkommenen Opernszene, die mich in Bonn und Orange erwarten sollte, verkörperten die beiden! Von Anfang an entwickelte sich unser Gespräch vielschichtig, was auch bedeutete, am Schicksal des anderen Anteil zu nehmen. Bald lernte ich Karls farbig-sinnliche Erzählweise mit allen Schattierungen feinsinnig-beißenden Humors, mit tiefer Melancholie und dann wieder explodierender Lebensfreude kennen. Ich wußte nach den ersten gemeinsamen Stunden, daß sich unsere Wege noch oft kreuzen würden. In seiner Anwesenheit las ich ein Gedicht aus seinem deutsch-italienischen Band »La Zolla di Luce«, dessen Texte Enrica mit großer Sensibilität ins Italienische übersetzt hatte. Gedichte wie »Der Baum« mit der Zeile »Der Baum meines Lebens trägt Zweifel« nahmen mich sofort für seine Lyrik ein. Auch ihn hatte die italianità seiner Frau einst dazu bewegt, die Enge seines Geburtslandes Österreich zu verlassen.

Karl hatte zwar Innsbruck wie ich Bayreuth unwiderruflich hinter sich gelassen, wir blieben aber – ob wir wollten oder nicht und Karl als Dichter noch mehr als ich – geprägt und abhängig von der deutschen Kultur und Sprache. Es stellte sich bei uns eine stille Solidarität gegenüber dem freundlichen, aber letztlich oft unverbindlichen Verhalten des italienisch-katholischen Umfelds ein. Obwohl es für uns besser ist, in Italien zu leben als anderswo in Europa, fühlen wir uns doch als kosmopolitische Außenseiter und Nomaden. Wie sehr wir uns in entscheidenden Fragen nahestehen, wurde mir auch bei der Lektüre von Karls Gedicht »Auschwitz« von 1990 deutlich. Er sagt das Unsagbare so:

> Hier fiel ein großes Blatt
> vom Baum des Todes
> größer noch als Babylon
> Jerusalem und anderswo
> ein Blatt
> das keinen Winden folgt
> das liegt und liegt und liegt
> und wenn Geschichte selbst verweht
> erst mit seinem Ort
> vergeht. [30]

An seiner Bedeutung als Dichter gibt es für mich keinen Zweifel. Er ist ein zuverlässiger Mitstreiter für einen deutsch-jüdischen Dialog in der Kontroverse mit dem Wagner-Kult in Bayreuth nach meiner Israelreise 1990 geworden. Was mich stets mit Karl verbinden wird, ist seine Unbestechlichkeit in humanitären Fragen. Er war diskriminiert worden durch selbsternannte Päpste in einer scheinlinken internationalen Kulturlobbylandschaft. Auch in diesem Punkt haben wir biographische Berührungspunkte.

Bereits der Beginn unserer Freundschaft im März 1988 hatte

eine gute Wirkung: Ich fuhr ohne innere Aversion gegen Riber und Co. nach Bonn. Dort kam ich erst einmal bei meiner »Wahlmutter« Bettina Fehr unter. Wie immer bildeten Vater, Mutter und Bayreuth einen wesentlichen Teil unserer Gespräche. Bettina war stets um Vermittlung und Ausgleich bemüht, hatte aber mit der Zeit begriffen, daß ich wenig an meiner verfahrenen Situation ändern konnte.

Angeregt von unseren Gesprächen, gab mir Bettina am 14. März eine Nachtlektüre, die Folgen haben sollte: Ralph Giordanos »Die zweite Schuld oder von der Last, Deutscher zu sein«. Sie meinte, mich nur allzu gut kennend: »Dieses Buch wird dich nicht loslassen!« Sie sollte recht behalten. Ich las die 363 Seiten nicht, ich verschlang sie, denn was ich da bei Giordano las, sprach mir aus der Seele. Die inhaltliche Klarheit und sprachliche Schönheit, seine diffenzierten historischen, politischen und kulturellen Analysen und seine Humanität überwältigten mich. Das war nach langer Zeit wieder ein deutschsprachiger Autor, der mir etwas zu sagen hatte. Sein durchlittenes Leben hat ihn zu einem ungewöhnlich mitfühlenden Menschen gemacht, der sich mit Zivilcourage gegen die deutsche Verdrängungsgesellschaft stellt. Mein erster Eindruck: »Er schreibt genau das, was für mich wichtig ist.«

Am 15. März stand ich morgens um sieben Uhr hellwach auf, ohne einen Moment geschlafen zu haben. Ich konnte nicht anders, als Bettina, die keine Frühaufsteherin ist, durch eine geräuschvolle Morgentoilette zu wecken. Noch leicht verschlafen, bereitete sie mir den Kaffee in der Küche. Ich berichtete ihr begeistert von meinem Leseerlebnis und fragte ungeduldig: »Kannst du nicht Ralph Giordano anrufen?« Bettina lachte und sagte: »Jetzt um halb acht Uhr morgens? Warten wir besser bis neun!«

Um neun Uhr rief sie an und stellte mich in ihrer charmanten Art, der niemand widerstehen kann, nicht nur als den »Weill-Wagner« vor, sondern sagte auch, welche Hoffnungen ich mit einem Gespräch über deutsch-jüdische Geschichte mit ihm verband. Drei Tage später folgten Bettina und ich Giordanos Einladung nach Köln. Als wir nach dem Klingeln auf Einlaß warteten, öffnete sich die Tür. Wir sahen einen hübsch dekorierten Nachmittagskaffeetisch zwischen geschmackvollen Stilmöbeln. Statt der Begrüßung durch den Gastgeber klang das Vorspiel zum ersten Akt von »Tristan und Isolde« an. Dann kam uns Ralph Giordano entgegen. Nachdenklich sagte er zu mir: »Diese Musik gehört zu meinen Lieblingskompositionen Wagners.« Ich antwortete: »Es ist unmöglich, von Wagners ›Tristan und Isolde‹ nicht fasziniert zu sein, aber mit dem ›anderen Wagner‹ müssen wir leider auch leben.« Er stimmte zu und gab mir die Hand.

Ich hatte eigentlich vor, Ralph Giordano nach seinem Leben und seiner Arbeit zu fragen. Doch dazu sollte es in den folgenden drei Stunden nicht kommen. Er hatte viele Fragen zu meiner Lebensgeschichte. Wir saßen in entspannter Atmosphäre auf dem Sofa. Ich bemerkte, wie sich seine feinen und melancholischen Gesichtszüge aufzuhellen begannen, während ich ihm antwortete. Wie selbstverständlich öffnete ich mich ihm und sprach mit ihm wie mit einem alten Freund. Als ich ihm von »Winnie« und »Wolf« erzählte, griff er meinen Arm und unterbrach meinen Redefluß mit einer Frage, die mich irritierte: »Sind Sie wirklich der Sohn von Wolfgang Wagner?« Ich reagierte kaum, denn ich glaubte, ihn falsch verstanden zu haben, und fuhr fort, über die Korrespondenz zwischen Hitler und meiner Großmutter zu erzählen. Mit freundlicher Hartnäckigkeit wiederholte er die Frage: »Sind Sie wirklich der Sohn von Wolfgang Wagner?«

Nun merkte ich, daß er mich tatsächlich nach meinem Vater fragte. Ich fragte lachend zurück: »Warum wollen Sie das wissen?«

Er antwortete ernst: »Ich habe Ihren Vater einmal in Bayreuth interviewt. Es tut mir leid, wenn ich Ihnen sagen muß, daß ich ihm kein Wort geglaubt habe. In dem Mann ist kein Humanum.«

Ich antwortete: »Sie brauchen sich nicht zu entschuldigen, denn Sie sagen nur das, was ich seit meiner Kindheit weiß und erfahren habe.«

Giordano griff nach seinem Roman »Die Bertinis« und schrieb in den Band: »Für Gottfried Wagner – mit Sympathien auf den ersten Blick«. Und dann sagte er mit Nachdruck: »Ob Sie wollen oder nicht, Sie müssen Ihre Lebensgeschichte schreiben. Das sind Sie Ihrer und folgenden deutschen Generationen schuldig.«

Ich war damit gar nicht einverstanden und sagte: »Mit 41 Jahren eine Art Autobiographie gegen die verkommenen Bayreuther Zustände schreiben? Wozu? Wen interessiert das? Um dann noch isolierter als zuvor zu sein?«

Giordano: »Sie haben nichts mit dem verlogenen Bayreuth der Wagners zu tun, aber Sie sind ein Wagner, der sich seiner menschlichen und historischen Verantwortung bewußt ist. Schreiben Sie Ihre Lebensgeschichte. Die Aufarbeitung wird Ihnen persönlich und eines Tages auch bei Ihrer Reintegration in Deutschland helfen. Ich werde Sie unterstützen.«

Bewegt verließ ich mit Bettina Ralph Giordano. Ich wußte, daß das Treffen Folgen für mein Leben haben würde.

Der Opernalltag holte mich gleich wieder ein. Meine Befürchtungen, daß Riber in Bonn »Die Meistersinger« zur Pflege des eigenen Profils mißbrauchen würde, wurden bei weitem übertroffen. Mitte März besuchte ich eine der Proben, die bereits auf der kleinen Hauptbühne stattfanden. Das Bühnenbild, das teilweise schon aufgebaut war, war noch geschmackloser als das Modell. Nach dem Motto: »Alles, was teuer ist, ist auch gut« hatte Riber alle Stars des internationalen Wagner-Markts wie die Sänger René Kollo und Bernd Weikl eingekauft. Da standen die Größen der Gesangskunst in den Proben gelangweilt herum und heuchelten Interesse an Ribers Arrangements, die sie dann durch Ideen und Erfahrungen von anderen Produktionen an anderen Opernmarktplätzen ergänzten. Riber nahm das peinliche Theater anfänglich sogar mit einer Videokamera auf, um es der Ewigkeit zu erhalten. Als ich versuchte, Riber auf einen grotesken Irrtum in seinen Bewegungsarrangements hinzuweisen, war er beleidigt. Er war es gewohnt, daß alle ihm Komplimente machten und ihn als Künstler feierten.

Meine Arbeiten an dem umfangreichen »Meistersinger«-Programmheft gingen gut voran. Um einen Kritiker möglichst schnell aus seinen Proben heraus zu haben, stimmte Riber allen meinen Vorschlägen für das Programmheft gleich zu, um dann hinterrücks gegen mich zu intrigieren. Er sah mich als Konkurrenten, auch hinsichtlich der Außenwirkung, und tat alles, was jemand dieses Kalibers tut, um einen anderen mieszumachen. Jeder meiner Schritte, selbst meine Telefonate, wurden von seinen Lakaien überwacht. Die Dramaturgin, Monika Rottmaier, die sich wie ich die Repressionen nicht gefallen ließ, erhielt ihr Kündigungsschreiben sicher nicht wegen mangelnder Sachkompetenz. Riber und Co. zerstörten ein renommiertes Opernrepertoirehaus durch ein austauschbares Starprogramm ohne Seele. Und was sollte ich von Sängern halten, die sich in der Kantine über Riber lustig machten, um dann auf der Probe vorzugeben, sie seien hingerissen von dessen Regietaten. Die Heuchelei endete mit dem Gang zur Kasse. Ich hoffte, daß dieses kunstfeindliche System, wie es ja nicht nur in Bonn herrschte, bald ein Ende haben würde. Und tatsächlich sollte die aufgeblasene Mittelmäßigkeit in den neunziger Jahren platzen.

Einer der letzten jämmerlichen Coups von Riber und Co. gegen mich war der Versuch, meinen Namen aus meinem »Meistersinger«-Programmbuch zu streichen. Ein Gang zum Rechtsanwalt sorgte für Klärung. Riber war es nicht genug, und er tat nun alles, um mich aus der »Ring«-Produktion in Orange herauszudrücken, an der er als Regisseur beteiligt war. Er behauptete, ich hätte keinerlei Beitrag zu seinen »genialen ›Meistersingern‹« geleistet, obwohl Publikum und Medien positiv auf das Programmbuch reagiert hatten. Vor Gericht mußte Riber später seine Verleumdungen zurücknehmen.

Die Premiere am 17. April 1988 entsprach den Proben. Die Medien und das Publikum fielen herein auf den falschen Glanz und den Starrummel, und das war nicht nur in Bonn so. Die achtziger Jahre waren offenbar der Höhepunkt einer kulturpolitischen Diktatur des Mittelmaßes, gestützt auf politische und wirtschaftliche Lobbies, die nur hochkommen ließen, was ihnen genehm war.

Ich hatte in Bonn nur eine Chance, gegen diesen Betrieb zu protestieren, und zwar durch Inhalt und Form meines Programmbuches. Ich zitierte aus Wagners Schriften und den »Meistersingern« und schrieb Beiträge, die bei genauer Lesart in Kontrast zu dem standen, was auf der Bühne vor sich ging. Ich demaskierte Riber und Co. durch den revolutionären Richard Wagner und seine avantgardistischen Ideen zum Musiktheater, während Riber versuchte, den Komponisten als kleinbürgerlichen Gartenzwerg in der Bundeshauptstadt herauszuputzen. Das hatte selbst der widerspruchsvolle Wagner und sein doppeldeutiges Werk nicht verdient!

So zitierte ich Wagners Brief vom 14. Oktober 1868 an Ludwig II., in dem er im Zusammenhang mit der Aufführung seiner »Meistersinger« klagte: »Die ganze Elendigkeit und tiefste Versunkenheit des deutschen Theaters soll ich eben an diesem Werke in noch gefüllterem Maße erleben.«[31] Genau das war es, was ich zu den Bonner »Meistersingern« zu sagen hatte. Die Tragweite meines subversiven Programmbuches wurde aber in der Bundeshauptstadt nicht begriffen.

In einem Gespräch mit dem Bonner Musikkritiker Hans G. Schürmann legte ich nach. Am Premierenwochenende erschien das Interview unter dem Titel »Der andere Wagner: gegen den Strom ans eigene Ziel« im Bonner »General-Anzeiger«. Darin kritisiere ich den Operndschungel und fordere, »Oper als konstruktives Gruppenerlebnis auf Grundlage von individueller Verantwortung, Motivation, Initiative und permanenter Evolution der Sachkompetenz und Kreativität durchzusetzen«.

Statt einer offenen Diskussion über meinen Angriff folgten dick aufgetragene Komplimente, die mich in ihrer Unverbindlichkeit daran erinnerten, wo ich war: in Deutschland, dem Verdrängungsparadies, in dem das Schweigen, besonders im Fall Wagner und seiner »Meistersinger«, die bekannten handfesten Gründe hat.

Ribers Intrigen gegen mich in Orange hatten Erfolg. Festspielleiter Duffaut wollte mich nun plötzlich loswerden und bot mir an, mich mit der Hälfte meiner Gage abzufinden. Es kam zu einem Streit, den man in der halben Stadt mithören konnte. Ich forderte, daß mein Vertrag als Dramaturg erfüllt werde, und Duffaut begriff, daß ich juristisch gute Karten hatte. Pünktlich lieferte ich das umfangreiche Manuskript des Programmhefts ab. Ich wies darauf hin, daß jede Änderung vorher mit mir abgesprochen werden müsse, und reiste ab. Dann ging ich daran, den Videoclip vorzubereiten, und sammelte dazu fast zwei Zentner Material. Inspiriert von den Bonner Ereignissen, wählte ich als Untertitel »Die Folgen von Machtmißbrauch« für das Video. In meiner »Ring«-Story lasse ich Wotan und Alberich als zwei Ganoven im Kampf um die Weltherrschaft auftreten. Durch meine Erzählweise wende ich mich bewußt an ein Publikum, das die Oper und Wagner so begreift, wie sie präsentiert werden: als Bühne für die Selbstdarstellung der vermeintlich feinen Gesellschaft. Bildern des berühmten Fotografen August Sander verdanke ich wesentliche optische Anregungen. In einer wilden Mischung aus Bildern von Botticelli über Roy Lichtenstein bis zu Coca-Cola zeige ich den Niedergang einer apokalyptischen Gesellschaft vom Roten Platz bis zur Wall Street. Am Ende wird eine Atombombe abgeworfen. Die technische Montage meines detailliert ausgearbeiteten Materials besorgte Thierry Benizeau.

Der nächste Streit war Ende Juli 1988 fällig. Duffaut und Riber hatten das Programmheft verändert, ohne mich zu fragen. Das widersprach dem Vertrag. Mein Anwalt riet mir, Orange zu verlassen. Er teilte dies den Medien mit, was einigen Wirbel verursachte, denn der »Ring«-Clip hatte wenige Tage zuvor auf dem Videofestival in Biarritz den ersten Preis gewonnen. Der folgende Prozeß gegen die Direktion in Orange dauerte vier Jahre und endete mit einem Vergleich, weil mir die finanziellen Mittel fehlten, das Verfahren weiterzuführen.

Ich begann nun, einen multimedialen Vortrag für Bayreuth vorzubereiten. Darin wollte ich fortsetzen, was ich in Bonn und Orange begonnen hatte: die offene Attacke auf die Wagner- und Opernbörse.

Ich wohnte in dieser Zeit in Bad Kissingen, war gesundheitlich angeschlagen und wurde von meinem Freund, dem angesehenen Kardiologen Peter Deeg, gepflegt. Ich kannte Peter seit 1960, also dem Jahr, in dem mein Vater seine erste »Ring«-Inszenierung am Festspielhügel verwirklicht hatte. Er war, wie ich, mit einem starken Vater konfrontiert, der in der Nazizeit ein Buch über den »Hofjuden« geschrieben und als Anwalt im Wirtschaftswunderdeutschland eine zweite blendende Karriere gemacht hatte. Durch seinen Vater war Peter konservativ geprägt worden. Ich wußte aber, daß hinter Peters scheinbar undurchdringlicher konservativer Fassade andere Qualitäten steckten. Sie zeigten sich, als er Jadwiga aus Gdansk heiratete. Jadwiga veränderte mit ihrer strahlenden Lebensfreude und Offenheit Peter so, daß zu meiner Erheiterung kein Stein der langjährigen Junggesellenexistenz auf dem anderen blieb. Ihre vier lebhaften Kinder wuchsen in einer anregenden deutsch-polnischen Kultur auf. Jadwigas kosmopolitischer

Vater, Stefan Angielski, hatte die Besetzung Polens durch die Nazis miterlebt und war in einem stalinistischen Arbeitslager in Sibirien inhaftiert gewesen.

Wir sprachen in den ersten Jahren unserer Freundschaft grundsätzlich nicht über die nationalsozialistische Vergangenheit unserer Väter.

In diesen Tagen im Juli 1988 kam ich auch mit seinem Vater ins Gespräch. Er hatte meinem Vater anfänglich geholfen, die »Stiftungssatzung der Bayreuther Festspiele« auszuarbeiten, bis er entdecken mußte, daß die Sache nicht auf eine Regelung der Nachfolge innerhalb der Familie hinauslief. Das widerstrebte ihm als stark familienbezogenen Vater ebenso wie die unwürdige Scheidung meiner Mutter, der er mit seiner Frau ab 1976 stets geholfen hatte. Ich war erstaunt, als er während unserer Unterredung auch auf den Nationalsozialismus und die Juden zu sprechen kam. Er erkannte bewegt in aller Klarheit die Schrecken des Holocaust als furchtbares Vergehen in der deutschen Geschichte. Ich dachte an meinen Vater, von dem ich nie diese Art der Erkenntnis gehört hatte. Diese Klärung wirkte sich auch auf meine Freundschaft mit Peter aus. Allmählich begannen wir über die Vergangenheit unserer Väter zu sprechen. Dabei diskutierten wir offen über den Antisemitismus im Dritten Reich und unsere Verantwortung für die kommenden Generationen.

Mitte August 1988 trug ich im Rahmen des Internationalen Jugendfestspieltreffens in Bayreuth meine Gedanken zu den »Fällen Nietzsche und Wagner« vor. Meine kulturpolitische Zitatzusammenstellung aus den Schriften »Der Fall Wagner« und »Nietzsche kontra Wagner« schuf eine eisige Stimmung, es fiel mir schwer, dagegen anzusprechen. Mit stiller Wut wurde Nietzsches großartige Analyse der Wagnerianer aufgenommen. Danach beschrieb ich, woran die Freundschaft zwischen Wagner und Nietzsche 1878 zerbrochen war: weil Nietzsche das verschwommene, spätromantische Weltbild

Wagners mit all seinem ideologischen Zündstoff nicht mehr ertragen konnte.

Dann befaßte ich mich mit Nietzsches Beschreibung der »Neurose Wagner«, mit dessen Antisemitismus, den er früh als Gefahr erkannt hatte. Mein Plädoyer für Nietzsches überzeugende Wagner-Kritik, seinen leidenschaftlichen Angriff auf das Opernpublikum seiner Zeit und der Zukunft sowie für seine düstere Diagnose des »Bayreuther Kretinismus«, der schon totalitäre Facetten zeigte, wurden im Zuschauersaal verstanden: nämlich als meine Abrechung mit dem Festspielpublikum der verlogenen Neu-Bayreuth-Ära. Ich garnierte das alles mit provokativen Collagen Wagnerscher Musik und Karikaturen von Marc Sautet und Patrick Boussignac.

Als ich den Vortrag mit Nietzsches Lobpreisung von Bizets »Carmen« und mit einer dröhnenden Einspielung des Schlusses dieser Oper beendete, war die Stimmung im Saal, wie ich sie erwartet hatte: gereizt und aggressiv. Einige Festspielhügeltreue bemühten sich, Tatsachen zu verbiegen, und erreichten so, daß eine seriöse Diskussion mit dem Publikum nicht zustande kam. Die »Gesellschaft der Freunde von Bayreuth«, die ich freundlich eingeladen hatte, hatte es ohnehin vorgezogen, ihr Weltbild Erschütterungen nicht auszusetzen. Teresina und ich standen nach dem Vortrag mit wenigen Freunden und Bekannten im leeren Saal.

Ich hatte begriffen, daß es unmöglich war, in Bayreuth offen über Wagner, Nietzsche und die Juden zu diskutieren. Als wir den Saal verließen, kam ein mich freundlich anlächelnder Herr auf mich zu und sagte: »Mein Name ist Janos Solyom. Lassen Sie sich von der Reaktion dieses Publikums nur nicht entmutigen. Ich stehe ganz hinter Ihrem Vortrag, der hier unerwünscht sein muß, denn Sie stellen alles nicht nur in Frage, sondern lassen auch keine Verdrängung der Vergangenheit zu. Jede Form von Wahrheit schmerzt. Sie sind hier unerwünscht. Nichts hat sich hier verändert.« Er gab mir herzlich seine

Hand, und wir verabredeten, daß wir uns in einer der Pausen der nun anstehenden »Meistersinger«-Aufführung treffen würden.

Dabei erfuhren wir von Janos' internationaler Karriere als Pianist und von der journalistischen Arbeit seiner Frau Camilla Lundberg. Teresinas und meine Freundschaft mit den beiden entwickelte sich wie eine Schutzreaktion gegen das verpanzert-verlogene Bayreuther Umfeld. Wir sprachen über Liszt und den Mißbrauch seiner Vita und Werke durch Bayreuth und machten gemeinsame Pläne für die Zukunft. Eines der gemeinsamen Projekte wurde 1994 unser vielbeachteter Theresienstadt-Abend in Stockholm, an dem Janos Klavierwerke von Pavel Haas, Gideon Klein und Viktor Ullmann in einmalig intensiver Weise vortrug. Sein künstlerisch-kultureller Reichtum und seine Toleranz machten die Stunden mit ihm einmalig. Erst in Stockholm erfuhr ich, daß Janos mit Kurt Weill verwandt ist und daß die Nazis seinen Vater in Rußland ermordet hatten.

Einen Tag, nachdem ich Janos kennengelernt hatte, wurde mein »Ring«-Videoclip während des Bayreuther Jugendfestspieltreffens vorgestellt. Die aggressive Stimmung vom Vortag hatte sich erhalten, aber weil ich der Sohn vom Festspielchef war, kam es nicht zur Explosion. Während ich mehrmals meinen Clip abspielte, verließ ein Großteil des Publikums aufgebracht die Veranstaltung. Der Konservatismus vieler junger Leute überraschte mich nicht. Er entsprach dem Zeitgeist, in dem es keine Visionen und kein Aufbegehren gab, sondern nur den Gedanken an die eigene Karriere. Die Diskussionen mit jüngeren Teilnehmern des Jugendfestspieltreffens drehten sich meist um ästhetische Details statt um das kulturpolitische Phänomen Wagner in Bayreuth. Die älteren Zuschauer waren ebenso geschockt von dem Video, aber sie hofften zu meiner Erheiterung, daß ich mich dadurch als Nachfolger meines Vaters disqualifiziert hatte. Der einzige positive Aspekt meiner zwei Veranstaltungen in Bayreuth war das Angebot der »Neuen Zürcher Zeitung«, meine Gedanken zu Nietzsche zu veröffentlichen.

Zu meiner Verwunderung lud mich der Präsident der westdeutschen Richard-Wagner-Verbände, Josef Lienhart, ein, den »Ring«-Videoclip im Herbst 1988 vor seinem Freiburger Verband zu zeigen. Kurz davor wurde mir aus einem Schließfach im Hamburger Hauptbahnhof meine Videoausrüstung und die einzige Videokopie gestohlen. Ich mußte also über das »Ring«-Video sprechen, statt es zu zeigen, was mir peinlich war, denn neben einigen unbelehrbaren Wagnerianern waren auch aufgeschlossene Zuhörer zu der Veranstaltung gekommen. Gastgeber Lienhart schwärmte bei unseren Gesprächen vor und nach dem Vortrag von Wielands Bayreuther Zeiten. Das verwunderte mich, schließlich hatten mein Vater und seine Lakaien alles getan, um den großen Schatten in den Hintergrund zu drängen. Lienhart schien meine kritische Auseinandersetzung mit der NS-Vergangenheit zu schätzen. Besonders erfreulich fand er meine Absicht, der sich anbahnenden Einladung nach Israel zu folgen. Er versprach mir, sich nach meiner Israelreise für Vorträge in den Wagner-Verbänden einzusetzen, denn auch er schien es für nötig zu halten, daß der Fall Wagner in Deutschland und Israel zur Diskussion gestellt wurde.

Aber bald hörte ich heraus, daß er meine Pläne so verstand, daß ich trotz all meiner Kritik an den Bayreuther Festspielen als Propagandist für Wagner nach Israel gehen würde. Ich machte dem Präsidenten klar, daß ich das nicht im Sinn hatte. Von einer Unterstützung nach meiner Israelreise war später nichts mehr zu spüren; im Gegenteil: Der Präsident trat indirekt gegen meine Meinung zu Wagner und dessen Antisemitismus auf.

Mit Nietzsche, Wagner und Liszt unterwegs

Ende Oktober 1988 begann ich nach gründlichen Vorbereitungen eine Vortragsreise, die mich zuerst nach Nordamerika und dann nach Japan führen sollte. Meine erste Station war die Hauptstadt der USA, wo ich an der George Washington University vortragen sollte. Zuvor gab der Historiker Stephen Gallup eine unkonventionelle Einladung mit anregenden Hochschulleuten aus aller Welt. Vom ersten Moment an fühlte ich mich wohl in dieser Umgebung mit ihrer großen Sachkompetenz und liebenswürdigen Toleranz. Welch ein Unterschied zu den akademischen Kreisen, die ich in Deutschland erlebt hatte!

Bereits bei dieser Einladung entwickelten sich leidenschaftliche Diskussionen für und gegen Wagner. Sie waren aber stets von gegenseitigem Respekt vor der Meinung des anderen getragen. Ebenso stimulierend waren die Stunden, die ich als Gast im Haus von Roy Guenther verbrachte, dem Leiter der Musikabteilung der George Washington University und vorzüglichen Posaunisten, sowie seiner Frau Eileen, einer Musikpädagogin und bedeutenden Organistin. In Roy vereint sich die glückliche Mischung aus wissenschaftlicher Leidenschaft, die er seinen Studenten mit Leichtigkeit vermittelt, und der Fähigkeit, Projekte pragmatisch durchzusetzen, eine Mischung, die ich in Europa selten oder gar nicht angetroffen hatte, die ich aber für wichtig in einem effizienten Lehrbetrieb halte. Roy unterstützte mich bei der Vorbereitung meines

Vortrags über die »Fälle Nietzsche und Wagner« und in der Diskussion danach.

Der Vortrag wurde lebhaft aufgenommen. Unter den Besuchern waren auch Menschen, die aus Nazideutschland hatten fliehen müssen. Die Diskussion wurde auf einem guten Niveau geführt und gab mir Anregungen für die kommenden Veranstaltungen.

Mein nächster Vortrag brachte mich nach Chicago, wo ich Gast des Goethe-Instituts und des Opernhauses war. Das wiederbeschaffte »Ring«-Video irritierte das konservative Opernpublikum mit einem starken deutschen Anteil ebenso wie Nietzsches Kritik an Wagner. Man hatte von mir eine Lobpreisung Wagners erwartet, und vor allem die Wagnerianer waren nun enttäuscht. Wichtiger war die Diskussion mit einigen liberalen Intellektuellen, die sich besonders für das Thema »Wagner und das Judentum« interessierten.

Auf den weiteren Reisestationen (Bloomington, Atlanta, Victoria, Vancouver, San Francisco und Los Angeles) wiederholten sich die Argumente zu meinen kritischen Beiträgen zum Thema Wagner.

Besonders erwähnenswert ist die letzte Reisestation in den USA: Mitte November landete ich in Los Angeles und war Gast bei Michael und Miriam Meyer in ihrem wunderschönen Haus am Pacific Palisades mit Blick auf Santa Monica. Michael, Professor für Geschichte an der California State University in Northridge mit Schwerpunkt Drittes Reich und Richard Wagner, war aufgrund des eigenen deutsch-jüdischen Schicksals (seine Mutter hatte als Jüdin die Nazizeit in Deutschland überlebt) besonders an meinen Thesen zu Nietzsche und Wagner interessiert.

Cornelius Schnauber, Leiter des Max-Kade-Instituts und Initiator meines Besuchs in Los Angeles, hatte eine Reihe von Veranstaltungen zum Thema Nietzsche und Wagner in verschiedenen Kultureinrichtungen in Los Angeles organisiert. Da es in Los Angeles eine große jüdische Gemeinde und eine Wagner

Society gab, war der Saal des Goethe-Instituts zu klein, und die Hälfte der Interessenten mußte nach Hause geschickt werden. Während meines Vortrags versteinerten die Gesichter der Bayreuth nahestehenden Wagnerianer. Den Auftakt der Diskussion machte dann ein junger Mann, der mich offensichtlich mit einem Verwandten von Adolf Hitler verwechselte und mich beschimpfte. Nachdem ich mich dagegen verwahrt hatte, folgte eine sachliche Diskussion über Wagners und Nietzsches Auseinandersetzungen mit dem Judentum zwischen verschiedenen Gruppen unter den Zuhörern, von denen viele deutsche oder österreichische Emigranten waren. Den Wagnerianern war das Thema nicht geheuer, und so schwiegen sie zunächst. Viele von ihnen waren ohnehin nur gekommen, um mich als Museumsstück zu bestaunen. Das Wagner-Gequatsche à la Bayreuth blockte ich wenig diplomatisch ab, was die Wagnerianer als »typisch starken wagnerischen Charakterzug« mißinterpretierten.

Was würde mich nun in Japan erwarten? Ende November 1988 ging es endlich los. Im Flughafen von Tokio war ich froh, daß zwei Vertreter der japanischen Wagner-Gesellschaft mich höflich empfingen, der Germanist Tomoyoshi Takatsuji und Frau Yasuko Miyake. Yasukos Mann ist Musikwissenschaftler und hat für die Bayreuther Festspiele eine Formanalyse von Wagners »Tristan und Isolde« erstellt. Mit den effizienten öffentlichen Verkehrsmitteln erreichten wir am Abend das Zentrum von Tokio.

Kaum hatte ich mein Gepäck im Gästezimmer des Goethe-Instituts abgegeben, fand bereits der erste Empfang der Wagner-Gesellschaft für mich statt. Dort traf ich endlich Tatsuji Iwanbuchi, mit dem ich bereits korrespondiert hatte und der mein Buch über Weill und Brecht übersetzt hat. Der Professor für Germanistik an der Gakuschuin-Universität ist ein international anerkannter Brecht- und Weill-Interpret und -Forscher, Übersetzer von deutscher Literatur und vieles mehr, einer der gebildetsten Menschen, die ich je kennengelernt habe. Und einer der bescheidensten.

Nun kam er mir persönlich entgegen: ein zierlicher Herr im eleganten dreiteiligen Anzug. Mit feinem Lächeln schüttelte er herzlich meine Hand. Er bot mir spontan das Du an, was untypisch für Japan ist und mich freute. »Buchi«, wie ich ihn von nun an nennen sollte, ist in allem, was er tut, denkt und fühlt, ein kosmopolitischer Nomade. Was nun auch immer passieren mochte, seine Gegenwart war wie ein Schutz in einem Land, das mich trotz aller vertrauten westlichen Spuren ziemlich verwirrte.

Mein erster, gutbesuchter Vortrag für die Wagner-Gesellschaft im Tokioer Goethe-Institut über Liszt und Wagner verlief glatt, weil ich auf allzu kritische Diskussionspunkte verzichtete. An den beiden folgenden Tagen besichtigte ich den Meiji-Jingu-Schrein und den Sensoji-Tempel und besuchte eine Vorstellung im Noah-Theater. Ich war angezogen von der Fremdartigkeit und wurde mir meiner eurozentristischen Ignoranz bewußt.

Unvergeßlich bleiben wird mir der Ausflug mit der bezaubernden Yasuko, der früh um fünf Uhr in Tokio begann, als wir bei herrlichem Wetter im Shinkansen, dem berühmten japanischen Hochgeschwindigkeitszug, nach Kioto rasten, um die kaiserliche Residenz zu bewundern. Die Schönheit des Schlosses, seiner Anlage, des Tempels und der Schreine faszinierte mich. Kleine, unwiderstehlich lächelnde Schulmädchen in schwarzweißer Uniform wollten sich mit mir fotografieren lassen. Als Yasuko ihnen etwas über mich erzählte, summten sie mit strahlenden Gesichtern den Walkürenritt. Ich fand es sinnlos, ihnen meine Meinung zur Nekrophilie der Opernszene zu sagen, und machte Yasuko zuliebe das breite »Cheese« eines braven europäischen Touristen.

An der Gakuschuin-Universität präsentierte ich am 29. November in einem Marathondurchlauf sowohl den Vortrag über

Nietzsche und Wagner als auch das »Ring«-Video vor einem akademischen japanisch-europäischen Publikum. Als ich den Clip dann auch an der Keio-Universität zeigte, erlebte ich eine überraschende Reaktion der Studentinnen. Sie reagierten auf die erotischen Szenen mit einem leisen Kichern hinter vorgehaltener Hand, was dann in allgemeine Heiterkeit umschlug. Bewegt zeigte sich die Studentenschaft vom Schluß, wo der Abwurf der Atombombe auf Hiroshima das Ende der »Götterdämmerung« symbolisiert.

An den folgenden Tagen betraten Studenten gruppenweise nacheinander das Zimmer des Direktors der Universität, wo ich ihnen dann Fragen zu Vortrag und Video beantwortete. Danach verabschiedeten sie sich leise, um der nächsten Gruppe Platz zu machen.

Unter den Interessierten befand sich die Theaterwissenschaftlerin, Schauspielerin und Japanischlehrerin Kimijo Sasaki, die mit großer Sensibilität nicht nur die Absichten meiner Arbeit verstand, sondern sich auch mit Wucht gegen die japanische Männergesellschaft auflehnte. Sie öffnete mir für einige Dinge die Augen, die ich in meiner touristischen Begeisterung übersehen hatte. Aus diesem Treffen entwickelte sich in den folgenden Jahren eine herzliche, offene Freundschaft.

Kimijo ließ sich mutig scheiden und zog mit ihrer Tochter Marina nach Los Angeles. Dort baute sie sich unter härtesten Bedingungen eine neue Existenz auf. 1991 traf ich sie in Los Angeles wieder, und es war, als hätten wir uns gestern verabschiedet. Es kann keinen stärkeren Kontrast geben als den zwischen der revoltierenden Kimijo, die von ihrem Mann in unvorstellbarer Weise unterdrückt worden war, und der konservativen Yasuko, die sich ihrem ehrgeizigen Mann ganz unterordnete. Ein anderes Kontrastprogramm erlebte ich, als »Buchi« mich zu einem Empfang des japanischen Pen Clubs einlud: Kimono neben Bluejeans und radikalem europäisch orientierten Sozialismus.

Hitler und Wagner?

Im Frühjahr 1989 stand Hitlers hundertster Geburtstag an. Leo Haffner, einer der verantwortlichen Kulturredakteure des ORF Vorarlberg, hatte bereits im Herbst 1988 ein Gespräch zwischen Karl Lubomirski und mir zum Thema deutsche Kultur, Tradition und Politik aufgezeichnet, das auch »Hitler und Bayreuth« nicht aussparen konnte. Da Haffner nicht zu den Österreichern gehört, die aus Hitler einen Deutschen machen, bot er mir an, Anfang April im ORF-Landesstudio einen Vortrag über Hitler und Wagner zu halten.

Hitler und Wagner?

Während der Vorbereitung auf den Vortrag wurde ich mir immer mehr bewußt, welche Konsequenzen dieses Thema auch für mich persönlich hatte. Es ist das schmerzlichste Kapitel meiner Familiengeschichte, dem ich mich damals zum erstenmal zu stellen versuchte. Ich wollte nicht wie Vater und Onkel in die Kunstwelt fliehen und Wagner, das Theatergenie, von Wagner, dem Ideologen, trennen. Dies hatte bei den Wagner-Generationen vor mir zu einer verhängnisvollen Verdrängung und letztlich zur Leugnung der individuellen Verantwortung geführt. Ich fragte mich immer wieder, warum ich über das Thema Hitler und Wagner mit meiner Großmutter und meinem Vater nicht offener sprechen konnte. Immerhin hätte ich, falls meine Großmutter den Heiratsantrag von Hitler angenommen hätte, Gottfried Wagner-Hitler heißen können!

Hitler und Wagner sind daher Teile meiner Biographie. Diese Verbindung verursachte bei mir eine starke Identitätskrise, die ich nur durch kontinuierliche Aufarbeitung überwinden konnte. Mit starken Zweifeln an meiner damaligen Identität als ein Wagner, Deutscher und Christ nach dem Holocaust wählte ich aus Unsicherheit dem Thema gegenüber den Vortragstitel in Frageform: »Adolf Hitler und Richard Wagner?«

Der Vortrag wurde mein erster, mißglückter Versuch einer Deutung, indem ich in typischer Neu-Bayreuther Verdrängungsmethode versuchte, das Werk Wagners, besonders den »Parsifal«, der verschiedene Deutungsmöglichkeiten zulasse, von den antisemitischen Schriften abzukoppeln. Ich zitierte damals aus Wagners Regenerationsschrift »Heldentum und Christentum« folgenden Satz, den Wagner im Zusammenhang mit seinem »Parsifal« geschrieben hatte: »Das Blut des Heilandes, von seinem Haupte, aus seinen Wunden am Kreuze fließend, – wer wollte frevelnd fragen, ob es der weißen, oder welcher Rasse sonst angehörte.«[32] Diesen Satz hatte ich aus dem Gesamtzusammenhang der antisemitischen Schriften Wagners herausgerissen. Ich hatte, trotz historisch genauer Abfolge, auch im Zusammenhang mit Zitaten meines Großonkels Chamberlain, meiner Großmutter Winifred und Hitlers vom November 1923 bis zu Äußerungen Hitlers in der »Wolfschanze« im Januar 1942 noch nicht die schreckliche Gesamtvision in aller Konsequenz begriffen oder – aus heutiger Sicht – begreifen wollen: nämlich, daß bereits Richard Wagner selbst seinen Teil zum unauflösbaren Zusammenhang von Bayreuth, Theresienstadt und Auschwitz beigetragen hatte. Ich wollte damals nicht Richard Wagner mitverantwortlich für das große »Und« mit Hitler sehen.

In dieser Haltung sah ich mich ein Jahr später weitgehend widerlegt, als ich mich auf meine Vortragsreise in Israel 1990 vorbereitete und mich dazu noch einmal mit diesem Thema auseinandersetzte. Heute muß ich erkennen, daß ich den Schlußsatz meines Vortrags vom April 1989 im Studio Vorarlberg des ORF nicht mehr aufrechterhalten kann: »Wagner und Hitler? Ich hoffe, das UND befremdet Sie. (...) Wagner gehört der Kunst-, Hitler der Verbrecherkartei an!«

Im April 1989 machte ich meine erste Vortragsreise durch Norwegen, Island, Dänemark und Schweden. Die Animosität gegenüber dem Thema »Wagner und Nietzsche« sowie der »Ring«-Tetralogie, die ich mit dem Videoclip zur Diskussion stellte, war überall spürbar, denn immer noch verband sich mit Richard Wagner die Erinnerung an den Naziüberfall und die deutsche Besetzung in den vierziger Jahren. Als man aber verstanden hatte, daß ich weder ein Herrenmensch war noch das Lied der einzigartigen Größe Wagners sang, begann das Eis zu schmelzen. Langsam entwickelte sich das vertrauensvolle Gespräch. Ich wurde nun meist mit großer Offenheit, Herzlichkeit und Interesse aufgenommen, weil ich klargemacht hatte, daß ich nicht nur den Wagner-Kult in Bayreuth von 1872 bis 1945, sondern auch die Verdrängung der Nazizeit in der Neu-Bayreuth-Ära ablehnte.

Vor allem in Island begriff ich, daß Wagners Verwendung der nordischen Mythologie nur in sehr oberflächlicher Weise der Kultur Skandinaviens entspricht. Außerdem lernte ich, daß die nordische Mythologie nichts mit Hitlers Wahnidee von der nordischen Rasse zu tun hat.

Je unkonventioneller das Publikum war, desto offener wurde die Diskussion über das kulturpolitische Phänomen Wagner und die Nazizeit geführt. Das Interesse der Medien war groß. Nur in Århus und Stockholm traf ich auf Wagnerianer, die in ihrer verschwommenen Weltanschauung und durch ihre Pilgerfahrten nach Bayreuth nicht kritisch über ihren »Meister« sprechen wollten. Auf meinem Rückflug von Stockholm nach Mailand wurde mir klar, wie sehr der Fall Wagner auch in Skandinavien überschattet ist von der nicht aufgearbeiteten NS-Vergangenheit.

Während ich mich auf meine Israelreise vorbereitete, fuhr ich mit Teresina im Juli 1989 zur Premiere des »Parsifal« in der Neuinszenierung meines Vaters nach Bayreuth. Diesmal waren wir Gast beim damaligen Geschäftsführer der oberfränkischen Industrie- und Handelskammer, Helmuth Jungbauer, und seiner Frau Helga, die sich von den Intrigen gegen mich nicht irritieren ließen. Helmuth Jungbauer unterstützte die oppositionelle Theatergruppe »Studiobühne Bayreuth«, die sich wegen ihres erfrischend-frechen Umgangs mit der Bayreuther Wagner-Tradition einen Namen gemacht hatte.

Am Festspielhügel hatte sich meine Einladung nach Israel zu Vorträgen über Wagner wie ein Lauffeuer herumgesprochen, und die sonst unterkühlte Tolerierung unserer Gegenwart war nun eisig. Mit viel Sensibilität wurden sich Jungbauers dieser Situation bewußt, und aus einem freundlichen wurde ein herzlicher, offener Umgang auch bei öffentlichen Anlässen. Im Geleit von Jungbauers mußten selbst die Jasager meines Vaters unsere Anwesenheit bei offiziellen Einladungen in der Eröffnungswoche der Bayreuther Festspiele ertragen. Waren Teresina und ich es in den vorangegangenen Jahren gewohnt, nur unter unerfreulichen Umständen zum »Staatsempfang« eingeladen zu werden, so befanden wir uns nun nach der »Parsifal«-Premiere dank Jungbauers am Tisch der Ehrengäste, an dem alle geladenen Gäste vorbeiziehen mußten, auch mein Vater und seine Frau, die uns aber »übersahen«.

Ich wurde zu meiner Meinung über den »Parsifal« meines Vaters gefragt. Da ich mir der Nähe der Regenbogenpresse bewußt war, antwortete ich in vorsichtiger Sachlichkeit. Ich bezog mich auf den Schluß der Oper mit den Worten »Erlösung dem Erlöser«, in dem, nach Wagners Regieanweisungen, Parsifal als neuer, arischer Christus das Abendmahl als eine Heilsbotschaft für die Welt zelebriert. Vater hatte, gegen Wagners Anweisung, Kundry im männlich-christlichen Gralsrittertempel überleben lassen. Gegen alle Schriften und Regieanweisungen seines

Großvaters verschwand Parsifal in der Menge der Gralsritter. Die mißverstandene Demokratisierung hatte zur Folge, daß es im Gral keine individuelle, sondern nur noch eine kollektive Verantwortung der Ritter gab – ein Gedanke, der mich erschreckte. Man verstand mich, schwieg und wechselte das Thema. 1994 berichtete mir Peter Deeg nach einer Aufführung, daß Vater den Schluß nochmals geändert hatte. Kundry biete nun als weiblicher Messias den Gralsrittern den Kelch zur Erlösung an. Neu-Bayreuths Verdrängungsmethode hatte damit ihren Höhepunkt erreicht.

Danach sahen wir den »Ring« von Harry Kupfer und Daniel Barenboim. Bereits der absurde Beginn mit trampelnden Chorherden im Theaternebel unter einer Figur, die, wie mich dann Insider belehrten, Wotan sein sollte – ohne die »Rheingold«-Musik –, machte mir klar, daß die Bayreuther Festspiele so für mich nicht mehr von Bedeutung sein konnten. Das gesamte »Ring«-Konzept entpuppte sich als Öko-Schwindelgeschichte der Herren Wotan und Alberich zwischen zwei fiktiven Atomweltkriegen. Das Ende dieser absurdesten »Ring«-Interpretation entsprach dem Niveau der gesamten Produktion: Zum »Liebeserlösungsmotiv« rülpsten in einer Art ostdeutscher Bahnhofsgaststätte Besoffene und Drogensüchtige.

Als ich nach der »Götterdämmerung« zufällig Barenboim im Restaurant »Bürgerreuth« traf und er auf ein Kompliment für seine geniale »Ring«-Produktion wartete, sagte ich: »So viel Unsinn habe ich noch nie gesehen.« Er tat so, als ob er sich für meine Meinung interessierte, und versprach mir ein Treffen in den folgenden Tagen. Leider hat er sein Wort nicht gehalten.

Israel

Welch ein Gegensatz zu meinem letzten Festspielhügelbesuch wurde das erste Treffen mit Professor Herzl Shmueli am 3. August 1989 in Zürich! Ich hatte im Mai 1988 eine Korrespondenz mit dem Musikwissenschaftler begonnen. Herzl Shmueli hatte es bereits in den siebziger Jahren gewagt, in Tel Aviv Seminare über Wagner zu halten, und damit großes öffentliches Interesse erregt. Da die Frühromantik einer seiner Forschungsschwerpunkte war, kam er am »Fall Wagner« nicht vorbei. Er war in Istanbul in einer traditionellen jüdischen Familie aufgewachsen, dort in der deutschen Schule erzogen worden und zu Beginn der dreißiger Jahre nach Israel ausgewandert. Er studierte Mathematik und danach von 1950 bis 1952 Musikwissenschaft in Zürich. Warum Zürich? »Nach Hitler war es mir bei aller Liebe für die deutsche Kultur, von der ich in Istanbul geprägt worden war, nicht möglich, in Deutschland zu studieren«, erklärte Herzl.

Bei unserem ersten Treffen im August 1989 fragte er mich nach meinem Lebensweg: »Die Promotion über Kurt Weill in Wien, das scheint mir ja nicht gerade die typische Entwicklung eines Wagner nach Hitler?« Damit begann unser kritischer, vertrauensvoller Dialog, der meine Einladung zu vier Vorträgen in Israel im Januar 1990 zur Folge haben sollte.

Anfang September 1989 folgte ich einer Einladung des »Internationalen Musikfestivals von Montreal« zu einem multimedialen Vortrag über »Faust – Goethe – Wagner – Liszt: Dichtung und Musik«. Zuvor hatte ich meine Cousine Winifred Arminjon-Lafferentz, die zweite Tochter der jüngeren Schwester meines Vaters, Verena Lafferentz, über meine Ankunft informiert. Wir hatten uns als Kinder nur flüchtig kennengelert, da meine Eltern jegliche familiäre Bindung unmöglich gemacht hatten. Ähnlich schlecht wie über meine Tante Friedelind hatte sich Vater über die Familie meiner Tante Verena in Nußdorf am Bodensee geäußert. Vater hatte mir auf unseren Spaziergängen zu Beginn der sechziger Jahre in Arosa erzählt, daß Tante Verena »ein Liebling des Führers« gewesen sei und ihr Mann, Bodo Lafferentz, als Assistent von Arbeitsfront-Chef Robert Ley die Kriegsfestspiele organisiert habe. Schon damals hatte ich Vaters Geschichtsversion, in der er sich als das Opfer der Nazis und Retter des Wagner-Archivs darstellte, keinen Glauben geschenkt.

Beladen mit dem familiären Ballast und belastet durch ein Netz von Lügen und Intrigen der Kinder- und Jugendzeit, traf ich nun Winnie, die nach meiner Großmutter Winifred genannt wird, wieder. Und das ausgerechnet kurz vor meiner Israelreise! Nach einer kurzen Diskussion über meinen Vortrag zu »Faust« kamen wir endlich zum eigentlichen Thema: der Familienvergangenheit. Mit Winnie konnte ich offen sprechen. Die Demütigungen, die sie und ihre Familie bei ihren Bayreuthbesuchen hinnehmen mußten, beschämten mich. Wir wurden uns darüber klar, daß die Festspielhügelpolitik seit der Errichtung der Wagner-Stiftung und der damit öffentlich geschürte Nachfolgekrieg einen menschlichen Umgang auch innerhalb unserer Generation unmöglich machte. Die willkürlich angezettelte Nachfolgediskussion lehnten wir entschieden ab.

Winnie leidet wie ich an der NS-Vergangenheit. Sie geht als Malerin bewußt eigene berufliche Wege. Den kritischen Umgang mit der Familientradition und die Selbstfindung durch die eigene Arbeit sehen wir beide als konstruktive Alternative und auch als eine Chance zum Dialog zwischen uns in der Zukunft. Wie sensibel Winnie auf die Schatten der NS-Vergangenheit reagiert, wurde mir später, im Februar 1994, bei einer Veranstaltung in der Synagoge Tifereth Beth David Jerusalem in Montreal klar, wo ich über meine Arbeit in der »Post-Holocaust-Dialog-Gruppe« seit 1991 gesprochen hatte. Winnie, die sich selbst engagiert mit jüdischer Geschichte beschäftigt hatte, war zum erstenmal in eine Synagoge gegangen, und dies wegen der Vergangenheit unserer Familie. Für Winnie und mich war dies ein weiterer wichtiger Schritt gemeinsamer Emanzipation vom verhängnisvollen Familienerbe.

Nach meiner Rückkehr aus Montreal arbeitete ich weiter an den Vorträgen über Wagner, die ich in Israel halten wollte. Ich hatte mich beim Auswärtigen Amt und dem Goethe-Institut um finanzielle Unterstützung für dieses Projekt bemüht, aber noch keine Antwort erhalten. Es sollte nach einigem Hin und Her nichts dabei herauskommen. Meine Schlußfolgerung daraus: Beide Stellen empfanden meine auf Versöhnung zielende Arbeit in Israel nicht förderungswürdig.

Ich schlug Herzl Shmueli Anfang Oktober 1989 als Themen für meine Auftritte an der Universität von Tel Aviv vor: den Videoclip »Der Ring des Nibelungen oder Die Folgen von Machtmißbrauch«, »Der Sturz der Götter oder Epatez le Bourgeois – das antiwagnerianische musikalische Zeittheater von Weill und Brecht«, »Die Fälle Nietzsche und Wagner« und schließlich »Der Wagner, den ich meine – eine Annäherung an Wagners Person und Werk«. Zur Begründung schrieb ich unter anderem: »Meine Absicht bleibt, in Ruhe und mit Geduld meinen Beitrag zu einem kontinuierlichen Dialog in kleinen Schritten zu dem Thema ›Wagner und deutsche Kultur‹ zu leisten. Ich bin mir meiner Verantwortung voll bewußt und kann nicht begreifen, warum die westdeutschen Institutionen in Israel

(Goethe-Institut und westdeutsche Botschaft) meine versöhnliche Arbeit, die ich immerhin schon seit zwei Jahrzehnten betreibe, nicht unterstützen.«

Mit großem Engagement half mir der Leiter der musikwissenschaftlichen Abteilung der Universität von Tel Aviv, Shai Burstyn. Ich informierte ihn über wesentliche inhaltliche Details, da ich mein Gastland nicht vor den Kopf stoßen wollte. In dieser Korrespondenz stellte ich Shai Burstyn die für mich entscheidende Frage: »Wäre es sehr taktlos, einige – kleine – musikalische Beispiele aus der Musik Wagners an der Universität zu präsentieren?« Er war damit einverstanden, und das trotz zu erwartender Proteste.

Endlich war es soweit: Am 2. Januar 1990 flogen Teresina und ich nach Tel Aviv. Im überfüllten Flugzeug herrschte ein Sprachgewirr, in dem das Iwrith dominierte. Obwohl wir Iwrith nicht verstanden, hörten wir fasziniert zu. Wir fühlten uns nicht isoliert, da wir wußten, daß wir uns jederzeit auf englisch oder in anderen Sprachen hätten verständigen können. Wegen meiner Einladung durch die Universität Tel Aviv fühlte ich mich nicht als Tourist und ein wenig privilegiert. Beim Lesen des Fragebogens der israelischen Behörden für deutsche Besucher stieß ich auf folgende Frage: »Waren Sie in der Zeit von 1933 bis 1945 Mitglied einer Partei?« Ich interpretierte: »Warst du, deutscher Besucher, Nazi oder nicht?« Ich fand und finde diese Frage nach wie vor gerechtfertigt. Gedanken über Schuld und Scham gingen durch meinen Kopf. Als der Pilot ankündigte, daß wir bald auf dem Ben-Gurion-Flughafen landen würden, wurde ich unruhig.

Bei allem bereits in unserer Korrespondenz spürbaren Vertrauen, das mir meine Gastgeber Shai Burstyn und Herzl Shmueli, der emeritierte Vorgänger von Shai, entgegenbrachten, war ich mir stets bewußt, ein Nachkomme der antisemitischen Familie Wagner aus Bayreuth zu sein. Welche Menschen würde ich treffen? Wie würden sie auf die nationalsozialistische Vergangenheit meiner Großmutter, meines Vaters und meines Onkels reagieren? Würden sie mich als einen Nazi-Wagner sehen?

Herzl und Shai begrüßten uns mit einem herzlichen Schalom. Sie brachten uns von Anfang an Solidarität und Dialogbereitschaft entgegen, was mir viel von meiner Angst nahm, mich falsch zu verhalten. Sie sprachen von »unseren bevorstehenden Wagner-Veranstaltungen«. Shai und seine Mitarbeiter hatten jeden Tag unseres Aufenthalts bis in alle Details bestens vorbereitet.

Wir waren uns einig, daß ich bei meinen Vorträgen nicht sofort auf die kritischen Themen wie Wagners Antisemitismus, Hitler, Bayreuth und den Holocaust kommen sollte. Herzl und Shai wußten, daß die Zuhörer auch ohne unser Zutun diese Themen ansprechen würden. Immer mehr sollte ich meine Vorträge nur noch als einen Ausgangspunkt verstehen für die Diskussion danach. Hinzu kam, daß ich in Tel Aviv und Jerusalem nur zwei Monate nach dem Fall der Mauer in Berlin auftrat. Meine musikhistorischen Vorträge verwandelten sich durch den weltgeschichtlichen Augenblick in einen Diskussionsbeitrag über das kulturpolitische Phänomen Richard Wagner.

Die Diskussion am Kofferfließband des Ben-Gurion-Flughafens brach ab, als uns ein Zollbeamter mitteilte, daß unsere Koffer in Rom geblieben seien. Da ich meine Vortragsmaterialien im Handgepäck bei mir hatte, blieb ich, sonst eher ein Choleriker in solchen Situationen, gelassen. Alles war in Israel eben anders!

In heiterer Hektik brachten uns Shai und Herzl in das Grand Beach Hotel in Tel Aviv, wo ich sofort nach meiner Ankunft Hanoch Ron von der wichtigen Abendzeitung »Yediot Acharonot« ein Interview gab. Hanoch Ron war gründlich auf das Gespräch vorbereitet. Er gab das Niveau und die Inhalte vor, die dann bis zu meinem Rückflug am 14. Januar mit Variationen auch die weiteren Interviews und die Gespräche mit Zuhörern meiner Vorträge prägen sollten. Wichtig war für ihn, seine Kollegen und die Zuhörer meine Meinung zu Wagners »Judenthum in der Musik«, zu Hitler und meiner Familie, zu meiner Kindheit und Jugend in Bayreuth als ein Wagner nach dem Holocaust sowie die Frage, ob Wagner in Israel aufgeführt werden sollte oder nicht. Während ich antwortete, wurde ich mir der Verantwortung bewußt, die ich von nun an in der Öffentlichkeit dieses Landes übernehmen mußte. Ich war nicht mehr bereit, Rücksicht auf die Ansichten meines Vaters zu nehmen, der ohnehin meiner Israelreise mit tiefem Mißtrauen entgegengesehen hatte. Ich hatte ihn über meine Vorträge informiert und ahnte, daß sie schwerwiegende Folgen für unser gegenseitiges Verhältnis und auch für meine Existenz haben würden.

Das Interview mit Hanoch Ron war der Auftakt einer nicht mehr enden wollenden Serie von Interviews in Israel. Die Journalisten brachten meinem Wunsch nach Dialog meist Verständnis, oft sogar große Sympathie entgegen. Das half mir, die schwierigen Fragen entspannter und ausgewogener zu beantworten.

Schwer fiel mir die Antwort auf die Frage, ob Wagnersche Werke in Israel aufgeführt werden sollten. Ich vertrat die Meinung, daß ich kein Recht hätte, mich in innenpolitische Diskussionen in Israel einzumischen. Aber diese Antwort überzeugte wenig. So erklärte ich ergänzend, daß man in den Musikinstitutionen demokratisch darüber abstimmen solle. Ich äußerte mein Verständnis für die Opfer des Naziterrors, die Wagner als Hitlers Lieblingskomponisten nie mehr hören wollten. Ich kritisierte auch das undemokratische Vorgehen des Dirigenten Zubin Mehta, der 1981 Wagner während eines Konzerts gegen den Willen der Zuhörermehrheit aufführen wollte.

Bei allen Gesprächen in Israel wurde meine intensive Beschäftigung mit Weill mit Sympathie betrachtet, so, wie es auch schon in New York geschehen war. Die explosive Mischung Weill und Wagner wurde in ihrer Bedeutung begriffen, erheiterte sogar. Weills Demontage des Bayreuther Wagner-Kults hat eine Menge mit meinen Versuchen zu tun, Wagner vom Sockel zu stürzen.

Daß ich immer weniger Angst hatte, mich der israelischen Öffentlichkeit zu stellen, verdanke ich vor allem Teresina, die mich mit großer Hingabe unterstützte und voll und ganz an den Sinn meiner Israelreise glaubte. Ihre Solidarität schien sich auf die übrigen Zuhörer und sogar auf die Interviewer zu übertragen.

Man redete sie oft in Iwrith an, weil man annahm, sie sei Jüdin. Sie sagte dann lächelnd: »Ich bin ›nur‹ Italienerin aus katholischer Familie.« Als ich das später Herzl erzählte, sagte er: »Deine Geschichte ist so meschugge, daß man bei dir annimmt, du kannst nur mit einer Jüdin verheiratet sein.« Ebenso wichtig wie Teresinas Einsatz wurden für mich dann die wenigen Freunde und Bekannten, die sich in dieser für mich entscheidenden Zeit und danach offen zu mir bekannten. Es waren vor allem Menschen mit jüdischem Schicksal oder mit großer Sensibilität für jüdische Geschichte.

Die Intensität der Gespräche des ersten Nachmittags und Abends steigerte sich in den folgenden Tagen; meine eigentliche Vortragsserie begann erst am 7. Januar. Die Vorstellung, daß wir uns zuvor in Ruhe Israel ansehen konnten, entpuppte sich als Illusion. Selbst in den zwei Tagen, in denen wir mit Herzl oder Shai einen Kibbuz, Cesarea, Massada und arabische Orte besuchten, sprachen wir ständig über die Themen, die ich bald vorzutragen hatte. Richard Wagner sei in Israel – so überzeugte mich Herzl als Experte für dieses Thema – untrennbar mit Hitler und Nazideutschland verknüpft. Aber die Emotion durfte ihn nicht davon abhalten, an der Universität Tel Aviv

Seminare und Vorlesungen über diesen »erratischen Block« in der Musikgeschichte durchzuführen.

Ich wurde mir bei diesen Gesprächen meines eigenen Wandels bewußt. Um den Antisemiten Richard Wagner zu retten, hatte ich versucht, die Schuld einzig seinen Erben der ihm folgenden zwei Generationen zuzuschreiben. Nun begriff ich, daß diese Verdrängung der Wirklichkeit nicht standhielt. Inzwischen weiß ich, daß ich mich in einer ähnlich widersprüchlichen Situation befand wie meine jüdischen Freunde, die Wagnerianer sind. Heute weiß ich aber auch, daß es nicht möglich ist, Wagner in den genialen Komponisten einerseits und den Chefideologen andererseits aufzuspalten, denn seine Weltanschauung gehört untrennbar zu seinem Werk und seinem Leben. Mit dem Thema Richard Wagner entwickelte sich unversehens auch eine Diskussion über meine Lebenserfahrungen und Verantwortung: In Israel wurde mir klar, daß ich meine politische und moralische Position nicht mehr nur indirekt artikulieren durfte, indem ich mich mit der jüdisch-deutschen Kultur auseinandersetzte. Die Zeit im Elfenbeinturm meines linksliberalen Denkens war zu Ende. Ich forderte von mir mehr Glaubwürdigkeit durch Taten.

In Israel waren die Möglichkeiten grenzenlos, damit Ernst zu machen. Denn immer wieder kamen wir auf einzelne Schicksale zu sprechen, auf Menschen, die Verfolgung und Leid aus Deutschland und anderswoher nach Israel getrieben hatten. Während meine Gastgeber, ihre Freunde und Zuhörer meiner Vorträge ihre Lebenswege schilderten, wurde ich immer offener. Aus dem dunklen, beängstigenden und doch vagen Riesenschatten von sechs Millionen Opfern zeichneten sich dank der Gespräche begreifbare Einzelschicksale ab. In mir erwuchs der Wunsch, klarer Stellung zu nehmen zur gemeinsamen Vergangenheit und der damit verbundenen Verantwortung in Gegenwart und Zukunft. Ich begann Israel als einen zentralen Stein in meinem Lebensmosaik zu sehen. Ich erinnerte mich wieder an meine New Yorker Zeit in der Kurt Weill Foundation. Die Zusammenhänge zwischen deutscher Geschichte, der Chronik meiner Familie und meinem oppositionellen Lebensweg wurden für mich endlich transparent. Ich wollte das mir entgegengebrachte Vertrauen und Verständnis konstruktiv umsetzen, indem ich künftig auch unter meinen Landsleuten für den deutsch-jüdischen Dialog warb. Meine Ängste, meine Unsicherheit und Beklommenheit wichen in dem Maß, wie meine Einsichten zunahmen.

Einer meiner ersten wesentlichen öffentlichen Auftritte brachte mich nach Jerusalem. Ich wurde vom israelischen Rundfunk zu einem Interview gebeten. Der Redakteur Danny Or'Stav kam mir herzlich entgegen und teilte mir mit, daß er mich erst einmal in der Landessprache den Hörern vorstellen würde. Die Einführung bezog sich, wie mir Shai später sagte, auf meine Biographie und die Vorträge. Er kommentierte mit offener Sympathie auch mein Buch über Weill und die Zeit, in der ich in der Kurt Weill Foundation in New York tätig gewesen war. Das einzige, was ich von der Einführung verstand, war die Wiederholung des Vornamens meines Großvaters Siegfried, den Danny offenbar mit meinem Namen verwechselte. Als er mich fragte, wie ich mich in Israel fühlte, antwortete ich: »Ich fühle mich hier sehr wohl, aber mein Name ist nicht Siegfried, sondern Gottfried! Ich bin der Urenkel, nicht der Sohn von Richard Wagner!« Ich wollte gleich zu Beginn weder mit meinem Großvater Siegfried noch mit der blonden Bestie und törichten Heldenfigur aus Richard Wagners Oper »Siegfried« identifiziert werden. Meine Reaktion löste Heiterkeit aus. Wahrscheinlich verlief mein erstes Radiointerview in Israel deswegen so gut und entspannt.

Mit großer Freude hörte ich später, daß nur zwei Monate nach diesem Interview Wagners Musik im israelischen Radio wieder gespielt wurde. Es war allerdings der »Walkürenritt«, den ich zu den unheimlichen und fragwürdigen Kompositionen zähle. Und doch: Unser Projekt zeigte Wirkung, der Fall Wagner war nicht mehr nur ein emotionsbeladenes Tabuthema. Nun entwickelte sich eine differenzierte kulturpolitische Diskussion. Das war wohl das Beste, was man für Wagners Musik in Israel erreichen konnte.

Vier Tage später wurde ich in Jerusalem von Ram Evron für das israelische Fernsehen interviewt. Ram Evron erklärte mir vor der Aufzeichnung, daß er für die Aufführung der Werke von Wagner in Israel sei. Ich teilte seine Meinung nicht, was ihn amüsierte und anregte, mich während der Aufzeichnung mehr über meine Rebellion gegen meine Familie zu befragen. Über Weill und meine Großmutter Winifred kamen wir schließlich zum Umgang mit Wagners Schrift »Das Judenthum in der Musik«. Ich verurteilte unmißverständlich die Schrift und riet zu einer differenzierten historischen Aufarbeitung.

Die Wirkung des Fernsehinterviews war direkt spürbar. Am nächsten Tag sprachen mich wildfremde Leute in Tel Aviv an. Als ich in einem Brillenladen überrascht darauf reagierte, sagte der Optiker in akzentfreiem Deutsch: »Herr Wagner, wissen Sie denn nicht, wie klein unser Land ist? Am Vormittag zeigen wir unseren Gästen Israel und fragen uns am Nachmittag, was wir mit ihnen machen sollen. Wundern Sie sich also nicht, daß wir Sie in unserem Fernsehen gestern gesehen haben. Ihr Kommen ist nicht nur für die Jeckes, also die deutschen Juden, wichtig. Machen Sie so weiter!«

Ungewöhnlich verlief auch mein erster Vortrag. Meine Einführung zum Videoclip »Der Ring des Nibelungen oder Die Folgen von Machtmißbrauch« war für zwölf Uhr mittags in einem mittleren Hörsaal der Universität vorgesehen.

Eine Universitäts-Mitarbeiterin teilte mir diskret mit, daß es Protestanrufe von Fanatikern gegen meinen Besuch gegeben habe. Man hatte daher auch erwogen, mir eine kugelsichere Weste zu geben oder mich durch Sicherheitsglas zu schützen.

Das aber lehnte ich ab, obwohl Teresina mich bat, etwas für meine Sicherheit zu tun. Meine Begründung: »Ich bin nicht Eichmann. Ich habe Vertrauen zu meinen Gastgebern.« Teresina wurde zwar nicht ruhiger, aber sie akzeptierte meine Entscheidung.

Statt 80 Zuhörer, wie geplant, erschienen 400. Wir mußten in einen größeren Hörsaal umziehen. Außerdem wurden die Sicherheitsmaßnahmen verstärkt. Die Zuhörer wurden durchsucht, und zwei junge israelische Soldaten postierten sich mit Gewehren im größeren, aber nichtsdestoweniger ebenfalls überfüllten Hörsaal.

Trotzdem war die erste Reihe unbesetzt. Ich begriff die Berührungsangst gegenüber mir als einem Wagner-Nachkommen. Ich erinnerte mich an ein Buch mit dem Titel »Wer hat Angst vor Richard Wagner?«, das mir kurz vor Beginn des Vortrags geschenkt worden war. Ohne viel darüber nachzudenken, sagte ich: »Hier unten sind noch Plätze frei. Wer hat Angst vor Gottfried Wagner?« Ein befreiendes Lachen brach aus, ich lachte mit. Das Lachen setzte sich bei der Präsentation des Videos fort. Und dies an Stellen, über die ich mich vorher bei Vorstellungen auf vier Kontinenten als einziger amüsiert hatte! Dafür hatte Shais Einführung in Iwrith gesorgt, der meinen Text zur Geschichte von Wagners Tetralogie ganz in meinem Sinne vortrug: als eine Geschichte der Verbrecher Wotan und Alberich im Kampf um Macht.

Völlig anders als gewohnt verlief auch meine Vorlesung über Weill und Brecht am folgenden Tag. Die Tatsache, daß ich mit meinem Familienhintergrund die Chuzpe hatte, an der größten Universität Israels über Weills musikalisches Zeittheater als Gegenmodell zu Wagners Gesamtkunstwerk zu sprechen, füllte den Saal. Die bekannte israelische Sängerin Adi Etzion sang mit der Klavierbegleitung ihres Mannes Jonathan zum Abschluß der Veranstaltung Weill-Songs, die mich glauben ließen, im Berlin der zwanziger Jahre zu sein. Eine ältere

Berlinerin, die sich nur mit ihrem Vornamen Isolde vorstellte, fragte mich: »Herr Wagner, warum tragen Sie denn nicht Ihre Vorträge in unserer schönen deutschen Sprache vor?« Etwas verwirrt, antwortete ich: »Weil die Mehrheit hier in Israel Englisch spricht.«

Isolde kam bald wieder auf mich zu und sagte: »Sie können sich denken, warum ich Isolde heiße? Ja, meine Familie liebte Wagners Musik, und auch ich liebe Wagner. Ich denke immer noch an die herrlichen Vorstellungen in der Kroll-Oper unter Otto Klemperers Leitung. Und an Bruno Walters Walküre.« Isolde entpuppte sich als eine gebildete Wagnerianerin, wie ich sie nur selten getroffen hatte. Sie strahlte mich liebevoll großmütterlich an und sagte schließlich: »Sie können sich nicht vorstellen, was uns Berliner Juden Ihr Besuch bedeutet.« Wir umarmten uns schweigend und unterdrückten unsere Tränen vergeblich.

Eine Feuerprobe wurde für mich der letzte Vortrag mit dem subjektiven Titel »Den Wagner, den ich meine«. Er wurde wie die anderen Auftritte aufgezeichnet. Entsprechend dem Rat von Herzl versuchte ich, Wagners Bedeutung für das europäische Musiktheater und die Musikgeschichte zu verdeutlichen. Da der Vortrag nicht nur für ein Fachpublikum bestimmt war, entschied ich mich, auch Dias und Musikbeispiele durch Tonbandeinspielungen zu verwenden.

Den Ausführungen stellte ich den ersten Versuch einer Aufarbeitung der eigenen Vergangenheit in Bayreuth voran. Er spiegelt heute für mich meine damalige Unsicherheit wider, wenn ich mich bemühte, die Familiengeschichte und meinen untrennbar mit ihr verwobenen Werdegang aufzuarbeiten. Ich begann zwar die eigene Biographie zu begreifen, trennte aber immer noch Wagners Ideologie und Leben von dessen Bühnenwerk. Was ich damals zu Wagner vortrug, hat nichts mehr mit meinem heutigen Erkenntnisstand zu tun.

Heute noch bin ich überrascht von der Großzügigkeit und dem Wohlwollen meiner Zuhörer, denn bei kritischem Blick auf das, was ich damals, von meinem Manuskript unsicher lesend, vortrug, hätte man mir mit Recht vorwerfen können, nicht genau genug über Wagners Antisemitismus nachgedacht zu haben. Besonders meine Ausführungen über »das Reinmenschliche, der Mythos« und »Erlösung und Mitleid« sehe ich heute als Resultat eigener Verdrängung, als mißglückten Versuch, Wagners Antisemitismus zu relativieren, um die Vergangenheit der eigenen Familie für mich erträglicher zu machen. Es war wohl auch der letzte, mißglückte Versuch von Selbstverleugnung, um der Position meines Vaters Verständnis entgegenzubringen.

Zum Abschluß meines Vortrags zitierte ich den schwülstig verlogenen Tagebucheintrag Richard Wagners vom 1. Oktober 1858 an seine Freundin Mathilde Wesendonck, in dem er sich unter Rückgriff auf die unverdaute Philosophie Arthur Schopenhauers zum Heiligen des universellen Mitleids hochstilisiert. Er schreibt unter anderem: »Wir kennen ja alles ausser uns Existierende nur in so weit, als wir es uns vorstellen, und wie ich es mir vorstelle, so ist es für mich. Veredle ich es, so ist es, weil ich edel bin, fühle ich sein Leiden als ein tiefes, so ist es, weil ich tief fühle, indem ich sein Leiden mir vorstelle, und wer dagegen es sich gering vorstellen mag, zeigt dadurch eben nur, daß er selbst gering ist. Somit macht mein Mitleiden das Leiden des andren zu einer Wahrheit, und je geringer das Wesen ist, mit dem ich leiden kann, desto ausgedehnter und umfassender ist der Kreis, der überhaupt meiner Empfindung nahe liegt. – Hierin liegt aber auch der Zug meines Wesens, der Andren als Schwäche erscheinen kann. Ich gebe zu, daß einseitiges Handeln dadurch sehr aufgehalten wird; aber ich bin mir gewiss, dass, wenn ich handle, ich dann meinem Wesen angemessen handle, und jedenfalls nie absichtlich Jemand Leid zufüge. Für alle meine Handlungen kann mich aber einzig nur noch diese Rücksicht bestimmen: Andren so wenig wie möglich Leiden zu verursachen. Hierin finde ich mich ganz mit mir einig, und nur so kann ich hoffen, Andren auch Freude zu machen: denn es gibt keine wahre, ächte Freude, als die Uebereinstimmung im Mitleiden.«[33]

Wagner hat hier den eigenen, mitleidslosen Antisemitismus, der später in der Forderung nach einem judenfreien Deutschland gipfelte, verdrängt.

Ich trug damals vor: »Hier [also in Wagners egozentrischer Mitleidsdefinition] liegt auch der Schlüssel zu der letzten künstlerischen Botschaft, den Schlußtakten des ›Parsifal‹ von Wagner. Diese Aussage stellt für mich eine bedeutende Möglichkeit einer Interpretation des Werkes von Wagner dar, die mit seiner realen Existenz in einer ›menschlich, allzumenschlichen‹ Theaterwelt im Widerspruch stehen mußte. Den Widerspruch in das Werk, zu dem ich die Schriften und Briefe im Zusammenhang mit den Bühnenwerken zähle, hineinzuinterpretieren bedeutet für mich eine tendenziöse Verfälschung, die in der Vergangenheit stets dann praktiziert wurde, wenn man das Werk nicht mehr in seiner kulturellen Aussage, sondern in einem ideologisch-politischen Rahmen mißbrauchen wollte. Dagegen Stellung zu nehmen sehe ich als Musikpublizist, Musiktheaterregisseur und auch als Wagner-Urenkel meine Pflicht. Daß ich mit dieser Meinung auch in Bayreuth stets zwischen den Stühlen sitzen werde, sehe ich leider noch als gegeben an. Nähern wir uns daher Wagner stets als dem an, der er war: als einem Genie der Opernbühne des 19. Jahrhunderts, ohne den die europäische Kulturgeschichte nicht zu denken ist.«

Wenn ich heute meinen Text vom Januar 1990 lese, dann schüttele ich nur noch den Kopf angesichts meiner Kunst der Verdrängung und meiner damaligen Unfähigkeit, den Wagnerschen Nachlaß als Ganzes zu beurteilen. Ich war immer noch der Familientradition verhaftet. Ich mußte mich davon befreien, soviel wußte ich schon damals. Das wurde mir in Israel in Gesprächen vollends klar. Damals ging es mir darum, mit meinen Vorträgen zu signalisieren, daß ich an einem kontinuierlichen Dialog interessiert war, daß ich aus meiner Isolation herauskommen und lernen wollte. Diese versteckte Botschaft hatten die meisten Zuhörer verstanden und mich trotz der Unklarheiten in meinen Ausführungen ohne Mißtrauen akzeptiert. Mit der Israelreise begann für mich noch einmal die Aufarbeitung von Wagners Antisemitismus. Ich mußte seine Wirkungen, auch auf die Bayreuther Festspiele, genauer ergründen. Ich mußte erkennen, daß ich meine Positionen nicht mehr aufrechterhalten konnte. Dagegen sprachen neben persönlichen Erfahrungen auch verschiedene Publikationen, so etwa von Hartmut Zelinsky, Ulrich Drüner, Paul Lawrence Rose, Marc Weiner und anderen.

Bei der schmerzlichen Erforschung des eigenen Wissens und Gewissens entfernte ich mich von wesentlichen Orientierungspunkten meiner Jugend- und Studienzeit. Ich geriet in Distanz zu den Interpretationen Ernst Blochs, Hans Mayers und Claude Levi-Strauss', also der prominenten jüdischen Autoren, die man in Neu-Bayreuth mißbraucht hatte, um Vergangenheit und Verantwortung zu verdrängen und zu verfälschen.

Doch zurück zu Israel im Januar 1990. Wichtiger als die Vorträge waren die zahllosen Gespräche mit Zuhörern, die ich aus Zeitnot leider nicht aufzeichnen konnte. Es blieben mir aber wichtige Episoden in Erinnerung. So das Treffen mit Alfred und Ester Frankenstein in deren schönem Haus in Ramat-Gan. Ihnen verdankte ich auch die ersten Kontakte mit Herzl Shmueli. Es war mir unmöglich, Frankensteins leidenschaftliche Wagner-Verehrung, die ihn immer wieder als Festspielbesucher nach Bayreuth führt, zu erschüttern, auch nicht durch meine Hinweise auf den Antisemitismus meines Urgroßvaters.

Und doch fühlte ich mich, umgeben von Klassikern deutscher Literatur, bei Kaffee und Kuchen und Musik und Gesprächen über deutsche Kultur bei Frankensteins zu Hause. Daß dieses Gespräch in Ramat-Gan und nicht in Berlin stattfand, empfand ich als schmerzlich. Ich wurde mir bewußt, welchen Verlust Deutschland erlitten hatte, als es Menschen wie Alfred Frankenstein vertrieb oder ermordete.

Wie anders verliefen die Treffen mit dem aus den USA stammenden Wagnerianer Harry Riss, der mir erst nach Jahren erzählte, daß er NS-Opfer in seiner Familie zu beklagen hatte. Er war Mitte der fünfziger Jahre als Zionist nach Israel ausgewandert. Er glaubte, in mir als Urenkel manches zu entdecken, was nichts mit mir und wenig mit dem »Genius Richard« zu tun hatte. Harry akzeptiert heute meine Rebellion gegen das Wagnersche Erbe in Bayreuth.

Sehr viel differenzierter und komplexer waren die Gespräche mit dem Musikwissenschaftler Peter Gradenwitz, dessen »Musikgeschichte Israels« mir meine Mutter geschenkt hatte. Er teilte damals meine Kritik an Wagner und war sehr an den innerfamiliären Spannungen meiner Familie interessiert, ein Thema, zu dem ich damals nur bis zu einem gewissen Grad Stellung nehmen wollte.

Besonders wichtig bei meinem Aufenthalt in Israel wurde für mich das Treffen mit Ira und Tovi Marom. Er arbeitete damals als Künstler an Mauerprojekten. Die Mauer und ihre Risse wurden zum Gegenstand archäologischer Geschichtsbefragung. Ira, der direkt mit Weill und Kafka verwandt ist, lebte in Köln in seinem Studio, einer ehemaligen Garage, mit seiner Frau Tovi und der gemeinsamen Tochter. Er trieb mit bewundernswerter Energie seine Projekte voran und lebte ganz für die Zukunft. Darum beneidete ich ihn, und mir wurde durch ihn klar, wie sehr ich noch mit der Aufarbeitung der eigenen Familiengeschichte zu kämpfen hatte und wie dies meine Gegenwart immer wieder überschattete. Ich denke gerne zurück an unsere Spaziergänge am Strand von Tel Aviv mit spekulativen Gedanken wie, was wohl geworden wäre, wenn Hitler nicht an die Macht gekommen wäre und wir uns vielleicht in Berlin kennengelernt hätten.

An unserem einzigen freien Abend in Israel wurden wir zu einem Konzert des berühmten Israel Philharmonic Orchestra eingeladen, das 1936 von dem Geiger Bronislaw Huberman gegründet worden war. Auf dem Programm standen Werke von Edvard Grieg, Luigi Boccherini, Franz Danzi und Mozart. Es dirigierte Mika Eichenholz. Der Abend war aber keineswegs nur entspannender Kunstgenuß. Kurz bevor wir in die große Konzerthalle gingen, gab es Bombenalarm, und wir mußten in eine der Seitengassen rennen. Nach der Entwarnung ging ich an die Abendkasse, um unsere Karten abzuholen. Wir wurden dort von der Leiterin der PR-Abteilung herzlich empfangen und an unsere Plätze geleitet. Die junge Dame ging dann aufs Podium, wo bereits einige Musiker auf ihren Instrumenten übten. Sie sprach mit dem 1. Cellisten und deutete auf uns. Er stand auf und winkte uns heran. Etwas scheu gingen wir auf ihn zu. Er reichte uns vom Podium aus die Hand und sagte auf englisch: »Ich bin entschieden dafür, daß man in Israel Wagner aufführt. Wir freuen uns sehr, daß Sie da sind. Danke.« Ich antwortete: »Aber unter den richtigen Bedingungen und mit großem Konsens.« Er stimmte lächelnd zu und bat mich, nach dem Konzert hinter die Bühne zu kommen zu einem Gespräch mit Mika Eichenholz und dem Solisten des Abends, dem Cellisten Lynn Harrell.

Noch bewegender war eine Einladung der Tel Aviver Zentralbibliothek für Musik, wo sich auch das Bronislaw-Huberman-Archiv befindet. Nehama Lischitz, die damalige Direktorin der Bibliothek, und die anderen Kollegen zeigten mir mit berechtigtem Stolz die Schätze der Bücherei, darunter ein Bild von Arturo Toscanini mit Huberman am Strand von Haifa 1938, nur ein halbes Jahr vor der sogenannten Reichskristallnacht.

Das damalige Palestine Orchestra, das spätere Israel Philharmonic Orchestra, spielte bis zu dieser Pogromnacht auch Wagners Werke, wie etwa das Vorspiel zum ersten und zum dritten Akt von »Lohengrin«. Ich sprach über die Zusammenarbeit von Toscanini mit meinem Großvater Siegfried bei der neuen Produktion des »Tannhäuser« in Bayreuth 1930, über Toscaninis Absage, der nach der Machtergreifung der Nazis im Januar 1933 in Deutschland nicht mehr auftreten wollte, obwohl Hitler ihn persönlich gebeten hatte, wieder in Bayreuth zu dirigieren. Nehama überreichte mir mit großer Herzlichkeit den Band »An Orchestra is born«, eine einzigartige Dokumentensammlung zur jüdischen Musik- und Kulturgeschichte im ehemaligen Palästina und heutigen Israel. Der Band mit seiner liebevollen Widmung ist eines der schönsten Erinnerungsstücke meiner viel zu kurzen ersten Reise nach Israel.

Trotz aller Hektik der Veranstaltungen, Interviews und langen Gespräche mit Zuhörern meiner Vorträge wollten wir uns einen Besuch im Diaspora-Museum in Tel Aviv nicht entgehen lassen. Teresina und ich hatten das Privileg, von Judith Etzion und dem Komponisten und Musikpublizisten Benjamin Bar-Am geführt zu werden. Die Klarheit der Vermittlung durch Texte, Fotos und Filme der jüdischen Kultur und Geschichte beeindruckten uns wie auch die Erklärungen von Judith Etzion. Wie nah dort die jüdische mit der deutschen Geschichte und sogar mit der Chronik der eigenen Familie verbunden ist, wurde mir an einem Beispiel deutlich. Das Diaspora-Museum verfügt unter anderem über eine ungewöhnlich genaue und umfangreiche Datenbank, die jedem Besucher des Museums zugänglich ist. Ich rief das Stichwort »Wagner« ab. Auf vier ausgedruckten Bögen erhielt ich interessante Informationen. So lernte ich, daß es auch jüdische Familien mit dem Namen Wagner gab, die aber erst im 17. Jahrhundert unter anderem in Leipzig und Frankfurt am Main registriert wurden. In Bayreuth hatte es seit dem beginnenden 13. Jahrhundert eine jüdische Gemeinde gegeben. 1933 lebten dort 261 Juden, das waren 0,7 Prozent der Bayreuther Bevölkerung. Am 10. November 1938, also in der Pogromnacht, wurde die schöne Synagoge, die 1760 gebaut worden war, zerstört und die Häuser und Läden der jüdischen Bürger durch die SA geplündert und verwüstet. Die Bayreuther Bevölkerung fiel am folgenden Tag über ihre jüdischen Mitbürger her und entweihte und zerstörte den jüdischen Friedhof bis zur Unkenntlichkeit. Am 27. November 1941 wurden fünfzig Juden nach Riga und am 12. Januar 1942 die letzten elf jüdischen Bürger von Bayreuth nach Theresienstadt deportiert.

Ich dachte wieder mit Zorn daran, wie ich als Kind von meiner Familie und den meisten Lehrern angelogen worden war. Wo waren die braven Bayreuther Bürger und meine Familie eigentlich an diesem 10. und 11. November 1938? Aufgebracht und schweigend, verließen wir das Diaspora-Museum.

Schmerzlich war auch die Begegnung mit dem Holocaust-Überlebenden Moshe Hoch, dem Leiter des Instituts für die Erhaltung und Erforschung der jüdischen Musik des Holocaust in Yad Letslilei. Die Beschreibung seiner Verfolgung als Kind durch die Nazis brachte mir die nationalsozialistische Vergangenheit in aller Härte nahe. Bohrend beschäftigte mich die alte Frage, wie es möglich war, daß ein hochentwickeltes Volk zu Verbrechern werden konnte.

Merkwürdig war das Verhalten deutscher Medien während und nach meinem Aufenthalt in Israel. Die meisten wußten sehr wenig über Wagners Antisemitismus, und die Berichterstattung in Deutschland war auf einem entsprechenden Niveau. Es ging den westdeutschen Medien vor allem um reißerische Schlagzeilen. Sie stellten mich dar als Siegfried im Kampf gegen Fafner. Das half mir nicht bei meiner Arbeit für ein differenzierteres Wagner-Bild in Deutschland und Israel und genausowenig bei der Aufarbeitung der Familienchronik.

Die Berichte aus Israel nach Deutschland verstärkten meine Isolation dort weiter.

In der Rückblende bleibt mir wenig über die Deutschen zu berichten, die ich damals in Israel traf. Hans-Heinrich von Stackelberg, der westdeutsche Kulturattaché, war nicht nur meiner Meinung nach der falsche Mann am falschen Platz. Er wurde trotz guten Verlaufs meiner Veranstaltungen zu keinem Umdenken mir gegenüber veranlaßt.

Die israelischen Medien bemühten sich viel stärker, mich mit meinem Anliegen zu verstehen. Die Journalistin Hanna Yaddor zum Beispiel zog in der Abendzeitung »Ma'ariv« unter der Schlagzeile »Danke für Deinen Mut« am 16. Januar 1990 das folgende Resümee meines Besuchs: »Das Gespräch der Musikwelt in Israel in den letzten zehn Tagen war der Besuch von Dr. Gottfried Wagner, dem Urenkel des deutschen Komponisten Richard Wagner. (...) Man begegnete ihm mit keinerlei Feindseligkeit, sondern mit Zuneigung und in Freundschaft. (...) Die Leute erkannten ihn aufgrund der Medien auf der Straße und beschenkten ihn. In einem Brief schrieb man ihm: ›Danke für Deinen Mut‹ (...) Er hofft sehr, für eine längere Zeit nach Israel zurückzukehren. Hier hat er bereits seine Feuertaufe hinter sich gebracht. Nun bleibt ihm vielleicht noch, einigen häßlichen Bemerkungen von einigen Mitgliedern seiner Familie zu entgegnen.« Hanna Yaddors Prognose sollte sich bestätigen, vor allem im Hinblick auf die zu erwartende Konfrontation mit meinem Vater.

Vaters letzter Brief

Nach der Rückkehr aus Israel Mitte Januar 1990 fiel es mir schwer, mich auf andere Arbeiten zu konzentrieren. Zu oft dachte ich an die Folgen meiner Reise. Ich wußte, daß nach der ersten Welle der Berichte in den deutschen und internationalen Gazetten eine Reaktion aus Bayreuth fällig war.

Ende Januar rief mich der Präsident des Richard-Wagner-Verbands Josef Lienhart aus Freiburg an. Er wollte Genaueres über meine Israelreise wissen. Ich berichtete ihm ausführlich von den positiven Ergebnissen und Erfahrungen sowie dem großen Interesse der israelischen Medien und Zuhörer. Endlich, so erklärte ich zuversichtlich, habe eine neue Etappe in der Diskussion über Wagner in Israel begonnen. Ich notierte die Themen des Gesprächs in Stichworten und schickte eine Zusammenfassung per Fax an meinen Vater:

»Lieber Papa,

heute abend rief mich Herr Lienhart an und teilte mir zu ›seinem Bedauern und in ausdrücklicher Wertschätzung meiner Arbeit und seiner herzlichen Verbundenheit mit mir‹ folgendes mit: Du hättest aufgrund diverser, kolportierter westdeutscher Zeitungsartikel über meine Israelreise und Deiner Rechte als Festspielleiter gegenüber den Richard-Wagner-Verbänden gefordert, daß entweder sämtliche zugesagten oder bestehenden Einladungen von Richard-Wagner-Verbänden an mich rückgängig und in der Zukunft unmöglich gemacht würden oder Du Dich öffentlich von den Richard-Wagner-Verbänden, mit Begründungen gegen mich und die kolportierten Aussagen, distanzieren würdest. Deinen Boykott gegen die Richard-Wagner-Verbände im Falle einer Nichteinhaltung Deiner Forderungen begännest Du bereits bei der nächsten Vollversammlung der Richard-Wagner-Verbände [am 25. Mai 1990]. Des weiteren habest Du Herrn Lienhart besagte Artikel mit Gelbstift und Deinen Kommentaren gegen mich seit Mitte Januar per Express und Einschreiben zugesandt. Ich kann nicht glauben, daß Du derartige Weisungen gegeben haben sollst. Ich bitte Dich als meinen Vater, zu diesem Vorfall Stellung zu nehmen, zumal Deine Weisungen in der Tat konkrete Angebote der Richard-Wagner-Verbände in Gegenwart und Zukunft betreffen. Deine Antwort bitte ich per Telefax mir wegen des sehr langsamen Postweges bis Ende der Woche zukommen zu lassen. In Erwartung Deiner Antwort verbleibe ich mit freundlichen Grüßen Dein Sohn Gottfried.«

Die offizielle Antwort kam zwei Tage später. Vater schrieb sinngemäß, er habe dem Richard-Wagner-Verband und dessen Ortsverbänden mitgeteilt, er werde an keiner ihrer Veranstaltungen mehr teilnehmen, wenn ich im Rahmen des Verbands weiterhin die Möglichkeit zu Vorträgen erhielte, da seine Teilnahme als Billigung meiner für ihn inakzeptablen Ansichten zur Entwicklung und zum künstlerischen Niveau der Bayreuther Festspiele aufgefaßt werden könnte. Er bezog sich dabei unter anderem auf einen Artikel vom 11. Januar 1990 in der »Welt«, worin ich erklärt hatte, seit dem Tod Wielands seien die Bayreuther Festspiele zu einem Mittelding zwischen Investitionsbörse und Alteisenmarkt geworden. Des weiteren hatte ich herausgestellt, das politische und kommerzielle Element dominiere zum Schaden von Musik, Drama und Poesie. Die Drohung, Veranstaltungen des Richard-Wagner-Verbands nicht mehr zu besuchen, wollte Vater natürlich nicht als »Weisung« verstanden wissen, wofür ja in der Tat auch die Rechtsgrundlage fehlt, sondern als Ausdruck einer ihm zustehenden persönlichen »Haltung«. Dies alles, so Vater, stehe in keinem Zusammenhang mit meiner Vortragsreise durch Israel.

Was ich zu den möglichen Folgen der Stiftungsurkunde für die weitere Beteiligung der Familie Wagner an der Fortführung der Festspiele (in der »Süddeutschen Zeitung« vom 17. Januar 1990) geäußert hatte, tat Vater mit dem Hinweis ab, es fehle mir offenbar an der gründlichen Kenntnis von Sinn und Inhalt dieser Urkunde. Auch hätte ich 1981, wenn ich über meine Großmutter tatsächlich so kritisch dächte, wie ich es in verschiedenen Statements formuliert hätte, die materielle Erbschaft als »schmutziges Geld« ausschlagen müssen.

Am Ende seines Briefes zog er unter Hinweis auf seine Gesamtverantwortung für die Bayreuther Festspiele einen harten und endgültigen Trennungsstrich zwischen Vater und Sohn.

Alle meine Versuche, meinem Vater nach Erhalt dieses Schreibens meine Haltung zu erläutern, scheiterten. Ich schickte Vaters Schreiben Freunden und einigen Leuten, von denen ich annahm, sie seien an einer sachlichen Klärung des nun öffentlichen Konflikts interessiert. Auch aus heutiger Sicht macht das Schreiben meines Vaters mir deutlich, daß es ihm nie um eine wirkliche Auseinandersetzung mit der eigenen Vergangenheit und Verantwortung als Vater und Festspielleiter ging. Die in seinem Brief genannten, keineswegs immer meinen Aussagen entsprechenden Zeitungszitate sind aus dem Zusammenhang gerissen, unvollständig und beruhen auf einer willkürlichen Zusammenstellung von Zeitungsartikeln. Eine objektive Auswertung der internationalen Pressestimmen ergibt ein ganz anderes Bild. Aber das will man weder am Festspielhügel noch beim Großteil der deutschen Medien zur Kenntnis nehmen.

Man betrachte dazu die Presse in Israel in der Zeit vom Dezember 1989 bis Januar 1990 oder das »Wall Street Journal« vom

7. Januar, die »Repubblica« vom 15. Januar, die »Aftenposten« vom 18. Januar oder auch den sachlichen Bericht über meine Israelreise in der »Neuen Zürcher Zeitung« vom 8. Februar 1990 unter dem Titel: »Richard Wagner in Israel, Anzeichen für eine Wiederannäherung«: »Sicher werden sich die Möglichkeiten des Zugangs zu Wagner und seinem Werk für kommende Generationen zusehends verbessern und damit immer mehr Chancen zur Wiederaufführung von Wagners Werk in Israel entstehen. Dass aber bereits in der Gegenwart konkrete Schritte auf diese Entwicklung hin unternommen werden, zeigt die Einladung für Anfang dieses Jahres, die an den Urenkel Richard Wagners, Gottfried Wagner (Sohn des Enkels Wolfgang), durch die Universität Tel Aviv erging. In vier Vorträgen konnte sich der Nachkomme als promovierter Musikwissenschaftler und Regisseur über seine persönliche Annäherung an das Werk seines Vorfahren und über seine Auseinandersetzung damit äussern: Gottfried Wagner wurde in Bayreuth kurz nach dem Krieg (1947) geboren. Früh wurde er mit der Problematik um das politische und kulturelle Verhalten seiner Familie konfrontiert. Selbstverständlich konnte es weder ihm noch den Gastgebern darum gehen, Fragen um Wagner oder die Aufführung oder Nichtaufführung seiner Musik in Israel hier und jetzt zu lösen. Von seiten der Universität stand klar das wissenschaftliche Interesse, die Diskussion um den wichtigen Komponisten wachzuhalten, im Vordergrund, und von Gottfried Wagner ging ein aufrichtiges Bemühen um ›schrittweises Aufeinanderzugehen‹ aus, wie er es in Radio- und Fernsehinterviews ausdrückte. Ohne diese Prämissen hätte die Begegnung kaum ohne jegliche Misstöne, in durchgehend positiver Atmosphäre stattfinden können. Ganz besonders muß erwähnt werden, dass diese Begegnung mit dem Urenkel von Wagner in einem weit grösseren Rahmen als dem ursprünglich vorgesehenen universitätsinternen erfolgte; Interviews im israelischen Radio und Fernsehen, Berichte in Zeitungen

des In-und Auslandes bestätigen die Notwendigkeit und die Bedeutung solcher Schritte. Auch in Israel war in diesen Tagen mit Bezug auf die Wagner-Rezeption von Glasnost die Rede.«

Zur selben Zeit erreichte mich die offizielle Stellungnahme von Shai Burstyn als Leiter der Musikwissenschaftlichen Abteilung der Universität Tel Aviv. Er schrieb unter anderem:

»Ich möchte Ihnen für Ihre Bemühungen danken, die Ihren Besuch an der Universität so erfolgreich machten. Die Besucheranzahl, die Ihre Vorträge verursachte, sowie das Interesse bei der Presse sind klare Hinweise, daß die Themen Ihrer Vorlesungen von größtem Interesse für die akademische Öffentlichkeit in Israel und auch in der Tat für einen breiten Teil der israelischen Bevölkerung sind. (...) [Die Vortragsserie] war ein Projekt, das gründlich vorbereitet und gut vorgetragen wurde. Wir wünschen Ihnen für die weitere Entwicklung Ihrer Ideen, die Sie in Ihren Vorträgen hier vortrugen, Erfolg.«

Nachdem ich die internationalen Reaktionen mit denen meines Vaters und seiner Vertrauten verglichen hatte, erkannte ich, daß es sinnlos gewesen war, ihn um ein sachliches Gespräch zu bitten. Ich mußte meinen in Israel begonnenen Weg trotz aller Widerstände weitergehen. Bei aller Unvereinbarkeit der persönlichen, kulturellen, politischen und ethischen Positionen war damals in mir dennoch die kleine Hoffnung geblieben, daß er eines Tages doch bereit sein würde, mich nur als Vater wieder treffen zu wollen.

Da Vater keine Bereitschaft zeigte, meine Meinung anzuhören, aber sein schnell bekanntgewordenes Urteil mir Absagen und beträchtliche finanzielle Einbußen einbrachte, sah ich mich gezwungen, ihm Mitte Februar 1990 mit Hilfe der Rechtsanwältin und unbeirrbaren Freundin Inge Lehmbruck zu antworten:

»Lieber Papa,

(...) Ich muß also zur Kenntnis nehmen, daß es tatsächlich wahr ist, daß Du unter Anwendung schärfster Pressionen, nämlich der Androhung Deines Fernbleibens von sämtlichen Veranstaltungen des Richard-Wagner-Verbandes, dessen Präsident Herrn Lienhart veranlaßt hast, sich von allen mit mir geplanten Veranstaltungen – konkret waren das drei Vorträge in Freiburg, Baden-Baden und Karlsruhe – zurückzuziehen. Anders gesagt, Du hast es für richtig gehalten, nicht mit mir selbst Dich darüber auseinanderzusetzen, was ich tatsächlich gesagt habe und warum, sondern Dritten gegenüber eine Aktion zu unternehmen, die mich in meiner materiellen Existenz betrifft. Mit Nachdruck entgegentreten muß ich Deiner Bemerkung, ich hätte im Erbwege ›schmutziges Geld‹ (nicht mein Ausdruck) von meiner Großmutter genommen. Dasjenige, was ich bei der Erbteilung zu Beginn der 8oer Jahre erhalten habe, stammte zu ca. 85 % (genau DM 83.509,27 – vor Steuern) aus dem Nachlaß meines Großvaters Siegfried Wagner, und auch die restlichen 15 % (DM 12.500,- vor Steuern) – die Zahlen lassen sich beim Testamentsvollstrecker Thorwart leicht verifizieren – aus dem Nachlaß der Großmutter habe ich immer nur als Teil des von Urgroßvater Richard stammenden Wagnerschen Vermögens angesehen. Gottfried«

Diesen Einschreibebrief erhielt ich ungeöffnet zurück. Darauf schrieb Inge Lehmbruck meinem Vater:

»Ich habe Sie jedoch in aller Form darauf aufmerksam zu machen, daß mein Mandant, der wirtschaftlich weitgehend von seiner Vortragstätigkeit lebt, aus der Notwendigkeit der Existenzerhaltung heraus nicht zögern würde, sich mit allen rechtlichen Mitteln, einschließlich gerichtlicher Hilfe zur Wehr zu setzen, wenn sich Eingriffe Ihrerseits in seine berufliche Entfaltung wiederholen sollten.«

Das Sekretariat meines Vaters bestätigte kommentarlos, diesen Brief erhalten zu haben.

Der Abbruch der Beziehung zum eigenen Sohn hinderte meinen Vater nicht daran, seinen Einfluß geltend zu machen, um mir das Leben in der Musikwelt zu erschweren. Er bewirkte über seine unzähligen Kontakte und Verbindungen genau das, wovor ihn Inge Lehmbruck gewarnt hatte. Er trat dabei nie selbst in Erscheinung.

Mein Vater formulierte und begründete seine Positionen zusammenhängend in seiner Autobiographie »Lebensakte«, die 1994 erschienen ist. Das Buch hat den hilfreichen Nebeneffekt, daß sich immer mehr Menschen für meine Haltung interessieren. Im Klappentext des Bandes schreibt mein Vater:

»Im Dickicht der nahezu unüberschaubaren Fülle von Literatur zu allen nur denkbaren Themen um Wagner und Bayreuth halten sich, insbesondere hinsichtlich des 20. Jahrhunderts, nach wie vor so zahlreiche Klischees, zählebige Vorurteile, Halbwahrheiten und schlichthin infame Lügen, eskaliert immer noch vehement unkritisches Für wie ebenso unsachliches Wider, entladen sich heftige Emotionen der Liebe und des Hasses, erbarmunglos beide, daß oft genug ein hinlänglich nüchterner Blick verdunkelt und doch zumindest eingetrübt wird. Mir scheint, es ist hohe Zeit, endlich die Legenden zu beerdigen und das Schwadronieren zu beenden. Meine Autobiographie soll im weitesten Sinne Zeugnis geben von erlebter Größe wie von erlittener Schmach, natürlich aus meiner ganz subjektiven Sicht, aber zugleich belegt durch Dokumentarisches und exakt Dokumentiertes, das bisher weitgehend unveröffentlicht blieb. Das Ungewöhnliche, Unerhörte, ja Sensationelle ist keine Ausgeburt meiner Phantasie, sondern liegt in den verbürgten Tatsachen selbst.«

Ich las diesen Text mehrmals, da ich ihn nicht verstand. Vater betont, daß er aus seiner »ganz subjektiven Sicht« schreibe, er also keine objektive Autobiographie anstrebe, die er mit Dokumenten glaubwürdig verstärken wolle. Aber die Auswahl der Dokumente und deren genauer Quellennachweis bleiben angreifbar, da sie willkürlich und ungenau sind. In die »subjektive Sicht«, von der mein Vater spricht, wurde offensichtlich auch

die Auswahl des »Dokumentarischen und exakt Dokumentierten«, das bisher weitgehend unveröffentlicht blieb, einbezo-
gen. Vaters Autobiographie dient so aber nicht einmal einer
subjektiven, sondern in verhängnisvoller Weise einer willkürlich zu nennenden Interpretation des eigenen Lebens.

Als ich das nach dem ersten Lesen begriffen hatte, legte ich
beim zweiten Durcharbeiten des Buches den Klappentext wie
eine Schablone über die Abschnitte, die für mich im beruflichen und persönlichen Spannungsfeld der Meinungsunter-
schiede mit Vater wesentlich waren: also seine Deutung des
Antisemitismus von Richard Wagner und der Familie Wagner,
seine Deutung Hitlers und des Holocausts und die damit verbundenen Folgen für unser Verhältnis bis heute. Ich wollte
Antworten finden auf die Frage, warum er seine und die Vergangenheit der eigenen Familie verdrängt – als Leiter der Bayreuther Festspiele, als ein Wagner und als mein Vater.

Ich wurde mir bei der Lektüre der »Lebensakte« schmerzhaft bewußt, wie er dem Zeitgeist zum Verdrängen der eigenen
Vergangenheit nachgab. Er tat dies, indem er mit dem romanti-
schen Philosophieren des Großvaters allzu beliebig umging.
Ich wurde mir selber zugleich immer klarer, wie sehr dagegen
ich mich bei der Beurteilung der romantisch verfaßten Autobiographie von Vater an den Erkenntnissen des Rationalismus
und der Aufklärung orientierte. Ich teile die Meinung des Philosophen Karl Popper, der in seinem Aufsatz »Zum Thema
Freiheit« von 1967 über sein Verständnis von Rationalismus
und Aufklärung gegen das Philosophieren der Romantiker
schreibt:

»Als einer der letzten Nachzügler des Rationalismus und der
Aufklärung glaube ich an die Selbstbefreiung des Menschen
durch Wissen. (...) In meiner Rückständigkeit kann ich näm-
lich in der Philosophie der Romantik und insbesondere in der
Philosophie der drei großen Führer des deutschen Idealismus,
Fichte, Schelling und Hegel, nichts anderes sehen als eine in-

tellektuelle und moralische Katastrophe – die größte intellektuelle und moralische Katastrophe, von der die deutsche und die europäische Intelligenz jemals heimgesucht wurde. Diese Katastrophe, diese intellektuelle und moralische Kettenreaktion hatte, wie ich glaube, eine verheerende und verdummende Wirkung, die noch immer wie eine Atomwolke im Anwachsen begriffen ist. Sie brachte das hervor, was vor Jahren Konrad Heiden in seinem Buch über Hitler ›das Zeitalter der intellektuellen und moralischen Unredlichkeit‹ nannte. (...) Was ich meine, wenn ich von der Vernunft spreche oder vom Rationalismus, ist weiter nichts als die Überzeugung, daß wir durch die Kritik unserer Fehler und Irrtümer *lernen* können und insbesondere durch die Kritik anderer und schließlich durch Selbstkritik.«[34]

Vater verweigert sich der Erkenntnis, daß nur kritische Diskussion es ermöglicht, die eigenen Ideen von mehreren Seiten zu sehen und sie objektiv zu beurteilen. Für ihn hat das Geben und Nehmen als Grundlage der kritischen Diskussion keine Bedeutung. Er will nicht anerkennen, daß, wie Popper resümiert, »die vernünftige, die kritische Einstellung nur das Ergebnis der Kritik anderer sein kann und er nur durch die Kritik anderer zur Selbstkritik kommen kann«. Vater will statt dessen imponieren. Er vergißt dabei, daß es in der Kunst nicht nur Richard Wagner »als Leitstern der Menschheit« gibt.

Seine Sprache ist unklar und kompliziert. Er weist bei seinem Bemühen, die eigene Macht zu legitimieren – dem eigentlichen roten Faden seiner Lebensgeschichte –, ungewollt auf den dritten, verschwiegenen Lehrmeister hin, auf den Mephisto der Nazi-Opernwelt, Heinz Tietjen. Bei Tietjen lernte er im Bayreuth und Berlin des »Führers« als Assistent alle Mittel zur Machterhaltung kennen, die ihm dann beim Wiederaufbau des Wirtschaftswunderprodukts Neu-Bayreuth den Weg zum Festspielintendanten auf Lebenszeit ebnen sollten. Für den großen Organisator gab es keine Stunde Null.

Die Verhaltensweisen der verdrängten Vergangenheit sind in seiner »Lebensakte« stets gegenwärtig. Er tritt die Würde derer mit Füßen, die sich nicht wehren können und es wagten, sich ihm nicht ganz unterzuordnen. Man lese die Seiten nach, auf denen er über seinen Bruder Wieland, meine Mutter, immerhin 33 Jahre solidarische erste Ehefrau, seine Schwester Friedelind, seine Schwägerin Gertrud und die »unqualifizierte« vierte Generation urteilt. Er bezieht dabei den Satz »Was du nicht willst, das man dir tu, das füg auch keinem anderen zu!« nur auf sich, wenn er von »erlittener Schmach« spricht und sich zum Opfer stilisiert. Er trägt einmal die Märtyrer-Maske, dann die Sieger-Maske, wie es gerade paßt. Er läßt den Massenmörder Hitler mit einem Taschenspielertrick im mythologischen Nebel verschwinden. »Onkel Wolf« bleibt so der »gütige Mensch«, als den ihn Winifred sah, mit der zusammen er die Stiftungssatzung als größten Coup seines Lebens durchpaukte.

Er verschweigt die historischen Zusammenhänge zwischen dem Antisemitismus seines Großvaters und Hitler. Und das trotz des umfänglichen Materials, das das innige Verhältnis zwischen der Familie Wagner und dem »Führer« unzweideutig dokumentiert. Wo ist dieser entscheidende Teil beim »exakt Dokumentierten« geblieben? Genausowenig abgedruckt hat mein Vater in seinem Buch die brieflichen Auseinandersetzungen mit Wieland. Aber das wäre wichtig gewesen, um zu verstehen, was »Neu-Bayreuth« war.

In »Lebensakte« fehlen zentrale Szenen, obwohl alle Beteiligten sie kennen. Mein Vater hat damit eine große und einzigartige Chance vertan, sich selbst und der Öffentlichkeit gegenüber glaubwürdig zu sein. Liegt ihm nichts an der Solidarität der Redlichen, sondern nur am Applaus der Zeitgeistler?

Ich bleibe bei Demokrits Satz: »Ich ziehe das karge Leben in der Demokratie dem Reichtum unter einer Tyrannis vor.« Diese Erkenntnis gibt mir auch die Freiheit, meine Tür für ihn offen zu lassen. Warum sollten wir nicht durch »unsere Fehler und Irrtümer lernen können und insbesondere durch die Kritik anderer und schließlich durch Selbstkritik«? Mein Vater könnte dadurch zu sich selbst finden.

Der Bann aus Bayreuth

Der Boykott meines Vaters gegen mich hatte negative und positive Folgen für meine Existenz. Positiv war, daß ich mich seitdem veranlaßt sah, mich nicht mehr nur mit Wagner und dem Judentum, sondern auch mit der Geschichte des Christentums und des Judentums intensiv zu beschäftigen. Die dadurch erfahrene kulturelle und spirituelle Bereicherung zeitigte wichtige Folgen für meine persönliche und berufliche Entwicklung.

Negativ an dem Bruch mit Bayreuth war, daß sich meine Arbeitsmöglichkeiten in Deutschland verringerten. Der Bruch hatte sich schnell herumgesprochen und gerade auch dort, wo ich zuvor Chancen gesehen hatte. Jeder in der Musikwelt, der mir ein Angebot machen wollte, wußte nun, daß er damit meinen Vater gegen sich haben würde. Warum es sich mit dem Festspielhügel verderben? Allerdings empfanden manche Kreise das Verhalten meines Vaters mir gegenüber überzogen und unglaubwürdig, und die internationalen Reaktionen auf seine Autobiographie ermutigten mich.

Kompliziert gestaltete sich meine Lage allerdings vor dem Hintergrund des seltsamen Verhältnisses der Deutschen zu Richard Wagner. Wagner ist für sie bedeutungsschwanger, sein Werk schwergewichtig und ernst. Ironie und Selbstironie war noch nie die Stärke der Deutschen. Wagner ist ihnen nationales Heiligtum oder Nazimonster. Ernstgenommen wird er immer, und er setzt mehr Emotionen frei als jeder andere Komponist dieser Welt. Die Gründe dafür liegen im zwiespältigen Werk, Leben und Weltanschauungsgebräu Wagners, der Musik als propagandistisches Vehikel mißbrauchte. Wagner spielt mit der deutschen Seele, die immer wieder auf idealistische Weltverbesserungskonzepte hereinfällt. Solange man in Deutschland eine grundsätzliche Diskussion über Wagners Verhältnis zum Judentum vermeidet, wird man ihn in allen Strömungen des Zeitgeistes unterbringen können. Wem aber diese wilde Mischung aus Theater-Erlösungseffekten, Rassismus, Antifeminismus und Deutschtümelei in Deutschland als Deutscher nach dem Holocaust als kulturelles Modell nicht nur überholt, sondern auch gefährlich erscheint, der wird nicht allein bei der Bayreuther Wagner-Kultgemeinde auf heftigen Widerstand stoßen.

Bei Auseinandersetzungen über Wagner gefriert den Deutschen das Lachen noch schneller. Mit Wagner erhöht sich die Seele der Deutschen. Wehe dem, der Wagner in Frage stellt, besonders wenn er aus dessen Familie kommt und so die verwerflichste Form der Nestbeschmutzerei begeht.

Meinem Vater und Lienhart gelang es, die Diskussion über meine Israelreise auf dem Bundestag des Richard-Wagner-Verbands in Mannheim Ende Mai 1990 im Keim zu ersticken, obwohl einige Ortsverbände über meinen Fall sprechen wollten. Aber die Mehrheit der Anwesenden folgte Vaters und Lienharts Argument, das Thema »Gottfried Wagner in Israel« nicht zum Gegenstand des Wagnerianertreffens zu machen, und man ging zum nächsten Tagesordnungspunkt über. Dabei spielte gewiß eine Rolle, daß viele ihr Kartenkontigent für die Festspiele nicht riskieren wollten.

Typisch für diese Haltung war ein Brief der Vorsitzenden des Saarbrücker Wagner-Verbands, Otti Maurer, einst eine enge Freundin meiner Großmutter. Frau Maurer teilte mir erst am

6. Juni 1991 nach offensichtlicher Absprache mit Bayreuth mit, sie habe aufgrund der für sie schockierenden Zeitungsberichte des vergangenen Jahres zur Arbeitssitzung des Richard-Wagner-Verbands in Hannover den Antrag gestellt, die Hauptversammlung möge diskutieren, ob es angebracht sei, mich nach meinen »Auslassungen« über die Bayreuther Festspiele, meinen Vater und meine Großmutter, die sie sehr geliebt habe, noch als Vortragenden zu Veranstaltungen des Richard-Wagner-Verbands einzuladen. Man müsse sich fragen, ob es sich lohne, wegen eines jungen Mannes, auch wenn er Mitglied der Familie Wagner sei, die Freundschaft des Festspielleiters und seiner Schwester, Frau Verena Lafferentz, zu gefährden. Sie selbst, Frau Maurer, habe jedoch an der Tagung nicht teilgenommen.

Entscheidend ist aber der abschließende Satz ihres Briefes, der in engem Zusammenhang mit Vaters falscher Aussage über meine Erbschaft steht: Auch hier wieder der (in Frageform) vorgebrachte Vorwurf, ich sei ja schließlich ein Nutznießer der Erbschaft, die Winifred Wagner zusammengehalten habe.

Die Haltung der meisten Vorsitzenden der deutschen Richard-Wagner-Verbände war allerdings zwiespältig. Meine kritische Auseinandersetzung mit Richard Wagner in Israel und deren Folgen betrachteten sie mit Sympathie. Ging es aber darum, die mir gegenüber unter vier Augen geäußerte Meinung auch im eigenen Ortsverband oder gar gegenüber Präsident Lienhart zu artikulieren, fehlte es an Zivilcourage. Das zeigte sich, als meine Verhandlungen über Vorträge beim Kölner und Düsseldorfer Wagner-Verband scheiterten.

Eine rühmliche Ausnahme an Standfestigkeit bildete der Münchener Wagner-Verband. Dessen damaliger Präsident Jürgen Dreher schrieb mir unter anderem, allein die Ankündigung im Jahresprogramm habe zu erneuten Drohungen Gudrun und Wolfgang Wagners geführt, wodurch der Bundesvorsitzende und die Ortsvorsitzende in Hannover sicher in nicht gelinde Panik versetzt worden seien. Ungeachtet dessen freue man sich auf meine »Annäherung an Richard Wagner« und lasse sich auch vom Festspielleiter nicht unter Druck setzen, sondern sei entschlossen, diesen auszuhalten.

Nach dem Vortrag in München im Januar 1991 erwartete mich draußen auf der Straße ein Mann in Lederhose, grünem Lodenmantel und Trachtenhut mit einem riesigen Schäferhund. Er war vor Jahren schon einmal aufgetaucht. Als ich in München mein Auto bestieg, brüllte er mir, auf seinen Hund deutend, zu: »Dich Wagner-Sau wird mein Wolfi schon noch kriegen!«

Nach meinem Vortrag in München schrieb mir ein Zuhörer einen Brief, der die ganze Widersprüchlichkeit offenbarte, in der sich ein Teil der Wagnerianer befand. Der jüdische Wagnerianer Heinrich Frank riet mir unter Hinweis auf das vierte Gebot, es mit der Kritik an Mitgliedern meiner Familie, besonders an Winifred Wagner und Chamberlain, gut sein zu lassen. Man kenne jetzt meine Meinung dazu, und niemand würde auf den Gedanken kommen, ich sei von meiner Kritik an der Leiterin der Festspiele von 1933 bis 1944 abgerückt, wenn ich das Thema in Zukunft vermiede.

Ich antwortete Heinrich Frank unter anderem:

»Meine Aussagen, stets auf öffentliche Dokumente und Fakten gestützt, entsprechen meinem Traditionsverständnis (...) und meinem Gewissen und Wissen als eines Wagner nach Auschwitz, der nie bereit sein wird, aus Karrieregründen in Nibelungentreue zu einer fragwürdigen Familientradition zu schweigen. (...) Daß ich mich damit außerhalb der Normen der ›Moral und Toleranz‹ eines ›bestimmten deutschen Establishments‹, das die eigene Vergangenheit in Selbstentfremdung verdrängt, befinde, weiß ich seit meiner Kindheit. (...)

Sie sprechen vom 4. Gebot im Zusammenhang mit meiner Großmutter (...) Genau! Wer Anspruch erhebt, als Vater und Mutter geehrt zu werden, muß durch entsprechendes verantwortungsvolles Vorleben und konkretes Handeln als persona privata und publica im Interesse der Zukunft der Kinder überzeugt haben. (...) Warum, glauben Sie, bekomme ich auf meine Post aus Bayreuth keine Antwort und wurde dort zur persona non grata erklärt? (...) Die Aussöhnung mit einem bestimmten Establishment kann und darf nicht auf Verdrängung beruhen, wie es im Fall der Ausstellung ›Wagner und die Juden‹ 1984 in der Villa Wahnfried geschah. (...) Sie könnten bei der Vermittlung meiner Mission an ein anderes, aufgeschlossenes deutsches Establishment, das es Gott sei Dank gibt, eine Rolle spielen.«

Leider blieben Heinrich Franks und meine Position unvereinbar. Es ist mir unmöglich, über die Taten meiner Großmutter und Chamberlains zu schweigen.

Ich lernte aus der Korrespondenz mit Heinrich Frank, das Wort »Mission« im Zusammenhang mit meiner Tätigkeit immer weniger zu verwenden. Schon damals habe ich meine Arbeit nicht als Mission verstanden, sondern als Beitrag zur Wahrheitsfindung über Richard Wagner.

Aufschlußreich war ein Ereignis in Weimar bei einer Veranstaltung zum Thema »Der Fall Richard Wagner in Israel und Deutschland« Mitte August 1991, an der auch Herzl Shmueli teilnahm. Vor Beginn der Diskussion im Autonomen Cultur Centrum fragte mich der Vorsitzende des Richard-Wagner-Verbands Weimar, Eberhard Lüdde:

»Wie sollen wir uns verhalten? Alle Wagner-Verbände im In- und Ausland wurden angewiesen, Sie nicht zu Veranstaltungen einzuladen.«

Ich antwortete: »Ich danke Ihnen für den Hinweis. Ob Sie oder andere Wagner-Verbände mich einladen wollen oder nicht, hängt ja wohl von Ihnen selbst ab.«

Lüdde kam zu allen meinen Weimarer Veranstaltungen und auch zur Premiere meines »Lohengrin« dort. Er erklärte wiederholt, daß er die Bayreuther Politik gegen mich nicht gutheiße. Aber wie in den meisten Fällen blieb es bei unverbindlichen Zusagen, die mich nicht überzeugten. Vielleicht sollten sich einmal Historiker mit der verdrängten NS-Vergangenheit der Wagner-Verbände beschäftigen.

Vertreter von einigen Wagner-Verbänden tauchten bei meiner »Lohengrin«-Premiere im Mai 1995 in Dessau auf. Auch hier kein einheitliches Bild. Der Berliner Verband sorgte sichtbar für Stimmung im Sinn Bayreuths. Die »Neue Zürcher Zeitung«, die mein textkritisches Konzept begrüßte, machte sich danach lustig über das organisierte Buhkonzert gegen mich. Zwei Solisten schlossen sich der Stimmung gegen mich an, nachdem sie monatelang bei den Proben ihr Einverständnis für mein Konzept vorgespielt hatten. Sie wollten anschließend in dem Dokumentarfilm »Herrn Hitlers Religion« nicht namentlich genannt werden. Dieser Film, der ab September 1995 von Fernsehsendern verschiedener Länder ausgestrahlt wurde, zeigt Szenen meiner »Lohengrin«-Regie, in denen Wagners »Neuchristentum in Richtung Parsifal« zum Entsetzen der Bayreuth-Treuen transparent wurde. Die Direktion und Mehrheit des Ensembles des Anhaltischen Theaters teilte meine Haltung.

In Bayreuth hatte ich es besonders schwer. Ein Beispiel dafür war der Briefwechsel mit Oberbürgermeister Dieter Mronz. Im Dezember 1989 hatte ich ihm zur Information die Einführungstexte zu meinen Vorträgen über Wagner an der Tel Aviv University zugeschickt. Nachdem ich drei Monate nichts von ihm gehört hatte, schrieb ich Mronz erneut am 26. März 1990:

»Sehr geehrter Herr Dr. Mronz,

bei unseren Gesprächen während der Eröffnungswoche der Bayreuther Festspiele Ende Juli 1989 äußerten Sie konkretes Interesse an meinem Aussöhnungsanliegen in Israel (vgl. dazu auch das Interview vom 18. 8. 1989 im ›Nordbayerischen Kurier‹) und versprachen mir, Ihre Stellungnahme zum ›Fall

Chamberlain-Furtwängler-Straße‹ zu senden. Daher wies ich u. a. auch in meinem Schreiben vom 21. 12. 1989 nochmals auf meine bevorstehende Israel-Reise hin und legte die Resümees meiner drei Vorträge sowie meiner ›Ring‹-Video-Präsentation mit der Absicht bei, doch eine gewisse Reaktion auch bei Ihnen hervorzurufen. (...) Ein weiteres Schweigen zu dem Thema (...), das wohl auch die Bayreuther betrifft, würde mich sehr nachdenklich stimmen. Mit freundlichen Grüßen Ihr Gottfried H. Wagner«

Nach einem weiteren Monat erhielt ich einen vierseitigen Brief von Oberbürgermeister Mronz, in dem er mir zum erfolgreichen Gelingen der Reise nach Israel gratulierte. Bezeichnend für das geistige Klima in Bayreuth sind seine Ausführungen zum Fall Chamberlain. Mit einem Hinweis auf das Stadtratsmitglied der Grünen, Werner Kolb, der 1989 mutig und mit Recht für die Umbenennung der Chamberlainstraße plädiert hatte, kam Mronz zu seiner Position gegenüber dem Bayreuther Stadtrat: Davon ausgehend, daß auch noch die heutige Generation schwer an der Last der Nazi-Diktatur tragen müsse, verwies er darauf, daß man in Bayreuth diesbezüglich eine neue, tiefere Sensibilität entwickelt habe, die unter anderem dazu führe, sich endlich von solchen Belastungen wie dem strittigen Straßennamen souverän zu befreien, anstatt sich mit sturem Daran-Festhalten neue Schuldkomplexe und Belastungen aufzuladen.

Im Juli antwortete ich Mronz unter anderem:

»Die Umbenennung der Chamberlain-Straße nach erst 23 Jahren finde ich nicht nur bedauerlich, sondern in jeder Hinsicht skandalös. Das Beispiel Chamberlain-Straße zeigt doch, daß wir nicht fähig sind, uns ›souverän von solchen Belastungen wie diesem Straßennamen zu befreien‹. Die Worte ›souverän befreien‹ in diesem Zusammenhang lösen bei mir Unwohlsein aus. Wer an Namen wie Chamberlain in Bayreuth und anderswo ›stur festhält‹, zeigt, welch Geistes Kind er (...) ist.

›Neue Schuldkomplexe und Belastungen‹ werden sicher dann weiterbestehen, wenn man diesen antidemokratischen Kräften nicht öffentlich mit Zivilcourage und pluralistisch-demokratischen Mitteln entgegentritt und nicht weiter, besonders in Zeiten der deutschen Wiedervereinigung, zu einer grundsätzlichen Vergangenheitsbewältigung und echten Trauerarbeit in konkreten Taten auch ohne Gedenktagefeiern mit oft zweifelhaftem Alibicharakter bereit ist. Eine Tat der Stadt Bayreuth wäre, sich um eine Partnerstadt in Israel zu bemühen. Nach den Gesprächen mit den Menschen dort würden Sie sicher, wie ich auch, Ihre Meinung und Stellungnahme zu diesem Grundsatzthema deutscher Geschichte ändern. Ich bedauere, meinem Wissen und Gewissen entsprechend, feststellen zu müssen, daß in diesem Sinne weder die Gedenkschrift zur ›Reichskristallnacht‹ [in Bayreuth] noch der Band ›Wagner und die Juden‹ meinen Vorstellungen entsprechen. (...)

Mit nachdenklichen Grüßen und steter Dialogbereitschaft verbleibe ich Ihr

Gottfried Wagner

P. S. Aufgrund meiner sachlich-kritischen Aussagen an der Universität von Tel Aviv u. a. zum Führungsstil meiner Großmutter als Festspielleiterin in der Nazi-Zeit wurde ich von festspielnahen Kreisen (Brief vom 2. 2. 90) einschließlich dem Bundesvorsitzenden Lienhart zur persona non grata erklärt, in Deutschland boykottiert und meine Arbeit als ›Austragung von Privatkonflikten‹ diffamiert. Die internationale Fachwelt und Presse, vor allem in Israel, wird darauf noch eingehen. Peinlich wird das sicher nicht für mich werden, denn u. a. wird dabei wohl auch die manipulierte Auswahl von Pressezitaten gegen mich zur Sprache kommen müssen. Als persona non grata habe ich zwar keinen Zugang mehr zum Festspielhügel, aber doch wohl noch zu den Archiven der Stadt Bayreuth? Kann ich mich, falls ich nun bei meinen Recherchen behindert werden sollte, an Sie wenden? Auch in diesem Zusammenhang:

›Können wir uns souverän von solchen Belastungen befrei-
en?‹ Aufgrund meiner Erfahrungen befürchte ich – nein.«

Mronz antwortete nie auf diesen Brief. Ich wunderte mich
nicht darüber, daß man mich damals im Richard-Wagner-
Archiv nicht gerne sah und meine Arbeit nicht förderte.

Ebenso aufschlußreich ist ein anderer Fall von Bayreuther Erfahrungen, der sich auf die Bayreuther Universität bezieht, von der
ich naiverweise glaubte, sie sei von der jeweiligen Festspielhügelpolitik unabhängig. Professor Walter Gebhard von der Ger-
manistischen Abteilung der Universität Bayreuth schrieb mir im
Juni 1993 im Zusammenhang mit einem »möglichen Vortrag«, er
halte den Zeitpunkt (vor der Verleihung der Doktorwürde durch
die Universität an meinen Vater) eher für ungünstig, nicht zuletzt auch deswegen, weil die Reaktion der Festspielleitung auf
einen kritischen Vortrag nicht abzuschätzen sei.

Ich tat gut daran, den Vortrag abzusagen. Das Klima an der
Universität war eindeutig. Davon zeugte nicht nur die Verleihung des Ehrendoktors an meinen Vater, sondern auch die
Festrede, die Walter Jens im Januar 1994 anläßlich der 800-Jah-
re-Feier Bayreuths gehalten hatte.

Jens verleugnete die Erkenntnisse der von Bayreuth unab-
hängigen Forschung zu Wagners Antisemitismus und erzählte
den Vertretern der Stadt Bayreuth und des Festspielhügels
wortreich das, was diese hören wollten. Er tat das, was der
Wagner-Forscher Hartmut Zelinsky treffend die »Flucht ins
Ungenaue« genannt hat.

Auch eine andere Ikone der deutschen Kulturszene schloß sich
dem Bayreuther Spiel an: August Everding, Deutschlands
mächtigster Intendant. Im April 1990 hatte ich ihm einen Brief
geschrieben und hoffte, er würde meine Diskussion zum Fall
Wagner nach meiner Israelreise in Deutschland unterstützen.
Aber ganz seinem Stil entsprechend, reagierte der Kulturpoliti-

ker Everding unverbindlich. Aber dabei blieb es nicht. Er setzte gegen den Leiter des Richard-Strauss-Instituts in München, Stephan Kohler, und die damaligen Vorsitzenden Dr. Manfred Frei und Christian Lange des Förderkreises der Richard-Strauss-Festspiele in Garmisch-Partenkirchen durch, daß ich zu einem Symposium zum Thema »Richard Strauss, (k)ein Heldenleben« im Juli 1991 wieder ausgeladen wurde. Gestreut wurde, ich sei »unbequem, zu eloquent und gefährlich«.

Genausowenig zustande kam ein geplanter Vortrag zum Thema »Der Fall Wagner in Israel und Deutschland« an der Akademie der Schönen Künste 1991 in München, für den sich der Komponist Günter Bialas eingesetzt hatte. Auf meinen Brief vom Mai, dem ich zahlreiche Dokumente zur Israelreise beigelegt hatte, teilte mir Bialas, der an der Thematik sehr interessiert war, Ende Juni 1991 mit, er sehe sich außerstande, mich zu einem Vortrag an die Bayerische Akademie der Schönen Künste ohne das Einverständnis meines Vaters einzuladen, da dieser Mitglied der Musikabteilung sei. Laut Dr. Bauer, dem Sekretär der Akademie, seien die Spannungen zwischen mir und meinem Vater (noch) zu groß.

Mit vielen Medien erging es mir nicht besser, was die Gründe im einzelnen auch seien. Im Herbst 1991 rief mich Tilman Jens, Walter Jens' Sohn, an. Er bat mich um ein Interview in meiner Wohnung in Cerro Maggiore zum Thema »Israelreise 1990 und Wagners Antisemitismus«. Im November wurde dann im Kulturmagazin »titel, thesen, temperamente« der Beitrag unter dem reißerischen Titel »Der Erbfolgekrieg – Krach im Hause Wagner: Wolfgang Wagner grollt« ausgestrahlt. Er ließ meine Cousine Nike stellvertretend für die vierte Wagner-Generation sprechen, obwohl Nikes und meine Auffassungen in Sachen Bayreuth auseinandergehen.

Kurz nach der Sendung schrieb ich Nike einen Brief, um nach jahrelangem Schweigen einen Dialog einzuleiten. Leider hat sie mir nicht geantwortet. Sie unterstreicht seit einigen Jahren ihren Nachfolgeanspruch durch Kritik an den Bayreuther Festspielen unter der Leitung meines Vaters. In einem Interview im Sommer 1995 erklärte sie: »Wie bei jeder Institution darf eine Regierungsperiode nicht zu lange dauern. Es müssen dringend neue Ideen, ein neuer Kunstwille, eine neue Vision her. Es geht um die Zukunft für Wagner. Dafür stehe ich ein, und dazu bin ich bereit.« Ein Programm zum Umgang mit Wagners Ideologie und seinem Antisemitismus in Werk und Theorie legte sie aber nicht vor.

Sie hat sich bis dahin nie einspannen lassen in die Bayreuther Politik gegen mich. Sie unterschied sich darin wohltuend von den anderen zwei Frauen in der Familie, die Nachfolgegelüste haben: Eva und Gudrun. Beide sind enge Mitarbeiter von Vater gewesen und wurden von dessen machtpolitischem Denken geprägt. Zwei Grundsätze meines Vaters beherrschen seine Schülerinnen schon fast wie ihr Meister. Einen kann man so beschreiben: »Handle stets aus dem Hintergrund.« Und den anderen so: »Wenn du öffentlich handelst, halte deine Aussagen mehrdeutig.« Beiden fehlt der Wille und die Fähigkeit, sich mit Bayreuths Nazi-Vergangenheit auseinanderzusetzen. Eva bewies das schon dadurch, daß sie die Kopien der Filme aus dem Motorradbeiwagen, die ich ihr anvertraut hatte, angeblich verlor.

Darüber hätte Tilman Jens in seiner Sendung berichten sollen. Er gab natürlich auch meinem Vater die Möglichkeit zu einem Statement: »Ich kann die Bayreuther Festspiele nicht zur Spielwiese der Urenkel Richard Wagners machen. Ich kann hier nur jemand einsetzen, der nach meiner Ansicht etwas für Bayreuth tut. Wir sind hier keine Ausbildungsstätte für Wagner-Urenkel.«

Jens: »Heißt das, daß Sie so etwas wie der letzte Vertreter der großen Familie Wagner sind?«

Vater: »Nein.«

Jens: »Der letzte Wagner sind?«

Vater: »Nein, das habe ich nie behauptet. Und wenn mir das durch Nicht-lesen-Können und -interpretieren-Können von einigen Nichten und Neffen vorgeworfen wird, so ist mir das vollkommen unverständlich.«

Jens: »Aber gut, wenn Sie sagen, im Moment kommt da nichts nach...«

Vater: »Entschuldigen Sie, ich habe bloß von mir aus zum Ausdruck gebracht, daß aufgrund der bisher erbrachten Leistungen ich hier niemanden einsetzen kann, für den ich nicht einen Fremden besser (...) für das Wagnersche Werk gebrauchen kann.«

Jens: »Sehen Sie etwas wie einen Generationskonflikt in der großen Familie Wagner?«

Vater: »Ich kann nur folgendes sagen: Mein Bruder hat von vornherein auch auf dem Standpunkt gestanden, daß Alt und Jung zusammen nicht guttut.«

Über mich und die Tatsache, daß ich nicht einmal mehr Festspielkarten erhielt, äußerte er:

»Mein Sohn hat sich in vielen öffentlichen Vorträgen, mit denen er umherreist, dermaßen negativ über die derzeitige Gestaltung der Festspiele ausgelassen, und insbesondere unter anderem auch erklärt, daß die Mitarbeiter lauter Alibijuden wären und gewissermaßen ich also negativ nationalistischen Tendenzen nachgeben würde. Das ist ein so anmaßender und ungeheuerlicher falscher Vorwurf und darüber hinaus eine Deklassierung dieses Kreises von Mitarbeitern. Das ist vollkommen unmöglich.«

Jens: »Dann kriegt er keine Karten mehr.«

Wolfgang Wagner: »Es ist so, wie gesagt, ich kann ihn nicht hier wegen meiner Mitarbeiter aufnehmen, wie gesagt. Wenn er sich dermaßen negativ äußert und jeden, einschließlich meiner Person, die er also derart negativ angreift und behandelt, daß der ja nicht in dem Haus sein kann.« (...)

Jens: »Wie fühlen Sie sich in der Rolle des bösen Vaters oder bösen Onkels?«

Vater: »Entschuldigen Sie mal: Ich bin nicht bös'! Es ist ja bloß immer nur einer von einer ganz geringen Gruppe... «

Jens: »...von der Familie...«

Vater: »...was heißt meine Familie? Entschuldigen Sie mal. Familie ist eine zufällige Zusammenkunft einer Gemeinschaft (...), die aus einer gewissen gleichen Radix entstanden ist. Schön, gut. Und irgendwann ist ja ausschlaggebend die Eigenpersönlichkeit, die sich entwickelt und nach gewissen Seiten hin dann eine Aussage hat.«

Jens: »Herr Wagner, Sie sind heute 72. Eigentlich geht man mit 65 in Pension. Wieso sind Sie noch nicht in die Pension gegangen? Haben Sie Überlegungen, wann Sie das tun wollen?«

Vater: »Adenauer hat mit 73 angefangen, Deutschland zu regieren, und ist nach vierzehn Jahren freiwillig ausgeschieden aus dieser Funktion.«

Jens: »Geben Sie damit ein bißchen eine Dimension an, Ihren Plan?«

Vater: »Sie werden sehen. Sie sind jung, und Sie werden es eines Tages in der Zeitung lesen, und ich nehme an, das Fernsehen wird es auch bringen.«

Jens kommentierte abschließend: »Über seine Nachfolge wird der Partriarch mit einer Kommission gemeinsam bestimmen. Aus dem Kreis seiner Kinder und Neffen, so darf man schließen, wird keiner unter den Kandidaten sein. Eine Familie vor dem Ende also. Gäbe es da nicht eine sehr typische Wagner-Geschichte. Vor fünfzehn Jahren hat Wolfgang Wagner ein zweites Mal geheiratet. Nun gibt es Frau Gudrun und Katharina, die Tochter. Sie ist in wenigen Jahren volljährig und wäre nicht die erste Prinzipalin in Bayreuth. Alles beim alten. Freut euch! Wagner ohne Ende!«[35]

Anhand zweier Fälle möchte ich Verhaltensweisen zur Sprache bringen, wie ich sie in deutschen Rundfunkanstalten nach meiner Israelreise erlebte.

Infolge von Interviews im Januar und August 1990 hatte ich den Eindruck gewonnen, daß im Bayerischen Rundfunk eine kritische Diskussion über Richard Wagners Antisemitismus möglich sein könne. Der von mir im August-Interview ausgesprochene Satz: »Das Bayreuth nach Wieland hat nichts mit [Richard Wagners] Festspielidee zu tun« wurde dann vorgeschoben, um die gesamte Zusammenarbeit am geplanten Projekt aufzukündigen. Die Harmonie, sprich: langbewährte Geschäftsverbindung zwischen dem Haussender und den Bayreuther Festspielen sollte ja nicht gefährdet werden.

Trotz allem gelang es dem in Wien lebenden Journalisten Hellfried Brandl im Februar 1996, eine kritische Sendung mit mir zum Thema Wagner, Bayreuth und Antisemitismus im Familienfunk des Bayerischen Rundfunks an den Bayreuth nahestehenden Kreisen des Senders vorbeizuschleusen. Ob das ein Einzelfall war, wird sich zeigen.

In wenig fairer Weise verlief ein Interview mit Wolfgang Seifert, einem ehemaligen Mitarbeiter des WDR und SFB. Ich kannte ihn aufgrund seiner Reinwaschungsschrift »Die Stunde Null von Neu-Bayreuth« für den WDR, die als Nachdruck einer Sendung vom Februar 1970 erschienen war. Die Dokumentation dazu hatte Vaters ehemaliger Regieassistent und Hausdramaturg der Bayreuther Festspiele, Dietrich Mack, besorgt.

Ende Oktober 1993 kam dann die Sendung über vier Jahrzehnte Werkstatt Bayreuth ins Programm. Darin waren meine Aussagen entstellt und aus dem Zusammenhang gerissen. Seifert tat zudem meine Aussagen zur »multikulturellen Zukunft Bayreuths« ganz einfach mit den Worten meines Vaters ab: »Das gehört nicht nach Bayreuth.«[36] Und wies servil auf Vaters Einfluß im Stiftungsrat der Bayreuther Festspiele hin.

Ähnlich negativ waren meine Erfahrungen mit einigen führenden deutschen Zeitungen. Besonders die Londoner »FAZ«-Korrespondentin Gina Thomas heizte die Stimmung in einem Artikel von Mitte April 1995 gegen mich an. Thomas rächte sich als Deutsche für meine Aussagen in dem Feature »Wagner versus Wagner«, das im britischen »Channel Four« Anfang April 1995 ausgestrahlt worden war. Sie tat es ohne jegliche Kenntnis der aktuellen Forschung zu den antisemitischen Schriften Wagners und meiner Arbeit, die ich zitierte. Statt sachlicher Diskussion ließ sie ihren Ressentiments freien Lauf. Sie verschwieg vorsätzlich, daß andere kritische Fachkollegen wie Barry Millington, immerhin der Herausgeber des »Wagner-Kompendiums«, Paul Lawrence Rose und Dan Bar On ebenfalls in diesem Feature befragt worden waren. Höchstes Befremden erregten insbesondere aber die folgenden Bemerkungen von Thomas:

»Die ›Times‹ widmete den kindischen Einwürfen Gottfried Wagners eine halbe Seite und ließ seine Behauptungen unwidersprochen. Auch andere Zeitungen gaben ihm, der sich gern als Verfolgter stilisiert, breiten Raum. (...) An seiner outrierten Wahrnehmung wird nicht der leiseste Zweifel geäußert. Seine englischen Gesprächspartner glauben ihm blindlings. Voller Mitgefühl beschreibt der Opernkritiker der ›Times‹, wie weit der Einfluß Bayreuths reiche: Gottfried Wagner, den die Gralshüter zu Unrecht als Nestbeschmutzer bezeichneten, werde sogar der Zugang zu den deutschen Medien weitgehend versperrt. (...) Im Ausland kommt ihm das Unwissen seiner Auftraggeber zugute, die sich das eigene Klischee nur zu gern bestätigen lassen.« [37]

Auf ähnlichem Niveau bewegten sich dann auch die von Bayreuth beeinflußten deutschen Kritiken zu meiner »Lohengrin«-Inszenierung im Mai 1995. Seit dem Mai 1977, also den Besprechungen zu meiner ersten Regie, dem »Fidelio«, hat sich da nichts geändert. Die Mehrheit der Berichtenden schrieb Richtung Bayreuth und in einem Stil, der jeglichen Willen zu sachlicher Auseinandersetzung und leider oft auch Sachkompetenz vermissen ließ. Ich orientiere mich weiter an den kritischen Stimmen mit Niveau. Auf sie werde ich noch zu sprechen kommen.

Bedrohlich war etwas anderes. Der amerikanische Dirigent John Edward Niles, mit dem ich seit 1990 wegen verschiedener Projekte zu in der Nazizeit ermordeten jüdischen Komponisten in Kontakt stehe, informierte mich Anfang Oktober 1992, sein Bruder Thomas, ein ranghoher Funktionsträger im amerikanischen diplomatischen Dienst, habe Hinweise erhalten, daß ich und meine italienische Familie gewissermaßen auf einer »schwarzen Liste« internationaler Nazi-Organisationen stünden. »Ich bin sehr besorgt wegen (...) Deiner persönlichen Sicherheit. Mein Bruder und einige Mitarbeiter seines Stabes wurden benachrichtigt, daß es Leute gibt, die Dich und Deine Familie umlegen wollen. Ich bin keiner, der schnell Alarm schlägt, aber ich muß Dich bitten, sehr vorsichtig zu sein.« Wir seien in Gefahr, wenn ich meine kritischen Vorträge über »Wagners Antisemitismus«, vor allem in Deutschland, fortsetzen würde. Diese Mitteilung überraschte mich kaum, denn seit meiner Israelreise werde ich ständig durch nächtliche Anrufe und Morddrohungen traktiert.

Ich bereitete damals gerade einen Vortrag vor, zu dem mich der Deutsche Industrie- und Handelstag nach Bonn eingeladen hatte. Ralph Giordano sollte auf meine Bitte hin die Veranstaltung einleiten. Ich machte mir Sorgen um meine Familie, zumal die Aktivität von Neonazis in Deutschland in dieser Zeit stark angewachsen war. Ich bat deshalb John Edward Niles, mir detaillierte Informationen über Neonazigruppen zu beschaffen.

Außerdem bat ich Staatsminister Helmut Schäfer vom Auswärtigen Amt um Hilfe. Als Gründe dafür führte ich Anfang Dezember 1992 unter anderem an:

»Seit meiner Israel-Vortragsreise zum Fall Wagner im Januar 1990 empfing ich regelmäßig anonyme Anrufe aus Deutschland, in denen ich u. a. als ›Judenknecht‹ beschimpft wurde.« Nach der Veröffentlichung eines Zeitschriftenartikels über meine Israelreise bin ich von der »Nationalzeitung« übel angegriffen worden. Im März 1992 erhielt ich in den USA Morddrohungen von Skinheads, einen Vortrag mußte ich deswegen unter Polizeischutz halten. Niles berichtete von einem Gespräch, das er mit einem angeblich in der Schweiz lebenden rechtsextremen deutschen Rechtsanwalt in den USA geführt hatte. Von diesem dubiosen Herrn erfuhr er, daß »Leute in Deutschland über mich sehr verärgert sind, da ich mich für Belange einsetze, die [den] Holocaust und Wagner betreffen.«

Minister Schäfer sorgte für meine Sicherheit. Es hatte allerdings einen bitteren Beigeschmack, daß wir im Dezember 1992 in Bonn und Köln in einer gepanzerten Limousine und bewacht durch die Gegend kutschiert wurden. Leider waren solche Sicherheitsmaßnahmen auch später bei weiteren Vorträgen über Wagners Antisemitismus notwendig.

Antisemitismus und Opernbusineß

Seit Januar 1990 war Wagners Antisemitismus der Schwerpunkt meiner Forschungen und wesentlicher Gegenstand meiner Vorträge. War die Nachfrage nach meinen Vorträgen in Deutschland eher dürftig, so herrschte im Ausland ein reges Interesse daran, vor allem in jüdischen Gemeinden. Ich entfernte mich so auch geistig immer weiter von Deutschland.

Im Ausland ließ es sich freier über Wagner diskutieren, weil dort die Verdrängungsmechanismen nicht greifen. Am sachlichsten waren die Gespräche, wenn Gastgeber und Zuhörer mit Bayreuth nichts zu tun hatten. War dies jedoch der Fall, kam es zur Neuauflage der Konfrontation. Aber das geschah nur selten.

Und doch muß ich einige Fälle schildern, die zeigen, wie tief sich der Antisemitismus auch anderswo eingefressen hatte. So schrieb mir ein US-Nazi namens Max Orlando wenige Tage nach meiner Israelreise: »Die Zeit der amerikanischen Weimarer Republik kommt zu einem Ende. (...) Wen braucht Washington D. C. und Moskau? Uns, Biopolitics USA: E. Mullins, R. Kuttner und M. Orlando. Wir heißen Sie im 21. Jahrhundert willkommen. Wagners Musik ist einmalig. Wagners antisemitische Position war instinktiv, als Krieg gegen den Parasiten, d. h. gegen den ›Biologischen Juden‹, wie ihn E. Mullins in seinem Buch von 1968 beschrieb.« Orlando legte seinem Brief »Forschungsergebnisse« eines McArdle-Laboratoriums für

Krebsforschung der Universität von Wisconsin bei. Ich hatte starke Zweifel an der Echtheit dieser Dokumente. Andere Fanatiker versuchten mich auf den »richtigen Weg« des Wagnerschen Judenhasses zu bringen, wenn sie mich nicht einfach nur bedrohten. Das »dirty traitor and friend of the Jews« (»dreckiger Verräter und Judenfreund«) in nächtlichen Anrufen gehören seit 1990 zu meinem Alltag.

Im März 1992 sprach ich auch in Dallas über den »Fall Wagner in Israel und Deutschland«. Meine Gastgeber waren die Southern Methodist University, das Goethe Center und der örtliche Richard-Wagner-Verband. Zwei Damen aus dem Vorstand des Verbands, beide eifrige Bayreuth-Besucherinnen, wollten mir unter sechs Augen vorgeben, wie ich mich zu äußern hätte. Also: keine Politik, kein Wort über »Wolf« und »Winnie«, statt dessen Begeisterung für die neuchristliche Sache des Erlösers Richard Wagner. Ich bedankte mich und hielt meinen Vortrag gegen Wagners Antisemitismus noch leidenschaftlicher. Eine der beiden Damen explodierte und rannte laut kreischend aus dem Saal. Bevor sie die Tür zuknallte, rief sie: »Skandal! Skandal!« Die Mehrheit der Zuhörer aber stellte sich auf meine Seite. Ein Mitglied des Wagner-Verbands entschuldigte sich für den Vorfall. Meine Gastgeber luden mich am Schluß der Veranstaltung gleich für eine weitere ein.

Meine Erfahrungen mit den Dirigenten James Levine und Daniel Barenboim zeigen, was Bayreuth-Connections bewirken. Nach einem Vortrag zu »Der Fall Wagner in Israel und Deutschland« an der City University of New York Ende Februar 1992 lud mich der Musikhistoriker George Jellinek, der auch für das Radio der »New York Times« WQXR arbeitete, zu einem Interview ein. Jellinek befragte mich vor allem zu »Parsifal«, da die Sendung in den Pausen zur Rundfunkübertragung einer Live-Bühnenvorstellung unter der Leitung von James Levine am 28. März 1992 eingeblendet werden sollte. Das Interview mit Jellinek verlief problemlos, und er war »very happy«. Ich informierte unter anderem meinen Freund Pierre Béique, den Gründer des Montreal Symphony Orchesters, und Larry Mass, Arzt und Mitarbeiter der Fachzeitung »Opera Monthly« in New York. Die nordamerikanischen Medien berichteten über die Sendung mit meiner Teilnahme.

Pierre teilte mir noch am 28. März mit, daß man das Interview mit mir nicht gesendet habe, weil ich angeblich »krank« gewesen sei. Larry ging dem Vorfall genauer nach und schrieb in »Opera Monthly« im Oktober 1992 mit dem Titel: »Met sagt Gottfried Wagner ab«: »›Opera Monthly‹ erfuhr, daß Richard Mohr, Produzent der Texaco-Metropolitan Opera Radio Station für die Pausen-Features ein Interview mit Gottfried Wagner, dem Urenkel des Komponisten Richard Wagner und offenen Kritiker Bayreuths, absagte. Das Interview sollte während der Übertragung des ›Parsifal‹ am 28. März 1992 übertragen werden. George Jellinek, der Dr. Wagner für WQXR interviewt hatte und zusätzlich die Wiedergabe für den Sender leiten sollte, bestätigte, daß die Entscheidung zur Absage gefällt wurde, weil Dr. Wagner als zu kontrovers eingestuft worden war. Da Jellinek nicht als Gegner der Absage zitiert werden wollte, gab er ›Opera Monthly‹ gegenüber die Erklärung, die er Mohr gegeben hatte: ›Es war ein schadhaftes Tonband. Sie können das interpretieren, wie Sie wollen.‹« [38]

Jellinek teilte mir im Mai 1992 mit, das Interview sei als zu kontrovers angesehen worden, und die Entscheidung, es abzusagen, habe offensichtlich mit der Met-Bayreuth-Verbindung etwas zu tun.

Er legte mir eine Liste der Radioanstalten in den USA und Kanada bei, die das Interview gesendet hatten. Es waren 33 Sender in den USA und einige in Kanada. Das bestätigte mir einmal mehr, wie stark die nordamerikanische Demokratie ist. Sie läßt sich von Connections nicht beeindrucken.

Auf einen gutgemeinten Rat hin verzichtete ich darauf, einen Protestbrief an Mohr zu schreiben. Doch ganz konnte ich sein und Levines Verhalten mir gegenüber nicht schlucken. Als ich zur Kompensation für die Absage einen Scheck erhielt mit einer Summe, die sechsmal so hoch wie das vereinbarte Honorar war, schrieb ich Jellinek: »Ich werde den Scheck der Texaco Metropolitan Opera International Radio Network der Unicef senden und damit versuchen, aus einer schlechten eine gute Sache zu machen. Ich hoffe, Sie bringen meiner Reaktion Verständnis entgegen.«

Was nun meinen »zu kontroversen Beitrag« betrifft: Nur drei Tage nach der Aufzeichnung des Radio-Interviews hielt ich einen langen Vortrag über »Parsifal« im bekannten Musikkonservatorium der Universität von Cincinnati. Ich argumentierte nicht anders als im Interview mit Jellinek. Kein Zuhörer fühlte sich provoziert, es hätte auch niemand einen Grund dafür finden können. Die Leitung des Konservatoriums schrieb mir danach einen herzlichen Dankesbrief.

Erfreulich war die Anwesenheit des bedeutenden Violonisten und Mitglieds des Lasalle-Streichquartetts Henry Meyer, der mir bei dieser Gelegenheit seine autobiographische Skizze mit freundlichen Wünschen schenkte. Henry, jüdischer Überlebender des Holocaust, war der Lehrer von James Levine gewesen.

Vielschichtiger ist der Fall von Daniel Barenboim, dem einstigen Wunderkindpianisten und Protegé von Otto Klemperer. Über seine schillernde Karriere gibt es einige kritische Studien wie »Der Mythos vom Maestro« von Norman Lebrecht, Klaus Umbachs Buch »Geldscheinsonate« und Stephen J. Petits »Geschichte des Londoner Philharmonic Orchestra«. In einem Interview mit der israelischen Tageszeitung »Yedioth Achronoth« im Sommer 1992 polemisierte er gegen meine kritische Auseinandersetzung mit Wagner, den Bayreuther Festspielen und dem Judentum. Der spanischen Zeitung »El Pais« hatte Barenboim im Juni 1993 angesichts neonazistischer und ausländerfeindlicher Gewaltakte in Deutschland erklärt, er wolle, »wenn das Nazi-Phänomen zum Alltag wird, keinen Tag länger [in Deutschland] bleiben«. Diese Aussage hätte meine Sympathie gehabt, wäre da nicht noch etwas anderes zu erwähnen: Ein Jahr zuvor waren deutsche Neonazis während der Festspielzeit in Bayreuth groß aufgetreten. Von einer Erklärung Barenboims dazu wie auch zu der geschichtsverfälschenden Ausstellung »Wagner und die Juden« 1984 in der Villa Wahnfried habe ich bis heute nichts gehört.

Und hatte er wirklich vor, Deutschland zu verlassen, wo man ihm doch in Bayreuth und Berlin zu Füßen lag? In einem Interview mit der Tageszeitung »Repubblica« im November 1993 unter dem Titel »Daniel Barenboim jubelt und ist König von Berlin« sagt er: »Aber ich als Jude verteidige Deutschland.«

In einem Interview mit »Opera Monthly« (Mai/Juni 1993) bemühte er sich ganz im Bayreuth-Stil, den Antisemitismus Richard Wagners zu verharmlosen: »Wir müssen daran erinnern, daß Wagners Art von Antisemitismus im 19. Jahrhundert à la mode war und er deswegen nicht für die Scheußlichkeiten verantwortlich gemacht werden kann, die ein halbes Jahrhundert später begangen wurden, indem man seine Ideen mißbrauchte.«[39]

So etwas hätte Leonard Bernstein, den ich im April 1990, nur wenige Monate vor seinem Tod, in München getroffen hatte, nie gesagt. Er unterstrich statt dessen offen seine tiefe Aversion, bei den Bayreuther Festspielen unter der Leitung meines Vaters zu dirigieren. Er relativierte nie Wagners Antisemitismus oder nahm Neu-Bayreuths Verdrängungspolitik hin, sondern stand mit Begeisterung hinter meiner Israelreise. Wir planten sogar ein gemeinsames Filmprojekt zum Thema »Wagner und das Judentum«. Leider starb Lenny kurz nach unserem Gespräch.

Doch zurück zu Barenboim: Ich beschloß, mich gegen seine oben erwähnten Angriffe zu verteidigen. In einem in der Juli/August-Ausgabe von »Opera Monthly« 1993 veröffentlichten »Brief an den Verleger« belegte ich noch einmal Wagners judenfeindliche Haltung, die keinesfalls à la mode gewesen war. Ich schilderte die katastrophalen Spätwirkungen dieses fanatischen Antisemitismus in Deutschland, kritisierte die Bayreuther Festspiele und ging auch ein auf den Naziaufmarsch in Bayreuth 1991. Ich erklärte, Richard Wagner sei durch seine antisemitischen Hetzschriften mitverantwortlich für die Entwicklung von Bayreuth bis Auschwitz. Außerdem unterstützte ich Elie Wiesel, der Barenboims Entschuldung Richard Wagners in der »New York Times« vom 12. Januar 1992 kritisiert hatte »wegen der tragischen Gedankenverbindung von Wagners Musik für Überlebende des Holocaust«.

In diese Auseinandersetzung schaltete sich schließlich Franklin Littell ein, Präsident des Holocaust-, Völkermord- und Menschenrechte-Instituts in Philadelphia und Mitbegründer der weltweit anerkannten Organisation »Der Holocaust und die Kirchen«. In einer Kolumne, die in verschiedenen US-amerikanischen Zeitungen gedruckt wurde, schreibt er unter anderem:

»Was passierte in Bayreuth, diesem Großbollwerk kulturellen Revisionismus? Gottfried Wagner, der Urenkel des berühmten Komponisten, veröffentlichte einen Brief in der Juli/August-Ausgabe von ›Opera Monthly‹, der einige der ernsteren Belange dieses Revisionismus-Zentrums analysiert. Er bezieht sich auf einen Artikel in einer vorangegangen Ausgabe von ›Opera Monthly‹, in dem Daniel Barenboim, der vage zu seinem Judentum steht, versuchte, die Last des vorsätzlichen und üblen Antisemitismus von Richard Wagner zu relativieren. (...) Gottfried Wagner stimmt dem nicht zu. Er weiß um den gehässigen Antisemitismus seines Urgroßvaters und trägt ihn als eine persönliche Last. Er kennt die Korrespondenz von

Winifred Wagner und Hitler von 1923 bis 1944. Er kennt die üblen antisemitischen Passagen in den Schriften seines Großvaters und in den Tagebüchern [seiner Urgroßmutter] Cosima. Er fragt, warum, falls dieser Antisemitismus wirklich so harmlos gewesen sein sollte, die Skinheads im August 1991 Bayreuth zu einem ihrer größeren Parteitagstreffen wählten. (...) Wir kennen Bayreuths Vergangenheit und sind dankbar, daß Gottfried Wagner und seine Verbündeten diese verbürgte Tatsache nicht hinter verdeckten kommerziellen und politischen Zielen verschwinden lassen. Es findet in der Tat ein großes Geschäft in und um Bayreuth von heute statt.«[40]

Kein Wunder, daß der Vorgang im Radio WQXR und mein Leserbrief Folgen haben sollten.

Eine der aufschlußreichen Reaktionen waren die Artikel in der »New York Times« von Mitte August 1993 und in der englischen Fachzeitschrift »Opera Now« vom Januar 1994. In einem langen Leserbrief an den Herausgeber des Musikfeuilletons der »New York Times«, James R. Oesterreicher, nahm ich in der zweiten Augusthälfte Stellung zu einem sehr ungenau recherchierten Artikel von John Rockwell über die Festspiele und die Familie mit dem Titel »Die Götter sitzen da und warten auf eine andere häßliche Dämmerung«. Rockwell behauptete unter anderem:

»Die Beziehungen zwischen Wolfgang und Gottfried scheinen sehr bitter zu sein. Gottfried kritisiert öffentlich die antisemitische Geschichte seiner Familie, erst in jüngster Vergangenheit bei einer Reise nach Israel, trotz der Tatsache, daß zwei sehr berühmte Dirigenten im Bayreuth von heute James Levine und Daniel Barenboim sind. Wolfgang nennt es schändlich, die Dirigenten als ›Alibi-Juden‹ zu stigmatisieren, verbannte Gottfried 1990 aus Bayreuth.«

Ich schrieb an Oesterreicher unter anderem:

»Herr Rockwell scheint auch meinen kürzlich veröffentlichten Brief in der Juli/August-Ausgabe von ›Opera Monthly‹

nicht zu kennen. In diesem Brief drücke ich meine Meinung zu den Rollen von Daniel Barenboim und James Levine und die Scheinheiligkeit ihres Engagements aus. Ihr Bericht zitiert nur die Behauptung meines Vaters, nämlich daß meine Kritik eine ›schändliche Stigmatisierung von Barenboim und Levine als Alibi-Juden sei‹, aber gibt mir nicht die Chance, selbst zu antworten. Die Wagners haben zweimal, zu Zeiten meiner Großmutter und nun in der Ära meines Vaters, profitiert, indem sie jegliche persönliche Verantwortung sowohl in der Nazizeit als auch nach dem Holocaust verleugneten. Die einstigen Täter geben sich heute als Prosemiten aus, wobei ihnen Leute wie Barenboim und Levine, Kinder von Opfern des NS-Terrors, im Interesse des big business mit den Bayreuther Festspielen entgegenkommen. Der Beitrag verschweigt auch mein zwanzigjähriges Engagement, mit dem ich versuche, die deutschjüdischen Beziehungen zu verbessern, indem ich u. a. die Post-Holocaust-Dialog-Gruppe mitgründete. Ich sehe es als meine Aufgabe, das Übel des Wagner-Kults zu bekämpfen, indem ich versuche, der Öffentlichkeit Werte wie Verständnis und Versöhnlichkeit zu vermitteln, wie sie uns noch heute auch in der Kunst meines Urgroßvaters anziehen. (...) Keines der Ereignisse noch die Intrigen meines Vaters im Zusammenhang mit der ›königlichen‹ Nachfolgekontrolle der Bayreuther Festspiele können (...) die (...)Wahrheit übertünchen: Ein wiedervereintes Deutschland hat die Verantwortung, die Vergangenheit nicht zu verfälschen, sich mit der wichtigen Rolle der Familie Wagner in der Nazityrannei zu konfrontieren und eine Diskriminierung derjenigen zu bekämpfen, die, wie ich, nicht bereit sind, sich an einem profitablen Musikkommerz zu beteiligen.«

Mein Leserbrief erschien nicht.

Falsch und verleumderisch war der Artikel in der Londoner »Opera Now« vom Januar 1994. Robert Hartford schrieb im Zusammenhang mit dem 75. Geburtstag meines Vaters und zur

Promotion von dessen Buch »Lebensakte« in seinem Artikel »Kartenhaus« unter anderem über mich :

»Aber es ist der eigentliche Bayreuth-Erbe Gottfried, der den größten Schaden anrichtet. Gottfried hat sich eines modischen Themas bemächtigt: das Verhalten seiner Familie gegenüber den Juden, und das auf einer profitablen Grundlage, indem er den Leuten erzählt, was sie hören wollen. Er hielt Vorträge in ganz Amerika und auch in Israel als der erste Wagner, der dort auftrat und kritisierte, daß Bayreuth immer noch in der Abhängigkeit von Naziidealen und Antisemitismus steht. Er führte besonders üble Angriffe gegen die Dirigenten Levine und Barenboim, beide Juden, indem er ›Onkel Toms‹ Mittäterschaft in Verbindung mit Bayreuth bringt.«

Ende Januar 1994 antwortete ich »Opera Now«:

»Herrn Hartfords Kommentare über mich und meine Arbeit sind meist falsch, verleumderisch und spiegeln seine Kenntnis der Themenkreise wider. Hier ein paar Beispiele der Falschaussagen über mich:

1. Das Thema Judentum und Wagner hat mich seit mehr als zwanzig Jahren beschäftigt. Ich bin u. a. der Mitbegründer der Post-Holocaust-Dialog-Gruppe: Dieses Thema stellt für mich weder eine modisches Thema noch eine profitable Grundlage dar.

2. Der Autor [des Artikels] ist nicht über die Plätze informiert, wo ich dieses Jahr spreche, z. B. im United States Holocaust Memorial Museum und an der Ben-Gurion-Unversität [Israel]. Sind die angesehenen Institutionen, die mich einluden, nicht fähig auszuwählen, und laden sie mich nur ein, um ›ihnen zu erzählen, was sie hören wollen‹?

3. Ich habe niemals gesagt, daß Bayreuth ›immer noch in der Abhängigkeit von Naziidealen und Antisemitismus‹ sei. Meine Kritik bewegt sich auf einem anderen Niveau.

4. In bezug auf die Herren Levine und Barenboim ist der Autor ganz offensichtlich unwissend über meine Kommentare,

d. h. über meinen Brief an den Herausgeber von ›Opera Monthly‹ (vom Juli 1993) oder über mein Interview vom August 1993 in der Zeitschrift ›Musica‹, Nr. 4 (Kassel). Ich bin keineswegs allein mit meiner Kritik an Barenboim und Levine; vergleichen Sie dazu z. B. die kritische Meinung von Elie Wiesel in der ›New York Times‹ vom 12. Januar 1992.

Schließlich möchte ich geduldig und ständig immer den Journalisten wiederholen, die mich nicht verstehen wollen: Ich fordere nicht die Nachfolge meines Vaters in der Leitung der Bayreuther Festspiele.«

Außer dem letzten Absatz wurde mein Brief ungekürzt in der »Opera Now«-Ausgabe vom März 1994 veröffentlicht. Die unter Punkt 2 genannte feste Einladung zu einem Seminar über »Richard Wagners Antisemitismus: Folgen für deutsche Kultur und Politik bis heute« an die Ben-Gurion-Universität mußte ich wegen Arbeitsüberlastung auf den Januar 1996 verlegen.

Eugenio, mein Sohn

Während der Vorbereitungen zu meiner Israelreise Ende Dezember 1989 sah ich mit Teresina und Mamma Antonietta Fernsehberichte von der Gefangennahme und Hinrichtung des rumänischen Diktators Nicolae Ceauşescu und seiner Frau Elena. Dann sahen wir die ersten Reportagen von Mißhandlungen rumänischer Waisenhauskinder. Wir konnten nicht begreifen, daß nach Hitler und Stalin in einem europäischen Staat mit Wissen westlicher und östlicher Politiker und humanitärer Organisationen zwei Jahrzehnte lang derartige Verbrechen begangen werden konnten, ohne daß ein Aufschrei der Empörung erklang. Erst in dem Buch »Abbruch der Schweigemauer« der Kinderpsychotherapeutin Alice Miller fand ich 1991 Erklärungen für die Gründe einer derartig barbarischen Entwicklung. Sie schreibt: »Aus den Taten Ceauşescus läßt sich ableiten, daß seine politische Laufbahn von Anfang an von der Idee der Erlösung durch Zerstörung beherrscht wurde. Ohne eine solche Kindheit wird man nicht zum Diktator. Genau wie Hitler, Stalin und andere mußte er als Kind ständig gehört haben, er sei nur in seinem Interesse geschlagen, gefoltert, beraubt, überwacht und an der Seele vernichtet worden, ohne diese Lüge je durchschauen zu können. Diese nie durchschaute Lüge wird dann zum Grundprinzip eines Tyrannen.«

Miller kommt zu dem Ergebnis: »(...) ein mißhandeltes Kind wäre in Todesgefahr, wenn es am guten Zweck des Erlittenen zweifeln würde; es muß alle Zweifel verdrängen, um zu überleben. Doch wohin führt diese Verdrängung den Erwachsenen, der sich auch später weigert, sie aufzugeben? Wie wir am Beispiel aller Diktatoren lernen können, erhält und verfestigt sich bei ihnen immer stärker die Meinung, daß sie das Volk erlösen, wenn sie es, wie es ihre Eltern einst mit ihnen taten, demütigen, beherrschen, versklaven, ausrauben, verhöhnen und zum Schweigen zwingen. (...) Sowohl der Diktator als auch seine Frau waren überzeugt, dem Volk dann die besten Eltern zu sein, wenn sie es folterten. (...) Das bezeugen die letzten Worte von Elena Ceauşescu vor ihrer Exekution. Als die Soldaten sie fesseln wollten, rief sie ihnen zu: ›Kinder, denkt daran, daß ich zwanzig Jahre lang wie eine Mutter zu euch war; vergeßt doch nicht, was ich alles für euch getan habe.‹«

Was das Ehepaar Ceauşescu als »liebende Eltern« ihrem in unbeschreiblicher Not lebenden Volk tatsächlich angetan hat, ist heute bekannt. Zu seinen Lebzeiten erwartete Ceauşescu dankbare Huldigung. Miller: »Doch alles, was er erreichte, machte ihn nicht satt; es war zuwenig, um das einst verdrängte, vollkommen normale, natürliche Bedürfnis des Kindes zu befriedigen, das Bedürfnis, gesehen, erkannt, anerkannt und wahrgenommen zu werden, das Bedürfnis, daß sein Name und seine Existenz niemals wieder in dieser grundsätzlichen, kränkenden und verletzenden Art wie von den eigenen Eltern vergessen werden können. Ein mißhandeltes Kind hat keine Chancen, sich dieses Bedürfnis bewußt zu erhalten, es muß es verdrängen, wenn es unbefriedigt bleibt. Der Erwachsene kann später die Verdrängung aufheben, wenn er das Erlittene nicht mehr leugnet, und kann versuchen, dieses wichtige, primäre Bedürfnis auf eine legitime, nicht destruktive Weise zu befriedigen.«

Mit Recht schreibt Miller: »Wenn die Psychodynamik der Kindesmißhandlungen heute allgemein bekannt wäre, könnte es einem Mann wie Nicolae Ceauşescu auf keinen Fall gelingen, ein ganzes Volk zwanzig Jahre lang auszurauben, es zu demütigen, es zu Beifall klatschenden Sklaven erziehen zu wollen und sich dabei als Erlöser dieses zu präsentieren. In diesem Regime waren alle Elemente der Tyrannei zu erkennen, die straflos und weltweit an Kindern ausgeübt werden und die sich Erziehung und Erlösung ›zu deinem Besten‹ nennen: Enteignung, Ausbeutung, totale Kontrolle, Folter, Entwürdigung, Mißachtung, Mißhandlung, Mißbrauch, Blendung, Verfolgung, Angstterror, Lüge, Verdrehung der Wahrheit, Manipulation und die erbarmungslose psychische Grausamkeit, die mit Lächeln und Heilsversprechen angeboten wird.«[41]

Alle für mich wesentlichen Ereignisse der letzten Jahre haben irgendwie mit meiner Israelreise zu tun. Auch, wie ich meinen Sohn fand. In den ersten Januartagen 1990 lasen wir in Tel Aviv in der Tageszeitung »Jerusalem Post«, daß seit der Exekution des Tyrannenehepaars Adoptionen in Rumänien möglich seien. Ohne große Diskussion entschieden Teresina und ich noch in Israel, sofort nach der Rückkehr Mitte Januar eine Adoption für ein Kind aus Rumänien zu beantragen. Nach monatelangen bürokratischen Übungen flogen wir Anfang Juni 1990 mit den notwendigen Unterlagen nach Bukarest, nur einige Tage vor der Bergarbeiterrevolte. Die Verwahrlosung der Menschen und der Stadt nahm uns den Atem. Die Depression der Tage nach der »Revolution« – die ja leider nichts anderes war als der Putsch des einstigen Ceauşescu-Vasallen Iliescu und seiner Schlägertruppen – wirkte auch auf uns. Feuchtschwarzer, stinkender Ruß drang auch in die Läden ein, wo wir nicht einmal Mineralwasser oder Milch fanden. Verwahrloste, bettelnde Kinder rannten uns in Scharen hinterher, weil sie an unserer Kleidung erkannt hatten, daß wir aus dem Westen kamen.

In der ersten Nacht wohnten wir im Intercontinental Hotel direkt am Universitätsplatz, auf dem die Studenten aus Protest gegen Iliescu ihre Zelte aufgeschlagen hatten. Da wir der

Landessprache nicht mächtig waren, wurden wir immer wieder betrogen. So waren die Hotelkosten plötzlich höher, als sie nach Angaben des offiziellen Reisebüros sein durften. Wir zogen daher in ein einfacheres und billigeres Hotel um, das an der Straße zur Universität liegt. Der erste Stock war reserviert für Kinderprostitution. Wir wurden von unserem Zimmer aus Zeugen, wie eine Gruppe von militanten Iliescu-Schlägern auf ehemalige Leute des Geheimdienstes Securitate einknüppelten. Die Polizei kam zu spät, um einen Mord zu verhindern.

Endlich war es soweit: Am 6. Juni fuhren wir mit dem listigen rumänischen Anwalt George Alexandru, den uns die italienische Botschaft vermittelt hatte, zum Waisenheim 4 im Arbeiterviertel von Bukarest. Das Ceauşescu-Regime hatte auch dort vollendete Trostlosigkeit hinterlassen. Das Waisenhaus war ein Gefängnis, umgeben von hohen Zäunen und Absperrungen. Im verdreckten und dunklen Inneren des Betongebäudes stank es nach Urin und Ammoniak. Kein Bild hing an den Wänden. Kein Spielzeug war zu sehen. Keine Kinderstimme war zu hören.

Freudlos war auch das Zimmer der Direktorin, die in ihrer Verachtung für »ihre« Waisenkinder eine typische Repräsentatin des immer noch allgegenwärtigen Geistes von Ceauşescu war. Sie machte uns klar, daß wir ein Kind nur mit »kleinen Extras« reibungslos bekämen. Anwalt Alexandru schwieg.

Die Tür ging auf, und uns wurden nacheinander drei Kinder präsentiert. Elena, dann Christoph und schließlich Eugenio. Eugenio war in einem erbärmlichen Zustand. Er war abgemagert und sein Bauch stark aufgetrieben. Seine Haut war blaß, wund und unrein. Seine fahlblonden Haare waren stellenweise schütter, die Zähne mit einem schwarzen Belag bedeckt. Die Muskulatur war nicht entwickelt, was ihn zwang, sich immer wieder ermüdet hinzusetzen. Er glich dem Kind im Chaplin-Film »Der Vagabund und das Kind«. Seine Kleidung bestand aus einer zu großen Unterhose, über die ein löchriges Plastik-hemdchen hing. Seine Schuhe waren riesig, und dadurch ging er unsicher. Aber: Eugenio lächelte mich matt an und hellte so unsere ersten Momente als Vater und Sohn in spe auf.

Die harte Stimme der Direktorin brachte uns in die Wirklichkeit des Waisenhauses zurück. Sie belehrte uns: »Da Sie ja schon 43 sind, könnten Sie Eugenio haben, der ist eines unserer älteren Kinder.«

Was hatte Eugenio als »älteres Kind« alles durchmachen müssen. Seine leibliche Mutter hatte ihn gleich nach der Geburt aufgegeben. Der Ceaușescu-Staat sortierte ihn als schwächliches Kind in die sogenannte 2. Kategorie ein. Die kräftigeren Kinder in der 1. Kategorie sollten später in der Securitate Dienst tun. Die schwächlichen Kinder, die dieser »heroischen« Aufgabe nicht gewachsen schienen, wurden in Elendswaisenhäuser abgeschoben.

Wir ließen uns auf die Erpressung der Direktorin ein, um Eugenio aus seiner Hölle zu befreien. In diesem Moment nahm er Teresina wahr, die auf einem Stuhl in dem beengten Zimmer saß. Sie sahen einander neugierig an. Teresina gab ihm Schokolade. Für ihn ein ganz besonderes Geschenk! Er setzte sich mühsam auf Teresinas Schoß und genoß mit Lächeln die wahrscheinlich erste Süßigkeit seines Lebens.

Nach einer Odyssee durch ein Bukarester Gericht, wo wir weitere Adoptionsdokumente zu unterzeichnen hatten, besuchten wir zwei Tage später Eugenio als seine neuen Eltern. Er ahnte, daß irgend etwas passiert war. Er nannte Teresina und mich »Mama«, da er nur von Frauen erzogen worden war. Was ein Vater war, wußte er nicht. Wir schenkten ihm einen kleinen Plastiklastwagen, den er strahlend an sich drückte. Zugleich hatte er Angst, jemand könnte ihm das Spielzeug wegnehmen.

Dann unternahmen wir einen kleinen Ausflug aus dem Waisenhaus. Wir bemerkten, daß er offenbar nie aus seinem

Gefängnis herausgekommen war. Alles war neu für ihn. Er reagierte mit einer Mischung aus Freude und Furcht auf die Begegnung mit einem Hahn, einem Bus, einem Kran und den vielen Leuten, die an uns wortlos mit stumpfen Blicken vorbeieilten.

Als ich Eugenio zum erstenmal auf den Arm nehmen wollte, zitterte er vor Angst. Ich setzte ihn vorsichtig wieder auf den Boden. Erst später erzählte mir Eugenio, daß er von den Pflegerinnen nur dann auf den Arm genommen wurde, wenn er nach Prügeln in die Dunkelkammer eingesperrt wurde.

Als wir ihn im Juni im Waisenhaus zurücklassen mußten, weil die Dokumente noch nicht vollständig waren, hatten wir große Sorge, ihn nie wiederzusehen. Iliescus Bergarbeitermob begann die Straßen von Studenten zu »säubern«, auch Ausländer waren nicht gerne gesehen, trotz der begehrten Dollarscheine. Wir bekamen Angst, nicht mehr heil zum Flughafen zu kommen. Nur durch Schmiergeld war ein Taxifahrer davon zu überzeugen, uns zum Flughafen zu bringen.

Erst am 30. August 1990 wurde Eugenio durch Beschluß eines Bukarester Gerichts unser Sohn. Dieser Tag hatte aber noch eine andere Bedeutung: Es ist der Geburtstag meines Vaters. Eugenio war also ausgerechnet am Geburtstag seines Großvaters ein Wagner geworden. Anläßlich seiner Taufe im Dezember 1990 schickte ich Vater ein Foto von Eugenio. Ich erhielt es kommentarlos zurück.

Bereits vor unserer zweiten Reise nach Rumänien im September 1990 interpretierte ich die merkwürdige Überschneidung der Lebensdaten von Großvater und Enkel als Ausgangspunkt eines neuen Lebensabschnitts. Aufgrund der eigenen Kindheit wußte ich, daß ich für Eugenio den Schatten Ceauşescus niemals übermächtig werden lassen durfte, wie es der Schatten Hitlers für mich war.

Unvergeßlich wird mir bleiben, wie wir Eugenio aus dem Waisenhaus abholten. Er hielt uns fest an der Hand und schaute, niemanden grüßend, keinen Moment zurück. Dank der Frau des italienischen Botschafters, Giovanna Amaduzzi, und deren großartigen Mitarbeitern konnten wir gleich wieder zurück nach Rom fliegen.

Es begann für uns ein neuer Lebensabschnitt, an den wir uns langsam zu gewöhnen begannen. Sprach Eugenio im ersten Jahr unseres Zusammenlebens von seiner Vergangenheit, dann begann er seine Geschichte stets mit den Worten: »Und dann flog ich mit Papa und Mama heim.« Es fiel Eugenio schwer, eine eigene Identität zu finden. Bei allem, was er tat, fehlte ihm die Lebenserfahrung eines unter menschenwürdigen Bedingungen aufgewachsenen Kindes. Er hatte nie eine Familie gehabt und in den ersten fünfeinhalb Jahren seines Lebens keinerlei Erziehung und Liebe erfahren.

Die Erkenntnisse von Kindertherapeuten wie Jean Piaget, Alice Miller, Hans Aebli, Ashley Montagu, Alfred Adler, David Kirk und vielen anderen, deren Werke ich vor Eugenios Eintreffen gelesen hatte, schilderten zwar faszinierende Visionen und Modelle. Der Alltag bewies aber, wie schwierig es ist, die guten Vorsätze zu verwirklichen. Ich hatte als Vater viel zu lernen, und eben nicht nur aus klugen Büchern.

Eugenio hatte keine Sprache gelernt. Er hatte im Überlebenskampf im Waisenhaus auch Verhaltensweisen angenommen, die einem harmonischen Zusammenleben nicht angemessen waren. Er mußte es erst lernen, in einer Familie zu leben. Dabei half sein gleichaltriger Neu-Cousin Alberto. Beide wuchsen wie Brüder auf. Wir versuchten Eugenio beizubringen, was gut und böse, falsch und richtig ist. Das bedeutete auch, daß wir die eigenen Wertmaßstäbe prüfen mußten.

Besonders schwierig war es, Eugenio den unterwürfigen, prämilitärischen Gehorsam abzugewöhnen, der ihm andressiert worden war und der nun verstärkt wurde durch seine Angst, in die rumänische Waisenhaushölle zurückgeschickt zu werden. Dem Jasagertum folgte die Notwendigkeit, den

Umgang mit Freiheit zu erlernen. Ich empfand diese Zeit täglich wie eine Gratwanderung zwischen befreienden Erkenntnissen und bitteren Erfahrungen aus meiner Kindheit.

Auch aufgrund meiner Erfahrungen wollte ich alles vermeiden, was der repressiven Pädagogik glich. Die Gefahr falschen Verhaltens und von Überreaktionen war bei mir immer vorhanden: Ich mußte mir stets vergegenwärtigen, daß Eugenio all das phasenverschoben später durchmachte, was vorher in seiner Entwicklung nicht stattgefunden hatte. Das wirkte sich auch auf sein Spielverhalten, sein Lernen und sein Liebesbedürfnis aus. Wir durften dadurch zusammen erleben, was wir bei einem anderen Kind nicht zusammen erlebt hätten.

Seine ganz persönlichen Bedürfnisse versuchte ich auch mit Gute-Nacht-Geschichten zu befriedigen. An Grimms Märchen war Eugenio aber nicht interessiert. Statt dessen sollte ich ihm immer wieder seine Lebensgeschichte erzählen, und zwar von dem Moment an, seitdem er uns Papa und Mama nannte. Er wollte das wunderschöne »Märchen« mit vielen immer wieder neuen Details hören. So wollte er wohl seinen Nachholbedarf an Nestwärme stillen, obwohl ihm diese in unserer italienischen Familie in hohem Maß zuteil wurde. Der innerfamiliäre Sozialisierungsprozeß Eugenios vollzog sich mit der Dramatik und den Wechselbädern von Emotionen, wie sie nur in Italien möglich sind. Ich beneide ihn darum. Ich wäre auch gerne in einer famiglia Italiana aufgewachsen.

Mit der Erziehung meines Sohnes begann für mich selbst ein neuer Prozeß der Sozialisierung, in dem sich mein Denken, Fühlen und Handeln stark veränderten. Eugenio konfrontierte mich mit existentiellen Realitäten, wie der verantwortungsvollen Planung einer gemeinsamen Gegenwart und Zukunft. Vieles, was mir einst wichtig erschien, einschließlich der Bayreuther Vergangenheit, wurde relativiert oder verlor seine Bedeutung. Ich hatte vor allem zu lernen, geduldig zu werden. Sicher zählt Geduld immer noch nicht zu meinen Tugenden.

Außerhalb der Familie gelang die Sozialisierung nicht immer wie erhofft. Der guten Integration in Familie und Kindergartengruppe folgten mit der Einschulung Phasen von Isolation, die sich aus der einstigen erzwungenen Passivität und Motivationslosigkeit ergaben. Eugenio mußte, bei allem, was er tat, seine gesamte Energie aktivieren, um nicht nur das Neue des jeweiligen Schultags aufzunehmen, sondern auch, um die Lücken und das Erfahrungsdefizit aus der Vergangenheit zu füllen. Da seine Lehrerinnen es nicht verstanden, Eugenio durch individuelle Motivation zu helfen, ein aktives Kind zu werden, war für uns die Zeit der fünf Grundschulklassen oft eine Zerreißprobe.

Die Erzieherinnen, Ordensschwestern und Eltern der anderen Kinder zeigten wenig Solidarität. Jedes Abweichen vom vorgegebenen Lehrplan oder Diskussionen über liberalere Erziehungsmethoden wurden abgelehnt. Versteckte Ressentiments traten offen zutage. So wurde behauptet, ich würde als »Ausländer und Intellektueller« mit meinem Familienhintergrund die Menschen von Cerro Maggiore nicht verstehen. Meine italienische Familie ließ sich davon nicht irritieren.

Aber in diesem Klima war für Eugenios Entwicklung kaum Platz. Sie konnte daher nur zu Hause stattfinden. Eugenio begriff meine Kritik an den Vorgängen in der Schule sofort. Eine seiner Fragen war: »Und was ist deine Meinung zu der Geschichte, die ich heute in der Schule gehört habe?« Typisch für Eugenios Verständnis unseres ungewollten Andersseins waren die Momente meiner Auseinandersetzungen mit dem Lehrkörper. Bevor wir in den Saal zur Besprechung traten, bat mich Eugenio immer: »Bitte, Papi, piano, piano!« Er hatte offensichtlich Bedenken, ich könnte den Lehrerinnen zu deutlich sagen, was ich von ihnen hielt. Er hatte allen Grund dies zu befürchten, denn als man mir immer wieder erzählen wollte, daß mein Sohn zu den Schlußlichtern der Klasse gehöre, explodierte ich und brüllte: »Wir werden schon sehen, was aus

Eugenio werden wird! Meine Lehrer haben mir auch immer einreden wollen, wie unbegabt ich sei. Eugenios Horizont öffnet sich schon heute da, wo das Ortsschild das Ende von Cerro Maggiore anzeigt.«

Teresina und ich waren nicht bereit, solchen Unsinn von unfähigen Pädagogen ernst zu nehmen. Eine enge Freundin von uns, die Kinderneuropsychotherapeutin Anna Maria Carugo, verschaffte uns einen Termin in einer der führenden Kinderkliniken von Mailand. Das Ergebnis des Tests durch eine Kollegin von Anna Maria war sehr beruhigend und gab allen Anlaß zu Optimismus.

Je mehr sich Eugenio in unsere Familie integrierte, desto deutlicher artikulierte er sein Interesse an der eigenen Vergangenheit und an meiner Familie. Wir hatten die Fragen, die er uns stellte, zwar erwartet, waren aber dann, als er sie stellte, doch bewegt. Er begriff allmählich, daß er vor der Zeit mit uns keinerlei Familienleben gehabt hatte. Wir konnten solche Momente seines Schmerzes über den Verlust eines wesentlichen Teils seiner Kindheit nur mildern, indem wir darauf hinwiesen, daß er ja nun in unserer Familie lebe. Er zeigte dafür ein erstaunliches Verständnis. Seine Reaktion machte mir aber auch deutlich, wie sehr er mich als Vater braucht und wie sehr ich immer noch zu lernen habe, ihm ein ausgeglichener Vater zu werden.

Meine Einsicht in die Notwendigkeit, meine Vaterqualitäten weiterzuentwickeln, wuchs, als Eugenio begann, nach meinem Vater zu fragen. Ich hatte dieses belastende Thema bis dahin ausgeklammert, da ich noch keine ausgewogenen Antworten auf seine Fragen nach dem Großvater gefunden hatte. Als wir eines Tages zum Grabe von Papà Antonio gingen, fragte er plötzlich, wo denn der andere Großvater beerdigt sei.

Ich antwortete: »Dein Großvater Wolfgang ist nicht tot. Er lebt in Deutschland.«

Er wollte wissen, warum dieser Großvater uns nicht besuchen komme.

Ich wurde unsicher, denn ich wollte ihm im ersten Gespräch über meinen Vater kein düsteres Bild malen. So sagte ich: »Großvater sieht viele Dinge anders als wir. Sein Theater, seine Freunde und die neue Familie beanspruchen ihn so, daß er keine Zeit mehr hat für uns.«

Eugenio schwieg und verschwand für einige Zeit in seinem Zimmer. Als er zurückkam, erklärte er aufgeregt: »Wenn Großvater Wolfgang für uns keine Zeit hat, will ich ihn, sein Theater, seine Freunde und die neue Familie auch nicht sehen!«

Seine Reaktion bewegte mich sehr. Ich nahm Eugenio in den Arm und sagte ihm: »Wer weiß, vielleicht will Großvater uns eines Tages doch sprechen.«

Er glaubte mir das nicht.

An diesem Oktoberabend geriet meine Arbeit am vorliegenden Buch ins Stocken. Ich wollte es aufgeben und schrieb Ralph Giordano einige Stunden später in der Nacht: »Für wen ich eigentlich meinen Nekrolog [also das Buch] in meiner Isolation, die mich hier in Italien am Leben hindert, schreibe, frage ich mich immer häufiger. In einem hast Du Dich vielleicht getäuscht, ich könne mein Buch noch neben anderen Dinge schreiben. Die Arbeit daran strengt mich derart an, daß da kaum noch Energie für anderes frei ist. Ich habe meine innere Kraft beim ständigen Überwinden und Durchbrechen von inneren Mauern (...) sehr überschätzt. Ich starre in die Vergangenheit einer Familie, die nie meine war, lebe zu meinem Entsetzen dadurch zu oft neben der Gegenwart meiner eigenen Familie, die mich liebt, und sehe keine Chance, mir eine Zukunft einzurichten, die meinen Bedürfnissen entspricht. (...) Sie erscheint mir immer noch unsicherer, und meine Isolation verstärkt sich. Meine Sorge kreist schon lange nicht mehr um mich, sondern um die Zukunft meines Eugenio, dem ich wenigstens ein Studium absichern möchte. Wegen ihm werde ich auch weiter durchhalten. Auf ihn projiziere ich meine Hoffnungen auf sein besseres Morgen, und er soll sich immer meiner Liebe bewußt sein.«

Ralph Giordano antwortete mir sofort per Fax: »Mir sind Deine verzweifelten Töne nicht verborgen geblieben. (...) Du hast in der Tat mit dieser ›Bestandsaufnahme‹ recht. Du rennst gegen Mauern und stößt Dich dabei wund. Das ist das eine. Das andere ist die soziale, finanzielle Lage, und die ist bedrükkend genug. Das Finstere ist, wie Deine Begabungen sozusagen brachliegen, nicht Fuß fassen – daß für das, was Du bist, tust und willst, in diesem Deutschland offenbar kein Bedarf besteht, Du Dich auch schon sehr von ihm entfernt hast, und ich nicht weiß, ob Du dem ständigen Kampf, besser Kleinkrieg, den Du hier zu führen hättest, gewachsen wärest. Ich bin sozusagen da hineingeboren und bin deshalb an solche Auseinandersetzungen mit dem Unzumutbaren gewöhnt, aber das durchaus nur bis zu einem gewissen Grade. Mir kommen schon zuweilen Gedanken an Flucht, an eine andere, problemlosere Umgebung, an Aufgaben, die auch Freude bereiten. Gleichzeitig weiß ich, daß ich an dieses Land ›genagelt‹ bin und von ihm nicht loskommen werde. Das gilt auch für Dich, selbst wenn Du geographisch nicht in Deutschland lebst, dennoch hockt es sozusagen mit seiner ganzen Last in Dir. Und daran wird sich auch nichts ändern. (...)

Ich habe auch erst mit 41 in die ›Speichen‹ greifen können, habe also lange genug im ›Vorfeld‹ gelebt. Dennoch, ohne diese Strecke bis dahin wäre danach gar nichts geraten. Es ist verdammt nun einmal so, daß die Schicksalsschläge bilden, und nicht die fortune. Das bedeutet natürlich nicht, im Schweren zu beharren, um sich formen zu lassen. Es bedeutet jedoch, aus ihm nutzbare Konsequenzen zu ziehen, um es zu überwinden. Sieh nicht zu schwarz und nicht zu rosig – aber Dein Buch vermöchte da einiges! Bleib dran, da hast Du etwas Konkretes, Gezieltes, eine ganz wichtige Etappe Deines Lebens zu vollbringen. Ich weiß, wie schwer das ist, wenn einen so vieles andere bedrückt und bedrängt. Aber ich weiß auch, wie das ›Dennoch‹ einen erlösen kann. (...) Hast Du es geschafft, bist

Du nicht mehr derselbe, ist der Status quo ante Biographie, Lebensgeschichte, an deren Faden Du Dich weiterhangelst, auf einer neuen Strecke befindlich. (...) Die Anstrengung ist das Salz des Lebens – wenn Du weißt, wofür sie geleistet wird. Alle diese Ingredienzen treffen auf Dich und Dein Format zu. Du kannst es. Gib nicht auf, kämpfe, nutze die Zeit. Um Eugenios Willen, ja. Aber auch um Dich!«

Besonders die Schlußsätze von Ralph Giordano haben mich in meiner Überzeugung bestärkt, daß wir durch die Kritik unserer Fehler und Irrtümer lernen können, insbesondere durch die Kritik anderer und schließlich auch durch Selbstkritik, wie es Popper sagt.

Ich dachte an den großväterlichen Brief von Ralph Giordano, den er Eugenio zu seinem achten Geburtstag am 30. April 1993 geschrieben hatte. Darin stand unter anderem: »Zu Deinem heutigen Geburtstag wünsche ich Dir das Allerbeste – Geschenke und viel Freude, deren größte und kostbarste, mir wohlbekannt, die Liebe Deiner Mutter und Deines Vaters zu Dir ist. (...) Ihre innigste Freude ist, daß sie wissen: Du erwiderst ihre Liebe aus Deinem vollen Herzen. (...) Während ich hier in meiner Kölner Wohnung sitze und Dir also zu Deinem Geburtstag schreibe, schaue ich über meine Schulter, und was meinst Du, sehe ich? Dich! Auf vielen Fotos, die alle einen Ehrenplatz haben und die ich mir jeden Tag mehrere Male anschaue. Ich sehe Eugenio, wie er lacht (...), ich sehe Eugenio allein, aber auch dann zusammen mit dem Vater und mit der Mutter, und Ihr alle drei seid prächtig anzusehen! Und so soll es bleiben.«

Eine Happy-End-Vision, um die wir uns täglich bemühen müssen, aber Eugenio und ich wissen: Es gibt für uns als Vater und Sohn keinen anderen Weg als den des Dialogs.

Erfahrungen mit Richard Wagners
Antisemitismus auf Reisen

Das Erlebnis der Israelreise und der damit verbundenen Folgen hatte einen entscheidenden Einfluß auf meine Arbeit. Bei der Durchsicht der Vortragsthemen und Artikel, die ich seit 1990 verfaßt habe, wird dies offensichtlich. Die wesentlichen Themen waren: »Als ein Wagner in Israel«, »Der Fall Wagner in Israel und Deutschland«, »Richard Wagners Antisemitismus: Widersprüche und Folgen für deutsche Politik und Kultur« und »Wagner und Antifeminismus«. Diese Arbeiten sind inhaltlich eng miteinander verbunden und dokumentieren einen stetigen Prozeß der Weiterentwicklung. Er widerspiegelt so auch, daß meine Themen komplex und fast unerschöpflich sind. Diese drei Grundsatzthemen bildeten den Hintergrund für Vorträge zur Wagner-Rezeption in und um Bayreuth. Themen wie »Hat Wagners Gesamtkunstwerk-Idee noch Zukunft?«, »Lamas und Kundrys Geniebilder – Anmerkungen zu Elisabeth Förster – Nietzsches und Cosima Wagners Fälschungen und deren Folgen bis heute«, »Toscanini, Wagner, Hitler«, »Erlösung dem Erlöser – Gedanken zu Wagners Parsifal« und »Wagners Bayreuth – Bayreuths Liszt: Kunst als Ideologie und Kunst als Befreiung« sowie theoretische Gedanken zu Wagners »Lohengrin« anläßlich meiner Regie in Dessau ergänzen sich.

Im Kontrast dazu und doch in einem engen Zusammenhang damit stehen die anderen Themenschwerpunkte: meine Beiträge zu Kurt Weill und Viktor Ullmann, der im Oktober 1944 in Auschwitz ermordet wurde und mit dessen epochalem kompositorischen Werk ich mich seit 1990 intensiv auseinandersetze.

Besonders in meinem Vortrag beim Brucknerfest 1995 mit dem Titel »Die Zerstörung des Schöpferischen in den Künsten: gleichgeschaltete Musik: Nazi-Ideologie und Musik als politische Propaganda« wies ich auf die historische Verknüpfung von Wagners antisemitischen Schriften, Hitlers Rassenwahn und Kultur sowie den Leitlinien zur Musik von Joseph Goebbels hin.

Rein »schöngeistige« Themen mit psychologischen Aspekten wie ein Vortrag über Mozart oder über Goethes Faust-Dichtung in den Kompositionen von Liszt, Schumann und Wagner dienten dazu, mich finanziell über Wasser zu halten und mir Türen für meine eigentlichen Themen zu öffnen. Das Spannungsfeld Wagner einerseits und Weill und Ullmann andererseits stand im Mittelpunkt meines Interesses. Es bedeutete für mich letztlich die Auseinandersetzung mit dem zweitausendjährigen Konfliktthema Judentum und Christentum und der Bayreuther Kultstätte als Ausdruck romantisch-religiösen Erlösungswahns im Sinne von Richard Wagner. Und das mit allen Folgen bis Auschwitz. Ich begriff diese Entwicklung immer mehr als Folge eines perversen christlichen Antisemitismus, der mit Wagner in Bayreuth einen Höhepunkt gefunden hatte.

Der Historiker Friedrich Heer, dessen Werk ich kürzlich nach vielen Jahren wieder las, hat mir die Augen für diese schmerzliche Erkenntnis geöffnet. Die erneute Lektüre seiner Werke beendete meine Zerrissenheit zwischen Verdrängung und kritischer Aufarbeitung der antisemitischen Familienvergangenheit. Heers vieldiskutiertes Standardwerk »Gottes Erste Liebe. Die Juden im Spannungsfeld der Geschichte« hat »Spiegel«-Herausgeber Rudolf Augstein zu Recht »die zwischen zwei Buchdeckeln eingebundene Atombombe« bezeichnet. In diesem Buch weist der österreichische Katholik Heer faszinierend genau nach, daß »der Judenhaß und Judenmord von theologischen Konzeptionen lebten, die von den erlauchtesten Köpfen der christlichen Theologie entworfen wurden«.[42] Heer kommt zu dem Schluß, »daß Auschwitz und Hiroshima auf einer tausendjährigen theologischen Tradition beruhen«.[43]

Eine Folge der neuen Einsicht war eine erneute schonungslose kritische Befragung von Geschichte und Familienchronik in einem Entwicklungsprozeß, der keinen Stein meiner früheren Gedankenwelt an seinem alten Platz ließ. Je mehr Wissen ich mir durch ein immer leidenschaftlicher betriebenes historisches Studium und in Gesprächen über menschliche Erfahrungen aneignete, desto klarer vollzog sich in mir eine unaufhaltbare Distanzierung von den scheinchristlichen Traditionen meiner Familie in Bayreuth. Diese Traditionen haben nach dem Holocaust jede Glaubwürdigkeit verloren.

Der Bruch bewirkte bei mir auch die Suche nach neuen ethischen Orientierungen. Jede Form von alleinseligmachender Religion, jede fundamentalistische Ideologie wurde mir unerträglich. Meine sich aus Wissen und Erfahrung ergebende Frage war und ist: Wie ist eine globale Verständigung mit anderem, mir fremden Denken, Fühlen und Handeln zu erreichen? Meiner Meinung nach auch durch Wissen, durch das der Mensch sich selbst befreit, wie Popper sagt. Mein Weltbild erweiterte sich, und ich akzeptierte, daß es viele Wege zum Paradies auf Erden und im Himmel gibt. Sie sollten aber auf aktivem Mitleid mit allen Entrechteten ohne Rücksicht auf Geschlecht, Nation, Hautfarbe und Glaube beruhen. Das Wort Rasse verschwand damit für immer aus meinem Denken.

Heer sagt: »Das Christentum gleicht heute einem Baume, den der Sturm entwurzelt hat. (...) Diese erschreckende Tatsache beruht auf der Nichtverwurzelung des Christentums in dem Erdreich, aus dem es stammt: in jüdischer Frömmigkeit, jüdischer Gottesfurcht, Menschenliebe, Erdliebe, Weltliebe, Weltfreude, Geschlechtsfreude, Gegenwartsfreude und Zukunftshoffnung. (...) Eine echte Regeneration, eine Wiedergeburt jüdischer Frömmigkeit könnte möglicherweise davon abhängen, ob die Synagoge sich als Mutter der Kirche und als ältere Schwester der jüngeren Tochterkirchen zu erfahren und darzuleben vermag. Die Heimkehr des Juden Jesus in die Gemeinschaft seiner Brüder, die vom 4. bis zum 20. Jahrhundert als Kreuzträgervolk sein Kreuz, ihnen auferlegt von Christen, weitergetragen haben, könnte ein außerordentliches Ereignis von unübersehbaren Folgen bedeuten.«[44]

Bei meinem Studium des Judentums fand ich im Reformjudentum, das interessanterweise in Deutschland entstand, neue ethische Anstöße, beispielsweise in der Weisheit der Psalmen, wie sie aus jüdischer geschichtlicher Erfahrung und tiefer Frömmigkeit entstanden ist. Nehmen wir etwa den 142. Psalm der jüdischen Bibel, eine Unterweisung von David, als er in der Höhle war. Ein Gebet:

»Laut schreie ich zu Gott, laut flehe ich zu Gott. Ich schütte aus vor ihm meine Klage, meine Angst spreche ich aus vor ihm. Wenn der Geist in mir verschmachtet. O, du kennst meinen Pfad, doch welchen Weg ich gehe, legen sie mir heimlich Netze. Blicke zur Rechten und schaue, keiner will mich kennen; jede Zuflucht ist mir versperrt, keiner kümmert sich um mein Leben. Da schreie ich denn zu dir, o Gott, und spreche: Sei du mein Schutz, mein Teil im Reiche der Lebenden. Merke auf mein Jammern, denn ich bin sehr elend. Rette mich von meinen Verfolgern, denn sie sind mächtiger als ich. Befreie aus dem Kerker meine Seele, dass ich preise deinen Namen. Um mich sammeln sich dann die Gerechten, so du mir wohltust.«[45]

Der Glaube an Gott schließt den Unglauben in sich. So eine Stelle im 139. Psalm, in der jüdischen Fassung: »Ja, Finsternis wird mich umhüllen, so wird die Nacht zum Licht um mich her. – Auch Finsternis verfinstert nichts vor dir. Und Nacht wie Tag leuchtet – Finsternis wie Licht. (...) Wie unbegreiflich sind mir deine Gedanken, wie stark ihre Summen. Zähle ich sie, so sind sie mehr als der Sand, ich erwache und bin noch immer bei dir.«[46]

Das Gedicht »Gebet« von Ilse Blumenthal-Weiss, das sie 1945 nach ihrer Zeit in den Konzentrationslagern Westerbork und Theresienstadt schrieb, ist ohne jüdische Frömmigkeit undenkbar. Es faßt meine Gedanken so zusammen:

> »Ich kann nicht hassen.
> Sie schlagen mich. Sie treten mich mit Füßen.
> Ich kann nicht hassen. Ich kann nur büßen
> Für dich und mich.
> Ich kann nicht hassen.
> Sie würgen mich. Sie werfen mich mit Steinen.
> Ich kann nicht hassen. Ich kann nur weinen
> Bitterlich.«[47]

Ilse Weiss' Mann und Sohn wurden in NS-Konzentrationslagern ermordet.

Meine geistige Entwicklung ist eng verbunden mit meinen jüdischen Freunden, die mit mir seit 1991/92 in der Post-Holocaust-Dialog-Gruppe tätig sind. Auf sie und unsere Organisation werde ich noch zurückkommen.

Meine Auseinandersetzung mit dem christlichen Antisemitismus schließt den von Richard Wagner und seiner Nachkommen ein. Anstoß zu weiterer Beschäftigung mit dem Thema war ein Brief von Marcel Silberstein aus Basel, der meinem Gastgeber Shai Burstyn an der Tel Aviv University Mitte Januar 1990, also nur einige Tage nach meiner Vortragsreise in Israel, unter anderem schrieb: »Man kann Wagners Antisemitismus weder von seiner allgemeinen Persönlichkeit noch von seiner Musik abspalten.« Dieser Erklärung fügte er Hartmut Zelinskys Beitrag in den »Musik-Konzepten« von 1978 bei mit dem Titel »Die ›feuerkur‹ des Richard Wagner oder die ›neue religion‹ der ›Erlösung durch Vernichtung‹«. Zelinskys Nachweis, daß Wagner mitverantwortlich für den Aufstieg Hitlers und den Nationalsozialismus in Deutschland war, konnte und wollte ich 1990 noch nicht glauben. Mein Zögern und das Unwohlsein, das Zelinsky mit seiner 1975 erstmalig formulierten revolutionären These bei mir hervorrief, weiß ich erst heute nach Jahren genauerer Beschäftigung mit dem Thema zu deuten. Es war meine Angst vor einem unwiderruflichen Bruch mit der eigenen Familie – vor allem mit dem Vater. Angst aber auch vor dem Ende eines verdrängten kindlichen Traums, doch wieder nach Bayreuth zurückzukommen, um bei einer kritischen Auseinandersetzung mit Wagner in Bayreuth mitzuwirken. Angst vor einem Identitätsverlust. Angst schließlich vor dem internationalen Opernbetrieb mit all den Bayreuther connections, auf den ich als Opernregisseur angewiesen wäre. Spätestens 1992 – nach langen eigenen Untersuchungen des Zusammenhangs von Bayreuth und Auschwitz – wurde ich mir schmerzlich bewußt, daß kein Weg an Zelinskys Erkenntnissen vorbeiführt.

Zelinskys philosophische Erfassung des kulturpolitischen Phänomens Richard Wagner in der historischen Verbindung mit Hegel teile ich nicht, da Wagner keine solide philosophische Grundlage hat und so ein gefährlicher selbsternannter Pseudophilosoph bleibt. Aber sonst bedeutet Zelinskys Arbeit einen Wendepunkt in der internationalen Wagner-Forschung. Seine Pionierarbeit ist die mutige Tat eines verfemten Einzelgängers, der meine Sympathie und Achtung hat.

Mit Recht schreibt Zelinsky in dem erwähnten Beitrag: »(...) heutige Wagner-Verehrer betrügen sich über Wagners Antisemitismus – entweder sie nehmen ihn überhaupt nicht zur Kenntnis, um ihr Bild des Genies nicht zu beschmutzen, (...) oder sie behandeln ihn als eine Art Marotte des Genies, die ein bißchen peinlich und merkwürdig, aber durchaus nicht ernst zu nehmen ist.«[48]

Der Selbstbetrug der meisten Wagnerianer sollte sich auch bei meinen Reisen in den letzten Jahren immer wieder bestätigen. Doch seit der Veröffentlichung von Zelinskys Beitrag 1978, der Doktorarbeit »Richard Wagners Kunstschöpfung zwischen Ideologie und Mythos« von Ulrich Drüner, der genauen Geschichtsstudie »Rasse und Revolution« von Paul Lawrence Rose (1992) und vor allem durch das interdisziplinäre Standardwerk »Richard Wagner und der antisemitische Wahn« von Marc Weiner (1995) hat sich bei einer Minderheit von Wagnerianern und einer Mehrheit von an Wagner kritisch Interessierten ein langsamer Wandel vollzogen. Das Thema wird zunehmend ernstgenommen; denn Weiner wies im Detail auch den engen Zusammenhang zwischen Biographie, theoretischen Schriften und den Bühnenwerken anhand eingehender Analysen der Partituren nach. Die antisemitischen Schriften als wesentlicher Teil des kulturpolitischen Phänomens Wagner in ihrer einmaligen Breitenwirkung kann und darf nach Auschwitz niemand mehr übersehen.

Mein persönliches Resümee aufgrund von Erfahrung und Wissen um die Ursachen des Konflikts ist: Die Festspielidee Wagners und ihre Verwirklichung in Bayreuth bedeuten den Verlust von Realität und Humanität. In diesem Sinne bin ich als Urenkel Wagners ein Anti-Wagnerianer geworden. Ich wurde mir der Schwierigkeit bewußt, als ein Nachkomme Wagners mein Wissen über Wagner objektiv darzustellen. Ich schilderte den Zuhörern zu Beginn meiner Vorträge meine spezielle Situation. Die folgende wenig akademische Einleitung zu einem meiner Vorträge spiegelt das wider:

»Wer sich mit Richard Wagners Antisemitismus beschäftigt, sieht sich mit komplexen Problemen konfrontiert. Man muß über ein weitgefächertes, interdisziplinäres Wissen und einen besonderen Sinn für individuelle Verantwortung verfügen, die man bei der Auswahl und Vorstellung der Dokumente unter Beweis stellen muß. Ebenso bedeutend ist die persönliche

Darlegung der Motivation, sich mit dem Thema zu beschäftigen, denn man berührt hierbei tiefe Schichten menschlicher Erfahrungen und Leiden.« Bezogen auf mich als Referent: »Ich bin mir bewußt, zu Ihnen als ein Urenkel von Richard Wagner zu sprechen, der Hitlers kulturelles Modell war. Ich spreche also hier nicht nur als ein Musikhistoriker. Richard Wagners antisemitische Schriften überschatten mein Leben. Das Thema beinhaltet grundsätzliche Fragen wie Verdrängung, ›Nicht-darüber-sprechen-Wollen‹, Verleugnung und die Verfälschung von wirklichen Verbindungen zwischen deutscher Kultur und Politik, in denen Richard Wagner eine entscheidende und unrühmliche Rolle hat. Ob es mir paßt oder nicht: Das Thema ist Teil meiner Existenz. Es ist verbunden mit etwas, was ich für typisch für die deutsche Mentalität halte, nämlich die Aufspaltung der privaten und öffentlichen Sphäre bei der Diskussion und Umsetzung grundsätzlicher ethischer Positionen. Ich weigere mich, diese Aufspaltung vorzunehmen, da ich sie aufgrund geschichtlicher Erfahrungen und Erkenntnisse sowie als ein Wagner nach dem Holocaust für gefährlich halte und sie einer Aufgabe humanitärer Werte und individueller Verantwortung gleichkommt. Wer bei diesem Thema eine transparente, lobbyfreie Diskussion und einen humanen Umgang mit Andersdenkenden fordert, wird nicht nur auf Widerstand und Ablehnung stoßen. Er wird sich auch Verleumdungen, existentiellen Problemen und Bedrohungen ausgesetzt sehen, hinter denen sich alle Facetten von Intoleranz verbergen.«

Ebensowenig akademisch war, daß ich bei meinen Vorträgen Text projizierte, Filme zeigte und Musikstücke einblendete. Oft folgte eine lebendige Diskussion, manchmal aber auch eisige Stille.

In den Jahren 1990 bis 1995 reiste ich als antiwagnerianischer Wagner-Urenkel mit Vorträgen in Deutschland, der Schweiz, Österreich, England, Italien, den USA und Kanada. Kritische

Gedanken, die immer auch eine Stellungnahme des Zuhörers zu ethischen Grundfragen in Kunst und Politik verlangten, polarisierten das Publikum. Unterschiedlich dabei waren seine Verhaltensweisen. Entweder vollzog sich die Polarisierung schweigend, leise, indirekt oder in offener Kritik an Richard Wagner oder meiner Interpretation seines Werks und seiner Person. Manche störte es besonders, daß ich als Wagner-Nachkomme gegen Wagner argumentierte.

Entscheidend waren die unterschiedlichen nationalen, historischen, politischen, kulturellen Hintergründe und persönlichen Schicksale meiner Zuhörer. Ebenso wichtig für die Reaktionen war, ob meine Gastgeber mehrheitlich aus jüdischen, christlichen oder gemischten Gruppen bestanden, ob meine Veranstaltungen von verschiedenen Generationen besucht wurden oder ob ich vor Fachleuten oder Opernfans sprach. Aus der Vielfalt der Reaktionen lernte ich, mich vor groben Verallgemeinerungen zu hüten.

Langsam lernte ich es, mich auf mein Publikum in seiner Verschiedenheit einzustellen. Eines aber hat sich nicht verändert: Wer als ein Wagner-Nachkomme kritisch über Wagner spricht, erlebt immer wieder Überraschungen. Es ist nie langweilig.

Oft folgten Vorträgen stark emotionale Reaktionen. Diese haben ihre Wurzeln in der nationalsozialistischen Vergangenheit: Verdrängung, Verleugnung, Schweigen, Verfälschung. Am Beispiel Wagners, seines Antisemitismus und der Naziverstrickung meiner Familie in Bayreuth läßt sich gut zeigen, daß jeder einzelne eine persönliche Verantwortung trägt. Wer über Wagner und die Deutschen spricht, stellt zwangsläufig das Selbstbewußtsein vieler Deutscher in Frage.

Häufig flüchteten sich Wagnerianer, die meine Kritik nur duldeten, weil ich ein Urenkel bin, in persönliche Geschichtchen und Erlebnisse um Wagner und den Festspielhügel. So mußten sie ihr Wagner-Bild nicht in Frage stellen. Statt dessen versuchten sie, mich wie Missionare für die »Bayreuther Sache« auf den »richtigen« Pfad zu bringen. Ich versuchte stets höflich zu bleiben und hielt eine intensive Diskussion für wenig sinnvoll.

Ganz anders verhielt sich die Minderheit von deutschen Anti-Wagnerianern mir gegenüber. Sie schienen überrascht, einen atypischen Wagner zu treffen. Mit diesen deutschen Anti-Wagnerianern, die sich trotz ihrer ideologischen Aversion für Wagner interessierten, hatte ich sehr intensive und anregende Diskussionen.

Besonders die Veranstaltungen mit Ralph Giordano in Wuppertal und Bonn 1992 werden mir in Erinnerung bleiben. Ralph Giordano gab vor beiden Vorträgen eine Einführung zu meiner Arbeit und Person, die ich nicht nur als wichtige Hilfe, sondern auch als Verpflichtung sah, den steinigen Weg meiner Auseinandersetzung mit Bayreuth und dessen Form von Wagner-Kult fortzusetzen.

Die Einladung zu einem Vortrag über »Wagners Antisemitismus: Widersprüche und Folgen für deutsche Politik und Kultur« Mitte Dezember 1992 beim Deutschen Industrie- und Handelstag hatte einen politischen Grund: Deutschlands internationales Renommee war in jenem Jahr durch die Verbrechen von Nazis (Brandanschlag in Solingen und weitere Gewalttaten) auf den Nullpunkt gesunken, und die Mächtigen in Wirtschaft, Politik und Kultur wollten sich ein liberales Image verschaffen. Ein kritischer Wagner, der gegen den Rassismus seines Urgroßvaters sprach, präsentiert von einer der bedeutendsten deutsch-jüdischen Stimmen wie Ralph Giordano, paßte da goldrichtig.

Ich hatte alle meine Bedingungen für diese Veranstaltungen durchsetzen können. Die Zuhörer wurden vor dem Vortrag mit Bildern meiner Wanderausstellung »Von Bayreuth nach Theresienstadt-Terzín« zu Klängen der Musik von Viktor Ullmann konfrontiert. Dem folgte die optische Zerlegung eines Dias der Bayreuther Wagner-Büste von Arno Breker zu Klängen des Walkürenritts. Ralph Giordano hielt sich anschließend mit seiner Meinung über Bayreuth und die connections des Festspielhügels und deren negativen Einfluß auf meine Arbeit nicht zurück.

Der Vortrag schließlich befaßte sich vor allem mit Wagners Antisemitismus, dargelegt anhand von Zitaten aus seinen Hetzschriften, und mit der Verdrängung und Verfälschung der Nazizeit in Neu-Bayreuth.

Die Reaktion: Unwohlsein, einige höfliche, aber keineswegs neue Einwände. Man gratulierte mir in üblicher Weise unter vier Augen und versprach, mich und mein Anliegen »indirekt« zu unterstützen, »denn«, so hörte ich an dem Abend oft, man müsse doch Rücksicht auf die Förderkreise in Bayreuth, Vater, Barenboim und Levine nehmen. Die Presse reagierte wohlwollend auf den Vortrag, wenn auch in Watte gepackt und verdeckt. Auch hier keine klare Äußerung zu meiner Kritik an Neu-Bayreuth.

Typisch war das Verhalten von Ernst Dieter Lueg, der damals im WDR-Fernsehen für die wichtige Sendung »Bericht aus Bonn« verantwortlich war. Bei der Einladung für Ralph Giordano und mich nach dem Vortrag äußerte er sich angetan von meinen Bemühungen und versprach, sich im WDR für mich stark zu machen. Es blieb bei Worten. Ob das daran liegt, daß Lueg gelegentlich als Präsentator bei der Eröffnung der Festspiele auftreten durfte?

Es wurde mir immer klarer, daß die Diskussion um den Fall Wagner das Ende einer sinnvollen beruflichen Zukunft in Deutschland bedeutete. Als ich Ralph Giordano diese Erkenntnis einen Tag später bei einer Veranstaltung mitteilte, sagte er: »Kritik an deutscher Politik und Kultur kann man in Deutschland eben auch im Falle Wagner nur als Jude aussprechen. Du als oppositioneller Wagner hast im Moment da keine Chance. Aber ich hoffe, das wird sich eines Tages ändern.«

Ich antwortete: »Deutscher antisemitischer Philosemitismus à la Bayreuth-Connections also?«
Er nickte zustimmend.

Zu meiner freudigen Überraschung entwickelte sich seit 1989 in Österreich ein kontinuierliches Interesse an meiner Arbeit. Erst in Form von Gesprächen mit dem Literaturwissenschaftler Leo Haffner, die mit Hilfe von Karl Lubomirski zustande kamen, und dann mit Beiträgen über Hitler und Wagner, Weill und meine Biographie im ORF-Radio Vorarlberg und Wien. Seit 1992 gebe ich auch dem österreichischen Fernsehen regelmäßig Interviews. Gaby Floßmann, die für die Kulturabteilung von ORF 2 arbeitet, kenne ich seit 1968. Unsere krisensichere Freundschaft hat seitdem ein gemeinsames Thema: das deutschsprachige Judentum und die Auseinandersetzung mit den Folgen des Nationalsozialismus in Deutschland und Österreich. Wo immer sie konnte – und das war bei meinen Themen keineswegs immer einfach –, setzte sie engagierte Berichte über wesentliche Etappen meiner Arbeiten rund um den Globus durch.

In Wien traf ich den Soziologen Michael Ley und dessen Frau, die Malerin Charlotte Ley-Kohn, mit denen ich nicht nur sehr intensive Gespräche über die Wirkungen des Holocaust auf die nächsten deutschen, österreichischen und jüdischen Generationen führte, sondern auch später Projekte realisierte wie die Verfilmung der Dessauer »Lohengrin«-Inszenierung als Teil des Dokumentarfilms »Herrn Hitlers Religion« in der Regie von Petrus van der Let.

Der große Unterschied zu meinen Erfahrungen in Deutschland ist, daß ich in Österreich auf ein kontinuierliches Interesse an den Themen meiner Arbeit treffe. In Wien und auch anläßlich meines Vortrags über »Musik und NS-Ideologie« beim Linzer Brucknerfest 1995 brauchte ich mich mit meinen Kommentaren über Hitler, Wien und die österreichischen

Nazis nicht zurückzuhalten. Ich traf in Österreich auf eine besondere Form des Umgangs mit der eigenen tausendjährigen Geschichte: Hinter dem Schmäh, also dem spöttischen Gebrauch von doppeldeutigen Komplimenten, schimmert stets ein schneidender schwarzer Humor und Selbstironie durch; das fehlt den Deutschen meist. Diese Verhaltensweise hat sich besonders in der österreichisch-jüdischen Kultur ausgeprägt. Heute weiß ich, warum ich ausgerechnet in Wien und nicht in Berlin meine Doktorarbeit über Weill und Brecht schrieb. Der ätzende Humor der beiden Bilderstürmer der Weimarer Endzeit vor Hitlers Herrenmenschen-Dämmerung – durchaus vergleichbar mit der orientierungslosen Zeit nach dem Fall des Kommunismus Ende der achtziger Jahre – paßt für mich noch heute besser nach Wien als nach Berlin.

Die Schweizer, besonders aber die Züricher, und ihr Wagner, dem sie 1849 so liebevoll neun Jahre Exil gewährten: was haben sie mit Wagners Antisemitismus zu tun? Man denkt an Mathilde Wesendonck und ihre Verewigung in »Tristan und Isolde«. Schweizer Antisemitismus? Ja, auch hier gibt es schmerzliche geschichtliche Ereignisse, über die man in der Schweiz nicht gerne spricht. Vor allem in der Nazizeit, als die Schweiz aus Deutschland flüchtende Juden abwies und Juden geraubtes Geld in Schweizer Bankdepots verschwand, haben manche Eidgenossen sich schuldig gemacht. Man hüte sich aber vor Vorurteilen.

Zwei Einladungen machten mir deutlich, daß auch in der Schweiz Menschen bereit waren, die dunklen Kapitel der europäischen und der eigenen Geschichte aufzuarbeiten. Im Oktober 1992 wurde ich durch meinen Förderer und Freund Albi Rosenthal, den legendären Musikantiquitätensammler und Kunstfreund, und Walburga Sia Strecker, Tochter der Begründerin des Maria Silser Nietzsche-Kolloquiums, als Referent zu Cosima Wagners und Elisabeth Förster-Nietzsches Geschichtsfälschungen eingeladen. Meine Abrechnung galt nicht nur den Fälschungen von Cosima und Elisabeth zu deren Lebzeiten. Ich schwieg auch nicht zu Richard Wagners autobiographischen Fälschungen und zeigte die denkwürdige Kontinuität im Umgang mit der deutschen und der eigenen Geschichte in meiner Familie bis zum heutigen Tag. Ob Richard, Cosima, Winifred, Wieland oder Wolfgang – sie alle benutzten und benutzen die Geschichte im Interesse ihrer machtpolitischen und wirtschaftlichen Ziele. Ähnlich verhielt sich Elisabeth Förster-Nietzsche in bezug auf das Weimarer Archiv.

Nach dem Vortrag schwiegen manche deutschen Akademiker betreten. Doch der Schweizer Philosoph André Bloch, Organisator des Nietzsche-Kolloquiums, überreichte mir als Zeichen seiner Anerkennung einen zweiten Schlüssel des Nietzsche-Hauses mit dem Hinweis »Hausverbote gibt es hier nicht. Sie sind bei uns immer herzlich willkommen.«

Ebenso großzügig wurde ich in Zürich aufgenommen. Wie in Maria Sils sprach ich in der Züricher Paulus-Akademie im November 1993 vor einer Gruppe sensibler, geschichtsbewußter Schweizer zum Thema »Wagner und Antisemitismus«. Direkt neben dem Sprechpult war auf einer Bühne die Installation der Künstlerin Thea Weltner »Kinderschuhe und Brotkasten« ausgestellt, die an die ermordeten Kinder von Theresienstadt erinnerte. Das »Israelitische Wochenblatt« und die »Neue Zürcher Zeitung« berichteten sachlich über die Veranstaltung.

Nach dem Vortrag lud mich ein orthodoxer Jude in sein Haus ein. Dort diskutierte er mit mir über meine Regiegedanken zu »Lohengrin«. Er sah in Lohengrin eine messianische Figur und zeigte mir ein Gemälde, das einen Baum in der Wüste darstellt, auf dessen Stamm ein Kirchturm eingerammt ist. Jüdisch-christliche Kulturgeschichte mit allen Schattenseiten.

Diese Darstellung und das geheimnisvolle Gespräch inspirierte mich später bei der bildlichen Umsetzung in meinem

»Lohengrin«-Regiekonzept in Dessau: Zwei Pfeiler einer Kathedrale sind auf zwei Baumstämme aufgesetzt.

In Italien wird über Wagner und das Judentum kaum diskutiert. Bei meinen Vorträgen, die das Thema direkt oder indirekt berührten, zeigte man im Lande des Vatikans nur unverbindliches Interesse. Die meist wirren Vorstellungen, die man von Wagner in Italien hat, werden verstärkt durch den Einfluß Bayreuths und unzureichende Übersetzungen. Daran wird sich auch in der Zukunft kaum etwas ändern. Den Medien genügt es, etwas über Bombenanschläge oder andere Gewaltakte in Israel zu berichten. Das kann die Auseinandersetzung um den Antisemitismus nicht fördern. Kein Wunder also, daß ich oft meine Koffer packen muß, um meine Arbeit als »Historiker mit dem falschen Thema« anderswo auf dem Globus auszuüben.

Erstaunlich bleibt, wie wenig man sich in Italien um die Aufarbeitung des eigenen Antisemitismus bemüht hat. Erst 1994 wurde das Thema Gegenstand einer Diskussion im Rahmen einer Wanderausstellung mit dem Titel »Die Lüge von der Rasse«. Die katholische Kirche war eines der wichtigsten Bollwerke des europäischen Antisemitismus seit dem vierten Jahrhundert, und ihre Rolle in der Mussolini-Zeit und danach war auch wenig rühmlich. Der Vatikan brauchte 45 Jahre, bis er 1993 den Staat Israel diplomatisch anerkannte! Leider lese ich in den Geschichtsbüchern meines Sohnes davon nichts.

Auf meinen zahlreichen Reisen in Nordamerika stieß ich auf großes Interesse für mein Thema. Wer dort gelebt hat, weiß, daß sich das Zusammenleben der vielfältigen ethnischen Gruppen aus aller Welt auf dem Grundsatz der diversity bei Anerkennung gleicher Rechte für alle aufbaut. Bei aller Kritik, was die Verwirklichung betrifft, halte ich das amerikanische Modell für ausbau- und verbesserungsfähig. Es ist in den USA immer noch etwas vorhanden von dem Pioniergeist, von der Neugierde, Spontaneität und Unbefangenheit, wie sie sich auch bei meinen Vorträgen und in Gesprächen danach äußerten.

Besonders beeindruckend sind dort die Kenntnisse, die Forschungsqualität und -quantität bezüglich meines Themenkreises. Alle wesentlichen Arbeiten nach Zelinsky und Drüner stammen aus den USA. Die genannten Arbeiten von Paul Lawrence Rose von der Penn State University im US-Bundesstaat Pennsylvania und Marc Weiner von der Indiana University stellen alles in den Schatten, was zum Thema in Europa publiziert worden ist. An vielen Colleges und Universitäten herrscht der liberale Geist im Sinn von kämpferischer diversity.

Entscheidend ist bei der Durchsetzung problematischer Themen, ob in den Instituten im Sinn von diversity jüdische Gruppen integriert sind oder zumindest deutsch-jüdische Geschichte einen Stellenwert besitzt. Bei der Durchsetzung von Einladungen für mich war sicher auch von Bedeutung, daß die deutsch-nordamerikanischen Gemeinden immer noch einflußreich sind. Deutschland hat durch die Nazizeit außerdem ein fragwürdiges Interesse erweckt; man hört gerne dem »Rebellen gegen den eigenen Clan« zu, auch weil es an TV-Serien wie »Dallas« und »Dynasty« erinnert. Gerade wegen meines »family background« erwartete man einiges von mir. Meine Leistung entschied über die Beurteilung meiner Vorträge. Eine faire Voraussetzung. Ich freue mich auf jede Reise nach Nordamerika genauso wie auf Reisen nach Israel, meiner Wahlheimat, und auf die Rückkehr nach Italien.

Wie zu Hause fühle ich mich an der George Washington University in der Bundeshauptstadt der USA. Der Leiter der musikwissenschaftlichen Abteilung, Professor Roy Guenther, verkörpert für mich den »liberal American«, den ich als Kollegen und privat schätze. Die Tatsache, daß meine Vorträge über »Wagner–Nietzsche«, »Weill«, »Wagner in Israel und Deutschland« in der Bundeshauptstadt der USA stattfanden, hatte positive Konsequenzen, auf die ich noch zu sprechen kommen werde.

Darüber hinaus konnte ich an zahlreichen Universitäten Kanadas und der USA auftreten, und ich pflege bis heute einen regen Meinungsaustausch mit zahlreichen Wissenschaftlern, die ich auf Vortragsreisen kennengelernt habe.

In manchen Städten haben mich außerdem Goethe-Institute und amerikanische Tochterfirmen deutscher Unternehmen unterstützt.

Zwei jüdische Kulturinstitutionen in den USA spielten eine große Rolle im Zusammenhang mit meiner Israelreise und meiner Auseinandersetzung mit Wagners Antisemitismus: The Hebrew Union College in Cincinnati und The United States Holocaust Memorial Museum in Washington D. C. Als ich im Februar 1992 in der Mayerson Hall des Hebrew Union College, des jüdisch-theologischen Instituts von weltweiter Bedeutung, über den »Fall Wagner in Israel« sprach, wußte ich von den anfänglichen Widerständen gegen meine Einladung. Daß diese Widerstände diskret überwunden wurden, war das Verdienst von Abraham Peck, Dozent für neuere deutsche Geschichte und Judaistik, Verwaltungs- und Programmdirektor der Amerikanisch-Jüdischen Archive in Cincinnati sowie Verfasser von zahlreichen Beiträgen zur deutsch-jüdischen Geschichte des 19. und 20. Jahrhunderts. Cincinnati ist nicht nur die amerikanische Schwesterstadt von München mit einem großen Anteil von deutschstämmigen Amerikanern, sondern hat auch eine bedeutende jüdische Gemeinde. In ihr leben ehemalige deutsche und österreichische Holocaust-Überlebende, die die Geschichte der Familie Wagner genau kennen.

Nach dem Vortrag kamen mir diese vom deutschen Rassenwahn ganz besonders Betroffenen in großer Offenheit oder sogar mit Wärme entgegen. Zu ihnen gehörte auch der Leiter des Hebrew Union College, Alfred Gottschalk. Er hatte nun keine Einwände mehr gegen eine künftige Zusammenarbeit und meine Form der Auseinandersetzung mit der deutsch-jüdischen Vergangenheit.

Andere hatten den Holocaust zwar nicht durchmachen müssen, aber dennoch eine große Sensibilität für das Thema. Als Angehörige dieser einflußreichen Gruppe wurde mir die Mutter des Dirigenten James Levine vorgestellt. Sie fragte mich zu meiner Überraschung, ob ich es richtig fände, daß ihr Sohn in Bayreuth dirigiere. Ich antwortete: »Diese Frage kann nur Ihr Sohn beanworten.«

Ein weiterer Markstein meiner Vortragsreise war die Einladung des United States Holocaust Memorial Museum in Washington im März 1994. Dort war man lange vor der ersten Kontaktaufnahme im Herbst 1993 über meine Arbeit genau informiert. Besonders offenbar durch einen langen Beitrag in der »Washington Post« von Ende April 1993. Dieses Interview von Judith Weinraub, die dafür von November 1992 bis April 1993 gründlich recherchiert hatte, ist für mich eine der fairsten Darstellungen meiner Biographie. Es ist sicher nicht aus Zufall im Zusammenhang mit der Eröffnung des Holocaust Memorial Museum erschienen – als eine alternative deutsche Stimme.

Im Geist gegenseitigen Vertrauens und Interesses gestaltete sich dann auch der Vortragsabend. Trotz Schneefalls war der Saal gut besetzt, und die Diskussion bewegte sich auf einem hohen Niveau, was nicht zuletzt der Anwesenheit des Wagner-Antisemitismus-Forschers Paul Lawrence Rose zu verdanken war. Hier, wie in anderen jüdischen Einrichtungen in Nordamerika, fand ich Sympathie und die Bereitschaft zu einem kontinuierlichen Dialog, die mir Energie gaben, meine Arbeit auch in Deutschland fortzusetzen und weiterhin als sinnvoll zu empfinden.

Die Post-Holocaust-Dialog-Gruppe:
Und am Anfang war Auschwitz

Auch die Gründung der Post-Holocaust-Dialog-Gruppe (PHDG) ist eng mit meiner Israelreise verknüpft. Durch die Medien erfuhr Franklin Littell von meinen Vorträgen über Wagner in Tel Aviv. Im Sommer 1990 lud er mich zum 21. Jahrestreffen seiner Organisation »The Holocaust and the Churches« im Stockton College in New Jersey ein, das im März 1991 stattfinden sollte. Er bat mich, über meine Erfahrungen in Israel, die Chronik der Familie Wagner und deutsche Geschichte im Zusammenhang mit dem kulturpolitischen Phänomen Wagner zu berichten.

Ich war mir der Herausforderung, wie sie sich durch den Charakter der Organisation und der anderen Gastredner ergab, nur ungenau bewußt. Ich hatte zwar seit Ende der sechziger Jahre Wissen durch Schilderungen von Freunden und Bekannten erworben und viel zum Thema Holocaust gelesen, aber bis zu meiner Israelreise hatte ich keine Experten dazu getroffen.

Mit der Eröffnungssitzung am 3. März 1991 begann ich das geistige Umfeld des Treffens zu begreifen. Die Tatsache, daß der Vizepräsident Hubert Locke, Professor für Staatswissenschaften und Sozialwesen, ein afroamerikanischer Christ ist, zeigte die Offenheit der Veranstalter. Locke verdrängte aber keineswegs die Probleme seiner Gruppe. Er ist der Verfasser von zahlreichen Beiträgen wie »Der Detroit-Aufstand« oder einer kritischen Studie über »weiße Liberale« in den USA. Auf meine Frage, warum er als Schwarzer Vizepräsident der Organisation geworden sei, antwortete er: »Der Holocaust ist die Summe von Erfahrungen mit totalitären Systemen, die sich wiederholen können, wenn wir nicht aufpassen. Der Holocaust ist als Erfahrung unabhängig von Kategorien wie Hautfarbe, Nation, Religion und Ideologie.«

Ich nahm bei diesem ersten Treffen 1991 an allen sich bietenden Gesprächen teil. Mein Vortrag stieß auf großes Interesse. Gleich zu Beginn hatte ich ein unvergeßliches Erlebnis mit einem der angesehensten demokratischen Politiker, dem liberalen Senator Paul Simon. Er war zu Zeiten des republikanischen Präsidenten Richard Nixon einer der aussichtsreichsten Präsidentschaftskandidaten der Demokraten gewesen. Nach seiner beeindruckenden Eröffnungsrede zur aktuellen Situation der Menschenrechte am Beispiel des amerikanischen Bildungswesens wurde ich ihm vorgestellt. Er gab mir herzlich die Hand und sagte: »Hey, Gottfried, ich habe zu Hause ein Foto von dir, das ich als amerikanischer Offizier im Wahnfried-Park 1951 machte. Du warst als Kind immer in der Nähe des Siegfried-Wagner-Hauses, in dem ich ein paar Wochen lebte. Aber wie kommst du mit deiner Familiengeschichte dazu, hier über deine Vortragsreise zu Wagner in Israel zu sprechen?«

Ich antwortete: »Es ist wohl Zeit, über die Auswirkungen der Nazizeit in Bayreuth nach 1945 zu sprechen.«

In Briefen setzten wir später unser offenes Gespräch fort.

In diesen drei Märztagen sollte ich eine große Zahl von Menschen treffen, mit denen ich mich entweder herzlich befreundete oder mit denen es seither mindestens zu einem gelegentlichen offenen Austausch kam. Franklin Littell, seine Frau, die Historikerin Marcia Littell-Sachs, und der Gastgeber und Organisator der Veranstaltung, Jan G. Colijn, Leiter der allgemeinen Studien am Stockton College, und Henry Knight,

Religionsprofessor an der Tulsa University, gehörten sofort zu meinem Freundeskreis. Sie integrierten mich in den verschiedenen Gruppen und stellten mir zwei Teilnehmer vor, die mich interessiert und herzlich begrüßten.

Der eine war Abraham Peck, der andere der Reformrabbiner Steven Jacobs aus Huntsville in Alabama. Steven hatte zahlreiche, oft revolutionäre Arbeiten über jüdischen Glauben und Geschichte publiziert. Besonders in seinem Buch »Wiederbefragung des jüdischen Glaubens nach dem Holocaust« von 1992 öffnete er mir die Augen über die jüdische Sicht des Holocaust.

Nach meinem Vortrag am Abend des 4. März vor vollem Saal – er war für mich nach Israel eine weitere Feuerprobe – kamen Abraham und Steven auf mich zu. Wir diskutierten bis früh morgens und beschlossen, uns als Kinder von NS-Opfern und NS-Tätern zu organisieren. Was uns bis heute verbindet, ist in den sechs Punkten der Statuten unserer PHDG zusammengefaßt. Als Motto nahmen wir den Satz des jüdischen Richters und Holocaust-Überlebenden Samuel Gringauz von 1947: »Unsere Tragödie muß der Ausgangspunkt für eine neue Mitmenschlichkeit werden.« Im März 1993 legten wir beim 23. wissenschaftlichen Kongreß der Organisation »Der Holocaust und die Kirchen« in Tulsa unser Sechs-Punkte-Programm vor, das dann durch ein weiteres Vorstandsmitglied, den Komponisten Michael Shapiro, als Teil der Organisationsurkunde unserer Gruppe mit Sitz in New York 1994 in das Vereins- und Organisationenregister eingetragen wurde. Der Text der Statuten lautet:

»1. Wir, die Kinder von Opfern und Kinder von Tätern, sehen Shoah/Holocaust als einen beispiellosen Bruch in der westlichen und globalen Zivilisation und als Ausgangspunkt einer neuen ethischen Einstellung, die sich in Gedanken, im Fühlen und Taten niederschlägt.

2. Wir verwahren uns gegen das Verdrängen und Unterdrücken von Diskussionen jeglicher Art über Shoah/Holocaust so-

wie auch für immer gegen die Fortführung von Vorurteilen und Haßgefühlen, wie sie aus der Aktivität unserer Eltern und Großeltern erwuchsen und der Traumatisierung durch Shoah/ Holocaust zuzuschreiben sind.

3. Wir glauben fest daran, daß das Teilen der ganz persönlichen Bürde aus tragischer Vergangenheit mittels fortgesetzten Dialogs heute und in der Zukunft von lebenswichtiger Bedeutung ist, unabhängig von religiöser, ideologischer und/ oder politischer Zugehörigkeit. Unser Dialog ist die konkrete Aussage darüber, wie wir und kommende Generationen den Herausforderungen von Shoah/Holocaust mit ihren bleibenden Einflüssen entgegentreten.

4. Wir beginnen unseren Dialog mit Toleranz, Achtung vor dem anderen und in selbstkritischer Wachsamkeit als Kinder von Opfern und Kinder von Tätern. Unsere gegenseitige Bereitschaft, die Bürde zu teilen, ist vorbehaltslos mit der Verpflichtung verbunden, vorhandene Unwissenheit, Vorurteile und Mißverständnisse zu überwinden und den dafür offenen und empfänglichen Mitmenschen ein Modell für gegenseitiges Vertrauen und Verstehen jetzt und in der Zukunft vorzulegen.

5. Wir sehen uns als eine internationale aktivistische Organisation, deren anerkanntes Ziel es ist, nicht nur andere über Shoah/Holocaust mittels wissenschaftlicher Konferenzen und Publikationen aufzuklären, sondern auch in Theorie und Praxis jede religiöse, politische oder ideologische Art von totalitärem Dogmatismus zu bekämpfen. Wir treten für die Verwirklichung der Menschenrechte für alle ein, im vollen Glauben daran, daß wir für unser eigenes Handeln verantwortlich sind und es in der Achtung des von uns ›Verschiedenen‹ zu erfolgen hat.

6. Wir hoffen, durch unsere humanitären Aktionen und unsere wissenschaftlichen Bestrebungen auf Regierungen und Staaten einzuwirken und auf diese Weise Befürchtungen davor

zu verkleinern, daß sich Shoah/Holocaust jemals wiederholt. Dies alles im Ringen um das eine Ziel: eine Welt in friedlichem Zusammenleben, bereit zu Toleranz, zur Anerkennung und Würdigung verschiedenen Menschseins.«

Den Worten folgten Taten. Nach der Proklamation unserer Gruppe im März 1992 in Seattle fanden nicht nur jährliche Treffen statt mit Hilfe der Organisation von Franklin Littell. Auch andere international anerkannte Organisationen arbeiteten mit uns zusammen, wie »Erinnerung an die Zukunft«, »Christentum und Holocaust«, »Der amerikanische Workshop von Christen und Juden«, »Die Evangelische Akademie« bei Frankfurt am Main und das internationale Institut »Au Cœur de la Communication« (ACC). Die internationalen Medien – ausgenommen die deutschen – zeigten in den letzten Jahren großes Interesse. Leider ist der Prozentsatz von Deutschen meiner Generation in unserer Gruppe im Vergleich zu dem der Mitglieder mit jüdischem Hintergrund immer noch sehr gering. Unsere Organisation wächst und hat Mitglieder auf drei Kontinenten. Einer der Gründe dafür liegt darin, daß wir eine gegenseitige Sensibilität für die unterschiedlichen psychologischen, historischen und familiären Ausgangssituationen entwickelt haben. Die Gruppe setzt sich aus Frauen und Männern mit verschiedenen beruflichen, nationalen, religiösen und politischen Hintergründen zusammen, und entsprechend fällt die Themenwahl aus. Mit der Themenwahl überprüfen wir auch selbstkritisch die Statuten unserer Organisation. Damit wir über unsere Identitäten als Deutsche und Juden nach dem Holocaust sprechen konnten, mußten wir unsere Lebenserfahrungen und Familienchroniken im Kontext der Geschichte aufarbeiten.

Abraham und ich sind geprägt von der liberalen politischen Entwicklung Ende der sechziger Jahre. Als ehemalige 68er hatten wir daher gemeinsame geistige Orientierungen wie etwa die jüdischen Intellektuellen der Frankfurter Schule Max Horkheimer, Theodor W. Adorno oder Hannah Arendt. Diese Aufarbeitung bedeutete aber keinesfalls, die eigenen Studentenjahre nostalgisch zu verklären, sondern Selbstkritik und neue Zielsetzungen für verantwortliche Aktionen als Kinder von NS-Opfern und NS-Tätern. Dieser gemeinsame Lernprozeß verlief trotz aller biographischen Unterschiede erstaunlich reibungslos. In diesen Jahren wurde mir klar, daß meine Idee einer Aussöhnung zwischen Deutschen und Juden der Wirklichkeit nicht standhält, weil eine Versöhnung nur zwischen Tätern und Opfern möglich ist. Uns Kindern der Täter kann keine Schuld vererbt werden, genausowenig Vorgaben für eine Versöhnung.

Abraham und ich korrespondieren seit März 1991 fast wöchentlich. Unser Austausch über Lebens- und Leseerfahrungen ist von großer Intensität. Soweit wir können, integrieren wir dabei andere Mitglieder oder Interessenten in unsere Organisation. Von Bedeutung in diesem kritischen Selbstbefragungsprozeß wurde Dan Bar On, den wir im März 1993 zum erstenmal in Tulsa getroffen hatten. Er legte uns sechs Fragen vor, die die Wirkungen des Holocaust auf unser Leben betrafen: Wann und wie wurden wir mit dem Holocaust konfrontiert? Wie wurden wir mit unserer Wurzellosigkeit fertig? Wie bekämpfen wir soziale Entfremdung und unser Anderssein? Können wir die Rolle von Opfern und Tätern nachempfinden? Leben wir das eigene Leben ohne den Schatten des Holocaust? Haben wir durch das Wissen um den Holocaust einen Mittelweg gefunden zwischen dem Wunsch zu sterben und dem zu leben?

Um diese komplexen Fragen ernsthaft zu beantworten, brauchten wir viel Zeit. Wir schrieben unsere Gedanken erst einige Monate später nieder. Abraham antwortete auf Dan Bar Ons Fragen in Form eines Beitrags, ich nahm zu den einzelnen Fragen Stellung. Aufschlußreich ist, wie Dan Bar On den Dialog zwischen Abraham und mir beurteilt. Er bezeichnet ihn als »Mikrokosmos des deutsch-jüdischen Dialogs« und schreibt:

»Gottfried Wagner und Abraham Peck sind mutige Leute. Ihre Eltern wären nie fähig gewesen, miteinander zu reden. Vor nur fünfzig Jahren waren die Vorfahren der einen in den äußerst grausamen Versuch mitverwickelt, die Vorfahren des anderen zu vernichten. Die Überlebenden gaben den heiligen Schwur an die Nachkommen weiter, niemals zu vergessen und zu vergeben. Warum versucht Abraham dieses Gebot zu brechen? Warum versucht Gottfried das Schweigen zu durchbrechen, das über die Deutschen kam, als die Verbrechen bekannt wurden: ein Schweigen als eine Mischung aus Scham und dem Wunsch, die Verantwortung an den Morden der Vergangenheit zu verkleinern, um zu vergessen und um Vergebung zu erhalten? (...) Zu ihrem eigenen Segen suchen sie einen Dialog, mit dem sie die Gebote der Väter durchbrechen und der ihnen helfen wird, ihre innere Suche hoffnungsvoll zu artikulieren.«

Er analysiert dann, was der Holocaust in unserem Leben bewirkt hat: in unserer Kindheit Entwurzelung aus unserer Umgebung, Vereinsamung und Mißtrauen. Dann schreibt Dan Bar On: »Gottfried fand seinen intellektuellen Zufluchtsort bei jüdischen und nicht-jüdischen Autoren der Nachkriegszeit, die versuchten, sich mit ähnlichen Fragen wie ›Wer ist [Richard] Wagner?‹ herumzuschlagen. Doch er hatte einen hohen Preis für seinen Mut zu zahlen und wurde von seiner Familie und seinem Vaterland verstoßen. Er hat einen neuen persönlichen Zufluchtsort [in Italien], der ihn vor Fallen und Hindernissen schützt. (...) Nach der Beschreibung der schmerzlichen Kindheitserfahrungen, die das Leben [Abrahams und Gottfrieds] geformt haben, distanzieren sie sich zu schnell von diesen [Erinnerungen]. (...)

Gottfried gibt zu abschließende Antworten auf Fragen, die keine abschließenden Antworten haben. (...) Abraham glaubt,

daß die Zukunft für die nächste Generation gut sein wird (...).
Aber seine letzten Sätze enhüllten, daß er nicht voll überzeugt
glauben kann (...): Können wir uns je von der Notwendigkeit
befreien, wachsam zu bleiben? (...) Wir müssen wachsam bleiben und nicht einfach nur an ein ›Ja‹ oder ›Nein‹ glauben, und
wenn wir das nicht schaffen, was wird dann aus unseren Kindern?«

Dan Bar On resümiert: »Schrecklich, es gibt immer noch keinen Zufluchtsort in der Welt nach Auschwitz«, und er ver-
gleicht unseren Dialog mit der Errichtung eines Hauses. Mit
Recht sagt er am Ende seines Beitrags : »Im Gegensatz zur
Errichtung eines Hauses sind bei diesem Prozeß so viele Teilnehmer eingeschlossen. All diese aufmerksamen Augen und
Ohren der Lebenden und Toten, alle mit solch extremen und
konfliktreichen Sensibilitäten, daß die Möglichkeit zu schei-
tern endlos ist. Die ursprüngliche Diskussion von gestern
kann vielleicht leicht zu einem Schein-, zu einem ›So-tun-als-
ob-Dialog‹ von morgen führen. Wie können wir das wissen?
Wie können wir darin unsere Wege finden?«[49]

Heute ist meine Antwort darauf klarer als im August 1993.
Der Dialog zwischen Abraham und mir ist ein kontinuierlicher
Lern- und Reifeprozeß. Aus damaliger Sicht hatte Dan Bar On
mit seinem Urteil über uns recht. Heute würde ich – und wahrscheinlich auch Abraham – die Fragen von Dan Bar On anders
beantworten. Aufgrund meiner Erfahrungen in unserer Gruppe würde ich heute auch die Auseinandersetzung mit den Problemen, die sich für mich aus der Rolle eines Nachkommen
von NS-Tätern ergeben haben, positiver bewerten: Auch der
längste Weg durch die Dunkelheit führt einmal zum Licht.

Vielleicht war es meine Sensibilität für die Leiden anderer,
die mein Bedürfnis nach Gerechtigkeit steigerte und mich zu
einem höheren Maß an Zivilcourage anstachelte. Ich sehe
Abraham und mich heute immer mehr als Zeugen der zweiten
Generation, die nicht verleugnen oder verdrängen, Kinder von

NS-Opfern und NS-Tätern zu sein. Mit der Bezeichnung »Zeuge zweiter Generation« schließe ich unsere besondere Verantwortung in Gegenwart und Zukunft ein, unseren konkreten Beitrag zu leisten, daß ein weiterer Holocaust verhindert werden kann.

Wieviel es da weiterhin zu tun geben wird, zeigen nicht nur die Fälle Bosnien und Ruanda. Mit dieser aktiven, positiven Annäherung und Verpflichtung werden wir aber auch besser mit unserem persönlichen Schicksal fertig. Ich empfinde es heute nicht mehr nur »schrecklich, nach Auschwitz keinen wirklichen Zufluchtsort mehr zu haben«. Ich bin aufgrund meines persönlichen Schicksals da zu Hause, wo man mich liebt, versteht oder zu verstehen versucht. Das empfinde ich als Befreiung von den Fesseln der Tradition meiner Familie in Bayreuth.

Mein Zuhause ist für mich als Weltbürger, Ehemann einer Italienerin und Vater eines Sohnes, der aus Rumänien stammt, erst einmal meine Familie in Italien. Außerdem kann ich als Nomade überall auf dem Globus mein Zelt aufschlagen, wo das gegenseitige Anderssein als Bereicherung empfunden wird.

Verantwortungsbewußtes Handeln auch im Sinne der anderen macht mein Leben sinnvoll. Ich gestehe das trotz aller Unsicherheit meiner künftigen Existenz und im Bewußtsein, daß mein Denken auf viele befremdend wirkt und auch nicht unbedingt förderlich ist für meine Laufbahn als freiberuflicher Regisseur und Publizist. Ein anderer Grund, in meinem Schicksal immer mehr die positiven Seiten zu sehen, liegt auch darin, wie ich mein Leben deute. Ich gehe bei aller Lebensfreude von der metaphysischen Erkenntnis aus, wie sie im Buche Kohelet steht: »Alles ist nur ein Lufthauch. (...) Wer Wissen mehrt, mehrt Schmerzen.«

Die Erkenntnis, daß ich mich immer wieder irre, beeinflußt auch das Zusammenleben mit meinem Sohn. Ich versuche ihm langsam zu vermitteln, daß meine Tätigkeit in der Post-

Holocaust-Dialog-Gruppe ein konstruktiver Bestandteil meiner Existenz ist. Durch die Gruppe erfahre ich die Achtung vor dem Anderssein besonders intensiv. Eine Erfahrung, die ich meinem Sohn unbedingt vermitteln will. Ich hoffe, er wird es eines Tages verstehen, warum ich mich weigerte, ein typischer Wagner in Bayreuth zu werden. Als solcher hätte ich den Holocaust verdrängt. Diese ethische Grundhaltung ist daher mit meinen Engagements in der Post-Holocaust-Dialog-Gruppe verknüpft. Darin stimmen Abraham und ich stets überein.

Anhand von vier Beispielen meiner Tätigkeit möchte ich die Art unserer Gruppenarbeit verdeutlichen.

Dank Sharon Gutman, einem Mitglied unserer Gruppe, kam der 2. internationale Kongreß »Erinnerung an die Zukunft« im März 1994 an der Berliner Humboldt-Universität zustande. Nach Jahren gastlicher Aufnahme und bester Vorbereitung für unsere Gruppe in den USA trafen wir uns in Berlin. Das war für Abraham und die anderen jüdischen Mitglieder alles andere als problemlos. Für sie war Berlin erst einmal Hitlers Reichshauptstadt und mit der nahen Wannseevilla der Ort, an dem 1941 die »Endlösung« auch für Verwandte beschlossen wurde. Nur ein paar Schritte von der Humboldt-Universität ist der Opernplatz, wo 1933 die Bücherverbrennung stattfand. Trotz all dieser Belastungen aus der Vergangenheit wurde die Vorbereitung zum Gedenkkonzert für den Komponisten Viktor Ullmann eine gute Sache.

Dem Konzert ging eine Veranstaltung von Abraham und mir zum Thema »Von Monologen zu Dialogen« voran. Zur Gesprächsrunde im Auditorium Maximum kamen wenige; doch diejenigen, die kamen, diskutierten intensiv mit uns. Auch das Konzert vor halbvollem Saal entmutigte uns nicht. Holocaust, Ullmann ohne Medien und big-music-business-Unterstützung: Das war ja kein deutscher Abend der Brüderlichkeit zwischen Christen und Juden. Doch für die im Saal – und das waren vor allem Menschen mit jüdischem Schicksal – hatte sich unsere Mühe gelohnt. Ich hatte für das Erinnerungskonzert an die Ermordung von Ullmann vor fünfzig Jahren in Auschwitz folgendes Motto gewählt: »Die nicht entkommen konnten, die entkamen, die erinnern«. Es standen Werke von Viktor Ullmann, Kurt Weill und Michael Shapiro auf dem Progamm. Die intensive, monatelange Vorbereitung, die Diskussionen um die organisatorischen, finanziellen, historischen, sprachlichen und inhaltlichen Details trugen Früchte. Michael Shapiro, Abraham Peck, Sharon Gutman, Jan Colijn, Franklin und Marcia Littell und all die guten Geister hinter der Szene schufen am Abend des 16. März auf der Bühne des Auditorium Maximum der Humboldt-Universität mit der Sopranistin Mildred Tyree, den Pianisten Jerome Rose und Michael Shapiro sowie dem Cellisten Ithau Khen eine einmalig intensive Stimmung für unsere »Stunde Null des Dialogs« in Deutschland. Sie wird uns allen wegen ihrer starken Emotion und des guten Gelingens unvergeßlich bleiben. Da bei der Abschlußveranstaltung des Kongresses vor führenden deutschen Persönlichkeiten – unter anderem Genscher, Bubis, Giordano – und den deutschen Medien auch unsere Arbeit zur Sprache kam, war zumindest ein Anfang gemacht, uns in Deutschland vorzustellen. Ob sich unser Dialog dort weiterentwickeln kann, wird sich erweisen. Die Schwierigkeiten, zu einer regelmäßigeren Fortsetzung unserer Arbeit in Deutschland zu kommen, sind im Moment noch riesig. Ich glaube aber fest an eine Zukunft für unsere Gruppe auch in diesem Land.

Auf der Grundlage der genannten Statuten kommt dem Dialog zwischen den verschiedenen Generationen in unserer Gruppe große Bedeutung zu. Wie wichtig der gegenseitige ständige Lernprozeß ist, möchte ich an meiner Diskussion mit dem in New York lebenden Psychiater Yehuda Nir veranschaulichen. Ich machte im März 1994 bei dem 24. internationalen wissenschaftlichen Kongreß »Der Holocaust und die Kirchen«

in der Rider-Universität in Lawrenceville, New Jersey, kurz seine Bekanntschaft. Er überreichte mir seine Autobiographie »The lost childhood« (»Die verlorene Kindheit«), die 1989 erschienen ist. Sie wurde in neun Sprachen übersetzt. Yehudas Erinnerungen, in denen er die sechs Jahre seines Überlebens als ein polnischer jüdischer Junge mit seiner Mutter und seiner Schwester im Zweiten Weltkrieg beschreibt, bewegten mich sehr, besonders der Satz: »Wir lebten in Zeiten, in denen man dankbar sein mußte, wenn ein anderer Mensch von seiner freien Wahl zu morden nicht Gebrauch machte.«[50]

Trotz dieser entsetzlichen Erfahrungen erzählt er seine Geschichte ohne Haß und Vorurteil, was auf mich besonders stark wirkte. Nachdem ich das Buch gelesen hatte, dachte ich immer wieder über das Motto der Memoiren nach. Es ist folgender Satz aus Samuel Becketts Roman »Malone stirbt«: »Laß mich folgendes sagen, bevor ich weitererzähle: Ich vergebe niemandem. Ich wünsche ihnen allen ein schreckliches Leben und dann das Feuer und Eis der Hölle, und das für die kommenden verfluchten Generationen.«[51] Das Motto irritierte mich sehr, denn es stand für mich damals im Widerspruch zu dem humanen Ton des Buches, zu den freundschaftlichen Begegnungen und gemeinsamen internationalen Veranstaltungen. Im November 1995 schrieb ich daher Yehuda: »Was macht es Dir möglich, mein Freund zu sein? – und das trotz des Mottos Deines Buches (...) und meiner Familiengeschichte?«

Yehuda antwortete kurz darauf: »Deine Frage ist nicht leicht zu beantworten. Ich bin aber sehr froh, daß Du mich gefragt hast, weil mir das die Möglichkeit gibt, eine zusätzliche Erkenntnis zu gewinnen über meine Gefühle gegenüber Deutschen, den Mördern meines Vaters, als ich elf Jahre alt war. Mit dem Beckett-Zitat drücke ich das aus, was es bedeutet, wenn einem als Kind der unschuldige Vater ermordet worden ist. Es bedeutet nicht, daß ich keine Hoffnung habe und nicht an die Möglichkeit glaube, eine bessere, friedliche Welt zu schaffen.«

Yehuda schrieb weiter [im Zusammenhang mit der holländischen Ausgabe des Buches mit einer besonderen Einleitung für Studenten]: »Mit meinem Buch beabsichtige ich, junge Leute dazu zu ermutigen, nicht passiv zu sein, sich dem Leben zu stellen, wie ich es unter der deutschen Besetzung tat. Die Deutschen nahmen mir die Fähigkeit, zu verzeihen, aber (...) ich hoffe, daß mein Buch jungen Menschen helfen wird, eine Welt zu schaffen, in der man vergeben kann. Ich sehe Dich, Gottfried, als einen Vertreter dieser [neuen] Welt. Du bist der Anti-Lohengrin, der seine Vergangenheit nicht versteckt und sagt: Bitte, Yehuda, frage mich, was meine Eltern taten. Du nennst Dich ehrlicherweise ›ein Kind von Tätern, einen Deutschen, der nach dem Holocaust geboren wurde‹. Du sagtest, daß Du an die Geschichte Deutschlands angenagelt worden bist. Du bittest nicht einmal um Vergebung. Alles, was Du willst, ist, Dich für einen Dialog zu engagieren, um zu verstehen, was und wie es geschehen ist, und ob es möglich ist, zu verhindern, daß es wieder geschehen wird. Du bist ein Deutscher, der helfen kann, eine Welt zu schaffen, in der wir Juden Vergebung in Betracht ziehen können.« Welche Verantwortung ergibt sich für mich aus dem Brief und der Freundschaft mit Yehuda!

Ebenso stark wirkte das autobiographische Buch »Der Untergang von Königsberg. Ein Geltungsjude berichtet« von Michael Wieck auf mich, das durch seine Menschlichkeit der Ausgangspunkt einer weiteren wesentlichen Freundschaft in meinem Leben wurde. Mit Michael korrespondierte ich unter anderem über mein Verhältnis zu meinem Vater. Wie Yehuda, als Kind und Jugendlicher ein Überlebender erst des Nazi- und dann des Rote-Armee-Terrors in Königsberg, hat er eine einmalige Sensibilität, die familiäre und geschichtliche Dimension der Folgen der Nazizeit zu begreifen. Hinzu kommt, daß er nach einem international erfolgreichen Berufsleben als Geiger und entfernte Nachkomme von Clara Schumann-Wieck auch den kulturpolitischen Konflikt nachvollziehen kann, der sich für mich als ein Wagner und Deutscher, der nach Hitler geboren wurde, ergibt. Nach Gesprächen mit Yehuda und Michael, die sich bei meiner »Lohengrin«-Inszenierung in Dessau 1995 kennenlernten, weiß ich, warum für mich die Arbeit in der Post-Holocaust-Dialog-Gruppe sinnvoll ist.

Wieviel Kunst im Schatten des Todes und Grauens zur Wahrung menschlicher Würde beitragen kann, erfuhr ich bei einer kurzen Reise mit der Malerin Toby Heifetz, der Nichte des weltberühmten Geigers Jascha Heifetz, im Herbst 1992. Tobys besondere künstlerische Begabung und ihr Interesse an Aktivitäten in unserer Gruppe war eine gute Voraussetzung für das gemeinsame Theresienstadt/Terezín-Projekt. Ursprünglich hatten Toby und ich mit dem Dirigenten John Edward Niles eine Aufführung der Ullmann-Oper »Der Kaiser von Atlantis« geplant, die später leider an finanziellen Problemen scheiterte. Dennoch sollten sich die Reise und die Auseinandersetzung mit Terezín für uns als wichtig erweisen.

Die Vorbereitung darauf begann natürlich lange davor. Toby hatte bereits ab 1991 beeindruckende Collagen zum Thema Endzeit und Tod erarbeitet, die dann auch dem subjektiv erlebten Terezín-Besuch voll entsprechen sollten. Die gemeinsame Reise – Tobys erster Deutschlandaufenthalt – begann in Nürnberg mit dem Dürer-Haus und dem NS-Reichsparteitagsgelände. Nächste Reiseetappe war für einige Stunden die Stadt Bayreuth und der Festspielhügel mit den Büsten von Richard und Cosima Wagner als Nachlaß des Lieblingsbildhauers von Hitler, Arno Breker. An diesem Tag wurde »Götterdämmerung« unter der Leitung von Barenboim gegeben. Toby wollte das Innere des Theaters sehen.

So gingen wir zu Beginn der Pause zu einer der Saaltüren. Sofort wurden wir abgefangen. Die Situation war unerträglich, und gereizt sagte ich zu einem der Aufseher, die uns nicht in den Zuschauerraum treten lassen wollten: »Entweder Sie lassen mich Frau Heifetz aus New York kurz den Saal zeigen, oder ich publiziere über die Polizeimethoden am Festspielhügel bald etwas.« Man gewährte uns die fünf Minuten.

Erleichtert verließen wir Bayreuth. Nächste Reiseetappen: Prag, das jüdische Viertel, und dann die Feste und das Getto Terezín. Dort, wo historische Dokumentation die Hölle von Terezín nur bis zu einem gewissen Grade wiedergeben kann und die Intensität des »Vorhofes von Auschwitz« der individuellen Sensibilität des Besuchers überlassen bleibt, wirkte die Kunstausstellung im Hof 4 mit Kopien der Zeichnungen und Gemälde der Todeskandidaten Bedrich Fritta, Leo Haas, Karel Fleischmann, Otto Ungar, Malina Schalkova, Hugo Sonnenschein, Sona Spitzova, Petr Kien und vor allem mit den Zeichnungen der Terezín-Kinder wie ein Schock auf mich. Sie brachten die Perversität der NS-Judenkulturstadt, des »Bad Theresienstadt für das europäische Judentum« als End- oder Zwischenstation zur Ermordung in fast unerträglicher Intensität zum Ausdruck. Toby und ich fotografierten nach der Konfrontation mit diesen Bildern, der Musik und Literatur aus Terezín unabhängig voneinander unsere Eindrücke. In der Ausstellung »Von Bayreuth nach Theresienstadt« stellte man diese Arbeiten mit kritischen Kommentaren u. a. Mitte Dezember 1992 im Deutschen Industrie- und Handelstag vor.

Im Juli 1995 erhielt ich einen Anruf von Lara Nuer, der Tochter von Claire Nuer, die das Institut Au Cœur de la Communication (ACC) in Paris, Montreal und San Francisco gegründet hatte. Sie hatte durch Dan Bar On von meiner Arbeit und der Post-Holocaust-Dialog-Gruppe gehört und plante für den August des Jahres ein internationales Treffen unter dem Motto: »The Turning Point« (»Der Wendepunkt«) in Auschwitz. Auschwitz! Ein Treffen in Auschwitz?

Etwas unsicher fragte ich Lara, was denn bei diesem Treffen mein Beitrag sein könne. Sie antwortete: »Wir von der ACC kennen deine Artikel und die Zielsetzungen eurer Gruppe. Wir wollen wie ihr den Dialog von Tätern und Opfern und deren Kindern, aber nicht nur zwischen Deutschen und Juden, sondern zwischen allen wesentlichen Konfliktgruppen von einst und heute. Eure Absichten entsprechen sehr den unseren. Wir bitten dich und Abraham, nach Auschwitz zu kommen für die drei Seminare als Referenten.«

Ohne zu zögern, sagte ich zu. Lara schickte mir die wesentlichen Fragen für das Treffen in Auschwitz: »Was schuf die Voraussetzungen für eine derart massive Zerstörung in den 1940er Jahren? Welche Elemente allgemeinen menschlichen Verhaltens machten das Unakzeptierbare möglich? Wie wirken sich diese Verhaltensweisen in allen Teilen der Gesellschaft aus?« Es folgten Fragen im Kontext der Gegenwart: »Wie können wir die massive Destruktion vermeiden, die eine mögliche Folge dieser Bedingungen sein kann? Wie können wir statt dessen eine gesunde, unterstützenswerte Gesellschaft aufbauen, was mit unseren individuellen Handlungen für unsere Familien, unserer eigenen Arbeit und in kleineren Gemeinschaften beginnen muß? Wie können dann unsere individuellen Handlungen in alle Teile der Gesellschaft übertragen werden und an Einfluß gewinnen?«[52]

Abraham konnte leider nicht kommen, aber ein anderes Mitglied unserer Gruppe, Tommaso de Cataldo, reiste mit den ACC-Mitarbeitern aus San Francisco an. Ich hatte verschiedene Vorträge, Texte, Ton- und Videomaterialien vorbereitet.

Als ich an den Wachtürmen von Auschwitz-Birkenau vorbeifuhr, war ich schockiert von der unbeschreiblichen Größe dieser Todesfabrik hinter Stacheldraht. Ich dachte an die Worte meines Freundes Harry Guterman aus Tulsa, der Jahre in dieser Hölle überlebt hatte: »Es war alles noch viel schlimmer, als du es dir vorstellen kannst.« Benommen trat ich in den Garten des katholischen »Hauses der Begegnung«, das nur einen Steinwurf von den drei Konzentrationslagern in Auschwitz entfernt liegt. Was ich in den folgenden zwölf Tagen in drei Seminaren erlebte, ist an Intensität und Vielfältigkeit kaum wiederzugeben. Die menschlichen Kontakte, die ich diesem Ort danke, würden ein Buch füllen.

Zwei Episoden will ich hier berichten. Die erste bezieht sich auf Bernard Offen, der uns durch das KZ Auschwitz 1 und das KZ Auschwitz-Birkenau führte. Wir waren auch miteinander verbunden, weil wir das realsozialistisch eingerichtete Hotelzimmer teilten. Unser Zusammenleben hatte etwas Irreales, von Zeit und Raum Unabhängiges. Er kannte als Überlebender von Auschwitz-Birkenau, Plaszow, Julag und Mauthausen meine Geschichte. Keinen Moment fühlte ich ein Ressentiment gegen mich. Er gab mir vor Beginn der qualvollen Rundgänge in den Lagern zwei Ratschläge, die ich nie vergessen werde: »Was du nun sehen wirst, ist mit Worten schwer zu beschreiben. Es wird über dein Vorstellungsvermögen gehen. Folge meinem persönlichen Schicksal in Auschwitz, das ich euch erzählen werde. Dann werden sechs Millionen Ermordete wieder begreifbar. Verlasse die Gruppe nicht, denn das, was du da siehst und erfährst, mußt du nicht allein verarbeiten wollen. Teile deine Erfahrungen denen mit, die dir nahestehen.« Ich lernte mit der Zeit, seinem Rat zu folgen. Meine psychische Stärke hatte ich allerdings weit überschätzt. Ich war überzeugt gewesen, anderen beistehen zu können, hatte aber nun selbst Hilfe nötig.

Bernard erzählte uns am Todesgleis in Birkenau, wie sein Vater am 24. August 1944 in jene Gruppe der Ankömmlinge selektiert wurde, die ins Gas ging, wohingegen er zu jenen geschickt wurde, die vorerst überleben sollten. Als er uns am Krematorium 4 in Birkenau beschrieb, wie die SS pro Vergasung rund 2000 Menschen in den Tod hetzte, begann ich zu weinen. Als Bernard das merkte, nahm er mich an der Hand. Schweigend gingen wir nach einem Kaddisch (Totengebet) für seinen Vater zu seinem ehemaligen Unterschlupfloch bei den Latrinen der Baracke. Auf dem Weg dahin stützte mich Henry Knight, der merkte, daß ich der Situation nicht mehr gewachsen war.

Ich bildete mir ein, daß ich bei weiteren Führungen besser mit der Konfrontation umgehen könnte. Ich täuschte mich. Jeder neue Gang durch die beiden Konzentrationslager wurde noch unerträglicher, denn jedes Mal nahm ich mehr vom Grauen des Orts wahr. Am Anfang hatte ich gehofft, mich schützen zu können, indem ich mich als Fotograf betätigte. Vergeblich. Bernard, der diese Hölle durchlebt hatte, war wie ein Vater zu mir. Durch sein liebevolles Verständnis begann ich langsam zu begreifen, daß ich diese Todesfabrik von einst als Teil des Menschseins ansehen muß. Danach erst nahm ich allmählich auch die Tränen der anderen wahr.

Von großer Bedeutung für mich war das Treffen mit Irit Weir, einer jungen Frau aus Israel Mitte Dreißig, die in Napa bei San Francisco lebt. Während des dritten Seminars, nach der erneuten Konfrontation mit dem Krematorium 4 und der Ermordung von Bernards Vater, setzten sich die Teilnehmer unter den Weidenbaum vor dem Denkmal der NS-Opfer, um sich vor der Sonne zu schützen. Plötzlich stand Irit auf und erklärte vor allen Anwesenden: »Erst einmal möchte ich Gottfried dafür danken, daß der mich liebevoll akzeptiert. Außerdem möchte ich ihm sagen, daß wir hier [in Auschwitz] die Rollen gewechselt haben. Er ist das Opfer und ich der Täter. Er ist es, der hier leidet. Wenn wir nun jenseits dessen gehen wollen, wie Claire [Nuer] es vorschlug, die Schuldfrage [zwischen uns] und all das, was damit verbunden ist, nicht zu akzeptieren, dann müssen wir offener miteinander sein.«

Claire warf ein: »Nehmt euch Zeit. Schuld hindert uns daran, in richtiger Weise dafür verantwortlich zu werden, was wir schaffen wollen.«

Darauf antwortete ich: »Ich muß darauf hinweisen, daß wir in der Post-Holocaust-Dialog-Gruppe über Schuld und Scham gesprochen haben. Ich trauere. Aber Schuld kann nicht automatisch an die nächste Generation vererbt werden, weil dies einen tragischen und schrecklichen Teufelskreis eröffnen würde. Aber hier in Auschwitz zu sein, bedeutet für mich, tiefe Scham zu empfinden. Ihr habt mir geholfen, die Worte Schuld und Scham durch das Wort Trauer zu ersetzen, und das ist für mich seit gestern eine neue Erfahrung.«

Nach den Gängen durch die Lager fanden Seminare und Gespräche mit Vertretern von in Konflikt stehenden Gruppen statt: Juden und Palästinenser, Roma und Sinti, einer Serbin, einer Kroatin und einer Mohammedanerin. Keiner von uns, die aus 33 Nationen angereist waren und in einem Sprachgewirr leidenschaftlich miteinander diskutierten, war auf der Suche nach einem Hauptschuldigen. Es ging vielmehr darum, gerade in Auschwitz einen höheren Grad von Sensibilität für die Leiden aller Menschen zu schaffen.

Diese friedliche Botschaft, die Claire und Lara mutig nach außen hin vertraten, rief bedauerlicherweise in manchen französisch-jüdischen Kreisen Protestaktionen hervor. Die Deutschen, die ich in Auschwitz traf, waren erschütterte Menschen, die sich ihrer Tränen um Millionen ermordeter Juden, Christen, Roma und Sinti und aller anderen nicht schämten. Wir fragten uns immer wieder: »Was kann ich als Individuum, was können wir als Gruppe tun, um Formen von totalitärem Verhalten in und um uns zu bekämpfen?« Von Menschwerdung durch die gemeinsame Erfahrung Auschwitz war die Rede, nie aber von Absolution und Erlösung durch Menschen für Menschen.

Als ich am Flughafen Malpensa in Mailand landete, sprang Eugenio in meine Arme und sagte erleichtert: »Papi, Gott sei Dank haben sie dich dort nicht umgebracht.«

Ich antwortete lächelnd: »Im Gegenteil: Ich habe dort viele neue Freunde gefunden. Wir wollen alle lernen, in Frieden miteinander zu leben.«

Hoffentlich kann ich meinem Sohn in der Zukunft das vermitteln, was ich in Auschwitz als weiteren Wendepunkt in meinem Leben erfahren habe.

Anmerkungen

[1] Richard Wagner, König Ludwig II. und Richard Wagner, Briefwechsel, 3. Band, Karlsruhe 1936, S.144 f.

[2] Zdenko von Kraft, Genius, in: Das Bayreuther Festspielbuch, Bayreuth 1951, S. 5

[3] Arnold Zweig, Antwort an Béla Balazs, in: Weltbühne, Nr. 1/1930, S. 618

[4] Dietrich Mack, Das Trauerspiel der Macht, Miszellen zur »Ring«-Interpretation (nach Gesprächen mit Wolfgang Wagner, aufgezeichnet von Dietrich Mack), »Rheingold«-Programmheft der Bayreuther Festspiele 1970, S. 3-12 (Auszüge)

[5] Richard Wagner, Das Judenthum in der Musik, in: Neue Zeitschrift für Musik, Leipzig, Nr.19/1850, S. 102-106 (Auszüge), und Nr. 20/1850, S. 112

[6] Richard Wagner, Erkenne dich selbst, in: Richard Wagner, Sämtliche Schriften und Dichtungen, 10. Band, München 1911, S. 274

[7] Friedrich Nietzsche, Menschliches, Allzumenschliches, in: Friedrich Nietzsche, Sämtliche Werke, Kritische Studienausgabe, Band 2, München 1980, S. 142

[8] Cosima Wagner, Die Tagebücher, Bd. 2: 1878-1883, München 1977, S. 852

[9] Houston Stewart Chamberlain, Richard Wagner, München 1901, S. 108

[10] Houston Stewart Chamberlain an Adolf Hitler, 8. Oktober 1923, zitiert nach: Hartmut Zelinsky (Hg.), Richard Wagner. Ein deutsches Thema, Berlin-Wien 1983, S. 169

[11] Winifred Wagner, Offener Brief, in: Oberfränkische Zeitung, 14. November 1923, zitiert nach: Hartmut Zelinsky, a. a. O., S. 169

[12] Siegfried Wagner, Leserbrief, in: Deutsche Zeitung, Berlin, 6. Juni 1921

[13] Siegfried Wagner an Rosa Eidam, Weihnachten 1923, in: Michael Karbaum, Studien zur Geschichte der Bayreuther Festspiele (1876-1976), Teil II, Dokumente und Anmerkungen, Regensburg 1976, S. 65

14 Adolf Hitler an Siegfried Wagner, 5. Mai 1924, in: Michael Karbaum, Studien zur Geschichte der Bayreuther Festspiele (1876-1976), Teil II, a. a. O., S. 65

15 Bayreuther Bund der deutschen Jugend (BBdJ), Proklamation, in: Michael Karbaum, Studien zur Geschichte der Bayreuther Festspiele (1876-1976), Teil II, a. a. O., S. 74

16 Winifred Wagner, »Meistersinger«-Programmheft der Kriegsfestspiele 1943, Bayreuth, S. 11

17 Friedrich Nietzsche, Der Fall Wagner, in: Friedrich Nietzsche, Sämtliche Werke, a. a. O., Band 6, S. 42

18 Stiftungsurkunde der Richard-Wagner-Sitftung, Bayreuth, S. 8, 10 f. und 4, zitiert nach: Wolfgang Wagner, Lebensakte, München 1994, S. 446-463

19 Ebenda

20 Ebenda

21 Winifred Wagner, in: Zeit Magazin, Nr. 19, 30. April 1976

22 Ebenda

23 Josef Herbort, Vom Junior keine Konkurrenz, in: Die Zeit, 3. Juni 1977

24 Roy Koch, Special [report on the »Fidelio« première], in: The New York Times, 30. Mai 1976

25 Wolf-Siegfried Wagner, Interview mit Karsten Peters, in: Harper's Bazar, April/Mai 1985

26 Immanuel Kant, Kritik der reinen Vernunft, zitiert nach: Philosophisches Wörterbuch, Stuttgart 1969, S. 621

27 Friedrich Nietzsche, Der Fall Wagner, a. a. O., S. 51 f.

28 Franz Liszt, Chopins Individualität, in: Franz Liszt, Gesammelte Schriften, Band 1, Hildesheim-New York 1978, S. 94f f. (Auszüge)

29 Uri Toeplitz, zitiert nach: Neue Zürcher Zeitung, 8. Februar 1990

30 Karl Lubomirski, Die Zeitpendel (I pedali del tempo), Florenz 1990, S. 25

31 Richard Wagner an Ludwig II., 14. Oktober 1868, zitiert nach: Willi Reich, Richard Wagner, Olten 1948, S. 217

32 Richard Wagner, Heldentum und Christentum, in: Richard Wagner, Sämtliche Schriften und Dichtungen, 10. Band, a. a. O., S. 280 f.

33 Richard Wagner an Mathilde Wesendonck, 1. Oktober 1858, in: Richard Wagner, Tagebücher und Briefe 1853-1871, Berlin 1904, S. 52

34 Karl Popper, Alles Leben ist Problemlösen, München 1995, S.158 f. (Auszüge)

35 Tilmann Jens, Der Erbfolgekrieg, in: titel, thesen, temperamente, Sendung vom 10. November 1991

36 Wolfgang Wagner, zitiert nach: Werkstatt Bayreuth im Wandel, WDR Hörfunk, 3. Programm, Sendung vom 30. Oktober 1993

37 Gina Thomas, Wagner vs. Wagner, in: Frankfurter Allgemeine Zeitung, 15. April 1995

[38] Larry Mass, Met cancels Gottfried Wagner, in: Opera Monthly, Oktober 1992, S. 40

[39] Daniel Barenboim, Interview, in: Opera Monthly, Mai-Juni 1993, S. 4

[40] Franklin Littell, Confrontation in Bayreuth, in: The Los Angeles Jewish Times, 27. Juli 1993

[41] Alice Miller, Abbruch der Schweigemauer, Hamburg 1994, S. 123 f.

[42] Friedrich Heer, Gottes Erste Liebe. Die Juden im Spannungsfeld der Geschichte, Frankfurt a. M. 1986

[43] Ebenda, Rückentext

[44] Ebenda, S. 9 f.

[45] Sidur Sesat Emet, Ausgabe B (Jüdische Bibel), 142. Psalm, Basel 1989, S. 275 f.

[46] Ebenda, 139. Psalm, S. 269 f.

[47] Ilse Blumenthal-Weiss, zitiert nach: Friedrich Heer, Gottes Erste Liebe, a. a. O., S. 19

[48] Hartmut Zelinsky, Die »feuerkur« des Richard Wagner oder die »neue religion« der »Erlösung durch Vernichtung«, in: Musik-Konzepte, Nr. 5/1978, München, S. 79

[49] Dan Bar On, Einleitung zu Texten von Dr. Abraham Peck und Dr. Gottfried H. Wagner über das Thema »Deutsche und Juden eine Generation nach der Shoah« während der 23rd Annual Scholar's Conference on »The Holocaust and the German Church Struggle«, 8. März 1993, University of Tulsa, Oklahoma, USA

[50] Yehuda Nir, The Lost Childhood, New York 1989, Introduction

[51] Ebenda, S. 7

[52] Informationsbroschüre des ACC, Paris, Juli 1995

Namenregister

Politik und Zeitgeschichte

Joachim C. Fest
Das Gesicht des Dritten Reiches
Profile einer totalitären Herrschaft. 516 Seiten.
SP 1842

Joachim C. Fests psychologisch-biographisch angelegte Porträts der führenden Figuren des Dritten Reiches sind längst zum Standardwerk geworden. Das Buch beabsichtigt nicht die umfassende, systematische Erläuterung von Herrschaftsstrukturen: vielmehr zielt es, ausgehend vom individuellen Hintergrund, auf die Exponenten des nationalsozialistischen Deutschland, geht jedoch in zwei Richtungen über eine reine Geschichte der Personen hinaus: Immer nämlich sind diese Personen ja auch Repräsentanten ihrer sozialen Herkunft, der Motive, Affekte und Verhaltensweisen der sozialen Schicht, der sie entstammen: zum anderen stehen sie für einen bestimmten Bereich der Politik des Nationalsozialismus. So beleuchtet zum Beispiel die Studie über

Ribbentrop auch die Außenpolitik, die über Goebbels auch die Propaganda dieser Periode der deutschen Geschichte. Fest ergänzt seine Darstellung durch Gruppenporträts über das Offizierskorps, über die Intellektuellen und die Rolle der Frauen im Dritten Reich.

Das Dritte Reich im Überblick
Chronik · Ereignisse · Zusammenhänge. Herausgegeben von Martin Broszat und Norbert Frei in Verbindung mit Wolfgang Benz, Manfred Funke, Hermann Graml, Lothar Gruchmann, Ludolf Herbst, Hartmut Mehringer, Günter Plum, Werner Röder, Albrecht Tyrell.
335 Seiten. SP 1091

Dieser Band ist Nachschlagewerk und Gesamtdarstellung in einem: in zwölf prägnanten Essays beschreiben ausgewiesene Sachkenner die einzelnen Phasen und die wichtigsten Aspekte des nationalsozialistischen Herrschaftssystems, seine Zielsetzungen, die Innen- wie die Außenpolitik. Kernstück des Buches ist eine ausführliche Chronik aller wesentlichen Daten und Fakten des Dritten Reiches.

Politik und Zeitgeschichte

Enzyklopädie des Holocaust

Die Verfolgung und Ermordung der europäischen Juden. Hauptherausgeber: Israel Gutman. Herausgeber der deutschen Ausgabe: Eberhard Jäckel, Peter Longerich, Julius H. Schoeps. Vier Bände in Kassette. Zusammen 1912 Seiten. SP 2700

In über 1000 Stichworten wird der Versuch unternommen, die Hintergründe, Abläufe und Auswirkungen des Holocaust zu untersuchen. Neben der gesetzlich verankerten Rassenideologie des NS-Staates und den Maßnahmen der Ghettoisierung, Deportation und Ermordung der Juden wird den Verfolgten im nationalsozialistisch beherrschten Europa breiter Raum gewidmet. Die Haltungen der Menschen sowohl in den besetzten Ländern als auch in den freien Demokratien zu den Juden werden ebenso untersucht wie die Auswirkungen des Holocaust.

»Wer immer sich ins Studium dieser Schreckensgeschichte vertiefen will, findet hier eine unerschöpfliche Quelle für biographische Details, wissenschaftliche Skizzen oder lexikalische Informationen.«
Frankfurter Rundschau

»Eine Fundgrube für jeden zeitgeschichtlich Interessierten.«
Frankfurter Allgemeine

Hans-Günter Richardi

Schule der Gewalt

Das Konzentrationslager Dachau. 331 Seiten. SP 2057

Hans-Günter Richardi gibt einen dokumentarischen Bericht der beiden ersten Jahre des Konzentrationslagers Dachau. Sein Buch ist nicht nur ein Standardwerk zur Geschichte dieses Lagers. Es leistet auch einen entscheidenden Beitrag zur historischen Erforschung des Dritten Reiches, denn in Dachau wurden die Weichen gestellt für die Entwicklung des Systems der nationalsozialistischen Konzentrationslager. Dachau war das Vorbild aller Konzentrationslager.

E. Thomas Wood
Stanisław M. Jankowski

Jan Karski
Einer gegen den Holocaust
Vorwort von Elie Wiesel. Aus dem Amerikanischen von Anna Kaiser. 259 Seiten mit 16 Abbildungen. SP 2596

Jan Karski, ein junger polnischer Katholik und Geheimagent der polnischen Untergrundbewegung, erhielt 1942 den Auftrag, die Alliierten über Hitlers Pläne zur Vernichtung der Juden zu informieren. Zunächst ließ er sich ins Warschauer Ghetto, dann, als Wärter getarnt, in das Todeslager Izbica Lubelska einschleusen. Was er dort erlebte, hat ihn zum ersten und eindringlichsten Warner vor der deutschen Vernichtungspolitik gemacht. Karski reiste nach London, später nach New York. Er sprach mit hohen Politikern wie Anthony Eden und Präsident Roosevelt, mit maßgeblichen Journalisten. Er schilderte Leben und Sterben im Warschauer Ghetto, er berichtete von den versiegelten Todeszügen nach Auschwitz – die meisten seiner Zuhörer reagierten ungläubig, manche betroffen, andere desinteressiert.

Zvi Kolitz

Jossel Rakovers Wendung zu Gott
Zweisprachige Ausgabe. Mit einem Faksimile des rekonstruierten Originals. Aus dem Jiddischen übertragen, herausgegeben und kommentiert von Paul Badde. 119 Seiten. SP 2666

Im April 1943 brach der Aufstand aus, mit dem sich die letzten Überlebenden des Warschauer Ghettos gegen ihre Ermordung zu wehren versuchten. Der hoffnungslose Kampf dauerte nur drei Wochen. Das Ghetto wurde zerstört. Ein Zeugnis ging später in die Welt hinaus: Jossel Rakovers Testament, verfaßt in seiner Sterbestunde, eine Abrechnung mit Gott. Es ist noch nicht lange bekannt: Tatsächlich schrieb diesen erschütternden Text 1946 der achtundzwanzigjährige Journalist Zvi Kolitz im City-Hotel in Buenos Aires. Er war es, der Jossel Rakover erfand und ihn, kurz bevor er den SS-Schergen zum Opfer fällt, seine letzte, gnadenlose Unterredung mit Gott führen ließ. Dieser Monolog gehört zu den erschütterndsten dichterischen Zeugnissen des Völkermordes.

Rudolf Vrba

Als Kanada in Auschwitz lag

Meine Flucht aus dem Vernichtungslager. Aus dem Englischen von Werner von Grünau. Mit einem Nachwort von Friedemann Bedürftig. 327 Seiten. SP 2694

Walter Rosenberg wurde mit zwanzig Jahren nach Auschwitz deportiert, in die Hölle, in der es nur ums Überleben ging – zwei Jahre hielt er durch. Und er entging der Gaskammer, weil er als Schreiber und in dem Effektenlager »Kanada« eingesetzt worden war. Dank seiner Kondition, seinem unerhörten Mut und schier undenkbarem Glück schaffte er das Unmögliche: Im April 1944 gelang ihm zusammen mit einem Freund die Flucht. Unmittelbar darauf verfaßten die beiden Entflohenen einen Bericht über das Todeslager, vor allem, um die von der Deportation bedrohten ungarischen Juden zu warnen – ihr Bericht erreichte Ungarn, aber nicht die vom Tod bedrohten Menschen. Sein Inhalt war zu unfaßbar, als daß er hätte geglaubt werden können.

Lawrence Sutin

Eine Liebe im Schatten des Krieges

Aus dem Amerikanischen von Barbara Heller. 302 Seiten. SP 2650

Die berührende, authentische Liebesgeschichte der beiden jüdischen Partisanen Jack und Rochelle ist zugleich ein Bericht über den alltäglichen Überlebenskampf im polnischen Untergrund. Beide kamen aus angesehenen jüdischen Familien einer Kleinstadt in Ostpolen, lernten sich auf einem Tanzfest in den dreißiger Jahren kennen und trafen sich im Winter 1942 unter völlig veränderten Umständen wieder: Unabhängig voneinander war es ihnen gelungen, dem Hunger und dem Terror des Ghettos zu entfliehen und sich in den nahen Wäldern zu verstecken. Sie überlebten, drei Jahre kämpften sie gegen die ständige Todesgefahr – und ihre Liebe half ihnen dabei.

»Seine große Aufrichtigkeit macht dieses schonungslose, berührende Buch zu einer wirklichen Bereicherung der Holocaust-Literatur.«
The New York Times Book Review

Elisabeth Endres

Edith Stein

Chistliche Philosphin und jüdische Märtrerin. 309 Seiten mit 12 Abbildungen. SP 2704

»Elisabeth Endres ist eine exzellente Biographie gelungen, sehr anschaulich geschrieben, mit bemerkenswert breiter Sachkompetenz. Mit intellektueller Brillanz und Anmut erreichte sie hier das Einfache, das (deshalb) so hochkompliziert in der Bewältigung ist.«
Münchner Merkur

»Die Geschichte einer Frau aus einer preußisch-jüdischen Familie, die, hochbegabt, sich der Philosophie zuwendet, zum Christentum konvertiert, in ein Kloster eintritt, nach Holland ausweicht, aber von den Schergen des Dritten Reiches erreicht und in Auschwitz ermordet wird. Es ist auch die Geschichte einer besonderen philosophischen Begabung, der aber Habilitation und akademische Karriere verwehrt bleiben: die Geschichte einer doppelten Diskriminierung, als Jüdin und als Frau.«
Neue Zürcher Zeitung

Ruth Elias

Die Hoffnung erhielt mich am Leben

Mein Weg von Theresienstadt und Auschwitz nach Israel. Mit einem Nachwort zur Taschenbuchausgabe. 342 Seiten mit acht Abbildungen. SP 1286

Ruth Elias hat in diesem Buch nach Jahrzehnten des Schweigens die Geschichte ihres Überlebens in Theresienstadt und Auschwitz erzählt, aufgeschrieben für ihre Enkel. Nach dem deutschen Einmarsch in ihrer mährischen Heimat als Jüdin verfolgt, wird sie zunächst nach Theresienstadt deportiert, 1943 nach Auschwitz, wo es nur noch um das nackte Überleben geht. Sie sieht, wie Tausende ihrer Mitgefangenen verhungern, zu Tode gequält, vergast werden. Hier bringt sie ein Kind zur Welt – und tötet es, als der KZ-Arzt Dr. Mengele Experimente an ihm durchführen will. Viele haben versucht, Auschwitz – »das Unverständliche, das niemand verstehen kann« (Elias) – zu schildern, es »anderen« nahezubringen. Soweit dies überhaupt möglich ist, ist es in diesem Bericht gelungen.

SERIE PIPER

Ralph Giordano
Deutschlandreise

Aufzeichnungen aus einer schwierigen Heimat
Gebunden

Der Widerstandskämpfer, Ex-Kommunist und radikale
Demokrat zieht auch eine Bilanz seines Lebens. Sind die
Deutschen in Ost und West Demokraten geworden? Ist die
Wiederkehr des Nationalsozialismus möglich? Oder sind die
Deutschen „ganz normale Europäer"?

„Eine Reise in die Gegenwart und die Vergangenheit ... ins
Innere des deutschen Bewußtseins. Ein absolutes Lesemuß."
Deutsche Welle

„Die stille Liebe zur unheimlichen Heimat."
Kieler Nachrichten

VERLAG
KIEPENHEUER
&WITSCH